# सामाजिक मनोविज्ञान

# सामाजिक मनोविज्ञान

निलेश शर्मा

इशिका पब्लिशिंग हाउस
जयपुर दिल्ली

**इशिका पब्लिशिंग हाउस**

ए -25, "गणेश सदन", गली न. 4, आदर्श बस्ती,
बी.एल. हाउस के पास, टोंक फाटक,
जयपुर-302018 (राजस्थान) भारत
फोन: 0141-2761280, Mob. 9887532741
Email: ishikapublishinghouse@yahoo.in

**दिल्ली कार्यालय :** 102, प्रथम मंजिल, 'सत्यम हाउस'
4324/3, अंसारी रोड़, दरियागंज, नई दिल्ली - 110 002
फोन : 011-45652440



ISBN: 9788189471354



टाइपसेटिंग : बी.एस. कम्प्यूटर्स, जयपुर

मुद्रक : थॉमसन प्रेस, नई दिल्ली

# प्रस्तावना

समाज-मनोविज्ञान की विषय-वस्तु के रूप में व्यक्ति द्वारा सामाजिक परिस्थितियों में किये गये व्यवहार को स्वीकृत किया गया है। न्यूकाम्ब ने ऐसे व्यवहारों को अन्तःक्रिया की संज्ञा दी है।

एक स्वतन्त्र विज्ञान के रूप में समाज-मनोविज्ञान का प्रारम्भ विलियम मैकडूगल की पुस्तक 'इन्ट्रोडक्शन टु सोशल साइकोलॉजी' के 1908 में प्रकाशित होने के समय से माना जाता है। तब से आज तक के समाज मनोवैज्ञानिकों ने समाज मनोविज्ञान की विषय-वस्तु का अध्ययन भिन्न-भिन्न ढंग से किया और इसके सन्दर्भ में अपने-अपने दृष्टिकोण प्रस्तुत किये। समाज मनोविज्ञान की विषय-वस्तु सामाजिक अन्तःक्रिया है। सामाजिक अन्तःक्रिया से यह तात्पर्य दो या दो से अधिक व्यक्तियों के बीच होने वाली अन्तःक्रियाओं से होता है। लगभग सभी समाज मनोवैज्ञानिकों ने अपनी-अपनी परिभाषाओं में इसी सामाजिक अन्तःक्रिया को केन्द्र मानकर समाज मनोविज्ञान के स्वरूप की व्याख्या करने की चेष्टा की है।

मनुष्य की स्वाभाविक प्रवृत्ति है कि वह दूसरों के गुणों और व्यवहार से काफी हद तक प्रभावित होता है। शायद यही कारण है कि समाज मनोवैज्ञानिकों द्वारा इसे सामाजिक व्यवहार की उत्पत्ति के विश्लेषण की एक मुख्य इकाई या आधार माना गया है। व्यक्ति अन्य व्यक्तियों की विशेषताओं के अनुरूप अपने व्यवहार में परिवर्तन करता पाया जाता है।

वर्तमान समय में दिन-प्रतिदिन समाज मनोवैज्ञानिकों का समाज के प्रति लगाव बढ़ता जा रहा है, जिससे समाज-मनोविज्ञान का क्षेत्र दिन-प्रतिदिन व्यापक होता जा रहा है। इससे सामाजिक मनोविज्ञान के समक्ष कई नई समस्याएँ उभर कर आ गई हैं। यहाँ यह संकेत करना उचित होगा कि सामाजिक मनोविज्ञान का स्वरूप, विषय-क्षेत्र तथा समस्याएँ पहले भी परिवर्तित होती रही हैं और वैज्ञानिक तथा सामाजिक परिवर्तनों के कारण आगे भी परिवर्तित होती रहेगी।

प्रस्तुत पुस्तक 'सामाजिक मनोविज्ञान' की रचना करते समय भाषा की शुद्धता व तथ्यों के नवीनीकरण पर विशेष ध्यान दिया गया है। पुस्तक हर तरह से परिपूर्ण बन सके इसके लिये कुछ लिखित व अलिखित स्रोतों से भी सहायता ली गई है जिनके लेखकों व प्रकाशकों का मैं आभारी हूँ। आशा है कि प्रस्तुत पुस्तक सामान्य पाठकों, मनोविज्ञान के विद्वानों एवं शोधकर्त्ताओं को पसन्द आयेगी।

**निलेश शर्मा**

# अनुक्रमणिका

# 1

# परिचयात्मक विश्लेषण

एक स्वतन्त्र विज्ञान के रूप में समाज-मनोविज्ञान का प्रारम्भ विलियम मैकडूगल की पुस्तक 'इन्ट्रोडक्शन टु सोशल साइकोलॉजी' के 1908 में प्रकाशित होने के समय से माना जाता है। तब से आज तक के समाज मनोवैज्ञानिकों ने समाज मनोविज्ञान की विषय-वस्तु का अध्ययन भिन्न-भिन्न ढंग से करके इसे अपने-अपने दृष्टिकोणों से परिभाषित किया है।

## सामाजिक मनोविज्ञान : आशय एवं परिभाषा

समाज मनोविज्ञान की विषय-वस्तु सामाजिक अन्तःक्रिया है। सामाजिक अन्तःक्रिया से यह तात्पर्य दो या दो से अधिक व्यक्तियों के बीच वाली अन्तःक्रियाओं से होता है। करीब-करीब सभी समाज मनोवैज्ञानिकों ने अपनी-अपनी परिभाषाओं में इसी सामाजिक अन्तःक्रिया को केन्द्र मानकर समाज मनोविज्ञान के स्वरूप की व्याख्या करने की कोशिश की है। उन सभी परिभाषाओं को तो यहाँ देना सम्भव नहीं है, परन्तु कुछ प्रमुख समाज मनोवैज्ञानिकों द्वारा दी गयी परिभाषाओं की एक झलक नीचे दी जा रही है।

**फिशर** के शब्दों में, "समाज मनोविज्ञान में इस बात का वैज्ञानिक अध्ययन किया जाता है कि किस तरह से किसी व्यक्ति का व्यवहार सामाजिक वातावरण में उपस्थित अन्य लोगों के व्यवहारों द्वारा प्रभावित होता है तथा उसे बदलने में प्रभावित करता है।"

**फैल्डमैन** के शब्दों में, ''समाज मनोविज्ञान एक ऐसा विज्ञान है जिसमें किस तरह के किसी व्यक्ति के चिन्तन, भावनाएँ एवं क्रियाएँ दूसरों द्वारा प्रभावित होती हैं, का अध्ययन किया जाता है।''

**वेरोन तथा वर्न** के अनुसार, ''समाज मनोविज्ञान एक ऐसा वैज्ञानिक क्षेत्र है जो सामाजिक परिस्थिति में व्यक्ति के व्यवहार के स्वरूप एवं कारणों को समझने की कोशिश करता है।''

**किम्बल यंग** के मतानुसार, ''समाज मनोविज्ञान व्यक्तियों की पारस्परिक अन्तःक्रियाओं का तथा अन्तःक्रियाओं का व्यक्ति-विशेष के विचारों, भावनाओं, संवेगों एवं आदतों पर पड़ने वाले प्रभाव का अध्ययन करता है।''

**क्रेच क्रेचफिल्ड तथा वैलेची** के अनुसार, "समाज मनोविज्ञान समाज में व्यक्ति के व्यवहारों के अध्ययन का विज्ञान है।"

**मेयर्स** के शब्दों में, "व्यक्ति दूसरों के बारे में किस तरह सोचता है, दूसरों को कैसे प्रभावित करता है, तथा एक-दूसरे को किस तरह संबंधित करता है, का वैज्ञानिक अध्ययन ही समाज मनोविज्ञान है।"

इन विभिन्न परिभाषाओं का विश्लेषण करने पर हम इस निष्कर्ष पर पहुँचते हैं कि यद्यपि विभिन्न समाज मनोवैज्ञानिकों ने अपने-अपने ढंग से सामाजिक मनोविज्ञान को परिभाषित किया है। उनके विचारों में काफी समानता है। करीब-करीब सबों ने और साथ-ही-साथ उन लोगों ने भी जिनकी परिभाषाएँ ऊपर नहीं दी गयी हैं, सामाजिक मनोविज्ञान की विषय-वस्तु के रूप में व्यक्ति द्वारा सामाजिक परिस्थितियों में किये गये व्यवहार को स्वीकृत किया है। न्यूकाम्ब ने ऐसे व्यवहारों को अन्तःक्रिया की संज्ञा दी है। इस समानता को ध्यान में रखते हुए समाज मनोविज्ञान की एक सामान्य परिभाषा हम इस प्रकार दे सकते हैं–

समाज मनोविज्ञान व्यक्ति के व्यवहार तथा अनुभूतियों का सामाजिक परिस्थिति में अध्ययन करने का एक विज्ञान है।

**विशेषता**–उपरोक्त परिभाषाओं का विश्लेषण करने से हमें निम्नलिखित तथ्य प्राप्त होते हैं–

1. समाज मनोविज्ञान एक विज्ञान है तथा मनोविज्ञान की एक शाखा भी है।
2. समाज मनोविज्ञान में व्यक्ति के व्यवहारों एवं अनुभूतियों का अध्ययन किया जाता है।
3. एक समाज मनोवैज्ञानिक इन व्यवहारों एवं अनुभूतियों का अध्ययन सामाजिक परिस्थिति में करता है। अब प्रश्न यह उठता है कि सामाजिक परिस्थिति

किसे कहते हैं? **शेवर** के अनुसार सामाजिक परिस्थिति उस परिस्थिति को कहा जाता है जिसमें दो से अधिक व्यक्तियों या समूहों के बीच अन्तःक्रिया होती है।

न्यूकाम्ब के अनुसार, अन्तःक्रिया एक ऐसी प्रक्रिया होती है जिसमें एक व्यक्ति वैसे व्यक्ति का प्रत्यक्षण कर अनुक्रिया करता है जो उसे प्रत्यक्षण करके उसके प्रति भी अनुक्रिया करता है। इस तरह अन्तःक्रिया में एक व्यक्ति की अनुक्रिया दूसरे व्यक्ति के लिए उद्दीपक का कार्य करती है। अन्तःक्रिया दो प्रकार की होती है—आमने-सामने की अन्तःक्रिया तथा प्रतीकात्मक अन्तःक्रिया। आमने-सामने की अन्तःक्रिया में एक व्यक्ति की अन्तःक्रिया दूसरे व्यक्ति जो उसके सामने उपस्थित होता है, उससे होती है। प्रतीकात्मक अन्तःक्रिया में दो अलग-अलग जगहों पर रहने वाले व्यक्तियों के बीच अन्तःक्रिया होती है। एक उदाहरण लीजिए—मान लीजिए कि एक व्यक्ति दूसरे व्यक्ति को जो दूसरे शहर में रह रहा है, पत्र लिखता है। फिर उस पत्र का जवाब दूसरा व्यक्ति पहले व्यक्ति को देता है। इस तरह पत्र द्वारा हुई अन्तःक्रिया को प्रतीकात्मक अन्तःक्रिया की संज्ञा दी जाती है। दूसरी तरफ, यदि राधा अनुराधा से पूछती है, "तुम कहाँ जा रही हो।" अनुराधा कहती है 'घर'। यह आमने-सामने की अन्तःक्रिया का उदाहरण हुआ। समाज मनोविज्ञान में इन दोनों तरह की अन्तःक्रियाओं का अध्ययन किया जाता है। समाज मनोवैज्ञानिकों ने यह स्पष्ट कर दिया है कि सामाजिक अन्तःक्रियाएँ निम्नांकित तीन तरह की हो सकती हैं और इन दोनों प्रकार की अन्तःक्रियाओं का अध्ययन समाज मनोविज्ञान में किया जाता है—

**(i) समूह तथा समूह के बीच अन्तःक्रिया**—सिपाही के दो दलों के बीच संघर्ष, खिलाड़ियों के दो दलों द्वारा खेल खेलना, दो देशों के बीच समझौता वार्ता आदि इस प्रकार की अन्तःक्रिया के उदाहरण हैं।

**(ii) व्यक्ति तथा व्यक्ति के बीच में अन्तःक्रिया**—दो व्यक्तियों के बीच बातचीत होना इस तरह की अन्तःक्रिया का एक अच्छा उदाहरण है।

**(iii) व्यक्ति तथा समूह के बीच अन्तःक्रिया**—शिक्षक द्वारा वर्ग में छात्रों को पढ़ाना तथा नेता द्वारा श्रोतागण को भाषण सुनाना इस तरह की अन्तःक्रिया का उदाहरण है।

उपर्युक्त तीनों तरह की अन्तःक्रियाओं का समावेश समाज मनोविज्ञान के विषय-वस्तु में है। इन विभिन्न अन्तःक्रियों के समावेश के कारण ही क्रेच, क्रेचफिल्ड तथा बैलेची ने समाज मनोविज्ञान को अन्तःवैयक्तिक व्यवहार की घटनाओं का विज्ञान कहा है।

## समाज मनोविज्ञान के स्वरूप

समाज मनोविज्ञान की भिन्न-भिन्न परिभाषाओं के विश्लेषण से इतना अवश्य स्पष्ट हो जाता है कि इसका स्वरूप काफी जटिल है। समाजशास्त्रियों तथा मनोवैज्ञानिकों के विचारों के आलोक में समाज-मनोविज्ञान के स्वरूप के सम्बन्ध में निम्नलिखित बातें उल्लेखनीय हैं:–

### *(अ) शुद्ध मनोविज्ञान के रूप में*

समाज-मनोविज्ञान के स्वरूप पर विचार करने से पता चलता है कि यह एक शुद्ध मनोविज्ञान या मौलिक विज्ञान है। कारण, यह शुद्ध मनोविज्ञान अथवा मौलिक विज्ञान की शर्तों अथवा अभिधारणाओं को पूरा करता है। जैसे–

1. इसमें नियमों का निर्माण किया जाता है। जब भिन्न-भिन्न मनोवैज्ञानिकों द्वारा प्रतिपादित सिद्धान्त का प्रमाणीकरण हो जाता है तो इसे एक नियम का रूप दे दिया जाता है। थॉर्नडाइक ने सीखने के तीन नियम अर्थात् तत्परता-नियम, अभ्यास-नियम तथा प्रभाव-नियम का निर्माण इसी तरह किया। यह बात समाज-मनोविज्ञान में भी है। यहाँ भी किसी सिद्धान्त के प्रमाणीकरण के बाद उसे नियम का रूप दे दिया जाता है। जैसे, संज्ञानात्मक असंवादिता-सिद्धान्त के प्रमाणीकरण के बाद फेस्टिंगर ने चार नियमों का निर्माण किया–(क) असंवादित संज्ञानों की मात्रा बढ़ने से असंवादिता की मात्रा बढ़ती है, (ख) असंवादित संज्ञानों की बीच भिन्नता की मात्रा बढ़ने से असंवादिता की मात्रा बढ़ती है, (ग) संवादी संज्ञानों की संख्या बढ़ने से असंवादिता की मात्रा घटती है, तथा (घ) असंवादिता की मात्रा पर भिन्न-भिन्न संज्ञानों के महत्त्व का सार्थक प्रभाव पड़ता है।
2. इसमें विषय-वस्तु का अध्ययन व्यवस्थित रूप से किया जाता है। क्षेत्र-प्रयोग या क्षेत्र-अध्ययन, क्षेत्र-प्रयोग या क्षेत्र-अध्ययन का व्यवहार किया जाता है। शुद्ध मनोविज्ञान की यह विशेषता समाज-मनोविज्ञान में भी पाई जाती है। यहाँ भी आवश्यकता के अनुसार क्षेत्र-प्रयोग या क्षेत्र-अध्ययन का व्यवहार करके सामाजिक विषयों या घटनाओं का विधिवत् अध्ययन किया जाता है। इस आधार पर समाज मनोविज्ञान को शुद्ध मनोविज्ञान या मौलिक विज्ञान कहना युक्तिसंगत है।

3. इसमें अध्ययनों के आधार पर प्राप्त परिणामों के आलोक में जब परिकल्पना सही प्रमाणित हो जाती है तो उसे सिद्धान्त के रूप में मान लिया जाता है। थॉर्नडाइक ने बिल्ली, चूहे आदि पशुओं पर प्रयोग करके इस परिकल्पना को प्रमाणित कर दिया कि सीखने का आधार तत्परता, अभ्यास तथा प्रेरणा है, अतः इसे सिद्धान्त के रूप में मान लिया गया। यह विशेषता समाज-मनोविज्ञान में भी पाई जाती है। यहाँ भी परिकल्पना के सही प्रमाणित होने पर उसे सिद्धान्त के रूप में मान लिया जाता है। फेस्टिंगर ने मनुष्यों पर प्रयोग करके इस परिकल्पना को प्रमाणित कर दिया कि संज्ञानात्मक असंवादिता के कारण मनोवृत्ति बदल जाती है। अतः इसे एक सिद्धान्त के रूप में मान लिया गया।
4. इसमें परिकल्पना या परिकल्पनाओं का निर्माण किया जाता है। किसी अध्ययन-विषय के सम्बन्ध में कोई परिकल्पना बनायी जाती है। फिर, विधिवत् अध्ययन के आधार पर उसकी जाँच की जाती है। सामान्य मनोविज्ञान के तहत प्रेरणा से जुड़ी कल्पनाएँ बनायी जा सकती हैं कि अधिगम हेतु दण्ड के स्थान पर पारितोषिक ज्यादा उपयोगी है। फिर प्रयोग द्वारा इसकी जाँच की जा सकती है। अतः इस आधार पर भी समाज मनोविज्ञान वास्तव में शुद्ध मनोविज्ञान होने का सही दावा करता है।

स्पष्ट है कि समाज-मनोविज्ञान में शुद्ध मनोविज्ञान की सभी अवधारणाएँ, शर्तें या विशेषताएँ पाई जाती हैं। अतः समाज मनोविज्ञान वास्तविक अर्थ में शुद्ध मनोविज्ञान की एक शाखा है। इस अर्थ में यह सामान्य मनोविज्ञान, बाल-मनोविज्ञान, असामान्य मनोविज्ञान, आदि शुद्ध मनोविज्ञानों से अभिन्न आदि व्यावहारिक मनोविज्ञानों से भिन्न है।

### *(ब) व्यावहारिक मनोविज्ञान के रूप में*

समाज मनोविज्ञान एक सामाजिक विज्ञान होने के साथ-साथ मनोविज्ञान और व्यावहारिक मनोविज्ञान दोनों है। शुद्ध मनोविज्ञान के रूप में इसकी व्याख्या ऊपर की जा चुकी है। अब व्यावहारिक मनोविज्ञान के रूप में इसकी व्याख्या यहाँ की जायेगी। व्यावहारिक मनोविज्ञान उसे कहते हैं, जिसमें व्यावहारिक समस्याओं का समाधान किया जाता है। इससे मनोविज्ञान के सिद्धान्तों तथा नियमों के आलोक में मानव जीवन की विभिन्न व्यावहारिक समस्याओं का समाधान करके मानव जीवन को सुखद बनाने का प्रयास किया जाता है। जैसे—शिक्षा मनोविज्ञान एक व्यावहारिक मनोविज्ञान है, जिसमें शिक्षा से संबंधित भिन्न-भिन्न व्यावहारिक समस्याओं का

समाधान किया जाता है। बालकों की शिक्षा को कैसे सफल बनाया जा सकता है, बच्चे शिक्षा में क्यों पिछड़ जाते हैं, वे पढ़ाई क्यों छोड़ देते हैं। प्रतिभाशाली, मानसिक दुर्बल तथा सामान्य बालकों के लिए शिक्षा-कार्यक्रम कैसा होना चाहिए, आदि व्यावहारिक समस्याओं का समाधान शिक्षा-मनोविज्ञान करता है। इसी तरह औद्योगिक मनोविज्ञान व्यवहारपरक मनोविज्ञान है, जो उद्योग से सम्बन्धित व्यावहारिक समस्याओं का समाधान ढूँढ़ता है।

इस दृष्टिकोण से देखने पर पता चलता है कि व्यावहारिक मनोविज्ञान की विशेषता समाज-मनोविज्ञान में भी है। कारण, यहाँ सामाजिक प्राणी है। इस हैसियत से उसको कई सामाजिक समस्याओं का सामना करना पड़ता है। वह जिस समाज का सदस्य होता है, उसके प्रति उसके कुछ निश्चित कर्त्तव्य होते हैं। उसके कर्त्तव्यों को निभाने में समाज-मनोविज्ञान सहायक होता है। जैसे—हमारे समाज में दहेज, जातिभेद, जातिगत दंगे, साम्प्रदायिक दंगे, भिखमंगी, वेश्यावृत्ति आदि अनेक व्यावहारिक समस्यायें हैं, जिनके समाधान के लिए समाज-मनोवैज्ञानिक सदा प्रयत्नशील है। इन समस्याओं के समाधान का प्रयास शुद्ध मनोविज्ञान के सिद्धान्त तथा नियमों के आलोक में किया जाता है। मर्टन तथा निस्वेट ने कहा है कि समाज मनोविज्ञान का एक दायित्व व्यावहारिक सामाजिक समस्याओं का समाधान करना है। ये व्यावहारिक समस्याएँ जो प्रत्यक्ष या परोक्ष रूप से व्यक्ति और समाज को प्रभावित करती हैं। ऐसी समस्याओं का निदान समाज मनोविज्ञान के अन्तर्गत किया जाता है जिसके निदान से व्यक्ति एवं समाज दोनों लाभान्वित होते हैं तथा उनकी उन्नति होती है। यदि इन सामाजिक समस्याओं का समाधान न हो तो दोनों को हानि पहुँचती है तथा उनकी प्रगति में बाधा पहुँचती है। जैसे—साम्प्रदायिक तनाव या सामुदायिक दंगा विशेष रूप से भारतीय परिवेश में एक गंभीर सामाजिक या व्यावहारिक समस्या है, जिसका समाधान व्यक्ति, समाज तथा राष्ट्र सबों के हितों के लिए आवश्यक है। इसी प्रकार जातिगत दंगा, दहेज प्रथा, छुआछूत, बाल विवाह आदि भारतीय समाज की व्यावहारिक समस्याएँ हैं, जिनका समाधान व्यक्ति, समाज तथा राष्ट्र के लिए आवश्यक है। अतः समाज मनोवैज्ञानिक इन सभी व्यावहारिक समस्याओं के कारणों की खोज करते हैं तथा उनको दूर करके उन समस्याओं के समाधान के उपायों का सुझाव देते हैं। इस आधार पर कहा जा सकता है कि समाज मनोविज्ञान वास्तव में एक व्यवहारपरक विज्ञान है।

**व्यावहारिक रूप में समाज-मनोविज्ञान के तर्क का आधार**—व्यवहारपरक समाज मनोविज्ञान के निम्नलिखित दो तर्कआधार हैं:—

**(1) मानव सम्बन्ध**—व्यवहारपरक समाज मनोविज्ञान का दूसरा तर्कआधार मानव सम्बन्ध है। तर्कआधार यह है कि व्यवहारपरक सामाजिक समस्याओं का समाधान मानवीय मूल्यों के आलोक में किया जाना चाहिए। प्रत्येक सामाजिक समस्या के समाधान के पीछे मानवीय मूल्यों की प्रधानता होती है। भारतीय प्रसंग में साम्प्रदायिक दंगे, जातिगत दंगे, आतंकवाद आदि समस्याओं का समाधान इसलिए आवश्यक है कि इससे मानव सम्बन्धों अथवा मानव मूल्यों की सुरक्षा होती है। सामाजिक मनोविज्ञान द्वारा विविध सामाजिक व्यावहारिक समास्याओं के निदान के साथ मनुष्य का हित व कल्याण की भावना निहित होती है। उपरोक्त तर्क के आधार पर एक व्यावहारिक विज्ञान के रूप इसकी महत्ता दिनोंदिन बढ़ती जा रही है। इस संदर्भ में किये गये अध्ययनों से उपर्युक्त बातों की पुष्टि होती है। स्पष्ट है कि समाज मनोविज्ञान, आवश्यक रूप से व्यवहारपरक मनोविज्ञान भी है। इस अर्थ में यह शिक्षा मनोविज्ञान, औद्योगिक मनोविज्ञान, आदि व्यावहारिक मनोविज्ञान से अभिन्न तथा सामान्य मनोविज्ञान, बाल मनोविज्ञान, बादि शुद्ध मनोविज्ञानों से भिन्न है।

इस प्रकार स्पष्ट हो जाता है कि समाज-मनोविज्ञान का स्वरूप मनोविज्ञान की दूसरी शाखाओं से भिन्न है। मनोविज्ञान की अन्य शाखाएँ या तो शुद्ध मनोविज्ञान की श्रेणी में आती हैं या व्यवहारपरक मनोविज्ञान की श्रेणी में। लेकिन, समाज-मनोविज्ञान एक ही साथ दोनों श्रेणियों में आता है। यह इसका अपूर्व स्वरूप है, जो इसे अन्य शाखाओं से भिन्न बना देता है।

समाज मनोविज्ञान के दोनों पक्षों—शुद्ध पक्ष तथा व्यावहारिक पक्ष के बीच गहरा सम्बन्ध है। शुद्ध समाज-मनोविज्ञान सैद्धान्तिक या अमूर्त है। अतः इसके आधार पर प्राप्त परिणामों की सार्थकता तब तक प्रमाणित नहीं हो सकती, जब तक इन्हें व्यावहारिक रूप न दिया जाय। शुद्ध मनोविज्ञान कच्चा माल तैयार करता है और व्यावहारिक मनोविज्ञान उसे उपयोगी बनाकर मानव-जीवन को लाभान्वित करता है। अतः जिस प्रकार हेना पत्थर पर पिसने के बाद रंग लाती है, उसी प्रकार शुद्ध मनोविज्ञान के सिद्धान्त एवं नियम व्यावहारिक मनोवैज्ञानिकों के हाथ पड़कर अपना कमाल दिखलाते हैं। ठीक इसी तरह व्यावहारिक समाज-मनोविज्ञान के लिए शुद्ध समाज-मनोविज्ञान आवश्यक है। व्यावहारिक समाज-मनोवैज्ञानिक समाज की व्यावहारिक समस्याओं का समाधान उस सिद्धान्तों के आलोक में करते हैं, जिनका निर्माण शुद्ध समाज-मनोविज्ञान करते हैं। अतः यदि अनुकूल सिद्धान्त एवं नियम ही उपलब्ध न हों तो व्यावहारिक समाज-मनोवैज्ञानिकों का कार्य आगे बढ़ ही नहीं सकता है। इसीलिए क्रेंच आदि (Krech et al., 1962 1982) ने

कहा है कि—"व्यावहारिक समाज मनोवैज्ञानिक को न केवल व्यावहारिक समस्या के ब्यौरों में निपुण होना चाहिए, बल्कि शुद्ध समाज मनोविज्ञान में भी पूर्ण रूप से सुविज्ञ होना चाहिए।"

**(2) सामाजिक संघटक**—सामाजिक व्यावहारिक समस्या के निदान के लिए यह आवश्यक है कि उसमें निहित सामाजिक संघटक को निर्धारित किया जाये। एक व्यवहारपरक विज्ञान के रूप में समाज मनोविज्ञान इसी तर्कआधार के आलोक में व्यावहारिक समस्या का समाधान ढूँढ़ने का प्रयास करता है। इस प्रयास में उसे जिस हद तक सफलता मिल पाती है, उसी हद तक वह समस्या हल हो पाती है। जैसे—जातिगत दंगे, साम्प्रदायिक दंगे या दहेज प्रथा के समुचित समाधान के लिए इसमें निहित सामाजिक संघटकों या तत्त्वों का आकलन अति आवश्यक है। इसी तर्कआधार के आलोक में समाज मनोविज्ञान का महत्त्व एक व्यावहारिक या व्यवहारपरक विज्ञान के रूप में बढ़ता जा रहा है।

## *(स) पारस्परिक क्रिया की विशेषताएँ*

समाज मनोविज्ञान सामाजिक पारस्परिक क्रियाओं का विज्ञान है। सामाजिक परिस्थितियों में व्यक्तियों के बीच, होने वाले व्यवहारों को पारस्परिक क्रिया कहते हैं। यह पारस्परिक क्रिया व्यक्ति तथा व्यक्ति के बीच, व्यक्ति तथा समूह के बीच, व्यक्ति तथा सामाजिक संस्थान के बीच और व्यक्ति तथा सम्पूर्ण समाज के बीच देखी जाती है। इस अर्थ में समाज-मनोविज्ञान का स्वरूप समाजशास्त्र से भिन्न है, क्योंकि समाजशास्त्र में समाज को ध्यान में रखकर अध्ययन किया जाता है।

व्यक्ति द्वारा किया गया व्यवहार प्रत्यक्ष अथवा परोक्ष तरीके से दूसरे व्यक्ति पर असर डालता है। उसकी प्रक्रिया स्वरूप दूसरा व्यक्ति व्यवहार करता है। इस प्रकार की प्रक्रिया को पारस्परिक क्रिया कहा जाता है।

1. जब P तथा O के बीच समान समझदारी नहीं होती है तो भविष्यवाणी करना कठिन बन जाता है। फलतः उन दोनों के बीच पारस्परिक क्रिया सहज तथा स्वाभाविक नहीं बन पाती है, बल्कि जटिल एवं कठिन बन जाती है। जैसे—यदि P यह समझ कर अपने हाथों को O की ओर बढ़ाये कि हाथ मिलाना अभिवादन का प्रतीक है, किन्तु O इस अर्थ में परिचित न हो तो अवश्य ही P का यह व्यवहार बेअसर सिद्ध होगा। इस प्रकार स्पष्ट हो जाता है कि हमारे सामाजिक व्यवहारों का नियंत्रण तथा संचालन हमारी परस्पर प्रत्याशाओं के आलोक में होता है।

2. जब P तथा O एक-दूसरे के प्रति भविष्यवाणी करने में सफल होते हैं, तो पारस्परिक क्रिया सरल बन जाती है, अन्यथा जटिल तथा कठिन बन जाती है। जैसे--दो पुराने मित्रों के बीच पारस्परिक क्रिया सरल होती है, जबकि दो नये मित्रों के बीच यह कठिन होता है।
3. सामाजिक पारस्परिक क्रिया का आधार प्रत्याशा है। P किसी O के प्रति एक विशेष प्रत्याशा के साथ कोई व्यवहार करता है। बाद में O के प्रति P का व्यवहार कैसा होगा, यह P के ऊपर उसकी प्रत्याशा पर आधारित होता है। इस प्रकार P तथा O के बीच होने वाली पारस्परिक क्रिया का स्वरूप दोनों की प्रत्याशाओं तथा उनके व्यक्तिगत व्यवहारों के स्वरूप से निर्धारित होगा।
4. पारस्परिक क्रिया की व्याख्या साधारण उत्तेरण-प्रतिक्रिया सम्बन्ध के आधार पर संभव नहीं है। कारण उत्तेरण (S) तथा प्रतिक्रिया (R) के बीच कई मध्यवर्ती चर सक्रिय होते हैं। जैसे—एक मुल्ला की उपस्थिति (S) में हिन्दुओं तथा मुसलमानों (O) में भिन्न-भिन्न प्रतिक्रियाओं (R) का उत्पन्न होना स्वाभाविक है। अतः पारस्परिक क्रिया की व्याख्या केवल उत्तेजना-प्राणी-प्रतिक्रिया सम्बन्ध के आधार पर ही सम्भव है।

## *(घ) व्यवहार के विश्लेषण के प्रकार*

पारस्परिक क्रिया के समय व्यक्तियों के व्यवहारों का स्वरूप क्या होगा, इसकी जानकारी के लिए यह जान लेना आवश्यक है कि उस व्यवहार को उत्पन्न करने में किन-किन कारकों अथवा निर्धारकों का हाथ होता है। इस ज्ञान के हो जाने के बाद पारस्परिक क्रिया में भाग लेने वाले व्यक्तियों के व्यवहार के सम्बन्ध में भविष्यवाणी करना सम्भव हो सकता है। सेकर्ड तथा बैकमैन ने पारस्परिक क्रिया अथवा इसमें भाग लेने वाले व्यक्तियों के व्यवहार के स्वरूप को निर्धारित करने के लिए इसका विश्लेषण निम्नलिखित तीन तंत्रों में किया है—

**(i) व्यक्तित्व-तंत्र**—व्यवहार का एक मुख्य निर्धारक व्यक्तित्व तंत्र है। पारस्परिक क्रिया के समय किसी व्यक्ति का व्यवहार कैसा होगा, यह बात उस व्यक्ति के व्यक्तित्व-तंत्र पर निर्भर करती है। अन्य बातें समान रहने पर भी व्यक्तित्व तंत्र में अन्तर होने के कारण, पारस्परिक क्रिया में भाग लेने वाले व्यक्तियों का व्यवहार भिन्न बन जाता है। अतः व्यक्ति के व्यवहार के समुचित ज्ञान के लिए व्यक्तित्व-तंत्र के रूप में उसका विश्लेषण आवश्यक है।

व्यक्तित्व-तंत्र के अन्तर्गत व्यक्तित्व-शीलगुणों, संज्ञानों, आदतें, आदि की गणना की जाती है। स्मरण रखना चाहिए कि व्यक्तित्व-तंत्र, वास्तव में इन सभी कारकों या चरों का योगफल नहीं है, बल्कि एक विशेष संगठन है। इस संगठन के कारण प्रत्येक व्यक्ति का व्यक्तित्व एक अपूर्वतंत्र के रूप में काम करने लगता है। जैसे, आक्रमणशील व्यक्तित्व वाले व्यक्ति के व्यवहार में पारस्परिक क्रिया के समय आक्रमणशीलता की प्रधानता देखी जाती है। इसी प्रकार आधिपत्य तथा नम्रता के शीलगुण वाले व्यक्तियों के व्यवहार में क्रमशः आधिपत्य एवं नम्रता की विशेषता देखी जा सकती है। मजे की बात यह है कि दूसरा व्यक्ति (O) उस व्यक्ति (P) से इसी प्रकार के व्यवहार की प्रत्याशा करता है। यदि P किसी O के व्यक्तित्व तंत्र का ज्ञान रखता है तो वह भी O से एक विशेष प्रकार के व्यवहार की अपेक्षा रखता है। व्यक्तित्व तंत्र के सम्बन्ध में यह बात स्मरण रखना चाहिए कि इसमें स्थिरता एवं संगति पाई जाती है। इसी आधार पर पारस्परिक क्रिया के समय किसी व्यक्ति के व्यवहार के सम्बन्ध में भविष्यवाणी करना सम्भव होता है। लेकिन इसके साथ-साथ थोड़ी-बहुत गतिशीलता भी पाई जाती है। जिस व्यक्ति के व्यक्तित्व-तंत्र में जितनी ही अधिक गतिशीलता पायी जाती है, उसके व्यवहार के सम्बन्ध में भविष्यवाणी करना उतना ही कठिन होता है।

पारस्परिक क्रिया के समय भूमिका तनाव के रूप में व्यक्तियों के व्यवहार का विश्लेषण भी व्यक्तित्व-तंत्र के आलोक में किया जा सकता है। इस सम्बन्ध में सेकर्ड तथा बैकमैन ने तीन व्यक्तिगत विशेषताओं का उल्लेख किया है– (क) व्यक्तिगत शीलगुण, (ख) स्वधारणा तथा आवश्यकता-अभिव्यक्ति। व्यक्तिगत शीलगुण के दो प्रकार हैं, जिन्हें व्यक्तिगत गुण तथा वातावरण से अर्जित गुण कहते हैं। बुद्धि, शारीरिक विशेषताएँ आदि व्यक्तिगत गुण के उदाहरण हैं। इसी प्रकार शैक्षिक उपाधि, प्रशिक्षण आदि वातावरण से अर्जित गुण हैं। पारस्परिक क्रिया के समय जब ये गुण होते हैं तो व्यक्ति सामान्य रूप से अपनी भूमिका निभाता है और जब ये शीलगुण अपेक्षित व्यवहार में बाधक होते हैं तो वह भूमिका-तनाव का शिकार बन जाता है। अध्ययनों से पता चलता है कि जिन लोगों की शारीरिक प्रतीति प्राध्यापक के जैसी होती है, वे अपनी भूमिका में अधिक सफल समझे जाते हैं।

अपनी अवधारणा से भी व्यक्ति का आचार-विचार और व्यवहार निर्धारित होता है। ऐसे इंसान अपनी भूमिका को कायदे से निभा ले जाते हैं। लेकिन, स्वधारणा तथा अपेक्षित व्यवहार के बीच विरोध होने पर भूमिका-तनाव-उत्पन्न होता है। जैसे–यदि किसी ब्राह्मण की स्वधारणा यह हो कि हरिजन अछूत होते

हैं तो उसे हरिजन पदाधिकारी के साथ अधीनस्थ कर्मचारी की भूमिका निभाने में तनाव महसूस होगा।

आवश्यकता-अभिव्यक्ति भी व्यक्ति में व्यवहार को निर्धारित करती है तथा कभी-कभी भूमिका-तनाव का कारण बन जाती है। पारस्परिक क्रिया के समय जब व्यक्ति को अपनी भूमिका निभाने में उसकी आवश्यकता की अभिव्यक्ति नहीं होती है तो वह तनाव महसूस करता है। जैसे—यदि कोई व्यक्ति सामाजिक वार्तालाप को पसन्द करता हो तो वह ऐसी व्यावसायिक भूमिका से सन्तुष्ट नहीं होगा, जिसमें उसे लोगों से मिलने-जुलने का अवसर बहुत कम मिलता हो।

उपर्युक्त विवेचनों से स्पष्ट है कि सामाजिक व्यवहार या पारस्परिक क्रिया के सही तौर पर समझने के लिए यह आवश्यक है कि उसका विश्लेषण व्यक्तित्व-तंत्र के दृष्टिकोण से किया जाए।

**(2) सांस्कृतिक तंत्र**—पारस्परिक क्रिया अथवा सामाजिक व्यवहार के विश्लेषण का तीसरा तंत्र तथा अंतिम आधार सांस्कृतिक तंत्र है। पारस्परिक क्रिया के समय होने वाले व्यवहार के समुचित मूल्यांकन के लिए व्यक्तित्व-तंत्र तथा सामाजिक तंत्र के साथ-साथ सांस्कृतिक तंत्र का उपयोग करना भी आवश्यक है।

प्रत्येक संस्कृति के निश्चित मूल्य, विश्वास, परम्पराएँ, तथा मानदंड होते हैं। इन्हें संस्कृति प्रतिरूप कहते हैं। इनका गहरा प्रभाव व्यक्ति के व्यवहार या पारस्परिक क्रिया पर पड़ता है। अतः व्यक्ति के व्यवहार या पारस्परिक क्रिया को उस सांस्कृतिक प्रतिरूपों में भिन्नता के कारण ही कोई एक हाथ उठाकर, कोई दोनों हाथों को जोड़कर, कोई सिर झुकाकर और कोई जीभ निकाल कर दूसरे का अभिनन्दन करता है। सांस्कृतिक मूल्यों में अन्तर होने के कारण ही भारतीय पत्नियाँ अपने पति को पतिदेव समझकर उनके साथ व्यवहार करती हैं, जबकि अमेरिका पत्नियाँ केवल लिंग-साथी समझ कर व्यवहार करती हैं।

सांस्कृतिक तन्त्र की मदद से भूमिका तनाव को भली-भाँति समझा जा सकता है। भूमिका तनाव उस संस्कृति तंत्र में अधिक देखने को मिलता है, जिस संस्कृत में असमानता अधिक होती है। सैनिक सेवा में भिन्न-भिन्न कोटियों के बीच सम्बन्धों में असमानता के कारण एक विशेष प्रकार का भूमिका तनाव उत्पन्न होता है। अमेरिका में विभिन्न कोटियों के बीच सम्बन्धों को समान बनाने की दौड़ के कारण भूमिका-तनाव काफी बढ़ गया है। भारत की विभिन्न जातियों तथा धर्मों के मध्य समानता की स्पर्द्धा से तनाव में इस कदर बढ़ोत्तरी हो रही है कि उससे भारत की एकता को खतरा उत्पन्न हो सकता है।

**(iii) सामाजिक तंत्र**—पारस्परिक क्रिया के समय होने वाले व्यवहार के विश्लेषण का दूसरा आधार सामाजिक तंत्र है। कारण, व्यक्तित्व-तंत्र समान रहने पर भी सामाजिक तंत्र में भिन्नता होने पर, दो व्यक्तियों का व्यवहार एक-दूसरे से भिन्न बन जाता है।

सामाजिक व्यवस्था में प्रत्येक व्यक्ति एक या एक से अधिक सामाजिक भूमिकाओं में होता है। एक व्यक्ति की सामाजिक भूमिका दूसरे व्यक्ति या व्यक्तियों से पृथक् नहीं होती है, बल्कि गहरे तौर पर सम्बन्धित होती है। इस प्रकार किसी सामाजिक व्यवस्था में भिन्न-भिन्न व्यक्तियों की सामाजिक भूमिकाओं की एक जाली बन जाती है, जिसे सामाजिक-तंत्र कहते हैं। जैसे—परिवार एक सामाजिक तंत्र है, जिसमें पति-पत्नी, पिता तथा बच्चे, माता तथा बच्चे, भाई-बहन आदि की सामाजिक भूमिकाओं का एक निश्चित जाल पाया जाता है। इसी प्रकार जेलखाना, अस्पताल, स्कूल, आदि सामाजिक-तंत्र के उदाहरण हैं।

सामाजिक व्यवस्था के तहत एक इंसान विविध उत्तरदायित्वों का निर्वाह करता है। उदाहरण के रूप में परिवार में एक व्यक्ति पिता, पति, भाई तथा पुत्र के रूप पृथक्-पृथक् भूमिका का निर्वाह करता है। एक स्त्री एक ही साथ माता, पत्नी, बहन तथा पुत्री की भूमिका-श्रेणी में हो सकती है। व्यक्ति की भूमिका श्रेणी से सम्बद्ध दूसरे लोग या लोगों को भूमिका-साथी कहते हैं। उस व्यक्ति को कर्त्ता कहते हैं। पिता की भूमिका में एक व्यक्ति कर्त्ता तथा भूमिका-साथी के बीच होने वाली पारस्परिक क्रिया का स्वरूप क्या होगा, उनकी अपनी-अपनी भूमिका-श्रेणी पर निर्भर करेगा। कारण प्रत्येक भूमिका-श्रेणी के अनुकूल व्यवहार करने के लिए बाध्य होते हैं। यही बात दूसरे सभी सामाजिक तंत्रों के साथ देखी जाती है। अतः एक व्यक्ति का व्यवहार दूसरे व्यक्ति के प्रति कैसा होगा, यह उन दोनों व्यक्तियों के व्यक्तित्व-तंत्र के साथ-साथ उनके सामाजिक तंत्र पर भी निर्भर करता है। कई अध्ययनों से इस विचार का समर्थन होता है।

सामाजिक तन्त्र के आधार पर भूमिका-तनाव का विश्लेषण कारण, एक व्यक्ति का जो अधिकार होता है, वही दूसरे व्यक्ति का कर्त्तव्य बन जाता है और एक का जो कर्त्तव्य होता है, वही दूसरे का अधिकार बन जाता है। कई अध्ययनों से इस विचार का समर्थन होता है।

अतः पारस्परिक क्रिया या सामाजिक व्यवहार के समुचित अध्ययन के लिए यह आवश्यक है कि इसका विश्लेषण व्यक्तित्व-तंत्र के साथ-साथ सामाजिक तंत्र के आधार पर भी किया जाये।

स्पष्ट हुआ कि पारस्परिक क्रिया अथवा सामाजिक व्यवहार को समुचित रूप में समझने के लिए यह आवश्यक है कि इसका विश्लेषण व्यक्तित्व-तंत्र, सामाजिक तंत्र इस बात से स्पष्ट होता है कि सांस्कृतिक-तंत्र के आलोक में किया जाये। मनोविज्ञान, समाजशास्त्र तथा मानवशास्त्र का मौलिक सम्बन्ध क्रमशः व्यक्तित्व-तंत्र सामाजिक तंत्र, तथा सांस्कृतिक तंत्र से है। लेकिन, समाज मनोविज्ञान का सम्बन्ध एक ही साथ इन तीनों तंत्रों से है। कारण, समाज-मनोविज्ञान में जिस पारस्परिक क्रिया या व्यवहार का अध्ययन किया जाता है, वह इन तीनों तंत्रों का परिणाम होता है। दूसरे शब्दों में, समाज मनोवैज्ञानिक व्यक्ति के व्यवहार इन तीनों चरों के आलोक में समझने का प्रयास करते हैं। **सेकर्ड** तथा **बैकमैन** ने निष्कर्ष के रूप में ठीक ही कहा है कि इन तीनों तंत्रों के बीच गहरा सम्बन्ध है और सामाजिक व्यवहार या पारस्परिक क्रिया वास्तव में एक ऐसा आश्रित चर है, जो इन तीनों स्वतंत्र चरों अर्थात् व्यक्तित्व तंत्र, सामाजिक तंत्र तथा सांस्कृतिक तंत्र का संयुक्त प्रभाव है।

## सामाजिक व्यवहार का विश्लेषण स्तर

समाज मनोविज्ञान सामाजिक परिस्थितियों में व्यक्ति के व्यवहारों का अध्ययन का विज्ञान है। ऐसे व्यवहार को सामाजिक व्यवहार कहा जाता है। समाज व्यवहार से तात्पर्य व्यक्ति के भाव, क्रिया तथा चिन्तन आदि से होता है। समाज मनोवैज्ञानिक समाज व्यवहार के स्वरूप तथा कारणों के अध्ययन पर बल डालते हैं। इतना ही नहीं, वे व्यक्ति के सामाजिक व्यवहारों का विश्लेषण भी इन्हीं कारकों के रूप में विभिन्न स्तरों पर करते हैं। सामाजिक व्यवहारों के विश्लेषण के ऐसे स्तर को निम्नांकित पाँच भागों में बाँटा गया है–

**(1) जैविक घटक**–सामाजिक व्यवहार की उत्पत्ति के विश्लेषण का एक अन्य प्रमुख स्तर जैविक कारक को माना गया है। व्यक्ति का सामाजिक व्यवहार इस तथ्य से भी प्रभावित होता है कि व्यक्ति के दैहिक प्रकटन के जन्मजात पहलू क्या हैं, व्यक्ति के सामाजिक व्यवहार से भिन्न होता है।

**(2) पर्यावरणी पट**–सामाजिक व्यवहार की उत्पत्ति का विश्लेषण पर्यावरणी कारकों द्वारा भी प्रभावित होता है। अपने अनुभव से यह स्पष्ट है कि अत्यधिक गर्म दिनों तथा अत्यधिक ठंडे दिनों में हमारा व्यवहार उन दिनों से भिन्न होता है जिसमें साधारण गर्मी या साधारण सर्दी पड़ती है। मनोवैज्ञानिकों द्वारा किये गये कुछ

अध्ययनों से यह बात भी ज्ञात होती है कि उसके आस-पास के परिवेश से भी मानव का व्यवहार प्रभावित होता है। जैसे—अत्यधिक शोर अथवा भीड़भाड़ में मनुष्य का सामान्य व्यवहार प्रभावित होता है।

**(3) सामाजिक संज्ञान**—सामाजिक व्यवहार के विश्लेषण का दूसरा स्तर व्यक्ति का सामाजिक संज्ञान है। सामाजिक संज्ञान से तात्पर्य दूसरों के प्रति अपने चिन्तन, प्रत्यक्षण, विश्वास, मनोवृत्ति, स्मृति आदि से होता है। व्यक्ति के सामाजिक संज्ञान को निम्नलिखित उदाहरण द्वारा समझा जा सकता है—मान लिया जाए कि मोहन किसी अन्य व्यक्ति के साथ दूरभाष से बातचीत कर रहा है। बातचीत करते-करते अचानक लाइन बन्द हो जाती है। ऐसे स्थिति में मोहन किस तरह से प्रतिक्रिया करेगा, यह बहुत हद तक इस बात पर निर्भर करता है कि वह इस घटना की व्याख्या किस तरह से करता है। यदि वह यह समझता है कि किसी यान्त्रिक दोष के कारण ऐसा हुआ है, तो वह एक ढंग से व्यवहार करेगा। परंतु यदि वह यह समझता है कि दूसरे तरफ के व्यक्ति ने जान-बूझकर लाइन काट दी है, तो वैसी परिस्थिति में उसकी प्रतिक्रिया दूसरे ढंग की होगी। इस उदाहरण से यह स्पष्ट हो जाता है कि सामाजिक संज्ञान से भी सामाजिक व्यवहार के उत्पत्ति का विश्लेषण प्रभावित होता है।

**(4) सामाजिक-सांस्कृतिक घटक**—व्यक्ति का सामाजिक व्यवहार की उत्पत्ति का विश्लेषण का एक स्तर सामाजिक-सांस्कृतिक कारक भी है। व्यक्ति का सामाजिक व्यवहार इस तथ्य से भी प्रभावित होता है कि सामाजिक मानक क्या है, व्यक्ति को किस परिस्थिति में किस तरह से व्यवहार करना चाहिए, व्यक्ति किस तरह के समूह का सदस्य है, समाज के मूल्य क्या हैं आदि-आदि। यही कारण है कि पिता की उपस्थिति में पुत्र अपने दोस्तों के साथ एक ढंग से व्यवहार करता है तथा उनकी अनुपस्थिति में वह अपने दोस्तों के साथ दूसरे ढंग से व्यवहार करता है। एक किरानी का व्यवहार पदाधिकारी के व्यवहार के भिन्न होने का मुख्य कारण दोनों का दो तरह के समूहों के संबंधन का होना है। अतः इससे स्पष्ट होता है कि सामाजिक व्यवहार की उत्पत्ति के विश्लेषण का एक प्रमुख स्तर सामाजिक-सांस्कृतिक कारक है।

**(5) अन्य लोगों की विशेषताएँ एवं व्यवहार**—मानव की स्वाभाविक प्रवृत्ति होती है कि वह दूसरों के गुणों और व्यवहार से काफी हद तक प्रभावित होता है। शायद यही कारण है कि समाज मनोवैज्ञानिकों द्वारा इसे सामाजिक व्यवहार की उत्पत्ति के विश्लेषण का एक मुख्य इकाई या आधार माना गया है। व्यक्ति अन्य

व्यक्तियों की विशेषताओं के अनुरूप अपने व्यवहार में परिवर्तन करता पाया जाता है। जैसे—हम लोग किसी आकर्षक व्यक्तित्व करते हैं। उसी तरह से जो लोग अच्छे एवं उत्तम पोशाक पहने होते हैं, उनके प्रति हमारी प्रतिक्रिया या व्यवहार उस व्यक्ति से भिन्न होता है जो उत्तम पोशाक नहीं पहने होते हैं या गन्दी पोशाक पहने होते हैं। उसी तरह से दूसरे व्यक्ति के यौन, उम्र, बोलने का ढंग या शैली आदि को ध्यान में रखकर भी हम अनुक्रिया करते पाये जाते हैं। व्यक्ति का व्यवहार दूसरे व्यक्ति के व्यवहार से भी प्रभावित होता है। जैसे—सड़क पर जाते समय यदि पीछे का वाहन चालक आपके वाहन से बिना आपसे इजाजत लिए तेजी से आपके वाहन के बिलकुल नजदीक से आगे निकाल लेता है, तो उसके उस व्यवहार से आपका चिन्तन आदि एक विशेष ढंग का होता है। परंतु यदि वही वाहन चालक आपकी इजाजत मिलने पर अपना वाहन आगे बढ़ाता है, तो उसके इस व्यवहार के प्रति आपका चिन्तन, भाव आदि दूसरे ढंग का होता है। उपर्युक्त उदाहरणों से यह स्पष्ट हो जाता है कि सामाजिक व्यवहार की उत्पत्ति का विश्लेषण दूसरे लोगों की विशेषताओं एवं व्यवहार की इकाई के रूप में उत्तम ढंग से किया जाता है।

इस प्रकार हम संक्षेप में कह सकते हैं कि सामाजिक व्यवहार के विश्लेषण के कई स्तर हैं। इन स्तरों की जानकारी होने से सामाजिक व्यवहार के स्वरूप को ठीक ढंग से समझने में मदद मिलती है।

## सामाजिक मनोविज्ञान की विशेषताएँ

वर्तमान समय में दिन-प्रतिदिन समाज मनोवैज्ञानिकों का समाज के प्रति लगाव बढ़ता जा रहा है। जिससे समाज-मनोविज्ञान का क्षेत्र दिन-दोगुना तथा रात-चौगुना की तरह व्यापक होता जा रहा है। इससे सामाजिक मनोविज्ञान के समक्ष कई समस्याएँ उभर कर आ गई हैं। यहाँ यह संकेत करना उचित होगा कि सामाजिक मनोविज्ञान का स्वरूप, विषय-क्षेत्र तथा समस्याएँ पहले भी परिवर्तित होती रही हैं और वैज्ञानिक तथा सामाजिक परिवर्तनों के कारण आगे भी परिवर्तित होती रहेंगी। वैसे तो इसके क्षेत्र तथा समस्याओं को सीमाबद्ध करना कठिन है फिर भी इसे निम्नव् स्पष्ट किया जा सकता है।

**(1) बालक के समाजीकरण की व्याख्या**—सामाजिक गुण व्यक्ति में जन्मजात नहीं होते हैं। शिशु में जन्म के समय सामाजिक समझ नहीं होती है, परन्तु जैसे-जैसे आयु वृद्धि के साथ सामाजिक सम्पर्क और अनुभव बढ़ता है उसमें सामाजिक समझदारी विकसित होती है। इसके परिणामस्वरूप वह धीरे-धीरे सामाजिक मान्यताओं

के अनुरूप व्यवहार करना सीखता है। इसे सामाजिक अधिगम कहा जाता है। इस प्रक्रम का जीवन में अत्यधिक महत्त्व है क्योंकि इसके अभाव में व्यक्ति का व्यवहार मानव मान्यताओं के अनुरूप नहीं हो पायेगा और सामाजिक व्यवस्था कमजोर पड़ेगी। इसलिए यह आवश्यक है कि बालकों के सामाजिक विकास के लिए परिस्थितियाँ उत्पन्न की जायँ। बच्चों में अच्छे गुणों के विकास तथा अवांछित व्यवहारों को नियंत्रित करने हेतु उपयुक्त परिस्थितियाँ उत्पन्न करना सामाजिक मनोवैज्ञानिकों का मुख्य कार्य है।

**(2) सामाजिक व्याधिकी**—आधुनिक समाज विभिन्न प्रकार के संकटों से ग्रस्त है, जैसे—पारिवारिक विघटन, अपराध, बाल विवाह, समूह संघर्ष, बाल अपराध, युद्ध, भिक्षावृत्ति, सामाजिक अशान्ति, साम्प्रदायिक दंगे, धार्मिक असहिष्णुता, शोषण तथा मानसिक विकृतियाँ इत्यादि। इन समस्याओं की जड़ सामाजिक परिस्थितियाँ ही हैं। समुचित सामाजिक व्यवस्था के लिए इनका हल ढूँढ़ना आवश्यक है। इन समस्याओं के मानवीय एवं सामाजिक पहलुओं का विश्लेषण करना तथा इनके समाधान के लिए विकल्प तैयार करना आज समाज मनोविज्ञान के लिए आवश्यक है।

**(3) वैयक्तिक एवं समूह भिन्नता की व्याख्या**—व्यक्ति जिस समूह का सदस्य होता है उसकी विशेषताएँ उसके व्यवहार में समय-समय पर परिलक्षित होती रहती हैं। अर्थात् किसी समूह विशेष के सदस्यों में समानता के साथ-साथ असमानता भी पायी जाती है। वह समूह की विशेषताओं से प्रभावित होते हुए भी स्वयं अपनी अलग छाप बनाये रखना चाहता है। इसी प्रकार किसी समाज के विभिन्न समुदायों या समूहों में अनेक मुद्दों पर समान विचारधाराएँ हो सकती हैं, फिर भी वे अनेक बातों पर असहमत या असमान विचार व्यक्त कर सकते हैं और उनका विश्लेषण तथा मूल्यांकन करना समाज मनोविज्ञान का ही दायित्व है।

**(4) व्यक्ति के सामाजिक व्यवहार का उल्लेख**—चूँकि व्यक्ति तथा समाज को एक दूसरे से अलग करना संभव नहीं है। अतः व्यक्ति के अधिकतर व्यवहारों पर सामाजिक कारकों का प्रभाव स्वाभाविक ही है। सामाजिक मनोविज्ञान का मूल उद्देश्य ऐसे व्यवहारों की व्याख्या करना है। एक व्यक्ति का व्यक्ति पर, समूह का व्यक्ति पर और सांस्कृतिक कारकों का भी व्यक्ति के व्यवहार पर प्रभाव पड़ता है। इससे स्पष्ट है कि सामाजिक उद्दीपकों का क्षेत्र काफी व्यापक और साथ-साथ जटिल भी है। सामाजिक मनोविज्ञान की भूमिका यही है कि वह इन विभिन्न परिस्थितियों में व्यवहार का विश्लेषण करके व्यवहार तथा कारण के बीच नियमपूर्ण सम्बन्ध

स्थापित करे। इस दृष्टि से सामाजिक मनोविज्ञान का क्षेत्र व्यक्ति के जीवन के लगभग प्रत्येक पहलू में निहित है।

**(5) प्रचार का महत्त्व**—आज के युग में प्रचार का महत्त्व अत्यधिक बढ़ गया है। इसके द्वारा व्यक्ति के राजनीतिक, सामाजिक, व्यापारिक, धार्मिक एवं अन्य अनेक प्रकार के व्यवहारों को निर्देशित तथा नियंत्रित किया जा सकता है। समाज मनोविज्ञान का इस दृष्टि से विशेष महत्त्व है। प्रचार की विषयवस्तु को लोकप्रिय बनाने के लिए उपयोगी सुझाव देना समाज मनोविज्ञान का ही कार्य है। इसके अतिरिक्त कुप्रचारों से बचने का स्वरूप अधिक जटिल होता है। अतः इसके अध्ययन में कठिनाइयाँ अधिक आती हैं।

**(6) सांस्कृतिक कारकों की व्याख्या**—व्यवहार तथा व्यक्तित्व सम्बन्धी विभिन्न विशेषताओं पर सांस्कृतिक कारकों की गहरी छाप पड़ती है। सांस्कृतिक परिवेश की जो विशेषताएँ होंगी, उसी के अनुरूप व्यक्ति में गुणों का विकास होगा। उदाहरणार्थ, धार्मिक परिवेश में पले बच्चों में दया, धर्म तथा सहनशीलता अधिक होगी और आक्रामक परिवेश में पले बच्चे झगड़ालू परिवेश का भी समुचित होना आवश्यक है। ऐसे कारकों के प्रभाव का मूल्यांकन समाज मनोविज्ञान का ही कार्य है।

**(7) सामूहिक प्रक्रमों की व्याख्या**—समाज मनोविज्ञान का एक प्रमुख कार्य यह भी है कि उसे समूह सम्बन्धी विभिन्न प्रक्रमों, घटनाओं तथा तत्सम्बन्धी कारकों का विश्लेषण एवं मूल्यांकन भी करना होता है। उदाहरणार्थ, समाज मनोवैज्ञानिक को इस बात में गहरी रुचि होती है कि क्यों और कैसे समूहों की रचना होती है, समूह क्यों अस्थिर हो जाते हैं या स्थिर रहते हैं। समूह में स्तरीकरण का विभिन्न सदस्यों के व्यवहारों पर कैसा प्रभाव पड़ता है एवं विभिन्न समूहों के पारस्परिक सम्बन्ध किस प्रकार बनते हैं। इससे स्पष्ट है कि समूह की गत्यात्मकता में समाज मनोविज्ञान की पूरी रुचि होती है। इसी प्रकार नेतृत्व एवं मनोबल आदि का भी अध्ययन एक महत्त्वपूर्ण कार्य है।

**(8) सामूहिक व्यवहारों का अध्ययन**—सामाजिक मनोविज्ञान का कार्य विभिन्न सामूहिक या परिस्थितिजन्य व्यवहारों का सभी अध्ययन करना है। उदाहरण के लिए, इसमें भीड़ एवं श्रोतागण आदि जैसी सामूहिक या परिस्थितिजन्य परिस्थितियों का भी अध्ययन किया जाता है। इनकी विशेषताओं, इनके निर्धारकों तथा व्यक्ति के वैयक्तिक व्यवहार पर इनके प्रभावों का मूल्यांकन करना समाज मनोविज्ञान का ही कार्य है।

**(9) अभिवृत्तियों का अध्ययन**—समाज मनोविज्ञान में अभिवृत्तियों के स्वरूप, निर्माण तथा परिवर्तन सम्बन्धी प्रक्रमों का अध्ययन एक महत्त्वपूर्ण कार्य है। समाज मनोविज्ञान के प्रारम्भिक काल में कुछ विद्वानों ने इसे अभिवृत्तियों का अध्ययन करने वाला विज्ञान ही मान लिया था (Allport, 1924)। अभिवृत्तियाँ व्यवहार के प्रमुख निर्धारक हैं तथा इनका विकास सामाजिक अधिगम या अन्तर्क्रिया की अवधि में होता है। समाज मनोविज्ञान का कार्य इनका विश्लेषण तथा मूल्यांकन करना है। अभिवृत्तियों के अतिरिक्त पूर्वाग्रहों एवं रूढ़ धारणाओं के भी अर्जन तथा उनके निर्धारकों का अध्ययन समाज मनोविज्ञान में होता है। ये भी एक विशेष प्रकार की अभिवृत्तियाँ ही हैं और व्यवहार को एक निश्चित रूप में प्रदर्शित करने में इनकी अहम् भूमिका होती है। इनके निराकरण का उपाय सुझाना आज सामाजिक मनोविज्ञान का एक मुख्य उद्देश्य है।

## अन्य सामाजिक विज्ञानों से समाज मनोविज्ञान का सम्बन्ध

हम इस बात की चर्चा कर चुके हैं कि समाज-मनोविज्ञान का क्षेत्र काफी व्यापक है और इसकी समस्याएँ नानारूप हैं। समाज-मनोविज्ञान अपने क्षेत्र के अन्तर्गत मनोविज्ञान की दूसरी शाखाओं जैसे, बाल मनोविज्ञान, विकासात्मक, मनोविज्ञान, शिक्षा मनोविज्ञान, आदि की बहुत-सी सामग्रियों को भी समाहित करता है। इसके साथ-साथ अन्य सामाजिक विज्ञानों जैसे—समाजशास्त्र, मानवशास्त्र, अर्थशास्त्र आदि से भी कुछ सामग्रियों को समाज-मनोविज्ञान अपने क्षेत्र में समाहित करता है। इसीलिए, मनोविज्ञान की दूसरी शाखाओं तथा अन्य सामााजिक विज्ञानों के साथ समाज-मनोविज्ञान का गहरा सम्बन्ध होना स्वाभाविक है।

## समाज मनोविज्ञान तथा सामान्य मनोविज्ञान का अन्तर्सम्बन्ध

समाज मनोविज्ञान तथा सामान्य मनोविज्ञान एक दूसरे के पर्याय हैं। ये विज्ञान एक-दूसरे पर आश्रित हैं अतः इन दोनों के मध्य विभाजक रेखा खींचना अथवा इन्हें पृथक् करना एक जटिल कार्य है।

सामान्य मनोवैज्ञानिक समाज मनोविज्ञान पर आधारित है। कारण, सामान्य मनोविज्ञान व्यक्ति के व्यवहार एवं अनुभव का अध्ययन करता है। लेकिन, व्यक्ति का व्यवहार अन्तर्वैयक्तिक के व्यवहार घटनाओं के संदर्भ में होता है। व्यक्ति के व्यवहार का अध्ययन चाहे प्रयोगशाला में किया जाए या क्लिनिक या भीड़ में, वह

अवश्य ही किसी अन्तर्वैयक्तिक व्यवहार-घटना के संदर्भ में होगा। व्यक्ति के व्यवहार पर उसके अतीत, वर्तमान तथा भविष्य की अन्तर्वैयक्तिक व्यवहार-घटनाओं का प्रभाव पड़ता है। इसका अर्थ यह हुआ कि व्यक्ति हमेशा सामाजिक जगत् में रहता तथा व्यवहार करता है। एक छात्रा शृंगार-कक्ष में अपने प्रेमी को खुश करने के विचार से एक खास तरह की पोशाक का चयन करती है। उसका यह व्यवहार अकेले में होने पर भी सामाजिक व्यवहार है। अतः सामान्य मनोवैज्ञानिक व्यक्ति के व्यवहार का अध्ययन सामाजिक जगत् में करता है, इसलिए वह समाज-मनोविज्ञान पर आधारित है।

समाज-मनोविज्ञान और सामान्य-मनोविज्ञान दोनों के कार्यों को पृथक् रूप से प्रस्तुत नहीं किया जा सकता है, एक-दूसरे के पूरक हैं दोनों में से किसी एक की अनुपस्थिति में दूसरे का विश्लेषण नहीं किया जा सकता है। कारण, समाज-मनोवैज्ञानिक सामाजिक व्यवहारों की व्याख्या सामान्य मनोविज्ञान के सिद्धान्तों तथा नियमों के आलोक में करते हैं। प्रत्यक्षीकरण, प्रेरणा, सीखना, स्मरण, आदि में सम्बन्धित सामान्य मनोविज्ञान की उपलब्धियों के आधार पर सामाजिक व्यवहार, अन्तर्वैयक्तिक व्यवहार अथवा पारस्परिक प्रतिक्रिया को समझने का प्रयास समाज-मनोविज्ञान में किया जाता है।

अतः इस बात से स्पष्ट होता है कि समाज मनोविज्ञान तथा सामान्य मनोविज्ञान के बीच बड़ा गहरा सम्बन्ध है। इस कारण दोनों में कई समानताएँ हैं—(क) दोनों समर्थक विज्ञान हैं। (ख) दोनों का अध्ययन-केन्द्र व्यक्ति है— (ग) दोनों में प्रयोग-पद्धति का व्यवहार किया जाता है। स्मरण रखना चाहिए कि समाज-मनोविज्ञान शुद्ध मनोविज्ञान भी है। (घ) इन दोनों को दृष्टिकोण वास्तव में आनुभविक है।

उपरोक्त समानता होने के बावजूद भी समाज मनोविज्ञान और सामान्य मनोविज्ञान में पर्याप्त अन्तर है। इनका वर्णन निम्नवत् है—

1. समाज-मनोविज्ञान की अपेक्षा सामान्य मनोविज्ञान का दृष्टिकोण अधिक प्रयोगात्मक तथा वैज्ञानिक है।
2. समाज मनोविज्ञान केवल ऐसे व्यवहार का अध्ययन करता है जो सामाजिक परिस्थितियों में होता है,
3. सामान्य मनोविज्ञान केवल एक शुद्ध विज्ञान है जबकि समाज-मनोविज्ञान शुद्ध विज्ञान के साथ-साथ व्यावहारिक विज्ञान भी है।

4. समाज मनोविज्ञान का क्षेत्र सामान्य मनोविज्ञान के क्षेत्र से छोटा तथा सीमित है।
5. समाज मनोविज्ञान वास्तव में सामान्य मनोविज्ञान की केवल एक शाखा है।

## समाज-मनोविज्ञान और समाजशास्त्र

समाज मनोविज्ञान, समूह के समाज मनोविज्ञान तथा समाजशास्त्र का उद्देश्य एक ही है। सिर्फ उद्देश्य को पूर्ति करने का तरीका अलग-अलग है। समाज मनोविज्ञान व्यक्ति का अध्ययन करता है, जबकि समाज शास्त्र व्यक्ति के समूह का अध्ययन करता है। लेकिन समाज का निर्माण व्यक्ति या व्यक्ति समूह से ही संभव है। अतः दोनों के बीच अटूट सम्बन्ध को पृथक् करना मुश्किल काम है। अध्ययन के बिना व्यक्ति का अध्ययन पूरा नहीं हो सकता है। इस अर्थ में समाज़-मनोविज्ञान स्वयं समाजशास्त्र पर आधारित है। इस वास्तविकता से भी दोनों विज्ञानों में गहरा सम्बन्ध का प्रमाण मिलता है कि दोनों के अध्ययन-विषयों में बड़ी समानता है। यह भी एक ठोस प्रमाण है कि समाज-मनोविज्ञान पर बहुत-सी पुस्तकें, समाजशास्त्रियों द्वारा लिखी गयी हैं। इस संदर्भ में रौम, बोगार्ड्स, बैकमैन, गौर्डन, लौफलैण्ड, रोजेनबर्ग, टरनर, ग्रिमशौ, आदि के नाम उल्लेखनीय हैं।

समाज मनोविज्ञान तथा समाजशास्त्र के बीच घनिष्ठता के कारण इसी कई समानताएँ दृष्टि गोचर होती हैं–

1. दोनों में सर्वे पद्धति तथा क्षेत्र-अध्ययन का व्यवहार किया जाता है।
2. दोनों में समूह तथा भीड़ का अध्ययन किया जाता है।
3. दोनों का दृष्टिकोण आनुभविक होता है।
4. दोनों में संस्कृति तथा व्यक्तित्व का अध्ययन किया जाता है।
5. दोनों की गणना सामाजिक विज्ञान के अन्तर्गत होती है।

फिर भी, समाज मनोविज्ञान तथा समाजशास्त्र में कई स्पष्ट अन्तर हैं:–

1. समाज-मनोविज्ञान की विषय-वस्तु वास्तव में सामाजिक मानव है जबकि मानवशास्त्र की विषय-वस्तु समाज या संस्कृति है।
2. समाज-मनोविज्ञान एक समर्थक विज्ञान, माना जाता है जबकि मानवशास्त्र को नहीं।
3. समाज-मनोविज्ञान में व्यक्ति के व्यवहार पर संस्कृति के प्रभाव का अध्ययन किया जाता है, जबकि मानवशास्त्र में संस्कृति के क्रमिक विकास का अध्ययन किया जाता है।

4. समाज-मनोविज्ञान का सम्बन्ध अन्य कई सामाजिक विज्ञानों यथा-इतिहास, अर्थशास्त्र, राजनीतिशास्त्र, आदि से भी है। जबकि समाजशास्त्र का इनमें से किसी से नहीं।

## *समाज-मनोविज्ञान के प्रमुख लक्ष्य*

समाज मनोविज्ञान का संबंध व्यक्ति और समाज से है अतः इस पर पड़ने वाले सामाजिक तथा वातावरणीय प्रभाव के संबंध में अध्ययन करता है। दूसरे शब्दों में, समाज मनोविज्ञानियों का लक्ष्य है मनोवृत्ति निर्माण एवं परिवर्तन, सामाजिक प्रत्यक्षीकरण, अनुपालन का लक्ष्य है—मनोवृत्ति निर्माण एवं परिवर्तन, सामाजिक प्रत्यक्षीकरण, अनुपालन, अन्तर्वैयक्तिक आकर्षण तथा समूह प्रक्रियाओं के विभिन्न पक्षों को मानव के संदर्भ में समझाना तथा सामाजिक मानव का प्रभावी बनाना (Crooks, 1998)।

समाज मनोविज्ञान का सम्बन्ध ऐसे विषयों से है, जिनका अध्ययन प्रयोगशाला की परिधियों से बाहर ही सम्भव होता है। अतः इसके अन्य उद्देश्य या लक्ष्य हैं—

(i) मानवजातीय द्वन्द्व, (ii) आक्रमण एवं हिंसा, (iii) गिरती हुई उत्पादकता, (iv) व्यापक अन्योन्याश्रय तथा इसी तरह की अन्य गंभीर सामाजिक समस्याओं के स्रोतों की खोज करना तथा उनके समाधान के लिए उपयुक्त उपायों को विकसित करना (Crooks, 1985)।

## *समाज-मनोविज्ञान का महत्त्व*

वर्तमान समय में समाज-मनोविज्ञान का अध्ययन क्षेत्र काफी व्यापक होता जा रहा है। समाज में इसकी महत्ता को देखते हुए इसे अग्रलिखित भागों में विभाजित किया जा सकता है।

**(1) सरकार के लिए**—समाज मनोविज्ञान का महत्त्व सरकार के दृष्टिकोण से भी काफी महत्त्वपूर्ण है। सामाजिक तनाव, साम्प्रदायिक दंगे, जातिगत दंगे, वर्ग संघर्ष, सामाजिक क्रांति, आदि क्यों होते हैं तथा उनका उपचार क्या है, इसका ज्ञान समाज मनोविज्ञान के अध्ययन से मिलता है। इस ज्ञान से लाभ उठाकर सरकार इन समस्याओं के समाधान में अधिक सफल होगी। इसी प्रकार अफवाह, जनमत, प्रचार, आदि के सम्बन्ध में आवश्यक ज्ञान प्राप्त करके सरकार अपनी नीति एवं योजना बनाने में सफल एवं कुशल प्रमाणित होती है। विशेष रूप से भारत जैसे प्रजातांत्रिक राष्ट्र में सरकार की सफलता के लिए समाज-मनोविज्ञान का अध्ययन अधिक महत्त्वपूर्ण है।

**(2) प्रबन्धक के लिए**—भिन्न-भिन्न संगठनों के प्रबन्धकों, प्रशासकों तथा प्रधान के लिए समाज मनोविज्ञान का अध्ययन बहुत महत्त्वपूर्ण तथा उपयोगी है। वर्तमान समय में संगठन को एक सामाजिक समूह के रूप में देखा जाता है। स्मिथ तथा जैकी ने 1995 में इस सिद्धान्त का समर्थन किया अतः सिद्धान्त के अनुसार संगठन को समाज मनोविज्ञान संगठन के अनुरूप संचालित किया जाना चाहिए।

**(3) राजनीतिज्ञों के लिए**—राजनीति के लिए भी समाज मनोविज्ञान का अध्ययन एक खास महत्त्व रखता है। इसमें प्रचार, नेतृत्व, अफवाह, भीड़, समूह-मन, जनमत, आदि का अध्ययन राजनीतियों के लिए काफी महत्त्व रखता है। इस अध्ययन से उन्हें जो ज्ञान प्राप्त होता है, उसके आलोक में मतदाताओं को अपने पक्ष में लाने तथा अपना उल्लू सीधा करने में उन्हें बड़ी सुविधा होती है।

**(4) विज्ञापन के लिए**—समाज मनोविज्ञान में सफल प्रचार के सिद्धान्तों तथा प्रविधियों का अध्ययन किया जाता है। अतः विज्ञापन करने वाले इस ज्ञान से लाभ उठा कर अपने विज्ञापन को सफल तथा प्रभावशाली बना सकते हैं।

**(5) समाज सुधारकों के लिए**—समाज-सुधारकों के लिए भी समाज मनोविज्ञान का अध्ययन एक खास महत्त्व रखता है। जातिगत दंगे, साम्प्रदायिक दंगे तथा वर्ग संघर्ष के क्या कारण हैं तथा इनका उपचार क्या है, इन बातों की जानकारी समाज-मनोविज्ञान के अध्ययन से उन्हें मिलती है, जिसके आलोक में इन समस्याओं के समाधान में सुविधा होती है। इसी तरह युद्ध, क्रांति, शीतयुद्ध आदि की रोकथाम या उपचार के उपायों का ज्ञान समाज मनोविज्ञान के अध्ययन से उन्हें मिलती है। पूर्वधारणा, पक्षपात, विभेदीकरण, आदि के कारणों एवं दूर करने के उपायों का ज्ञान उन्हें समाज-मनोविज्ञान से मिलता है। अफवाह कैसे फैलती है तथा इसे कैसे रोका जा सकता है, इसकी जानकारी भी उन्हें इस मनोविज्ञान के अध्ययन से मिलती है। सामाजिक मनोविज्ञान के ज्ञान से समाज तथा राष्ट्र के प्रति फैलने वाली मिथ्या खबरों के विपरीत प्रभाव से बच सकते हैं।

**(6) व्यक्ति के लिए**—समाज-मनोविज्ञान के अध्ययन से व्यक्ति विशेष को लाभ होता है। जैसा कि **क्रेच** आदि ने लिखा है, एक ही व्यक्ति, आर्थिक व्यक्ति और कहीं धार्मिक व्यक्ति के रूप में देखा जाता है। समाज-मनोविज्ञान सामाजिक व्यक्ति का अध्ययन करता है। यह मनोविज्ञान व्यक्ति को सामाजिक प्राणी होने में सहायता करता है। सामाजिक प्राणी किसे कहते हैं, सामाजिक व्यवहार का क्या तात्पर्य है, समाजीकरण के क्या सिद्धान्त हैं, आदि बातों की जानकारी इस मनोविज्ञान

के अध्ययन से मिलती है, जिससे व्यक्ति अपने-आप को सामाजिक व्यक्ति बना पाता है।

**(7) मनोवैज्ञानिकों के लिए**—समाज मनोविज्ञान का अध्ययन मनोवैज्ञानिकों के लिए भी उपयोगी तथा महत्त्वपूर्ण है। समाज मनोविज्ञान के अभाव में शिक्षा मनोवैज्ञानिक अथवा औद्योगिक मनोवैज्ञानिक अपने कर्त्तव्य को पूरा नहीं कर पाते हैं। क्योंकि यदि सूक्ष्म दृष्टि से देखा जाये तो सभी सामाजिक विज्ञान-मनोविज्ञान से संबंधित हैं।

**(8) शिक्षकों के लिए**—शिक्षा क्षेत्र में भी समाज-मनोविज्ञान का कम योगदान नहीं रहता है। यह अध्यापकों को उसके दायित्वों से भली-भाँति परिचित करता है। उन्हें बच्चों के द्वितीयक समाजीकरण के उचित विकास के लिए क्या करना चाहिए, सामाजिक मनोविज्ञान के अन्तर्गत इस बात का अध्ययन किया जाता है कि अनुशासन तथा सामाजिक पृष्ठभूमि के अनुसार शैक्षिक प्रबन्ध कैसा हो?

**(9) माता-पिता के लिए**—समाज-मनोविज्ञान के अध्ययन से माता-पिता भी लाभान्वित होते हैं। उन्हें इस बात की जानकारी हो पाती है कि बच्चों के प्राथमिक समाजीकरण के उचित बनाने के लिए उन्हें क्या करना चाहिए। मानव जातीय सर्वधारणाओं, साम्प्रदायिकता, विभेदीकरण, जातिभेद, आदि सामाजिक बुराइयों से बच्चों को कैसे बचाया जा सकता है, इन सारी बातों की जानकारी समाज-मनोविज्ञान के अध्ययन से मिलती है। इससे लाभ उठाकर वे न केवल अपने बच्चों, परिवार या सम्प्रदाय को लाभान्वित कर सकते हैं, बल्कि सम्पूर्ण राष्ट्र को भी।

# 2

# समाजीकरण : एक मनोवैज्ञानिक प्रक्रिया

समाज के साथ अनुकूलन स्थापित करना अथवा समाज में सहजता के साथ समायोजित होने की कला और प्रक्रिया से अवगत होना तथा उसके अनुसार अपना आचार-विचार करना ही समाजीकरण है। वस्तुतः समाजीकरण एक जटिल अवधारणा है। सामान्यतः इसका प्रयोग निम्नलिखित दो अर्थों में किया जाता है।

(क) एक अर्थ में समाजीकरण का तात्पर्य सामाजिक अनुकूलन से है (Inkeles, 1969)। यहाँ समाजीकरण की व्याख्या में समाज या सामाजिक समूह को प्रधान माना गया है तथा व्यक्ति को गौण। इस कारण यहाँ व्यक्ति-विकास की अपेक्षा संस्कृति-प्रेषण पर अधिक बल दिया गया है। शुरू से ही समाजशास्त्रियों तथा समाज-मनोवैज्ञानिकों ने समाजीकरण को इसी दृष्टिकोण से देखने का प्रयास किया है।

**"रोजेबर्ग एवं टरनर"** ने भी इसी अर्थ में समाजीकरण की परिभाषा दी है। उनके अनुसार "*समाजीकरण का तात्पर्य समाज के मूल्यों* तथा *मानदण्डों*, दूसरों के विचारों, भूमिका-प्रत्याशाओं के प्रति व्यक्ति के अनुकूलन तथा अनुपालन से है।"

**चैपलिन** के अनुसार—"*किसी संस्कृति-विशेष की परम्पराओं, आदतों, लोकरीतियों एवं लोकप्रथाओं को सीखने की प्रक्रिया को समाजीकरण कहते हैं।*"

(ख) दूसरे अर्थ में समाजीकरण का अर्थ वह प्रक्रिया है, जिसके द्वारा व्यक्तित्व का निर्माण होता है। यहाँ संस्कृति-प्रेषण की अपेक्षा व्यक्ति-विकास पर अधिक बल

दिया जाता है। **सेकर्ड एवं बैकमैन** ने इसी अर्थ में समाजीकरण की परिभाषा दी है कि—"*दूसरे लोगों के साथ पारस्परिक प्रतिक्रियाओं के परिणामस्वरूप व्यक्ति के जीवन में घटित परिवर्तन की क्रिया को समाजीकरण कहते हैं।* **रोजेनबर्ग** एवं **टरनर** ने भी इस विचार का समर्थन किया है और कहा है कि "*समाजीकरण का तात्पर्य सामाजिक प्रभावों से उत्पन्न व्यक्ति के विकास या परिवर्तन की प्रक्रिया से है।*"

स्पष्टतः समाजीकरण की व्याख्या कुछ समाज-वैज्ञानिकों ने समाज के दृष्टिकोण से और कुछ ने व्यक्ति के दृष्टिकोण से करने का प्रयास किया है। समाजीकरण के सम्बन्ध में ये दोनों दृष्टिकोण या विचार सही हैं। कारण, समाजीकरण के जटिल स्वरूप की समुचित व्याख्या किसी एक विचार से संभव नहीं है (Rosenberg and Turner, 1981)।

## समाजीकरण का स्वरूप

समाजीकरण के विविध स्वरूप को अग्रलिखित बिन्दुओं द्वारा स्पष्ट किया जा सकता है—

**(1) अन्तर-समूह एवं अन्तःसमूह समानताएँ एवं भिन्नताएँ**—समाजीकरण की प्रक्रिया में प्रायः यह देखा गया है कि जहाँ दो मानव समुदायों में कुछ समानताएँ होती हैं वहीं विषमताएँ भी होती हैं। समानता को शास्त्रीय भाषा में अन्तर समूह समानता और विषमता को अन्तर समूह असमानता कहते हैं। इसका मुख्य कारण यह है कि भिन्न-भिन्न समूहों या समाजों की समाजीकरण-प्रक्रियाओं में भिन्नताएँ अधिक तथा समानताएँ कम होती हैं। एक ही समूह या समाज के सदस्यों के विचारों तथा व्यवहारों में समानताएँ अधिक तथा भिन्नताएँ कम पाई जाती हैं। इसे क्रमशः अन्तःसमूह समानताएँ एवं भिन्नताएँ कहते हैं। समान सामाजिक माँगों के परिवेश में भी समूह या समाज के भिन्न-भिन्न सदस्यों की प्रतिक्रियाएँ सामाजिक दबावों के प्रति विभिन्न रूपों में होती है (Secord and Backman, 1974)। बच्चों के पालन-पोषण में अन्तःसामाजिक भिन्नताओं के कारण एक ही संस्कृति के लोगों के समाजीकरण की प्रक्रिया अलग-अलग होती है (Sewell and Heller, 1956, 1959)।

**(2) विसमाजीकरण तथा पुनर्समाजीकरण**—समाजीकरण और विसमाजीकरण परस्पर जुड़ी हुई प्रक्रियाएँ हैं। एक के साथ-साथ दूसरी प्रक्रिया स्वाभाविक रूप से चलती रहती है। जहां एक तरफ समाजीकरण होता है अर्थात् मनुष्य कुछ नये जीवन

मूल्यों को ग्रहण करता है वही विसमाजीकरण भी होता है अर्थात् वह कुछ पुराने जीवन मूल्यों का त्याग कर रहा होता है। जैसे–जब कोई सामान्य व्यक्ति डाकुओं के गिरोह में शामिल हो जाता है तो उसे पहले के बहुत से मूल्यों, विश्वासों तथा मानदण्डों को छोड़ देना पड़ता है। इसे ही विसमाजीकरण कहते हैं। इसके साथ-साथ पुनर्समाजीकरण की प्रक्रिया भी घटित होती है। इसका अर्थ यह है कि व्यक्ति नए समूह के मूल्यों, विश्वासों तथा मानदण्डों को अपनाने के लिए बाध्य होता है। जैसे–डाकुओं के गिरोह में शामिल होने पर एक ओर व्यक्ति अपने पहले के मूल्यों, विश्वासों तथा मानदण्डों को छोड़ता है (विसमाजीकरण) और दूसरी ओर नए मूल्यों, विश्वासों तथा मानदण्डों को अपनाता है (पुनर्समाजीकरण)। इसके अलावा पुनर्समाजीकरण का अर्थ यह भी है कि विशेष संगठनों द्वारा पहले के समाजीकरण की कमी की पूर्ति की जाए अथवा उसके दोषों को दूर किया जाए। जेलखाना, बाल-सुधारक स्कूल, चिकित्सालय, आदि पुनर्समाजीकरण-संगठनों के उदाहरण हैं (Wheeler, 1968)।

**(3) समाजीकरण व्यक्ति के विकास या परिवर्तन की प्रक्रिया है**–समाजीकरण एक सतत् चलने वाली प्रक्रिया है। इससे व्यक्ति के विचार, व्यवहार और चिन्तन प्रक्रिया के दिशा में परिवर्तन होता है। दूसरे शब्दों में इससे व्यक्तित्व का विकास होता है या उसमें परिवर्तन घटित होता है। दूसरे शब्दों में समाजीकरण का उद्देश्य पारस्परिक क्रिया के फलस्वरूप व्यक्ति की सामाजिक मनोवृत्तियों, सामाजिक आत्मधारणा, एकात्मता तथा उनके व्यवहारों का विकास है। अपने इस स्वरूप के कारण समाजीकरण की प्रक्रिया परिपक्वता के कारण उत्पन्न परिवर्तन या विकास की प्रक्रिया परिपक्वता के कारण उत्पन्न परिवर्तन या विकास की प्रक्रिया से भिन्न है।

**(4) प्राथमिक तथा द्वितीयक समाजीकरण**–**बन्डूरा** के अनुसार समाजीकरण के दो रूप, प्रकार या अवस्थाएँ हैं–प्राथमिक तथा द्वितीयक। प्राथमिक समाजीकरण का तात्पर्य बहुत छोटे बच्चों के समाजीकरण से है, जबकि द्वितीयक समाजीकरण का तात्पर्य बड़े व्यक्तियों के समाजीकरण से है, प्राथमिक समाजीकरण की अवस्था में बच्चों का सम्बन्ध केवल परिवार सम्बन्ध समाज या समूह के अन्य लोगों तक फैल जाता है। द्वितीयक समाजीकरण की अवस्था में आन्तरीकरण की क्रिया प्रधान होती है। आत्म नियंत्रण तंत्र स्थापित हो जाता है। अतः इसी अवस्था में समाजीकरण का वास्तविक रूप विकसित होता है।

**(5) समाजीकरण एक अनुकूलन-प्रक्रिया है**–समाजीकरण एक ऐसी प्रक्रिया है, जिसके द्वारा व्यक्ति अपने समाज या सामाजिक समूह के मूल्यों, मानदण्डों तथा विश्वासों के साथ अनुकूलन स्थापित करना सीखता है (Inkeles, 1969)।

**(6) समाजीकरण एक प्रतीकात्मक पारस्परिक-क्रिया है**—**मीड, कूले**, जेम्स, तथा **थोमस** के अनुसार समाजीकरण सतत प्रतीकात्मक पारस्परिक क्रिया है, जिसके फलस्वरूप व्यक्तित्व, की रचना तथा पुनर्रचना होती रहती है। प्रतीकात्मक पारस्परिक क्रिया से सम्बन्धित अनेक शोधकार्य किए गए हैं। स्व-सिद्धान्त, संदर्भ समूह-सिद्धान्त तथा लेबल-सिद्धान्त इस संदर्भ में महत्त्वपूर्ण हैं।

**(7) समाजीकरण एक निरन्तर चलने वाली प्रक्रिया है**—समाजीकरण के सम्बन्ध में एक विवाद यह रहा है कि यह सतत प्रक्रिया है अथवा असतता आरंभ में विश्वास किया जाता था कि समाजीकरण की प्रक्रिया जीवन के प्रारंभिक वर्षों तक चलकर समाप्त हो जाती है। इस अर्थ में समाजीकरण को असतत प्रक्रिया माना गया। परन्तु आधुनिक शोधकार्यों से पता चलता है कि समाजीकरण की प्रक्रिया मरने के समय तक जारी रहती है। व्यक्ति के व्यक्तित्व का निर्माण, शारीरिक परिवर्तन, सामाजिक भूमिका परिवर्तन, तथा सह-भागिता परिवर्तन के कारण जन्म से मृत्यु तक निरन्तर जारी रहता है (Clausen, 1972)। इसी प्रकार विभिन्न व्यवसायों तथा परिवार-भूमिकाओं को अपनाने के कारण व्यक्ति के मौलिक मूल्यों, मानदण्डों तथा दृष्टिकोणों में सदा परिवर्तन घटित होता रहता है (Van Maanen, 1977 ; Mortimer and Lorence. 1979)।

## समाजीकरण की प्रक्रिया

समाजीकरण की प्रक्रिया काफी लम्बी प्रक्रिया है। जन्म से लेकर मरण तक यह प्रक्रिया लगातार चलती रहती है। समाजीकरण की इस लम्बी प्रक्रिया को निम्नलिखित भागों या अवस्थाओं में विभाजित किया जा सकता है—

**(1) बचपन**—समाजीकरण की प्रक्रिया का पहला चरण या अवस्था बचपन या बाल्यावस्था है, जहाँ कुछ दिन बाद से ही समाजीकरण की क्रिया शुरू हो जाती है। जन्म के बाद बच्चे में रोने का व्यवहार सर्वप्रथम देखा जाता है। फिर बलबलाने का व्यवहार देखा जाता है। उसके रोने का यही व्यवहार फिर सामाजिक व्यवहार बन जाता है। जब वह रोता है तो माँ उसे दूध पिलाती है और वह चुप हो जाता है। इस प्रकार वह अपनी माता के ध्यान को अपनी ओर रोकर आकर्षित करना सीख लेता है। वह यह भी सीख लेता है कि माँ उसे एक निश्चित समय पर दूध पिलाती है और उसकी आवश्यकता की पूर्ति करती है। बढ़ती हुई आयु के अनुसार उसका यह सामाजिक व्यवहार जटिल होता जाता है। वह माँ को देखकर मुस्कराने लगता है और अपरिचित या अजनबी को देखकर रोने लगता है।

यह सर्वविदित और अनुभवजन्य है मनुष्य का प्राथमिक समाजीकरण परिवार से शुरू होता है। वह परिवार के लोगों के व्यवहारों का अनुकरण करके उन्हें सीख लेता है। अनुकरण समाजीकरण-प्रक्रिया का एक महत्त्वपूर्ण आधार है। बच्चे अपने माता-पिता तथा परिवार के अन्य व्यक्तियों का अनुकरण करते हैं तथा अपने परिवार के मूल्यों, विश्वासों, मानदण्डों, आदि को सीख लेते हैं। इसलिए लड़के तथा उनकी माताओं के विचारों एवं व्यवहारों में समानता पाई जाती है। इसी तरह लड़कियों तथा उनकी माताओं के विचारों एवं व्यवहारों में एक बड़ी समानता पाई जाती है। परिवार के अन्तर्गत बच्चे में स्व का थोड़ा बहुत निर्माण हो जाता है। उसे स्वयं अपने अस्तित्व का बोध होने लगता है। बच्चे में इड के साथ-साथ ईगो का विकास होने लगता है। यौन प्रधान-अवस्था में ईगो का निर्माण सबसे अधिक होता है।

चार-पाँच वर्ष की आयु में बच्चे अपने परिवार से बाहर निकल जाते हैं। इस आयु में वे विद्यालय जाने लगते हैं, अन्य बच्चों तथा वयस्कों के सम्पर्क में आने लगते हैं। फलतः समाजीकरण की प्रक्रिया तेज हो जाती है। नैतिक शिक्षा के कारण सुपर ईगो का विकास शुरू हो जाता है। बच्चे दूसरे परिवार के बच्चों तथा वयस्कों के विचारों एवं व्यवहारों से प्रभावित होकर नए-नए मूल्यों, विश्वासों या मानदण्डों को सीखने लगते हैं। इस प्रकार उनका द्वितीयक समाजीकरण शुरू हो जाता है। खेल के मैदान में वे भिन्न-भिन्न मूल्यों एवं विश्वासों को सीखते हैं तथा उन्हें आगे व्यवहारों में उतारने का प्रयास करते हैं।

**(2) किशोरावस्था**—किसी भी मनुष्य के जीवन में यह समाजीकरण की दूसरी अवस्था होती है। इस अवस्था को किशोरावस्था कहते हैं। इस अवस्था में लड़कों की अपेक्षा लड़कियों की बचपना जाती रहती है और वे वयस्क हो रहे होते हैं। इस अवस्था की मुख्य विशेषता यह है कि बच्चे अपने माता-पिता के बंधन से स्वतंत्र होने की इच्छा करने लगते हैं। इसी अवस्था में लड़के तथा लड़कियों में अनेक शारीरिक तथा मानसिक परिवर्तन होते हैं। उनका सम्पर्क का क्षेत्र काफी बढ़ जाता है। फलतः उनमें विसमाजीकरण तथा पुनर्समाजीकरण की प्रक्रिया तेज हो जाती है। इस अवस्था में बच्चे अपने परिवार तथा समाज से अर्जित बहुत से मूल्यों, विश्वासों या मानदण्डों को छोड़ देते हैं और नए मूल्यों, विश्वासों या मानदण्डों को सीख लेते हैं।

इस अवस्था में कई तरह की समस्याएँ किशोर लड़के तथा लड़कियों के सामने उपस्थित होती हैं। शिक्षा की समस्या, विवाह की समस्या, जीविका की समस्या, आदि मुख्य हैं। इन समस्याओं का समाधान समुचित रूप में होने पर समाजीकरण सफल

बन जाता है। लेकिन, इन समस्याओं का उचित समाधान नहीं होने पर भिन्न-भिन्न प्रकार के असामाजिक व्यवहार विकसित हो जाते हैं और समाजीकरण दोषपूर्ण हो जाता है (Ross, 1970; Berlin, 1975)।

**(3) वयस्क-अवस्था**—समाजीकरण की यह तृतीय अवस्था है। सामान्यतः इस अवस्था में द्वितीय अवस्था के लक्षण विद्यमान रहते हैं। यद्यपि उसके स्वरूप और दिशा में परिवर्तन होने लगता है। इस अवस्था में द्वितीयक समाजीकरण, विसमाजीकरण, तथा पुनर्समाजीकरण की प्रक्रिया मन्द गति से जारी रहती है। इस अवस्था की मुख्य विशेषता यह है कि यहाँ व्यक्ति वैवाहिक जीवन को निभाने की ओर सक्रिय हो जाता है। जीविकोपार्जन भी इस अवस्था की एक मुख्य विशेषता है। बीमारी, दुर्घटनाएँ, आदि भी इस अवस्था की घटनाएँ हैं। अतः इन घटनाओं का निश्चित प्रभाव व्यक्ति के समाजीकरण पर पड़ता है। लेकिन, इस अवस्था की समस्याओं का निराकरण सामान्य रूप से नहीं होने पर कई तरह के असामाजिक व्यवहार विकसित हो जाते हैं (Kiev, 1974 ; Marmer et al; 1974, Adler, 1975)।

**(4) वृद्धावस्था**—समाजीकरण की प्रक्रिया की यह अंतिम अवस्था है। इस अवस्था में समाजीकरण की प्रक्रिया काफी मंद पड़ जाती है। लेकिन, इसका अर्थ यह नहीं कि व्यक्ति नई बातों को सीखता नहीं है। सच तो यह है कि इस अवस्था में भी व्यक्ति नए मूल्यों, विश्वासों या मानदण्डों को सीखता है। इस अवस्था में व्यक्ति शारीरिक तथा मानसिक रूप से निर्बल बन जाता है। उसकी शारीरिक शक्ति कमजोर हो जाती है। आँखों की रोशनी घट जाती है। कर्मेन्द्रियाँ कमजोर हो जाती हैं। आर्थिक स्थिति बिगड़ जाती है और वह दूसरों पर आश्रित हो जाता है। मृत्यु सामने नजर आने लगती है। फलतः अध्यात्म की ओर वह मुड़ जाता है। धार्मिक मूल्यों पर वह अधिक बल देने लगता है और यही उसकी शांति का एकमात्र उपाय रह जाता है।

इस प्रकार हमने देखा कि समाजीकरण की प्रक्रिया काफी लम्बी तथा जटिल होती है। सभी संस्कृतियों के बच्चों या व्यक्तियों के समाजीकरण में उपर्युक्त चारों प्रक्रियाएँ शामिल होती हैं, भले ही उनमें थोड़ी-बहुत सांस्कृतिक विभिन्नताएँ दृष्टिगोचर हों।

## समाजीकरण के सिद्धान्त

समाजीकरण की प्रक्रिया कुछ विशेष सिद्धान्तों या नियमों पर आधारित है। हम यहाँ कुछ महत्त्वपूर्ण सिद्धान्तों की व्याख्या करना चाहेंगे—

### *1. आत्मीकरण का सिद्धान्त*

किसी दूसरे व्यक्ति के जीवन मूल्यों, आदर्शों, विश्वासों और सामाजिक मानदण्डों को स्वीकृत कर लेना अथवा अपने आचार-विचार में ढाल लेना आत्मीकरण है। यहाँ किसी तरह का बाहरी दबाव नहीं होता है। यहाँ न तो भौतिक पुरस्कार का लोभ होता है और न दण्ड का भय होता है। ऐसा करने से उसे एक तरह की शांति या संतुष्टि मिलती है। यह सिद्धान्त या नियम विशेष रूप से द्वितीयक समाजीकरण में अधिक सक्रिय रहता है। शिक्षालय में कुछ बच्चे अपने शिक्षक के साथ आत्मीकरण स्थापित कर लेते हैं, कुछ बच्चे प्रसिद्ध समाज-सुधारक, साहित्यकार या संगीतज्ञ के साथ आत्मीकरण स्थापित कर लेते हैं। फलतः वह आदर्श व्यक्तित्व बच्चे के समाजीकरण की आधारशिला बन जाता है। **केलमैन** के अध्ययन से आत्मीकरण के विभिन्न पक्ष स्पष्ट हो गए हैं।

### *2. पारस्परिकता का सिद्धान्त*

अलग-अलग व्यक्तियों या समूहों में परस्पर सामाजिक मूल्यों और विचारों का आदान-प्रदान होता है। इसे समाजीकरण का विनिमय-सिद्धान्त कहा जाता है। समाजीकरण वास्तव में द्विगामी प्रक्रिया है, जिसमें एक ओर व्यक्ति समाज से प्रभावित व्यक्ति पर समाजीकरण के एजेन्ट जैसे, माता-पिता, अभिभावक, शिक्षक, आदि द्वारा पड़ता है। लेकिन, इसके साथ-साथ व्यक्ति भी अपने विचारों एवं व्यवहारों से इन सबको प्रभावित करता है। पारस्परिकता का सिद्धान्त द्वितीयक समाजीकरण अर्थात् बड़ों के समाजीकरण में अधिक सक्रिय नजर आता है। विनिमय-सिद्धान्तों के अनुसार ऐसा इसलिए होता है कि व्यक्ति तथा समाज (या समाज के एजेन्ट) को एक-दूसरे से लाभ मिलने की आशा रहती है। **शाहलिन्स** ने इस सम्बन्ध में सामान्यीकृत पारस्परिकता का उल्लेख किया है जो शोध का विषय बना हुआ है।

### *3. प्रतिरूपण का सिद्धान्त*

प्रतिरूपण सामाजिक प्रक्रिया का एक महत्त्वपूर्ण सिद्धान्त है। सामान्यतः बच्चों में इस तरह का सामाजीकरण देखने को मिलता है। प्रतिरूपण का अर्थ यह है कि एक व्यक्ति किसी दूसरे वास्तविक या काल्पनिक व्यक्ति को नमूना या आदर्श मानकर उसके द्वारा होने वाले व्यवहारों को सीख लेता है और उसके द्वारा छोड़ दिए गए व्यवहारों को छोड़ देता है। यह सिद्धान्त प्राथमिक समाजीकरण अर्थात् छोटे बच्चों

के समाजीकरण में अधिक महत्त्व रखता है। **बन्डूरा** के अनुसार समाजीकरण में मूर्त प्रतिरूप का निर्माण व्यक्ति मूर्त प्रतिरूप के आधार पर करता है, जो समाजीकरण का आधार बन जाता है। इस प्रकार प्रतिरूप का अधिक महत्त्व द्वितीयक समाजीकरण अर्थात् बड़ों के समाजीकरण में देखा जाता है। इस अवस्था में सर्जनात्मक प्रतिरूपण का महत्त्व भी होता है। जब व्यक्ति अपने नमूने या प्रतिरूप के व्यवहारों से असंतुष्ट होता है तो वह विभिन्न नमूनों या प्रतिरूपों के अपेक्षित पक्षों को एक साथ मिलकर एक प्रतिरूप का निर्माण करता है और उसे भविष्य में होने वाले अपने व्यवहारों का स्रोत मान लेता है (Bandura, 1977)।

### *4. प्रेषण का सिद्धान्त*

इस सिद्धान्त का संबंध मनुष्य के प्राथमिक समाजीकरण से है। इसमें सांस्कृतिक प्रतिरूपों अथवा व्यवहारगत प्रतिरूपों का अनुसरण एक पीढ़ी से दूसरी पीढ़ी तक होता रहता है। प्रत्येक समाज में कुछ व्यवहार-प्रतिरूप ऐसे हैं, जो पीढ़ी दर-पीढ़ी चले आ रहे हैं। बच्चे अपने माता-पिता तथा परिवार के अन्य लोगों से प्रत्यक्ष तथा परिवार के अन्य लोगों से प्रत्यक्ष तथा अप्रत्यक्ष रूप से ऐसे व्यवहारों को सीख लेते हैं। जैसे—आदिवासी-संस्कृति के बच्चे अपनी संस्कृति के मूल्यों, मानदण्डों, विश्वासों, लोकरीतियों को सहज रूप से सीख लेते हैं, जिसके कारण गैर-आदिवासी संस्कृति के बच्चे के व्यवहारों से उनके व्यवहार भिन्न हो जातं हैं **रोजेनर्ब** एवं **टरनर** ने समाजीकरण के इस नियम पर बल दिया है और कहा कि समाजीकरण में सांस्कृतिक प्रतिरूपों का प्रेषण इतना महत्त्वपूर्ण है कि विद्वानों की एक बड़ी संख्या ने प्रेषण-प्रक्रिया को ही समाजीकरण की प्रक्रिया मान लिया, जो आंशिक रूप में सत्य है।

### *5. मौखिक निर्देशन का सिद्धान्त*

मौखिक निर्देशन के द्वारा भी समाजीकरण हुआ करता है। यह सामान्यतः बच्चों में अधिक होता है। इससे जटिल आचार-विचार को समझना आसान होता है। छोटे-छोटे बच्चों को जब माता-पिता मौखिक निर्देशन देते हैं कि उन्हें किस व्यवहार को करना चाहिए और किस व्यवहार को नहीं करना चाहिए, कौन-सा व्यवहार सही है और कौन-सा व्यवहार गलत है, तो उनका समाजीकरण सहज रूप से तथा अधिक सफलता के साथ पूरा होता है। मौखिक निर्देशन का संचालन माता-पिता, शिक्षक, समाज सुधारक, आदि के द्वारा होता है। **रोजेनबर्ग तथा टरनर** के अनुसार जब व्यवहार अधिक जटिल होते हैं तो मौखिक संकेत का महत्त्व अधिक देखा जाता है।

### 6. प्रबलन का सिद्धान्त

समाजीकरण की सफलता विभिन्न प्रकार के प्रबलनों पर निर्भर करती है। प्रबलन का तात्पर्य पुरस्कार तथा दण्ड से है। बच्चे ऐसे व्यवहारों को सीखते हैं, जिनसे उन्हें पुरस्कार मिलता है। पुरस्कार मौखिक भी होता है और भौतिक भी। इसी प्रकार दण्ड मौखिक भी हो सकता है और शारीरिक भी। पुरस्कार से सामाजिक व्यवहारों को सीखने तथा दण्ड से असामाजिक व्यवहारों से बचने की प्रेरणा मिलती है। अतः बच्चे के समाजीकरण में पुरस्कार प्रत्यक्ष रूप से तथा दण्ड अप्रत्यक्ष रूप से सहायक होते हैं। प्राथमिक समाजीकरण (छोटे बच्चों के समाजीकरण) में भौतिक पुरस्कार या शारीरिक दण्ड की भूमिका अधिक प्रधान होती है, जबकि द्वितीयक समाजीकरण (बड़ों के समाजीकरण) में मौखिक पुरस्कार तथा मौखिक दण्ड का महत्त्व अधिक होता है। इसके अलावा समाजीकरण में प्रतिनिधिक प्रबलन की भूमिका भी महत्त्वपूर्ण है। प्रतिनिधिक प्रबलन का अर्थ यह है कि व्यक्ति दूसरों को जिन व्यवहारों के लिए पुरस्कार पाते देखता है, उन्हें सीख लेता है और जिन व्यवहारों के लिए दण्ड पाते देखता है, उन्हें नहीं सीखता है (Bandura, 1977)। यह प्रबलन किसी बाहरी दबाव का परिणाम नहीं होता है, बल्कि आत्म चेतना का परिणाम होता है। इससे भविष्य के व्यवहारों के पूर्वाभास में मदद मिलती है।

### 7. आत्ममूल्यांकन का सिद्धान्त

इस तरह के समाजीकरण में व्यक्ति महत्त्वपूर्ण होता है। वह अपने द्वारा बनाये गये सामाजिक मानदण्डों और आदर्शों पर स्वयं का मूल्यांकन करता है। यदि उसके व्यवहार मानदण्ड के अनुकूल होते हैं तो उसे संतुष्टि मिलती है और यदि प्रतिकूल होते हैं तो असंतुष्टि मिलती है। संतुष्टि मिलने पर वह उस व्यवहार को भविष्य में भी दुहराता है और असंतुष्टि मिलने पर उसे छोड़ देता है। विशेष रूप से द्वितीयक समाजीकरण अर्थात् बड़ों के समाजीकरण में इसका महत्त्वपूर्ण हाथ होता है। **मैसलो** द्वारा प्रस्तुत आत्म कार्यान्वयन का संप्रत्यय इस सम्बन्ध में बहुत कीमती है।

### 8. आन्तरीकरण का सिद्धान्त

आन्तरीकरण का अर्थ है किसी बाहरी चीज को अपना लेना अथवा अपने अन्दर उतार लेना। यह सिद्धान्त समाजीकण पर भी लागू होता है। यहाँ व्यक्ति अपने समाज के मूल्यों मानदण्डों, तथा विश्वासों को अपना लेता है। ये सभी उसके व्यक्तित्व के रचनात्मक अंग बन जाते हैं। यही आन्तरीकरण व्यक्ति के आत्म

नियंत्रण तंत्र के विकास का आधार बन जाता है और आत्म प्रबलन का काम करने लगता है। **गुडे** के अनुसार आन्तरीकृत मूल्य, आदि कमजोर हों तो उन्हें व्यक्ति आसानी से तोड़ सकता है।

### *9. अनुपालन का सिद्धान्त*

इस सिद्धान्त के अनुसार अनुपालन के आधारों पर प्राथमिक समाजीकरण तथा द्वितीय समाजीकरण की क्रिया की व्याख्या संभव होती है। प्राथमिक समाजीकरण में बच्चे अपने माता-पिता तथा परिवार के अन्य वयस्कों को दबावों के कारण अपनी इच्छा के विरुद्ध परिवार द्वारा स्वीकृत मूल्यों, विश्वासों, मानदण्डों, आदि के अनुकूल व्यवहार करने तथा प्रतिकूल व्यवहार से बचने के प्रयास करते हैं, जिसके परिणामस्वरूप उनका प्राथमिक समाजीकरण समुचित रूप से संभव होता है। इसी प्रकार सामाजिक दबावों के कारण वे अपने समाज के नियमों तथा मानदण्डों के अनुकूल व्यवहार करना सीखते हैं। विद्यालय में शिक्षकों के दबावों तथा खेल मैदान में खेल के नियमों के दबावों के कारण उनका द्वितीयक समाजीकरण सही ढंग से हो पाता है। अनुपालन का यह सिद्धान्त या नियम जीवन भर विसमाजीकरण तथा पुनर्समाजीकरण का मार्गदर्शन करता है। **क्रेच** आदि ने अनुपालन के भिन्न-भिन्न पक्षों का उल्लेख करते हुए सामाजिक व्यवहार पर इसके प्रभावों को प्रमाणित किया है।

## समाजीकरण पर प्रभाव डालने वाले कारक

जन्म के समय बच्चा न तो सामाजिक होता है और न असामाजिक, बल्कि वह निःसामाजिक होता है। एक छोटा बच्चा शारीरिक तथा मानसिक योग्यताओं के अविकसित होने के कारण समाजिक माँगों को नहीं समझ पाता है। वह नहीं समझ पाता है कि समाज के प्रति उसके कर्त्तव्य क्या हैं, उसे क्या करना चाहिए और क्या नहीं करना चाहिए। लेकिन, उम्र बढ़ने के साथ-साथ उसे इन सारी बातों की चेतना होने लगती है। अब वह अपने समाज या समूह के मूल्यों, मानदण्डों तथा विश्वासों के अनुकूल व्यवहार करना सीख लेता है। वह सामाजिक बन जाता है। यदि वह सामाजिक नियमों, मूल्यों या मानदण्डों का उल्लंघन करता है तो उसे असामाजिक कहते हैं। प्रश्न यह है कि सामाजिक नियमों, मूल्यों तथा मानदण्डों के समान होने पर भी एक बच्चा सामाजिक और दूसरा बच्चा असामाजिक क्यों बन जाता है? विभिन्न समाजों या समूहों के व्यक्तियों के समाजीकरण में भिन्नताएँ क्यों होती हैं? एक ही समाज या समूह के सदस्यों के समाजीकरण में भिन्नताओं का क्या कारण

है? इन सारी समस्याओं के समाधान के लिए यह देखना आवश्यक है कि समाजीकरण की प्रक्रिया पर किन-किन कारकों का प्रभाव पड़ता है। हम यहाँ समाजीकरण को एक आश्रित चर मान कर इसके भिन्न-भिन्न स्वतंत्र चरों अर्थात् भिन्न-भिन्न कारकों या निर्धारकों की व्याख्या करेंगे–

**(1) परिवार**–बच्चों के समाजीकरण में परिवार की भूमिका महत्त्वपूर्ण होती है। इसके परिवेश में किसी बच्चा या व्यक्ति का प्राथमिक समाजीकरण शुरू होता है। कारण बच्चों का अधिक समय परिवार में गुजरता है उनका मस्तिष्क कच्चा होता है। इसलिए किसी चीज का प्रभाव उन पर जल्दी तथा गहरा पड़ता है। पारिवारिक वातावरण में ही आत्म का विकास होता है तथा मौलिक तादात्म्यों, प्रेरणाओं, मूल्यों तथा विश्वासों का निर्माण होता है। परिवार में समाजीकरण के कई संरचना जैसे–प्रतिरूपण, प्रबलन, भूमिका-निर्वाह, लेबल लगाना, सामाजिक तुलना, आदि सक्रिय होते हैं। परन्तु परिवार की संरचनात्मक विशेषताओं तथा विमाओं में भिन्नताओं के होने के कारण बच्चों के समाजीकरण में अन्तर्समूह भिन्नताएँ भी उत्पन्न हो जाती हैं। इस संबंध में निम्नलिखित बातें महत्त्वपूर्ण हैं :–

**(i) परिवार का आकार**–समाजीकरण पर परिवार के आकार का प्रभाव कई रूपों में पड़ता है। अध्ययनों से पता चलता है कि अन्य बातें समान होने पर बड़े परिवार की अपेक्षा छोटे परिवार के बच्चों की बुद्धि अधिक विकसित होती है। बड़े परिवारों की तुलना में छोटे परिवारों के बच्चों में उच्च उपलब्धि-प्रेरक अधिक पाए जाते है। (Rosen, 1961; Douglas, 1964)। इसका प्रधान कारण यह है कि छोटे परिवार में माता-पिता तथा बच्चे के साथ पारस्परिक प्रतिक्रिया अधिक होती है और वातावरण अधिक उत्तेजक बन जाता है (Zajone, 1976)। **ह्वाइटिंग** के अनुसार छोटे परिवार के बच्चे अधिक आज्ञाकारी, क्षेत्र आश्रित, रूढ़िवादी तथा स्वार्थी होते हैं, जबकि बड़े तथा विस्तृत परिवार के बच्चे क्षेत्र-स्वतंत्र, उदार तथा मिलनसार होते हैं।

**(ii) माता-पिता के व्यवहार**–परिवार में कोई भी बालक अपने माता-पिता का अनुकरण करते हुए विभिन्न सामाजिक गुणों को सीखता है और इस तरह उसका समाजीकरण होता जाता है साथ ही साथ माता-पिता के निर्देशन द्वारा भी उनका समाजीकरण होता रहता है।

समाजीकरण के दृष्टिकोण से माता-पिता से सम्बन्धित दो बातें मुख्य हैं–**(i)** माता-पिता द्वारा बच्चों पर नियंत्रण के गुण तथा मात्रा, और **(ii)** माता-पिता से बच्चों को मिलने वाले स्नेह तथा सहारों की मात्रा। बच्चों के समाजीकरण पर इन दोनों बातों

का गहरा प्रभाव पड़ता है (Rollins and Thomans, 1979; Thomas, et al. 1974)। अध्ययनों से पता चलता है कि सत्तावादी नियंत्रण वाले माता-पिता के बच्चों का समाजीकरण काफी कुशल तथा अनुकूल होता है। उनमें उच्च आत्म-सम्मान, सामर्थ्य का भाव, अन्तःकरण, वयस्क मानदण्डों का आन्तरीकरण तथा उच्च उपलब्धि-प्रेरक, आदि सामाजिक शीलगुण विकसित हो जाते हैं। पारिवारिक उत्साह के अनुकूल होने पर माता-पिता तथा बच्चों के बीच आत्मीकरण सहज बन जाता है। दूसरी ओर निरुत्साह, उदासीन, कठोर तथा पीड़क परिवार के बच्चे प्रायः उग्रवादी, असुरक्षित तथा अविश्वासी होते हैं (Rosenberg and Turner, 1981)। ऐसे परिवार के बच्चों के कुशल समाजीकरण के मार्ग में माता-पिता की ओर से अति स्नेह तथा अति तिरस्कार हानिप्रद होता है। ऐसे बच्चे समस्यात्मक तथा अपराधी बन सकते हैं (Goldtard, 1947; Blehar, 1973)।

**(iii) आत्मीकरण तथा यौन-भूमिका**—परिवार में बच्चों की आयु तथा यौन-भूमिका का प्रभाव उनके समाजीकरण पर पड़ता है। एक विशेष आयु होने पर बच्चे अपने-आप को लड़का या लड़की के रूप में देखने लगते हैं, और अपनी यौन-भूमिका के अनुकूल मूल्यों, मापदण्डों तथा विश्वासों को सीखने लगते हैं। लड़कियाँ अपनी माताओं के साथ आत्मीकरण स्थापित कर लेती हैं और अपनी संस्कृति द्वारा निर्धारित स्त्री-भूमिका को अदा करने लगती हैं। दूसरी ओर लड़के अपने पिता के साथ आत्मीकरण स्थापित करके अपनी संस्कृति द्वारा परिभाषित पुरुष-भूमिका को निभाने लगते हैं। **लाइन** के अनुसार यौन-भूमिका के शिक्षण पर माता-पिता के साथ-साथ सगे भाई-बहनों का भी प्रभाव पड़ता है। यदि परिवार में भाई-बहन दोनों होते हैं, तो बच्चों में विपरीत लिंग के शीलगुण अधिक विकसित होते हैं और यदि केवल भाई या बहन हों तो उनमें विपरीत लिंग के शीलगुणों का विकास कम होता है।

**(iv) आर्थिक स्थिति**—बच्चों का समाजीकरण परिवार की आर्थिक स्थिति से भी निर्धारित होता है। सामान्यतः सम्पन्न घरों के लड़कों की तुलना में गरीब परिवारों के बच्चों का समाजीकरण उचित तरीका से नहीं हो पाता है। इन सबका प्रभाव उनके समाजीकरण पर पड़ता है। धनी परिवार के बच्चों को माता-पिता के साथ रहने तथा बातचीत करने का अवसर अधिक मिलता है। इसलिए उनका समाजीकरण सफल हो पाता है। गरीब परिवार के बच्चों को इसका अवसर नहीं मिलता है। धनी परिवार के बच्चों को उचित शिक्षा पाने तथा अच्छे खेल-कूद में भाग लेने का अवसर मिलता है जबकि गरीब परिवार के बच्चों को यह अवसर नहीं मिलता है। परिणामतः धनी

परिवार के बच्चों का समाजीकरण गरीब परिवार के बच्चे से अधिक कुशल होता है। लेकिन, कभी-कभी गरीब वरदान तथा अमीरी अभिशाप बन जाती है। यह बात स्मरण रखनी चाहिए कि आर्थिक स्थिति तथा समाजीकरण के बीच सम्बन्ध पर कई मध्यवर्ती चरों का प्रभाव पड़ता है।

**(v) जन्म-क्रम**—इस चर के प्रभाव के सम्बन्ध में विरोधी परिणाम मिलते हैं। इसी कारण **शूलर** ने कहा है कि एक स्वतंत्र चर के रूप में जन्म-क्रम की गणना नहीं की जानी चाहिए। लेकिन, **जाजोन** के अनुसार इस चर का प्रभाव समाजीकरण पर किस रूप में पड़ेगा, यह बताना परिवार के आकार तथा भाई-बहनों के स्वभाव पर निर्भर करता है। परिवार में जन्म-क्रम के अनुसार बच्चों की बौद्धिक क्षमता भी प्रभावित होती है। विभिन्न अध्ययनों से मालूम हुआ है कि पहले बच्चे का बौद्धिक विकास अपने बाद वाले बच्चे से अधिक होता है। बचपन में यह सामान्य लक्षण होता है। लेकिन, अन्य अध्ययनों से उनके विचार का समर्थन नहीं हुआ (Olneck and Bills, 1979; Grotevant et al. 1977)। भाइयों के 346 युग्मों पर अध्ययन किया गया और उनके बौद्धिक विकास पर जन्म-क्रम का कोई सार्थक प्रभाव नहीं देखा गया।

बौद्धिक विकास पर जन्म-क्रम के प्रभाव के सम्बन्ध में संदेह होते हुए भी समाजीकरण के दूसरे परिणामों पर इसका प्रभाव निश्चित रूप से पड़ता है। पहलौठ बच्चों को माता-पिता का सहारा तथा नियंत्रण अधिक उपलब्ध होता है, और उनके प्रति प्रत्याशाएँ भी अधिक होती हैं। अतः वे अन्य बच्चों की अपेक्षा अधिक लाभान्वित स्थिति में होते हैं। उनमें पैतृक मूल्यों का आन्तीकरण अधिक होता है। उपलब्धि-आवश्यकता अधिक विकसित होती है, तथा वे अधिक कर्त्तव्यनिष्ठ बन जाते हैं (clausen, 1966; Kammer, 1967; Adams, 1972)। इसके अलावा पहलौठ बच्चों को चिंतित, रूढ़िवादी तथा दोष-भाव से पीड़ित होने की संभावना अधिक रहती है। पहलौठ बच्चों की आत्म-धारणा के निर्माण पर माता-पिता के मूल्यांकन का तथा बाद वाले बच्चों की आत्म-धारणा के निर्माण पर पहलौठ बच्चों के मूल्यांकन का अधिक प्रभाव पड़ता है (Sampson, 1965)।

**(vi) माता-पिता के बीच सम्बन्ध**—माता-पिता के बीच संतोषजनक सम्बन्ध होने पर बच्चों का समाजीकरण कुशल होता है, जबकि दोषपूर्ण सम्बन्ध के कारण बच्चों का समाजीकरण दोषपूर्ण बन जाता है। **टारमन** के अनुसार जो माता-पिता संतुलित वैवाहिक जीवन गुजारते हैं, उनके बच्चों में सामाजिक शीलगुण विकसित होते हैं। जिन माता-पिता का वैवाहिक जीवन असंतुलित तथा संघर्षपूर्ण होता है,

उनके बच्चों में असामाजिक शीलगुण विकसित हो जाते हैं। विघ्न परिवारों पर किए गए अध्ययनों से बच्चों के समाजीकरण में माता-पिता के बीच सम्बन्ध का महत्त्व स्पष्ट होता है। विघ्न परिवार ऐसे परिवार को कहते हैं, जिसमें पिता ने माता को या माता ने पिता को तलाक दे दिया हो, माता या पिता या दोनों की मृत्यु हो गई हो, माता तथा पिता के बीच हमेशा झगड़ा होता हो, इत्यादि। ऐसे परिवारों में माता तथा पिता के व्यवहार बच्चों के प्रति संगत तथा स्थिर नहीं हो पाते हैं, वे बच्चे को अपेक्षित स्नेह नहीं दे पाते हैं तथा उचित निगरानी नहीं कर पाते हैं। ऐसे माता-पिता के बच्चे ज्ञानात्मक तथा संवेगनात्मक समस्याओं से पीड़ित हो जाते हैं (Hetheringron, 1976, 1978)। पिता के अभाव में माता तथा बच्चे अथवा माता या पिता के अभाव से उत्पन्न प्रभाव को द्वितीयक्रम प्रभाव कहते हैं (Bronfenbrenner, 1979)। जैसे—संभव है कि माता या पिता के अभाव में किसी का व्यवहार बच्चे के साथ अपेक्षाकृत कम कठोर तथा अधिक स्नेहपूर्ण हो।

**(2) भाषा-योग्यता**—समाजीकरण में भाषा की भूमिका अत्यंत महत्त्वपूर्ण होती है। समृद्ध भाषा के सहारे मनुष्य अपने विचारों से दूसरे को गहराई से प्रभावित कर सकता है। भाषा के माध्यम से ही एक व्यक्ति दूसरे व्यक्ति के विचारों से अवगत होता है तथा अपने विचारों से दूसरों को अवगत करता है। भाषा के सहारे ही बच्चे अपने माता-पिता, अभिभावक तथा शिक्षक के आदेशों तथा उपदेशों से अवगत होते हैं। भाषा के माध्यम से ही बच्चे अपने साथियों के साथ सम्पर्क स्थापित करते हैं। बच्चों, वयस्कों, तथा बूढ़ों की पारस्परिक प्रतिक्रिया में भाषा सहायक होती है। स्पष्ट है कि कुशल समाजीकरण के लिए विकसित, शुद्ध तथा आकर्षक भाषा आवश्यक है। **कर्थ एवं मिल्स** ने कहा है भाषा का सार्थक प्रभाव समाजीकरण पर पड़ता है।

**(3) आस-पास के लोग**—बच्चों का समाजीकरण अपने आसपास रहने वाले लोगों से भी प्रभावित होता रहता है। वह अपने पड़ोसी से बहुत सारे गुणों को ग्रहण करता है। इस प्रभाव के कारण समाजीकरण की प्रक्रिया के साथ-साथ विसमाजीकरण तथा पुनर्समाजीकरण की प्रक्रिया घटित होती है। यहाँ बच्चे के समाजीकरण, विसमाजीकरण तथा पुर्नसमाजीकरण पर पड़ोसियों के नियंत्रण, निर्देशन तथा सहारा का गहरा प्रभाव पड़ता है।

**(4) सामाजिक वर्ग-भेद**—समाजीकरण की प्रक्रिया पर वर्गीय प्रभाव भी पड़ता है। सामान्यतः समाज तीन वर्गों में विभक्त होता है—निम्नवर्ग, मध्यवर्ग और उच्चवर्ग। प्रत्येक सामाजिक वर्ग के नियमों, मूल्यों, मानदण्डों, विश्वासों तथा लोकरीतियों में अन्तर होता है। इस कारण भिन्न-भिन्न वर्गों के बच्चों के समााजीकरण

में अन्तर होता है। प्रत्येक वर्ग में अपनी संस्कृति द्वारा निर्धारित मानदण्डों के अनुकूल एक विशेष प्रकार के व्यक्तित्व को प्रोत्साहन मिलता है।

विभिन्न अध्ययनों से समाजीकरण की प्रक्रिया पर सामाजिक वर्ग-भेद का प्रभाव प्रमाणित होता है। **हिमिलविट** ने निम्न वर्ग की अपेक्षा मध्य वर्ग के लोगों में अधिक संतुलन पाया। **परामेशौर्न** ने निम्न वर्ग के लोगों में कुसमायोजन अधिक पाया। **आइजिंक तथा कुकसन** के अनुसार उच्च वर्ग के बच्चों में बहिर्मुख अधिक पाई जाती है। **शलमान** के अनुसार वर्ग के बच्चों में अन्य वर्गों की अपेक्षा नीचा मनोबल तथा कमजोर शक्ति पाए जाते हैं। **कोह्न** के अनुसार भिन्न सामाजिक वर्गों में व्यवसाय तथा शिक्षा से सम्बन्धित पैतृक मूल्यों में अन्तर होता है। **बेली और क्रास** के अनुसार उच्च सामाजिक-आर्थिक स्थिति के लोगों में पूर्वाधारणाएँ अपेक्षाकृत कम पाई जाती हैं। **बर्नस्टीन** के अनुसार उच्च वर्ग, मध्य वर्ग तथा निम्न वर्ग के परिवारों की भूमिकाओं में अन्तर होता है। इन अन्तरों के कारण विभिन्न सामाजिक वर्गों के व्यक्तियों के समाजीकरण में भिन्नताएँ देखी जाती हैं।

विभिन्न अध्ययनों से मालूम होता है कि भारत में भी समाजीकरण की प्रक्रिया वर्ग से प्रभावित रही है। **शुक्ला** एवं **मिश्रा** के अनुसार, निम्न वर्ग की अपेक्षा उच्च वर्ग के लोगों में बेहतर अभियोजन पाया जाता है।। **सक्सेना** के अनुसार, अलाभान्वित की अपेक्षा लाभान्वित बच्चों में अमूट बुद्धि अधिक पाई जाती है। **साजिद** तथा **धनन्जय** के अनुसार उच्च सामाजिक वर्ग के बच्चों में सर्जनात्मकता अधिक पाई जाती है। **नईम हैदरी** ने वंचित की अपेक्षा अवंचित छात्रों में समायोजन अधिक तथा निर्भरता-प्रवृत्ति कम पाया।

**(5) अभिजात-समूह**—समान आयु वर्ग के लड़कों या लड़कियों में स्कूल या अपने आसपास में स्वाभाविक दोस्ती हो जाती है। ये अपना एक अलग स्वैच्छिक ग्रुप बना लेते हैं। इसे अभिजात समूह कहते हैं। बच्चे, अपनी इच्छा से किसी समूह में शामिल हो जाते हैं। किसी बच्चे को यह स्वतंत्रता होती है कि वह उस समूह को आसानी से छोड़ सकता है। किन्तु यह स्वतंत्रता स्कूल या परिवार के साथ नहीं होता है। अभिजात-समूह की एक विशेषता यह है कि बच्चों में विपरीत मूल्यों का विकास होता है और वे ऐसे व्यवहार करने लगते हैं, जिनकी स्वीकृति वयस्कों द्वारा रद्द की जाती है। कारण उनमें स्वतंत्रता का भाव बढ़ जाता है और वयस्कों के नियंत्रण के विरुद्ध उनमें प्रतिक्रिया उत्पन्न होती है (Coleman, 1961)। इस अवस्था में चौथी विशेषता मित्रता है जिसमें सहनशीलता अधिक होती है और आत्मधारणाओं तथा व्यवहारों की अभिव्यक्ति की स्वतंत्रता अधिक होती है। लड़के यह समझने लगे हैं

कि उन्हें लड़कों के साथ तथा लड़कियों के साथ किस तरह का व्यवहार करना चाहिए और यही बात लड़कियाँ भी सीख लेती हैं (Fine, 1980)। **कोलमैन** के अनुसार अभिजात-समूह बच्चों के लिए संदर्भ-समूह का भी काम करता है तथा उनके समाजीकरण को इस रूप में भी प्रभावित करता है।

**(6) स्कूल का वातावरण**—परिवार की तरह स्कूल का आदेश व्यक्तियों को समाजीकृत करना होता है। परिवार के बाद स्कूल हर एक ऐसी संस्था है, जिसमें बच्चों का आवेष्टन सबसे अधिक प्रत्यक्ष होता है। लेकिन परिवार की अपेक्षा स्कूल का मिशन अधिक सीमित होता है। स्कूल का मौलिक सम्बन्ध बच्चों के औपचारिक निर्देशन तथा उनके ज्ञानात्मक कौशलों के विकास होता है। परिवार की अपेक्षा स्कूल में बच्चों का आवेष्टन अपेक्षाकृत अनैच्छिक होता है। इन भिन्नताओं के कारण समाजीकरण के एजेन्ट के रूप में परिवार तथा स्कूल की भूमिका में अन्तर होता है।

स्कूल भी समाजीकरण में महत्त्वपूर्ण भूमिका निभाता है। शिक्षक और विद्यार्थी दोनों एक दूसरे को प्रभावित करने का काम करते हैं। शिक्षक तथा शिक्षार्थी में पद-भेद लगभग वैसा ही होता है, जैसा कि परिवार में माता-पिता तथा उनके बच्चे के बीच होता है, फिर भी शिक्षक तथा शिक्षार्थी का सम्बन्ध अपेक्षाकृत सीमित होता है तथा औपचारिक होता है। कक्षा में लगभग समान आयु के बच्चे होते हैं, जिनका अभाव परिवार में होता है। अतः आयु एकरूपता के कारण बच्चे में अपने सामर्थ्य की तुलना करने का भाव उत्पन्न होता है। शिक्षक को भी प्रत्येक छात्र के मूल्यांकन का एक मानदण्ड मिल जाता है। इसका प्रभाव बच्चों के आत्म-सम्मान के विकास पर पड़ता है। **पार्सन्स** ने कहा है कि स्कूल प्रथम सामाजिक एजेन्सी है, जिससे बच्चों में उनकी उपलब्धि के आधार पर पद-भेदीकरण का विकास होता है। कक्षा की आयु-एकरूपता का दूसरा परिणाम अभिजात-वर्ग का उभरना है, जो ऐच्छिक होता है।

शिक्षालय में बच्चे सामान्य सामाजिक मानदण्डों को सीखते हैं, जो पारिवारिक प्रसंगों में सीखे गए विशिष्ट मानदण्डों से भिन्न होते हैं। फलतः बच्चों का विसमाजीकरण तथा पुनर्समाजीकरण संभव होता है। दूसरे शब्दों में, वे पहले सीखे गए कुछ मूल्यों, प्रतिमानों, तथा विश्वासों को छोड़ देते हैं तथा कुछ नए मूल्यों, मानदण्डों तथा विश्वासों को अपना लेते हैं। नए मूल्यों में स्वतंत्रता, उपलब्धि तथा आत्म-सम्मान मुख्य है। विशेष रूप से अलाभान्वित परिवारों के बच्चों के पुनर्समाजीकरण में स्कूल या कक्षा का बहुत बड़ा हाथ होता है (Valentine, 1968)।

**(7) संस्कृति**—प्रत्येक संस्कृति के विशेष मूल्य, प्रतिमान, विश्वास, लोकरीतियाँ, परम्पराएँ तथा मानदण्ड होते हैं, जिन्हें सांस्कृतिक प्रतिरूप कहते हैं। बच्चे अपनी

संस्कृति के इन प्रतिरूपों को माता-पिता, अभिभावक, शिक्षक, आदि सामाजिक एजेन्ट के माध्यम से सीख लेते हैं। इसे सीखने में समाजीकरण के कई संरचन सहायक होते हैं, जिनमें प्रत्यक्ष निर्देशन, अनुकरण, निरीक्षण, प्रतिरूपण, प्रबलन, आदि मुख्य है। सांस्कृतिक भिन्नता के कारण अलग-अलग संस्कृति के बच्चों में अलग-अलग आदर्श और शील मिलता है।

**शोएन्फेल्ड** के अनुसार बच्चा कच्ची सामग्री है, जिसको संस्कृति अपने अनुकूल पक्का माल में बदल डालती है। **लूरा टाम्पसन** के अनुसार शिशु-प्रशिक्षण में भिन्नता के कारण सामान्य अमेरिकन संस्कृति में प्रतियोगिता का शीलगुण प्रधान होता है, जबकी होपी संस्कृति में संस्थापित मनोवृत्ति अधिक पाई जाती है। **कुमारी मीड** ने अपने अध्ययन के आधार पर प्रमाणित किया कि एरापेश संस्कृति के लोग सहयोगी, असंवेगी तथा मिलनसार होते हैं, जबकि मुण्डुमोर संस्कृति के लोग संवेगी, आक्रमणशील, असहयोगी तथा कामुक होते हैं। **पाउडर मेकर** के अनुसार यौन-भूमिका के शिक्षण पर संस्कृति का प्रभाव पड़ता है। लेसू संस्कृति में यौन-क्रिया में पुरुष प्रधान होता है तथा पहल करता है। अधिकांश संस्कृतियों में सामान्यतः यही मूल्य मान्य है। लेकिन, बुका संस्कृति में यौन-क्रिया में स्त्री प्रधान होती है तथा पहल करती है (Buckwood, 1935)। **किसकर** के अनुसार विसंगित व्यक्तित्व के सतही लक्षणों का निर्धारण विशिष्ट संस्कृति द्वारा तथा इसमें निहित कारणों का निर्धारण ऐसे मनोवैज्ञानिक तथा जैविकी कारकों द्वारा होता है जो सभी संस्कृतियों में समान होते हैं।

भारत में किए गए अध्ययनों से भी समाजीकरण पर संस्कृति का प्रभाव प्रमाणित होता है। **सिन्हा** ने देहाती आदिवासियों की अपेक्षा शहरी आदिवासियों में अधिक बौद्धिक योग्यता पाई। **चटर्जी,** आदि ने देहाती छात्रों की अपेक्षा शहरी छात्रों में धार्मिक तथा यौन पूर्वधारणा अधिक पाई। **शुक्ला** ने देहाती छात्रों में सर्वजनात्मकता अधिक पाई। **चौधरी** के अनुसार आदिवासी बच्चों की अपेक्षा गैर-आदिवासी बच्चे अधिक सर्जनात्मक होते हैं।

**(8) खेल तथा खेल के साथी**—प्रत्येक खेल के कुछ निश्चित नियम, मूल्य तथा मानदण्ड होते हैं। अतः खेल में भाग लेने वाले बच्चों में इन सबका आन्तरीकरण हो जाता है। दूसरे शब्दों में, वे खेल के नियमों तथा मानदण्डों के अपने अन्दर समेट लेते हैं। खेल के मैदान में विभिन्न सामाजिक-आर्थिक स्थितियों (SES) के बच्चों के बीच पारस्परिक प्रतिक्रियाएँ होती हैं, इसलिए उनका समाजीक शीलगुणों का समुचित विकास संभव होता है। इसके अतिरिक्त भाषा-विकास, संवेगात्मक विकास, नैतिक विकास, आदि में भी सहयोग मिलता है। जो बच्चे अच्छे खेलों में भाग नहीं लेते हैं तथा बुरे बच्चों के साथ रहते हैं उनमें बुरे सामाजिक तत्त्व विकसित हो जाते हैं।

**(9) व्यावसायिक प्रसंग**—व्यवसाय का मुख्य उद्देश्य समाजीकरण नहीं होता है। इसके माध्यम से समाजीकरण अप्रत्यक्ष रूप से होता रहता है। इसीलिए इसे द्वितीय समाजीकरण कहा जाता है। इसमें वयस्क लोग अधिक शामिल होते हैं। पुरुषों और आजकल बहुत-सी स्त्रियों का अधिक समय परिवार से बाहर अपने व्यवसाय या कार्य में गुजरता है। यह प्रसंग परिवार, स्कूल, आदि सामाजिक प्रसंगों से भिन्न है। कारण, व्यावसायिक प्रसंग का प्राथमिक उद्देश्य व्यक्ति का समाजीकरण करना नहीं है, बल्कि मुख्य उद्देश्य समाजों का उत्पादन बढ़ाना या सेवा प्रदान करना है। अतः व्यवसाय द्वारा व्यक्ति का समाजीकरण प्रासंगिक है।

**कोहन** आदि के अनुसार व्यवसाय में अधिक स्वतंत्रता होने पर तथा व्यवसाय के अधिक होने पर कर्मचारी व्यक्तिगत स्वतंत्रता तथा आत्म-निर्देश को अधिक महत्त्व देता है। दूसरी ओर कार्य जब साधारण तथा रूढ़िबद्ध होता है तो कर्मचारी अनुपालन को अधिक महत्त्व देता है। उसके लिए अनुशासन, आज्ञापालन, आदि का मूल्य बढ़ जाता है। इन्हें कार्य द्वारा उत्पन्न मूल्य कहते हैं। कई अन्य अध्ययनों से इस विचार का समर्थन होता है (Geens, 1979; Lee, 1977)।

**कान्टर** ने कार्य-परिस्थिति की तीन संरचनात्मक विशेषताओं का उल्लेख किया है, जिनका प्रभाव समाजीकरण तथा पुनर्समाजीकरण पर पड़ता है। वे विशेषताएँ हैं—अवसर संरचना, अधिकार-संरचना, तथा अभिजात-पुंजों की सामाजिक रचना। उल्लेखनीय है कि जहाँ **कान्टर** संगठनात्मक सम्बन्ध के वृहत् तंत्र पर बल देती हैं वहाँ **कोहन** व्यक्ति द्वारा किए कार्य के स्वरूप तथा उससे प्राप्त स्वतंत्रता की मात्रा पर बल देता है। लेकिन, **कान्टर** तथा **कोहन** दोनों इस विचार से सहमत हैं कि व्यावसायिक प्रसंग का प्रभाव विकासात्मक समाजीकरण पर नहीं, बल्कि पुनर्समाजीकरण पर पड़ता है। जेलखाना, चिकित्सालय, आदि भी पुनर्समाजीकरण के प्रभावशाली एजेन्ट हैं (Kennedy and Kerber, 1973; Sears et al; 1991)।

उपर्युक्त तथ्यों के आधार पर कहा जा सकता है कि समाजीकरण एक जटिल प्रक्रिया है और यह मृत्युपर्यन्त चलती रहती है। यह भी स्पष्ट है कि समाजीकरण की प्रक्रिया पर अनेक कारकों या चरों का प्रभाव पड़ता है। यह बात स्मरण रखनी चाहिए कि परिवार, पड़ोस, खेलकूद, तथा संस्कृति का सम्बन्ध मुख्य रूप से बच्चों के समाजीकरण से है जबकि व्यवसाय, जेलखाना, चिकित्सालय, आदि का सम्बन्ध मुख्य रूप से विसमाजीकरण तथा पुनर्समाजीकरण से है।

# 3
# सैद्धान्तिक पद्धतियाँ

प्रत्येक सामाजिक विज्ञान की अपनी अध्ययन पद्धतियाँ होती हैं अतः मनोविज्ञान की भी अपनी विशिष्ट अध्ययन पद्धतियां हैं जिनके द्वारा समाज मनोविज्ञान की विषयवस्तु, कार्य क्षेत्र आदि के बारे में व्यापक जानकारी प्राप्त होती है। जैसे-जैसे समाज मनोविज्ञान का कार्यक्षेत्र बढ़ता जा रहा है, वैसे-वैसे समाज मनोविज्ञान की प्रवृतियाँ विकसित होती जा रही हैं। इनमें से कुछ पद्धतियाँ तो काफी सरल हैं परंतु कुछ काफी जटिल हैं। इस पुस्तक में समाज मनोविज्ञान की उन सभी पद्धतियों का वर्णन तो सम्भव नहीं है परंतु उनमें से कुछ प्रमुख पद्धतियों का वर्णन हम नीचे प्रस्तुत कर रहे हैं।

## सर्वेक्षण पद्धति

समाज मनोवैज्ञानिक प्रेक्षण करते समय सर्वे पद्धति का सर्वाधिक प्रयोग करता है। इस पद्धति के अन्तर्गत अन्वेषक साक्षात्कार अथवा प्रश्नोत्तर के माध्यम से किसी भी सामाजिक समस्या के संबंध में व्यक्ति की सोच, प्रवृत्ति को ज्ञात करता है। सर्वे पद्धति में प्रायः एक बड़ी जनसंख्या के भिन्न-भिन्न वर्गों के लोगों को प्रतिदर्श के रूप में सम्मिलित किया जाता है। जैसे—यदि कोई शोधकर्त्ता रविवार के दिन टेलीविजन पर दिखलाये जाने वाले फीचर फिल्म के गुण के प्रति लोगों की राय जानने के लिए सर्वेक्षण पद्धति का उपयोग करता है, तो अध्ययन में वह अपने प्रतिदर्श में भारत के प्रत्येक राज्य से कुछ व्यक्तियों का चयन करेगा फिर प्रत्येक राज्य से चुने

गये व्यक्ति प्रत्येक वर्ग, धर्म, आय समूह, उम्र समूह से लिये जायेंगे। चयन प्रत्येक स्तर पर जहाँ तक संभव हो, यादृच्छिक ढंग से होगा। ऐसा होने से अध्ययन किये जाने वाले व्यक्तियों का जो समूह यानी प्रतीक तैयार होगा, वह एक प्रतिनिधिक प्रतिदर्श होगा। सर्वेक्षण द्वारा अध्ययन करने में एक प्रतिनिधिक प्रतिदर्श पर इसलिए जोर डाला जाता है कि इस तरह के प्रतीक से प्राप्त निष्कर्ष पूरी जनसंख्या के लिए अधिक सही एवं उचित होगा। सर्वेक्षण पद्धति में कौनसे विषय का अध्ययन किया जायेगा और किस तरह के व्यक्ति उसमें सम्मिलित किये जायेंगे, यह सर्वे के उद्देश्य पर निर्भर करता है। सर्वेक्षण का उद्देश्य मात्र वर्णनात्मक भी हो सकता है या सहसंबंधात्मक भी हो सकता जैसे—ऊपर दिये गये उदाहरण में सर्वेक्षण का उद्देश्य मात्र वर्णनात्मक है। परन्तु जब सर्वेक्षण का उद्देश्य यह देखना होगा कि क्या सामाजिक-आर्थिक स्तर तथा टेलीविजन के प्रोग्राम देखने वाले व्यक्तियों की संख्या में कोई सहसंबंध है, तो यह एक सहसंबंधात्मक उद्देश्य का उदाहरण होगा।

**सर्वेक्षण पद्धति की विशेषता**—ऊपर वर्णन किये गये तथ्यों के आधार पर सर्वे पद्धति की प्रमुख विशेषताओं का संक्षेपण इस प्रकार प्रस्तुत किया जा सकता है—

1. सर्वे पद्धति में आँकड़ों का संग्रह प्रायः साक्षात्कार द्वारा या डाक प्रश्नावली द्वारा किया जाता है
2. सर्वे पद्धति में शोधकर्त्ता सामान्य जनसंख्या के भिन्न-भिन्न वर्गों से व्यक्तियों का यथासंभव यादृच्छिक रूप से चयन करके एक प्रतिनिधिक प्रतिदर्श तैयार करता है।
3. सर्वे पद्धति का उद्देश्य वर्णनात्मक भी हो सकता है या सहसंबंधात्मक भी।

समाज मनोविज्ञान में सर्वे शोध के कई प्रकार बतलाये गए हैं जिनमें निम्नांकित प्रमुख हैं—

(i) संगणना सर्वे

(ii) प्रतिदर्श सर्वे।

इन दोनों तरह के सर्वे का वर्णन निम्नांकित है—

**(i) प्रतिदर्श सर्वे**—इस तरह के सर्वे का प्रयोग समाज मनोविज्ञान में अधिक होता है। समाज मनोवैज्ञानिक किसी शहर या गाँव या कई गाँव या शहर मिलाकर व्यक्तियों के एक जीव संख्या को परिभाषित करते हैं। इसके बाद उस जीवसंख्या से कुछ व्यक्तियों को निष्पक्ष भाव से या यादृच्छिक ढंग से या कभी-कभी सुविधानुसार भी चुन लेते हैं। इस प्रतिदर्श का अध्ययन करके वह जिन तथ्यों या निष्कर्षों को

प्राप्त करता है, उसे वह पूरे जीवनसंख्या के लिए वैध मान लेता है। प्रतिदर्श जितना ही अधिक जीवनसंख्या का प्रतिनिधि होता है, प्राप्त निष्कर्ष उतना ही जीवनसंख्या के लिए उपयुक्त एवं वैध होता है।

प्रतिदर्श सर्वे में व्यावहारिकता का गुण होता है क्योंकि इसमें समय, धन एवं परिश्रम की बचत होती है।

सर्वे पद्धति में व्यावहारिकता का गुण होता है क्योंकि इसमें समय, धन एवं परिश्रम की कार्य बचत होती है।

सर्वे पद्धति में समाज मनोवैज्ञानिकों तथा समाजशास्त्रियों द्वारा मूल रूप से प्रविधियों का प्रयोग किया जाता है जिसका विवरण यहाँ आवश्यक है–

**(ii) संगणना सर्वे**–जैसा कि नाम से ही स्पष्ट है, इस तरह के सर्वे में किसी शहर या गाँव के पूरे जीवनसंख्या का अध्ययन किया जाता है। अन्वेषक द्वारा किसी एक या दो व्यक्ति पर अन्वेषण नहीं करता है बल्कि वह जिस समूह अथवा स्थान पर शोध करता है वह वहाँ के समस्त निवासियों के विचारों को जानने का प्रयास करता है। उदाहरणस्वरूप, कोई समाज मनोवैज्ञानिक यह जानने का प्रयास यदि करता है कि पटना शहर में कितने लोग ऐसे हैं जो प्रत्येक रविवार के दिन दूरदर्शन पर फीचर फिल्म देखते हैं, उनमें कितनी महिलाएँ और कितने पुरुष हैं, उनकी आयु क्या है, उनका सामाजिक-आर्थिक स्तर क्या है, उनमें कितने शिक्षित तथा कितने अशिक्षित हैं, आदि-आदि तो यह संगणना सर्वे का एक उदाहरण होगा।

सामान्यतः संगणना सर्वे का उपयोग एक समाजशास्त्री द्वारा अधिक किया जाता है। उसमें व्याप्त कुछ कठिनाइयों के कारण इसका प्रयोग अधिक नहीं होता है। सामान्यतः ऐसे शोध में समय अधिक लगता है तथा खर्च भी काफी पड़ता है। अतः इसका प्रयोग समाज वैज्ञानिक कम ही कर पाते हैं।

**(1) साक्षात्कार सर्वे**–साक्षात्कार सर्वे में प्रशिक्षिण भेंटकर्त्ता होते हैं जो प्रायः यादृच्छिक रूप से चुने गये व्यक्तियों के एक निश्चित सभूह से किसी समस्या से संबंधित प्रश्न करते हैं। प्रत्येक व्यक्ति द्वारा दिये गये उत्तरों में सही-सही रिकॉर्ड कर उनका बाद में वे विश्लेषण करते हैं। **कैनेल** तथा **कान** के शब्दों में साक्षात्कार सर्वे को इस प्रकार पारिभाषित किया जा सकता है, "साक्षात्कार दो वैयक्तिक वार्तालाप है जिसकी शुरुआत भेंटकर्त्ता शोध-संगत सूचनाएँ प्राप्त करने के उद्देश्य द्वारा उल्लेखित विषयों पर केन्द्रीभूत करता है।" इस परिभाषा से स्पष्ट है कि साक्षात्कार में भेंटकर्त्ता परिस्थिति पर नियंत्रण रखते हुए शोध उद्देश्य के विषय पर व्यक्तियों से कुछ सूचनाएँ प्राप्त करता है। समाज मनोविज्ञान में इस

पद्धति का प्रयोग मनोवृत्ति मूल्य, व्यक्तियों के बीते हुए अनुभवों एवं व्यवहारों आदि के अध्ययन में किया जाता है।

जब किसी समस्या के प्रति व्यक्तियों की मनोवृत्ति, विचार, मत आदि जानने के लिए समाज मनोवैज्ञानिक साक्षात्कार सर्वे का सहारा लेते हैं, साक्षात्कार से साक्षात्कारकर्त्ता को समस्या से संबंधित प्रश्नों की सूची तैयार करनी पड़ती है। इस सूची को साक्षात्कार अनुसूची के नाम से जाना जाता है। प्रश्न सूची कभी-कभी असंगठित होती है और कभी-कभी संगठित। पहले तरह के साक्षात्कार सर्वे को असंगठित साक्षात्कार तथा दूसरे तरह के साक्षात्कार सर्वे को संगठित साक्षात्कार कहा जाता है। असंगठित साक्षात्कार में भेंटकर्त्ता प्रश्नों में आवश्यकतानुसार कुछ परिवर्तन कर लेता है परन्तु संगठित साक्षात्कार में भेंटकर्त्ता इस ढंग का परिवर्तन नहीं कर सकता हैं, और साथ ही सभी व्यक्तियों से प्रश्नों के पूछने का क्रम भी पहले से ही निश्चित कर रखता है। भेंटकर्ता प्रायः दो तरह के प्रश्नों का निर्माण करता है—मुक्तोत्तर प्रश्न तथा वह प्रश्न मुक्तोत्तर प्रश्न से व्यक्ति को प्रश्नों का उत्तर दे सकता है। अपनी इच्छानुसार वह उत्तर देने में किसी भी शब्द का प्रयोग कर सकता है। परन्तु बंद प्रश्न के उत्तर देने के लिए व्यक्ति को पहले से दिये गये उत्तरों में से चुनकर अपना उत्तर देना होता है। इसमें वह अपनी इच्छानुसार किसी नये शब्द का प्रयोग नहीं कर सकता है। प्रायः साक्षात्कार सर्वे में व्यक्तियों का ऐसा समूह चुना जाता है जो लगभग प्रत्येक वर्ग के व्यक्तियों का प्रतिनिधित्व कर सके। इतना ही नहीं, व्यक्तियों को चुनने की प्रक्रिया भी प्रायः यादृच्छिक ही हुआ करती है। ऐसा होने से साक्षात्कार सर्वे से प्राप्त निष्कर्ष को बहुत सारे व्यक्तियों के लिए सही ठहराया जा सकता है।

**साक्षात्कार सर्वे के गुण**—साक्षात्कार सर्वे के कुछ गुण तथा अवगुण हैं। इसके प्रमुख गुण निम्नांकित हैं—

1. साक्षात्कार सर्वे में सर्वे की अन्य पद्धति जैसे डाक-प्रश्नावली की अपेक्षा प्रश्नों का उत्तर देना व्यक्ति जल्द पूरा कर लेता है। अतः इस पद्धति द्वारा संगत सूचनाएँ जल्द प्राप्त हो जाती हैं।
2. चूँकि साक्षात्कार सर्वे में व्यक्तियों को बोलकर (न कि लिखकर) अपना विचार प्रकट करना होता है, अतः इसका प्रयोग करीब-करीब सभी तरह के व्यक्तियों (गूंगों को छोड़कर) पर किया जा सकता है।
3. इस पद्धति में साक्षात्कारकर्त्ता व्यक्ति को अभिप्रेरित करके सभी सवालों के जवाब हासिल कर लेता है। जहाँ व्यक्ति किसी कारण से प्रश्नों का जवाब

छिपा लेना चाहता है, भेंटकर्त्ता अपनी कुशलता का प्रयोग कर उसे अधिक प्रोत्साहित करता है और साथ-ही-साथ उसे उत्तर देने में मदद करता है।

**साक्षात्कार सर्वे के प्रमुख दोष**—साक्षात्कार सर्वे के प्रमुख अवगुण निम्नांकित हैं—

1. साक्षात्कार सर्वे में भेंटकर्त्ता को व्यक्तियों द्वारा दिये गये शाब्दिक अनुक्रियाओं पर निर्भर करना पड़ता है। ऐसा संभव है कि व्यक्ति अपने वास्तविक जीवन में इन शाब्दिक अनुक्रियाओं के अनुसार सचमुच में व्यवहार नहीं करता हो। ऐसी परिस्थिति में साक्षात्कार सर्वे द्वारा प्राप्त परिणाम पर अधिक भरोसा नहीं किया जा सकता है। जैसे—कोई व्यक्ति भेंटकर्त्ता को यह बतलाता है कि उसे सहशिक्षा पसंद है जबकि सच्चाई यह हो सकती है कि वह इसे काफी नापसंद करता हो तथा सहशिक्षा संस्थाओं को घृणा की दृष्टि से देखता हो। ऐसी परिस्थिति में भेंटकर्त्ता द्वारा उनके उत्तरों के आधार पर निकाला गया परिणाम अधिक निर्भर योग्य नहीं होगा।
2. यद्यपि ऐसा कहा जाता है कि साक्षात्कार सर्वे में अपेक्षाकृत कम समय लगता है लेकिन सच्चाई यह है कि साक्षात्कार के आधार पर प्राप्त आँकड़ों का विश्लेषण कर उससे निष्कर्ष निकालना एक बहुत ही समय लेने वाला कार्य होता है। समाज मनोवैज्ञानिकों का अंदाज है कि एक घंटे का साक्षात्कार सर्वे से प्राप्त आँकड़ों का पूर्ण विश्लेषण करने के लिए करीब 7 से 9 घंटे का समय लगता है।
3. सामूहिक साक्षात्कार के दौरान अक्सर यह बात देखने में आयी है कि व्यक्तिगत भिन्नता के कारण एक निश्चित निष्कर्ष निकालना जटिल हो जाता है। यह बात विशेषकर उस परिस्थिति में अधिक होती है जब भेंटकर्त्ता द्वारा असंगठित साक्षात्कार किया जा रहा हो। प्रत्येक भेंटकर्त्ता व्यक्ति के एक ही व्यवहार का अर्थ अपने पूर्वाग्रह के कारण अपने-अपने ढंग से लगाने लगते हैं। इससे आपस में विभिन्नता बढ़ जाती है और किसी निश्चित निष्कर्ष पर पहुँचना संभव नहीं हो पाता है।

**(2) पैनेल सर्वे**—इस प्रविधि में शोधकर्त्ता समूह के समस्त व्यक्तियों में से कुछ चयनित व्यक्तियों का समस्या के प्रति दृष्टिकोण ज्ञात करता है। इस प्रविधि के निम्नांकित दो प्रमुख लाभ बतलाये गए हैं—

1. इस प्रविधि में समस्त मनोवैज्ञानिक यह आसानी से जान पाते हैं कि वे कौन-कौन से कारक हैं जो समय बीतने के साथ प्रतिदर्श या व्यक्तियों के समूह की मनोवृत्ति या विचार में परिवर्तन लाते हैं।

2. जब एक ही प्रतिदर्श के मतों को दो या दो से अधिक बार जाना जाता है, तो इससे प्रतिदर्श द्वारा दिये गए मतों की स्थिरता तथा विश्वसनीयता का भी पता चल जाता है।

**सीमाएँ**—इस पद्धति की निम्नांकित दो प्रमुख सीमाएँ हैं—

1. पैनेल सर्वे में चूँकि एक ही प्रतिदर्श को अध्ययन में कई बार सम्मिलित किया जाता है, अतः ऐसा देखा गया है कि प्रत्येक बार सभी व्यक्ति अध्ययन के लिये कई कारणों जैसे—मृत्यु, अंतरण, दोबारा अध्ययन में भाग लेने की इच्छा की कमी आदि के कारण उपलब्ध नहीं हो पाते हैं। प्रयोज्य के दोबारा नहीं उपलब्ध होने के कारण अध्ययन त्रुटिग्रस्त हो जाता है।
2. पैनेल सर्वे में व्यक्ति के समूहों द्वारा कई बार प्रेक्षण किया जाता है अतः संवेदनशीलता की वजह से प्रयोज्य अवांछित क्रिया करने लगते हैं तथा पूर्णतया सही परिणाम प्राप्त नहीं हो पाते।

**(३) दूरभाषा सर्वे**—दूरभाषा सर्वे में सर्वेकर्त्ता टेलिफोन पर ही व्यक्तियों से शोध समस्या के बारे में कुछ सूचना प्राप्त करता है और उसके आधार पर एक निष्कर्ष पर पहुँचने की कोशिश करता है। इस सर्वे का विशेष लाभ यह है कि इसमें सर्वेकर्त्ता को सूचना आसानी से मिल जाती है और उसमें समय की बचत होती है।

**दोष**—इस तरह के सर्वे में कई दोष पाये जाते हैं, जो निम्नांकित हैं—

1. दूरभाषा सर्वे में सर्वेकर्त्ता का यह शक बना ही रह जाता है कि सूचनादाता वास्तव में वही व्यक्ति है जिससे वह सूचना प्राप्त करना चाहता है। दूसरे शब्दों में सर्वेकर्त्ता को इसमें सूचनाओं की सत्यता की जाँच करना कठिन होता है।

   कुछ समाज मनोवैज्ञानिकों एवं समाजशास्त्रियों ने सर्वे पद्धति के लाभ एवं अलाभ पर भी प्रकाश डाला है। सर्वे पद्धति के प्रमुख लाभों को इस प्रकार स्पष्ट किया जा सकता है।
2. दूरभाषा सर्वे में सूचनादाता अर्थात् व्यक्ति मात्र 'हाँ या नहीं' में सूचना देकर निकल जाना चाहता है। दूसरे शब्दों में, यहाँ सूचनादाता द्वारा सर्वेकर्त्ता को मात्र सतही अनुक्रिया न कि गहन अनुक्रिया का पता चल पाता है।

   इस तरह से यह देखा गया है कि सर्वे पद्धति में समाज मनोवैज्ञानिक विभिन्न उपकरणों या प्रविधियों जैसे साक्षात्कार, प्रश्नावली, पैनेल, दूरभाषा आदि के माध्यम से अध्ययन किये जाने वाले विषय के बारे में आँकड़े संग्रह कर एक निश्चित निष्कर्ष पर पहुँचते हैं।

3. सर्वे पद्धति सामान्यतः उस तरह के प्रतिदर्श या जीवनसंख्या अध्ययन के लिए उपयुक्त मानी गयी है जिसमें व्यक्तियों की संख्या काफी अधिक होती है। ऐसी परिस्थिति में समाज मनोवैज्ञानिक अन्य पद्धतियों जैसे प्रयोगशाला प्रयोग विधि, क्षेत्र प्रयोग पद्धति आदि से लाभान्वित नहीं हो पायेंगे जितना कि इस पद्धति से होंगे।
4. इस सर्वे के निष्कर्ष पूर्णतया सत्य नहीं माने जाते हैं क्योंकि दूरभाषा की सुविधा एक खास वर्ग तक ही सीमित है अतः इस प्रकार के सर्वे में समस्त लोगों को शामिल नहीं किया जा सकता है।

**गुण**—इसमें दोष के साथ गुण भी होते हैं जो इस प्रकार हैं—

1. सर्वे पद्धति में लचीलेपन का गुण होता है। सर्वेकर्त्ता अपनी आवश्यकतानुसार प्रश्नावली, साक्षात्कार, टेलिफोन आदि का व्यवहार कर तथा प्रश्नावाली एवं साक्षात्कार के प्रकार का उपयोग करके अपने अध्ययन-विषय को सफलतापूर्वक अध्ययन करता है। इस तरह का लचीलेपन का गुण समाज मनोविज्ञान के अन्य पद्धतियों में उपलब्ध नहीं है।
2. सर्वे पद्धति का कार्यक्षेत्र काफी विस्तृत है। इसका प्रयोग न केवल मनोवैज्ञानिक ही करते हैं, बल्कि समाजशास्त्री, अर्थशास्त्री, सरकारी एजेन्सियाँ आदि भी भिन्न-भिन्न उद्देश्यों के लिए करते हैं।
3. सर्वे पद्धति का प्रयोग समाज मनोवैज्ञानिक मूल शोध तथा प्रयुक्त दोनों में करके उसका फायदा हासिल करते हैं। समाज मनोवैज्ञानिक सामाजिक समस्या के सम्बन्ध में कोई प्राक्कल्पना करके उसकी जाँच करने के लिए सर्वे पद्धति का उपयोग प्रयुक्त शोध में भी काफी किया जाता है। सर्वे पद्धति के तहत मनोवैज्ञानिक समाज की विशिष्ट समस्याओं यथा—निर्धनता, बेकारी, दहेज, तलाक जैसी समस्या पर शोध कर सकता है।

इन लाभों के बावजूद भी सर्वे पद्धति के कुछ अवगुण हैं जो निम्नांकित हैं—

1. सर्वे पद्धति में कुछ व्यावहारिक कठिनाइयाँ हैं। इसमें समय एवं परिश्रम अधिक लगता है।
2. सर्वे पद्धति में अध्ययन-विषय का गहन अध्ययन संभव नहीं हो पाता है। इस पद्धति में सामान्यतः समाज मनोवैज्ञानिक एक बड़े प्रतिदर्श का अध्ययन करता है। व्यक्तियों की संख्या अधिक होने से वे अध्ययन की गहराई में नहीं जा पाते हैं और वे ऊपर-ऊपर ही सूचना प्राप्त कर अपना अध्ययन समाप्त कर देते हैं। **करलिंगर** ने इस पर टिप्पणी करते हुए कहा है, "सर्वे सूचना

सामान्यतः सतह के नीचे बहुत गहराई में नहीं कर पाती है। प्राप्त की गयी सूचनाओं का कार्यक्षेत्र प्रायः गहराई की कीमत पर जाता है।''

3. सर्वे पद्धति में आत्मनिष्ठता अधिक होती है, क्योंकि इसमें अक्सर सूचनादाता सही बातों को छिपा लेता है और उसकी जगह पर कोई दूसरा उत्तर दे देता है। इसके दो कुपरिणाम होते हैं। सर्वे पद्धति की विश्वसनीयता खत्म हो जाती है और फिर इसकी वैधता पर भी आँच आ जाती है।
4. सर्वे पद्धति का सफलतापूर्वक उपयोग के लिए यह आवश्यक है कि सर्वेकर्त्ता प्रशिक्षित हो तथा उसे सर्वे के विभिन्न उपकरणों जैसे साक्षात्कार, प्रश्नावली एवं पैनेल आदि के निम्न एवं उपयोग सम्बन्धी नियमों का ज्ञान हो। चूँकि ऐसे सर्वेकर्त्ता कम मिल पाते हैं, अतः सर्वे पद्धति की उपयोगिता अपने आप ही सीमित हो जाती है।

## व्यक्ति इतिहास-लेखन पद्धति

व्यक्ति इतिहास-लेखन पद्धति, जैसा कि नाम से ही स्पष्ट है, में समाज मनोवैज्ञानिक व्यक्ति या समूह या किसी संस्था के जीवन की घटनाओं से सम्बन्धित तथ्यों का एक इतिहास तैयार करता है और बाद में उसका विश्लेषण करके उसके जटिल व्यवहार पैटर्न्स की व्याख्या करता है। इस तरह से इस पद्धति में शोधकर्त्ता किसी व्यक्ति का कुछ व्यक्तियों के समूह के जीवन की प्रमुख घटनाओं का एक लेखा-जोखा तैयार करता है। लेखा तैयार करने में वह घटना विशेष से सम्बन्धित कुछ प्रश्नों को पूछता है ताकि उसे इस निष्कर्ष पर पहुँचने में सुविधा हो। शोधकर्त्ता यह भी जानकारी हासिल करता है कि व्यक्ति या व्यक्ति समूह के व्यवहार के लिए उत्तरदायी घटक और स्थितियाँ कौनसी है। इस पद्धति की सफलता बहुत हद तक शोधकर्त्ता की व्यक्तिगत कार्यकुशलता तथा बुद्धिमत्ता पर अधिक निर्भर करती है। इस पद्धति की व्याख्या को एक उदाहरण द्वारा हम इस प्रकार समझा सकते हैं–

एक उदाहरण–मान लीजिए कि कोई अनुसंधानकर्त्ता इस पद्धति द्वारा तलाक सम्बन्धी व्यवहार का अध्ययन करना चाहता है। इसके लिए पहले वह कुछ ऐसे व्यक्तियों का एक समूह तैयार करेगा जिन्हें कोर्ट द्वारा तलाक करने या देने की अनुमति हो गयी हो। एक सौहार्द्रपूर्ण सम्बन्ध स्थापित करने के बाद वह इन व्यक्तियों से अलग-अलग कुछ इस तरह के महत्त्वपूर्ण प्रश्नों को पूछेगा जिनसे उसे उस व्यक्ति की तलाक से पहले के जीवन की घटनाओं का एक स्पष्ट लेखा-जोखा

तैयार हो सके। इस तरह का लेखा-जोखा या इतिहास तैयार करने में अनुसंधानकर्त्ता को व्यक्तियों से कितनी मदद मिलेगी यह उसकी बुद्धिमत्ता, वाक्पटुता तथा सामाजिक कुशलता पर निर्भर करती है। साथ-ही-साथ यह इस बात पर निर्भर करती है कि अनुसंधानकर्त्ता ने इन व्यक्तियों के साथ कितना तथा कैसा सौहार्द्रपूर्ण सम्बन्ध स्थापित किया है। बाद में अनुसंधानकर्त्ता इस इतिहास का विश्लेषण करेगा। मदद मिलेगी। यह उसकी बुद्धिमत्ता, वाक्पटुता तथा सामाजिक कुशलता पर निर्भर करती है। साथ-ही-साथ यह इस बात पर निर्भर करती है कि अनुसंधानकर्त्ता ने इन व्यक्तियों के साथ कितना तथा कैसा सौहार्द्रपूर्ण सम्बन्ध स्थापित किया है। बाद में अनुसंधानकर्त्ता इस इतिहास का विश्लेषण करेगा और तलाक से सम्बन्धित कारणों का पता लगायेगा। इस तरह से अन्त में वह तलाक की घटना से सम्बन्धित कुछ प्राक्कल्पना कारणों का पता लगायेगा। इस तरह से अन्त में वह तलाक की घटना से सम्बन्धित कुछ प्राक्कल्पना बना सकने में समर्थ हो पायेगा जिसकी सत्यता की जाँच फिर किसी अन्य पद्धति जैसे प्रयोगात्मक पद्धति द्वारा यदि अनुसंधानकर्त्ता चाहे, तो कर सकता है।

**विशेषता**—इतिहास लेखन पद्धति की प्रमुख विशेषताएँ निम्नलिखित हैं—

1. इस पद्धति में अनुसंधानकर्त्ता को जीवन के वास्तविक तथ्यों का पता चलता है जिसके दो फायदे बताए गए हैं। पहला तो यह कि इसके आधार पर प्राप्त निष्कर्ष काफी विश्वसनीय एवं ठोस होता है तथा दूसरा यह कि इन तथ्यों से अवगत होने पर स्वयं अनसंधानकर्त्ता की संज्ञानात्मक क्षमता में वृद्धि होती है।
2. **वर्केल** तथा **कूपर** ने कहा कि इस पद्धति द्वारा प्राप्त तथ्य के आधार पर किसी भी सामाजिक व्यवहार से सम्बन्धित परीक्षणीय प्राक्कल्पना बनाने में काफी सुविधा होती है। इसका मतलब यह हुआ कि इससे प्राप्त तथ्य समान मनोवैज्ञानिक को शोध करने में भविष्य में मदद करता है।

**आलोचना**—इतिहास-लेखन पद्धति में पाये जाने वाले मुख्य दोष इस प्रकार हैं—

1. प्रायः यह देखा गया है कि व्यक्ति अपने जीवन की घटनाओं के बारे में सही-सही विवरण नहीं देता है। कुछ तथ्यों को वह छिपा लेता है तथा कुछ तथ्यों को वह बढ़ा-चढ़ाकर बता देता है। स्वभावतः तब इससे जिस निष्कर्ष पर अनुसंधानकर्त्ता पहुँचेगा, वह बहुत ही सत्य एवं वैध नहीं होगा।

2. वर्केल तथा कूपर ने यह बतलाया है कि इस पद्धति का प्रयोग अन्य पद्धतियों के समान (जैसे प्रयोगात्मक पद्धति के समान) किसी प्राक्कल्पना की जाँच करने में नहीं किया जा सकता है। उन्हीं लोगों के अनुसार, "हम लोग व्यक्ति-इतिहास का प्रयोग प्राक्कल्पनाओं को बनाने में न कि जाँच करने में करते हैं।"

व्यक्ति इतिहास-लेखन पद्धति में कुछ अवगुण होते हुए भी इस पद्धति की लोकप्रियता समाप्त नहीं हुई है। इसका प्रयोग समाज मनोवैज्ञानिकों तथा समाजशास्त्रियों दोनों द्वारा प्रायः अब भी किया जाता है।

## क्षेत्र अध्ययन पद्धति

सर्वविदित है कि समाज मनोविज्ञान का अध्ययन क्षेत्र समाज है, अतः समाज से संबंधित कुछ ऐसी समस्याएँ अथवा परिस्थितियाँ हैं जिनका अध्ययन प्रयोगशाला के माध्यम से नहीं कर सकते हैं। उसके लिए सार्थक परिणाम ज्ञात करने हेतु क्षेत्र अध्ययन पद्धति का प्रयोग किया है। दंगों में मनुष्यों का व्यवहार, फैक्टरी में हड़ताल के दौरान कर्मचारियों का व्यवहार, जनसंख्या में उत्पन्न वृद्धि का आम व्यक्तियों पर प्रभाव आदि कुछ इसी तरह के समस्या के उदाहरण हैं।

### *परिभाषा*

भिन्न-भिन्न मनोवैज्ञानिकों ने क्षेत्र अध्ययन को विशेष शब्दों में बाँधकर उसे पारिभाषित करने की कोशिश की है। कुछ ऐसे ही मनोवैज्ञानिकों की परिभाषाओं का उल्लेख नीचे किया जा रहा है–

**करलिंगर** के अनुसार, "क्षेत्र अध्ययन एक ऐसा अप्रयोगात्मक वैज्ञानिक शोध है जो वास्तविक सामाजिक परिस्थिति में समाजशास्त्रीय, मनोवैज्ञानिक एवं शैक्षिक चरों, अन्तःक्रियाओं एवं उसके संबंध की खोज करता है।

**इभान्स** के अनुसार, "मानव या पशु व्यवहार का कोई भी अध्ययन जो वास्तविक वातावरण में न कि प्रयोगशाला वातावरण में किया जाता है, क्षेत्र अध्ययन कहलाता है।

इन परिभाषाओं से यह स्पष्ट है कि क्षेत्र अध्ययन वैसा अप्रयोगात्मक शोध पद्धति है जिसमें वास्तविक सामाजिक परिस्थिति में विभिन्न तरह के समाजशास्त्रीय, मनोवैज्ञानिक तथा शैक्षिक चरों के बीच अन्तःक्रियाओं का अध्ययन करके इन चरों को आपसी सम्भावित संबंधों की खोज की जाती है। क्षेत्र अध्ययन पद्धति के स्वरूप के बारे में हमें निम्नांकित तथ्य प्राप्त होते हैं–

1. क्षेत्र अध्ययन पद्धति में शोधकर्त्ता स्वैच्छिक तरीके से प्रयोज्य का वर्गीकरण तथा स्वतन्त्र चरों का घटा-बढ़ा नहीं सकता है। इन्हीं वजहों से इसे अप्रयोगात्मक पद्धति कहा जाता है।
2. क्षेत्र अध्ययन एक वास्तविक सामाजिक परिस्थिति में किया जाता है। स्कूल, कॉलेज, फैक्टरी, संस्थान आदि वास्तविक सामाजिक परिस्थिति के कुछ प्रमुख उदाहरण हैं।
3. क्षेत्र अध्ययन में विभिन्न तरह के चरों की आपसी अन्तःक्रियाओं तथा उसके संबंधों के अध्ययन पर प्रकाश डाला जाता है।

**एक उदाहरण**—मान लिया जाए कि कोई समाज मनोवैज्ञानिक यह अध्ययन करना चाहता है कि कॉलेज के वातावरण का प्रभाव छात्रों की सामाजिक मनोवृत्ति पर क्या पड़ता है। थोड़ी देर के लिए मान लिया जाए कि इस अध्ययन में किसी कॉलेज के सभी छात्रों को वह अपने अध्ययन में शामिल कर लेता है। इसके लिए वह कॉलेज के प्रथम वर्ष प्रारम्भ होते ही सभी छात्रों की मनोवृत्ति की जाँच के लिए वह एक मनोवृत्ति मापनी क्रियान्वयन करेगा और प्रत्येक छात्र का प्राप्तांक उस पर रेकॉर्ड करेगा। कॉलेज में पाँच साल तक अध्ययन करने के बाद उन छात्रों की सामाजिक मनोवृत्ति का पुनः माप किया जाएगा। यदि दूसरी बारी में मनोवृत्ति प्राप्तांक का माध्य प्रथम बारी मनोवृत्ति प्राप्तांक के माध्य से सार्थक रूप से भिन्न आता है तो यह कहा जाएगा कि छात्रों की मनोवृत्ति पर कॉलेज के वातावरण का सार्थक प्रभाव पड़ा है। यह एक क्षेत्र अध्ययन का उत्तम उदाहरण है जो अप्रयोगात्मक है तथा साथ-ही-साथ अनुदैर्ध्य भी। इस अध्ययन में सामाजिक मनोवृत्ति एक आश्रित तथा कॉलेज का वातावरण एक स्वतंत्र चर का उदाहरण है।

**काज** ने क्षेत्र अध्ययन के दो मुख्य प्रकार बतलाये हैं।

1. समन्वेषी क्षेत्र अध्ययन तथा
2. प्राक्कल्पना-जाँच क्षेत्र अध्ययन।

इन दोनों का संक्षिप्त वर्णन निम्नांकित है—

1. समन्वेषी क्षेत्र की संज्ञा अध्ययन या अन्वेषण उन क्षेत्रों को दी जाती है जो परिवर्तन के दौर से गुजर रहे हैं। ऐसे क्षेत्रों में निम्नलिखित प्रश्नों का अध्ययन किया जाता है—परिवर्तन का स्वरूप क्या है? शेष क्षेत्रों से उसका क्या संबंध है। आदि जैसे—अगर कोई समाज मनोवैज्ञानिक किसी गाँव में हुए जातीय दंगे का अध्ययन करने के लिए इसका सम्बन्ध दंगे में भाग लेने वाले व्यक्तियों की उम्र, जाति सामाजिक-आर्थिक स्तर से करता है, तो यह एक

समन्वेषी क्षेत्र अध्ययन का उदाहरण होगा। इस ढंग के अध्ययन की एक खास विशेषता यह है कि इस तरह के अध्ययनों से जो तथ्यों संग्रह किये जाते हैं उसके आधार पर भविष्य में प्राक्कल्पना बनायी जाती है तथा यथोचित जाँच की जाती है।

2. प्राक्कल्पना-जाँच क्षेत्र अध्ययन—प्राक्कल्पना जाँच क्षेत्र अध्ययन वह है जिसमें शोधकर्त्ता चरों के सम्बन्धों के बारे में एक खास प्राक्कल्पना बनाकर उसकी जाँच करता है तथा उसकी वैधता तथा विश्वसनीयता के लिए अध्ययन के परिणाम के आधार पर एक ठोस सबूत प्रदान करता है। कहने का तात्पर्य यह है कि इस तरह के अध्ययन में समाज मनोवैज्ञानिक पहले एक स्पष्ट प्राक्कल्पना बना लेता है और पुनः उसकी जाँच वह एक स्वाभाविक वातावरण में करता है। जैसे—यदि कोई समाज मनोवैज्ञानिक यह प्राक्कल्पना बनाता है कि निम्न सामाजिक-आर्थिक स्तर के व्यक्तियों का सम्बन्ध दंगा-फसाद करने की प्रवृत्ति से अधिक होता है और फिर इसकी जाँच करने के लिए वह कोई क्षेत्र अध्ययन करता है, तो यह एक प्राक्कल्पना-जाँच क्षेत्र अध्ययन का उदाहरण होगा।

**क्षेत्र अध्ययन पद्धति के गुण**—क्षेत्र अध्ययन पद्धति के कुछ गुण तथा कुछ परिसीमाएँ हैं जो निम्नांकित हैं—

1. अन्वेषण में प्रयुक्त की जाने वाली दूसरी पद्धतियों की अपेक्षा क्षेत्र अध्ययन पद्धति काफी विस्तृत और व्यापक है। यह उन समस्याओं का निदान तलाश तो है जिनका अध्ययन प्रयोगशाला अथवा क्षेत्र पद्धति के द्वारा नहीं किया जा सकता है।
2. क्षेत्र अध्ययन कुछ व्यावहारिक समस्याओं जिनका अध्ययन प्रयोगशाला में करना कठिन है, के अध्ययन के लिए काफी उपयोगी बतलाया गया है। इन समस्याओं में दंगा-फसाद, तलाक, भीखमंग बढ़ती हुई जनसंख्या से उत्पन्न समस्याएँ प्रधान हैं।
3. क्षेत्र अध्ययन में स्वाभाविकता तथा वास्तविकता का गुण पाया जाता है। क्षेत्र अध्ययन एक स्वाभाविक परिस्थिति में किया जाता है जो पूर्णतः अनियमित होती है। इस ढंग की स्वाभाविकता न तो क्षेत्र प्रयोग में पाया जाता है और न ही प्रयोगशाला प्रयोग में। क्षेत्र अध्ययन में वास्तविकता का भी गुण होता है, क्योंकि इसमें किसी तरह की कृत्रिमता नहीं होती है तथा साथ-ही साथ उसका सम्बन्ध व्यक्ति के वास्तविक जीवन के पहलुओं से होता है।

4. क्षेत्र अध्ययन पद्धति द्वारा कुछ खास-खास मानव समस्याओं का विस्तृत रूप से अध्ययन करने में अधिक सुविधा एवं लाभ होता है। इन समस्याओं में सामाजिक मनोवृत्ति, पूर्णग्रह एवं विभेद, अन्तर्समूह संघर्ष आदि प्रधान है। इन समस्याओं की प्रकृति कुछ ऐसी है कि इनका अध्ययन ठीक ढंग से प्रयोगशाला प्रयोग पद्धति द्वारा नहीं किया जा सकता है।

**क्षेत्र अध्ययन पद्धति के दोष**—इन गुणों के बावजूद क्षेत्र अध्ययन पद्धति की कुछ परिसीमाएँ भी हैं, जो निम्नांकित हैं—

1. क्षेत्र अध्ययन पद्धति में कुछ व्यावहारिक समस्याएँ भी है। प्रायः ऐसे अध्ययन में समय अधिक लगता है तथा खर्च भी काफी अधिक पड़ता है। इतना ही नहीं, क्षेत्र अध्ययन में प्रयोज्यों से सहयोग भी लगातार नहीं मिल पाता है, क्योंकि अध्ययन प्रायः लम्बे समय तक चलता है और प्रारम्भ में प्रयोज्य तो खुलकर सहयोग करते हैं, परन्तु बाद में वे समान उत्साह से सहयोग नहीं कर पाते हैं।
2. क्षेत्र अध्ययन पद्धति का प्रमुख दोष यह है कि ऐसे अध्ययन में समाज मनोवैज्ञानिक का चरों पर कई नियन्त्रण नहीं रहता है। वे न तो उसकी जोड़-तोड़ करते हैं और न ही परिस्थिति पर ही उनका कोई नियन्त्रण रहता है। नतीजन, क्षेत्र अध्ययन पद्धति में यह निश्चित करना सम्भव नहीं हो पाता है कि प्राप्त परिणाम वास्तव में किस चर का परिणाम है। जैसे—किसी शहर में यदि साम्प्रदायिक दंगा होता है और यदि उसके कारणों का क्षेत्र अध्ययन पद्धति द्वारा पता लगाया जाता है तो निश्चित रूप से यह कुछ करना कठिन होगा क्योंकि इसके कई कारण जैसे सामाजिक, धार्मिक, व्यक्तिगत, आर्थिक, राजनैतिक आदि हो सकते हैं और ये सभी कारण या चर प्रयोगशाला प्रयोग अध्ययन के समान नियंत्रित नहीं रहते हैं, बल्कि एक साथ मिलकर आश्रित चर (अर्थात् साम्प्रदायिक दंगा) को प्रभावित करते हैं। अतः यह निश्चितपूर्वक नहीं कहा जा सकता है कि साम्प्रदायिक दंगे का वास्तविक कारण क्या है।
3. क्षेत्र अध्ययन पद्धति का एक दोष यह भी कि क्षेत्र की समस्त स्थितियाँ समान नहीं होती हैं। परिस्थितियों की जटिलता के कारण चरों का मूल्यांकन भी ठीक प्रकार से नहीं हो पाता है, अतः प्राप्त परिणामों में सत्यता एवं वैधता का अभाव पाया जाता है।
4. क्षेत्र अध्ययन पद्धति में विश्वसनीयता भी कम पायी जाती है। क्षेत्र अध्ययन पद्धति में चूँकि चरों पर नियन्त्रण का अभाव रहता है तथा परिशुद्धता की कमी

पायी जाती है अतः इसके द्वारा विभिन्न समयों में प्राप्त परिणामों में स्थिरता तथा संगति में काफी कमी पायी जाती है। ध्यान रहे कि स्थिरता एवं संगति का ही दूसरा नाम विश्वसनीयता है।

5. क्षेत्र अध्ययन पद्धति में यादृच्छिक प्रतिदर्श का चयन सम्भव नहीं है और साथ-ही-साथ इसमें चरों में जोड़-तोड़ भी नहीं किया जाता है। इन कारणों का परिणाम यह होता है कि क्षेत्र अध्ययन पद्धति की वैधता भी काफी कम हो जाती है।

इन सभी परिसीमाओं के बावजूद क्षेत्र अध्ययन पद्धति का प्रयोग समाज मनोविज्ञान में काफी होता है क्योंकि मनोविज्ञान की इस शाखा में कुछ ऐसी समस्याएँ हैं जिनका अध्ययन के लिए क्षेत्र अध्ययन पद्धति ही उपयुक्त है।

## प्रश्नावली सर्वेक्षण पद्धति

इस पद्धति के तहत अलग-अलग स्थानों पर निवास करने वाले व्यक्तियों के मत जानने के लिए किया जाता है। इस पद्धति में शोधकर्त्ता द्वारा जिस सामाजिक समस्या के बारे में अध्ययन किया जाना है, उससे संबंधित कुछ प्रश्नों को तैयार कर लेता है और उसे एक पुस्तिका के रूप में छपवाकर उन व्यक्तियों को डाक द्वारा भेजा देता है जिनका मत उन्हें प्राप्त करना होता है। ऐसी उम्मीद की जाती है कि व्यक्ति पुस्तिका के प्रत्येक प्रश्न स्वयं पढ़ेगा और उसका उत्तर देकर पुनः शोधकर्ता को डाक द्वारा लौटा देगा। इस पद्धति में भी शोधक व्यक्तियों के समूह का चयन प्रायः यादृच्छिक रूप से करता है। इस पद्धति का प्रेक्षण महत्त्वपूर्ण सामाजिक समस्या जैसे तलाक, गरीबी, वेशयावृत्ति आदि के अध्ययन में साथ-ही-साथ मनोवृत्ति, पूर्वचुनाव मत जानने में काफी किया गया है।

**गुण**—प्रश्नावली सर्वेक्षण पद्धति के प्रमुख गुण निम्नलिखित हैं—

1. डाक प्रश्नावली में उत्तरदाता से सीधे सम्पर्क करने में संबंधित समस्याएँ अपने आप हो जाती है क्योंकि इसमें उत्तरदाताओं से सीधे सम्पर्क स्थापित करने की जरूरत पड़ती ही नहीं है।
2. इस पद्धति के द्वारा बहुत कम समय में भिन्न-भिन्न स्थानों में रहने वाले व्यक्तियों के एवं विचारों का अध्ययन आसानी से कर लिया जाता है। अतः इस पद्धति द्वारा प्रश्नावली सर्वेक्षण पद्धति के समय की बचत होती है।
3. इस पद्धति में बहुत सारे उन समस्याओं का अपने आप निदान हो जाता है तो साक्षात्कार सर्वे पद्धति में भेंटकर्त्ता से संबंधित होती हैं। यथा—कुछ

समस्याएँ भेंटकर्त्ता की व्यक्तिगत पूर्व धारणा से संबंधित होती हैं जिसके कारण अध्ययन का परिणाम विश्वसनीय नहीं हो पाता है। डाक प्रश्नावली पद्धति में इस तरह की समस्या तथा इससे संबंधित कोई दूसरी समस्या उत्पन्न होने का प्रश्न ही नहीं उठता है।

**दोष**—इस पद्धति में अनेक गुणों के बावजूद कतिपय दोष भी विद्यमान हैं जो निम्नवत् हैं—

1. प्रश्नावली सर्वे में प्रश्नों के जो उत्तर दिये गये होते हैं, वे उत्तरदाता द्वारा ही दिया गया है या किसी और द्वारा, उसका निर्णय नहीं हो पाता है। अक्सर देखा गया है कि वास्तविक उत्तरदाता के बदले परिवार के कोई अन्य सदस्य उत्तर देकर प्रश्नावली को लौटा देते हैं। ऐसी परिस्थिति में प्रश्नावली की विश्वसनीयता समाप्त हो जाती है।
2. प्रश्नावली सर्वे का प्रयोग उन अध्ययनों में अधिक महत्त्वपूर्ण नहीं होता जहाँ शोधकर्त्ता व्यक्तियों से बातचीत करके उनके विचारों की गहराई में जाना चाहता है।
3. प्रश्नावली सर्वे का सबसे महत्त्वपूर्ण दोष यह है कि अक्सर उत्तरदाता भेजे गये प्रनात्मक को निर्देशानुसार भरकर लौटाते ही नहीं हैं। इससे शोधकर्त्ता को समस्या के बारे में अध्ययन कर निष्कर्ष पर पहुँचना कठिन हो जाता है।

उपरोक्त अध्ययन के आधार पर यह निष्कर्ष निकलता है कि अनेक गुण और दोषों के बावजूद समाज मनोविज्ञान तथा समाजशास्त्र में प्रेक्षण हेतु सर्वाधिक प्रयोग किया जाता है।

## *क्षेत्र अध्ययन पद्धति तथा प्रयोगशाला प्रयोग पद्धति का तुलनात्मक अध्ययन*

क्षेत्र अध्ययन पद्धति तथा प्रयोगशाला प्रयोग पद्धति दोनों ही समाज मनोविज्ञान की प्रमुख पद्धतियाँ है। परन्तु इस समानता के बावजूद इन दोनों पद्धतियों में निम्नांकित अन्तर हैं—

1. क्षेत्र अध्ययन पद्धति एक ऐसी पद्धति है जिसमें सामाजिक समस्याओं एवं घटनाओं का अध्ययन एक स्वाभाविक वातावरण में किया जाता है, जिसमें अध्ययन वातावरण को नियंत्रिण नहीं किया जाता है। परन्तु प्रयोगशाला प्रयोग पद्धति में अध्ययन एक नियन्त्रित परिस्थिति में किया जाता है, जिसमें अस्वाभाविकता भी होती है।

2. क्षेत्र अध्ययन पद्धति में स्वतंत्र चरों में जोड़-तोड़ नहीं किया जाता, जबकि प्रयोगशाला प्रयोग पद्धति में प्रयोगकर्ता स्वतन्त्र चरों में स्पष्ट रूप से जोड़-तोड़ कर उसका प्रभाव आश्रित चर पर देखता है।
3. प्रयोगशाला प्रयोग पद्धति में शोधकर्त्ता के लिए कारण-परिणाम सम्बन्ध विश्वास के साथ कायम करना संभव हो पाता है परन्तु क्षेत्र अध्ययन पद्धति में कारण परिणाम सम्बन्ध शोधकर्त्ता विश्वास के साथ स्थापित नहीं कर पाता है। कारण, यह है कि क्षेत्र अध्ययन पद्धति में परिणाम तो एक होते हैं परन्तु उसके संभावित कई कारण होते हैं और सभी के सभी होते हैं, परन्तु वे एक साथ मिलकर परिणाम को प्रभावित करते हैं।
4. प्रयोगशाला प्रयोग पद्धति एक प्रयोगात्मक है, जबकि क्षेत्र अध्ययन पद्धति अप्रयोगात्मक पद्धति है।
5. क्षेत्र अध्ययन पद्धति में अध्ययनकर्त्ता आश्रित चर से स्वतन्त्र की ओर बढ़ता है, परन्तु प्रयोगशाला पद्धति में शोधकर्त्ता स्वतंत्र चर से आश्रित चर की ओर बढ़ता है। दूसरो शब्दों में क्षेत्र अध्ययन पद्धति में अध्ययनकर्त्ता किसी सामाजिक घटना के घटने जैसे जातीय दंगों जाने के बाद उसके संभावित कारकों (यानी स्वतंन्त्र चरों) का पता लगाता है। प्रयोगशाला प्रभाव पद्धति में ऐसा नहीं होता है। उसमें प्रयोगकर्त्ता स्वतन्त्र चरों में जोड़-तोड़ करके आश्रित चर पर प्रभाव वाले उसके संभावित प्रभावों का अध्ययन करता है।
6. प्रयोगशाला पद्धति अन्वेषणकर्त्ता अक्सर प्रयोज्यों को स्वतन्त्र चरों में स्वेच्छा से वर्गीकृत करता है, परन्तु क्षेत्र अध्ययन पद्धति इसके बिल्कुल विपरीत होती है इसमें अन्वेषणकर्त्ता न ही तो स्वतन्त्र चरों का चुनाव करता है और न ही स्वेच्छा से उसे वर्गीकृत कर सकता है।

## प्रश्नावली सर्वेक्षण पद्धति

इस पद्धति के तहत अलग-अलग स्थानों पर निवास करने वाले व्यक्तियों के मत जानने के लिए किया जाता है। इस पद्धति में शोधकर्त्ता द्वारा जिस सामाजिक समस्या के बारे में अध्ययन किया जाना है, वह उससे संबंधित कुछ प्रश्नों को तैयार कर लेता है और उसे एक पुस्तिका के रूप में छपवाकर उन व्यक्तियों को डाक द्वारा भेजा देता है जिनका मत उन्हें प्राप्त करना होता है। ऐसी उम्मीद की जाती है कि व्यक्ति पुस्तिका के प्रत्येक प्रश्न स्वयं पढ़ेगा और उसका उत्तर देकर पुनः शोधकर्त्ता को डाक द्वारा लौटा देगा। इस पद्धति में भी शोधक व्यक्तियों के समूह का चयन

प्रायः यादृच्छिक रूप से करता है। इस पद्धति का प्रेक्षण महत्त्वपूर्ण सामाजिक समस्या जैसे तलाक, गरीबी, वेशयावृत्ति आदि के अध्ययन में साथ-ही-साथ मनोवृत्ति, पूर्वचुनाव मत जानने में काफी किया गया है।

## *प्रश्नावली सर्वेक्षण पद्धति के गुण*

प्रश्नावली सर्वेक्षण पद्धति के प्रमुख गुण निम्नलिखित हैं–

1. इस पद्धति में बहुत सारे उन समस्याओं का अपने आप निदान हो जाता है जो साक्षात्कार सर्वे पद्धति में भेंटकर्त्ता से संबंधित होती है। यथा–कुछ समस्याएँ भेंटकर्त्ता की व्यक्तिगत पूर्व धारणा से संबंधित होती हैं जिसके कारण अध्ययन का परिणाम विश्वसनीय नहीं हो पाता है। डाक प्रश्नावली पद्धति में इस तरह की समस्या तथा इससे संबंधित कोई दूसरी समस्या उत्पन्न होने का प्रश्न ही नहीं उठता है।
2. डाक प्रश्नावली में उत्तरदाता से सीधे सम्पर्क करने में संबंधित समस्याएँ अपने आप हो जाती है क्योंकि इसमें उत्तरदाताओं से सीधे सम्पर्क स्थापित करने की जरूरत पड़ती ही नहीं है।
3. इस पद्धति के द्वारा बहुत कम समय में भिन्न-भिन्न स्थानों में रहने वाले व्यक्तियों के विचारों का अध्ययन आसानी से कर लिया जाता है। अतः इस पद्धति द्वारा प्रश्नावली सर्वेक्षण पद्धति के समय की बचत होती है।

## *प्रश्नावली सर्वेक्षण पद्धति के दोष*

इस पद्धति में अनेक गुणों के बावजूद कतिपय दोष भी विद्यमान हैं जो निम्नवत् हैं–

1. प्रश्नावली सर्वे में प्रश्नों के जो उत्तर दिये गये होते हैं, वे उत्तरदाता द्वारा ही दिये गये हैं या किसी और द्वारा, उसका निर्णय नहीं हो पाता है। अक्सर देखा गया है कि वास्तविक उत्तरदाता के बदले परिवार के कोई अन्य सदस्य उत्तर देकर प्रश्नावली को लौटा देते हैं। ऐसी परिस्थिति में प्रश्नावली की विश्वसनीयता समाप्त हो जाती है।
2. प्रश्नावली सर्वे का प्रयोग उन अध्ययनों में अधिक महत्त्वपूर्ण नहीं होता जहाँ शोधकर्त्ता व्यक्तियों से बातचीत करके उनके विचारों की गहराई में जाना चाहता है।

3. प्रश्नावली सर्वे का सबसे महत्त्वपूर्ण दोष यह है कि अक्सर उत्तरदाता भेजे गये प्रनात्मक को निर्देशानुसार भरकर लौटाते ही नहीं हैं। इससे शोधकर्त्ता को समस्या के बारे में अध्ययन कर निष्कर्ष पर पहुँचना कठिन हो जाता है।

उपरोक्त अध्ययन के आधार पर यह निष्कर्ष निकलता है कि अनेक गुण और दोषों के बावजूद समाज मनोविज्ञान तथा समाजशास्त्र में प्रेक्षण हेतु सर्वाधिक प्रयोग किया जाता है।

## प्रेक्षण पद्धति

सामाजिक व्यवहारों का अध्ययन करने वाली पद्धतियों में प्रेक्षण पद्धति एक महत्त्वपूर्ण पद्धति है। समाज मनोवैज्ञानिकों के समक्ष जब इस प्रकार की स्थिति उत्पन्न होती है कि अध्ययन चरों का जोड़ तोड़ सम्भव नहीं हो पाता तो प्रेक्षण पद्धति का प्रयोग किया जाता है। एक समाज मनोवैज्ञानिक दुश्चिता के प्रभाव का अध्ययन करने के लिए प्रयोज्यों को एक ऐसी परिस्थिति में रखे जहाँ यह कहा जाय कि उनके पिता या माता की मृत्यु हो गयी है तो यह प्रयोगात्मक नैतिकता के विरुद्ध होगा। इसी तरह के अनेक ऐसे चर हैं जिनमें जोड़-तोड़ करके उनके प्रभाव का अध्ययन नहीं किया जा सकता है। फलस्वरूप ऐसी परिस्थिति में समाज मनोवैज्ञानिक प्रेक्षण पद्धति का सहारा अक्सर लेते हैं।

प्रेक्षण पद्धति में प्रेक्षक व्यक्तियों के व्यवहारों को प्रेक्षण प्रायः एक स्वाभाविक परिस्थिति में करता है। प्रश्न यहाँ उठना है कि प्रेक्षण किसे कहते हैं? प्रेक्षण वह प्रक्रिया है जिसमें प्रेक्षक व्यक्तियों के व्यवहारों को एक खास समय तक सभी हल्का हस्तक्षेप करते हुए तथा कभी बिना किसी तरह के हस्तक्षेप किये ही देखता तथा सुनता है, उनका एक रिकार्ड तैयार करता है जिसकी बाद में विश्लेषणात्मक व्याख्या की जाती है। समाज मनोवैज्ञानियों ने प्रेक्षण के कई प्रकार जैसे—क्रमबद्ध प्रेक्षण तथा अक्रमबद्ध प्रेक्षण और सहभागी प्रेक्षण तथा असहभागी प्रेक्षण बतलाया है। इन विभिन्न उपविधियों का वर्णन करने के पहले हम उन तीन पहलुओं का वर्णन करना उचित समझते हैं जो सभी तरह के प्रेक्षण में पाये जाते हैं। **बिकमैन** के अनुसार वे तीन पहलू निम्नांकित हैं—

**(i) प्रेक्षण प्रक्रियाओं में संगठन की मात्रा**—शोधकर्त्ता को यह भी निर्णय लेना पड़ता है कि प्रेक्षण का स्वरूप संगठित होगा या असंगठित होगा। असंगठित प्रेक्षण में प्रेक्षक के लिए अन्य व्यक्तियों जिनका प्रेक्षण किया जाने वाला है, के साथ

हुए अनुभव द्वारा प्राप्त विचार ही काफी होते हैं। परन्तु संगठित प्रेक्षण में व्यक्तियों के व्यवहारों की सार्थकता की जाँच प्रेक्षक अन्य ढंग से भी करता है।

**(ii) छिपाव की मात्रा**—किसी भी समाज मनोवैज्ञानिक को प्रेक्षण पद्धति द्वारा सामाजिक व्यवहार के अध्ययन करने में इस बात का निर्णय करना होता है कि प्रेक्षक का परिचय (identify) अन्य व्यक्तियों से जिनका प्रेक्षण किया जाने वाला है, गुप्त रखा जाय यह बता दिया जाय।

**(iii) प्रेक्षक की भूमिका**—समाज मनोवैज्ञानिक को या शोधकर्त्ता को यह भी निर्णय करना होता है कि प्रेक्षक को अन्य व्यक्तियों जिनका प्रेक्षण किया जाने वाला है, की सामाजिक अन्तःक्रियाओं के साथ हस्तक्षेप करना चाहिए या नहीं।

रिस ने प्रेक्षण को वैज्ञानिक सूचनाएँ उत्पन्न करने की क्षमता के आधार पर दो भागों में बाँटा है—अक्रमबद्ध प्रेक्षण में प्रेक्षक व्यक्तियों के व्यवहारों का अध्ययन मात्र अपने दिन-प्रतिदिन के अनुभवों के ही आधार पर कर लेता है। प्रेक्षण करने में वह न तो कोई स्पष्ट नियम को ही अपनाता है और न ही किसी वैज्ञानिक तार्किक क्रग पर अपने प्रेक्षण का उपयोग समाज मनोविज्ञान मे बहुत कम किया जाता है । क्रमबद्ध प्रेक्षण में, जैसा कि **रिस** ने कहा है, प्रेक्षण का आधार एक निश्चित तथा स्पष्ट नियम होता है ताकि इस तरह के प्रेक्षण की पुनरावृत्ति की जा सके। इस तरह के प्रेक्षण की नियमावली एक वैज्ञानिक एवं बच्चों में आक्रमणशीलता का अध्ययन करने के लिए उन्हें एक खास जगह में ले जाता है और अपने पूर्वनियोजित कार्यक्रम के अनुसार कुछ इस प्रकार की क्रियाओं की शुरुआत करता है जिनमें बच्चे एक-दूसरे के प्रति आक्रमणशीलता दिखा सकें तो यह क्रमबद्ध प्रेक्षण का उदाहरण होगा। समाज मनोविज्ञान में क्रमबद्ध प्रेक्षण का प्रयोग अपेक्षाकृत अधिक हुआ है।

प्रेक्षक द्वारा किये गये भूमिका के अनुसार समाज मनोवैज्ञानिकों ने प्रेक्षण पद्धति को दो भागों में बाँटा है—सहभागी प्रेक्षण तथा असहभागी प्रेक्षण। समाज मनोवैज्ञानिकों द्वारा इन दोनों तरह की प्रेक्षण पद्धतियों पर काफी बल डाला गया है तथा सामाजिक व्यवहार के भिन्न-भिन्न पहलुओं का अध्ययन इन दोनों पद्धतियों द्वारा खुलकर किया गया है। इन दोनों पद्धतियों का वर्णन इस प्रकार है—

**(क) असहभागी प्रेक्षण**—इस समाज मनोवैज्ञानिक ने विभिन्न तरह की सामाजिक अन्तःक्रियाओं का अध्ययन इस प्रेक्षण के द्वारा ही करते हैं। असहभागी प्रेक्षण वह पद्धति है जिसमें कि प्रेक्षक सामाजिक व्यवहार का प्रेक्षण स्वाभाविक परिस्थिति में करता है। परन्तु प्रेक्षण किये जाने वाले व्यवहारों या क्रियाओं को करने में वह हाथ नहीं बँटाता है। इस तरह का प्रेक्षण संगठित या संरचित होता है।

फलस्वरूप, प्रेक्षक पहले से इसकी पूर्वयोजना कर लेता है कि स्वाभाविक परिस्थिति का स्वरूप कैसा होगा, प्रेक्षकों की उपस्थिति उत्पन्न होने वाली समस्याओं का समाधान कैसे किया जा सकता है, आँकड़ों में कहाँ तक सादृश्यमूल होगी, आदि। सहभागी प्रेक्षण और असहभागी प्रेक्षण दोनों में पर्याप्त अन्तर हैं। दोनों में पाये जाने वाले प्रमुख अन्तर निम्नलिखित हैं–

1. यद्यपि सहभागी प्रेक्षण तथा असहभागी प्रेक्षण दोनों ही स्वाभाविक परिस्थितियों में ही किये जाते हैं, फिर भी पहले तरह के प्रेक्षण में प्रेक्षण व्यक्तियों की क्रियाओं के साथ सक्रिय भाग लेता है जबकि दूसरे तरह के प्रेक्षण में वह ऐसी क्रियाओं के साथ भाग नहीं लेता है। निष्क्रिय रूप से वह इन क्रियाओं का मात्र-प्रेक्षण करता है।
2. सहभागी प्रेक्षण में प्रेक्षक का परिचय प्रायः छिपा रहता है। परन्तु असहभागी प्रेक्षण में प्रेक्षक प्रायः व्यक्तियों के समूह के बीच बैठकर उनके व्यवहारों का प्रेक्षण करता है, अतः उनका परिचय छिपा रहने का प्रश्न ही नहीं उठता है। हाँ, कुछ ऐसे अध्ययन समान मनोवैज्ञानिकों द्वारा अवश्य किये गये हैं, जिनमें असहभागी प्रेक्षण की पद्धति तो अपनायी गयी है, परन्तु साथ-ही-साथ प्रेक्षक एक तरफा-शीशा के पीछे छिपा रहता है जहाँ वह सभी व्यक्तियों के व्यवहारों का तो प्रेक्षण करता है, परन्तु उसे कोई नहीं देख पाता है।
3. सहभागी प्रेक्षण असंगठित या असंरचित होता है, जबकि असहभागी प्रेक्षण संगठित या संरचित होता है। समाज मनोविज्ञान में असहभागी प्रेक्षण पद्धति का उपयोग प्रायः संवर्ग तंत्र के सहारे किये गए। संवर्ग तंत्र पद्धति में प्रेक्षक किसी दिऐ हुए व्यवहार की बारंबारता को एक विशेष सामाजिक अन्तःक्रिया के दौरान रिकॉर्ड करता है। सबसे महत्त्वपूर्ण संवर्ग तंत्र का विकास बेल्स ने किया है जिसे 'अन्तःक्रिया प्रक्रिया विश्लेषण' की संज्ञा दी गयी है। वेल्स के इस तंत्र में कुल बारह प्रकार के प्रेक्षणों का रिकॉर्ड किया जाता है जिसे वेल्स ने चार प्रमुख भागों में बाँटा है–सामाजिक सांवेगिक धनात्मक क्षेत्र, सामाजिक-सांवेगिक ऋणात्मक क्षेत्र, कार्यक्षेत्र : प्रश्न तथा कार्यक्षेत्र : उत्तर इस संवर्ग तंत्र में प्रेक्षक व्यक्तियों के छोटे समूह में बैठकर उनकी अन्तःक्रियाओं का प्रेक्षण उपर्युक्त संवर्ग में करता है। बाद में फ्लेण्डर्स ने बेल्स की इस 'अन्तःक्रिया प्रक्रिया विश्लेषण' का अनुकूलन नहीं हो सकता है। प्रेक्षक को किसी-न-किसी ढंग से व्यक्तियों के साथ कार्य में कुछ-न-कुछ हिस्सा अवश्य

बाँटना पड़ता है। अतः असहभागी प्रेक्षण को गुडे तथा हाट ने अर्ध-असहभागी प्रेक्षण कहा है।

**(ख) सहभागी प्रेक्षण**—इस प्रकार के प्रयोग में व्यक्तियों की सामूहिक में प्रेक्षक स्वयं सहभागिता निभाकर उनके व्यवहार निष्कर्ष निकालता है। प्रेक्षक का लक्ष्य व्यवहारों का उचित विश्लेषण करना होता है। और इस ख्याल से ही वह समूह की क्रियाओं में हाथ बँटाता है। प्रायः प्रेक्षक व्यक्तियों के व्यवहार के हर पहलू के बारे में अपना विस्तृत रिकॉर्ड तैयार करता है और बाद में उसका विश्लेषण करता है। इस पद्धति में प्रेक्षक व्यक्तियों के समूह का पूर्णकालीन सदस्य भी बनकर कार्य कर सकता है या अंशकालीन सदस्य बनकर भी कार्य कर सकता है। चाहे उनकी सदस्यता जिस प्रकार की हो; वह सक्रिय रूप से समूह की क्रियाओं में भाग लेता है। जब प्रेक्षक की भूमिका के बारे में व्यक्तियों को पता नहीं होता है, तो उसे प्रच्छन्न सहभागी प्रेक्षण और जब लोगों को प्रेक्षक की भूमिका के बारे में पता होता है तो उसे अतिप्रच्छन्न सहभागी प्रेक्षण कहा जाता है। सहभागी प्रेक्षण प्रायः असंरचित या असंगठित होता है। दूसरे शब्दों में, इस पद्धति में प्रेक्षक को इस बात की छूट होती है कि वह स्वयं ही यह निश्चय करे कि उसे क्या प्रेक्षण करना है, उसे कैसे रिकार्ड करना है, आदि आदि! इस तरह की प्रेक्षण पद्धति में प्रेक्षक अपना परिचय सदस्यों से प्रायः छिपा कर रखता है या वह कोई ऐसे भूमिका अपना कर समूह में प्रवेश करता है जिससे प्रेक्षण किये जाने वाले सामाजिक व्यवहार का पैटर्न प्रभावित न हो। लेकिन यह कोई जरूरी नहीं है, इसलिए प्रायः वह अपना परिचय छिपाकर ही रखता है। सबसे बड़ा लाभ अवश्य होता है, तो वह बिलकुल ही स्वाभाविक ढंग से व्यवहार करता है। उसके भिन्न-भिन्न व्यवहारों के पैटर्न में कोई दिखावापन नहीं होता है। रोजेनहान द्वारा सहभागी प्रेक्षण के सहारे एक महत्त्वपूर्ण अध्ययन किया गया जिसमें सहभागी प्रेक्षकों ने एक मनश्चिकत्सीय अस्पताल बनकर कुछ दिनों तक प्रेक्षण किया और उस अस्पताल के सामान्य कार्यों के बारे में महत्त्वपूर्ण जानकारी दी।

**सहभागी प्रेक्षण का मूल्यांकन**—सहभागी प्रेक्षण के कुछ गुण तथा दोष हैं।

**गुण**—इसके प्रमुख गुण निम्नांकित हैं—

1. अक्सर यह देखने में आया है कि सहभागी प्रेक्षण पद्धति का प्रयोग ज्यादा समय तक किया जाता है तथा इसके परिणाम भी व्यापक सार्थक होते हैं। उनका विश्लेषण करने से प्राप्त परिणाम प्रश्नावली पद्धति से प्राप्त सूचनाओं से मिले परिणाम से कहीं अधिक अर्थपूर्ण होता है।
2. इस तरह के प्रेक्षण में प्रेक्षक व्यक्तियों के व्यवहारों का प्रेक्षण एक स्वाभाविक

संदर्भ में करता है। फलस्वरूप, वह व्यक्तियों के प्रत्येक व्यावहारिक पहलू जिससे किसी व्यवहार का विशेष अर्थ समझा जा सकता है, को सही-सही रिकार्ड कर उसका विश्लेषण करने में समर्थ होता है। इससे उसके परिणाम की सार्थकता काफी बढ़ जाती है।

3. चूँकि प्रेक्षक इस पद्धति में समूह की क्रियाओं में सक्रिय भाग लेता है, जबकि वह जानता है कि उसे इन क्रियाओं से कोई मतलब नहीं है। इसलिए, धीरे-धीरे वह समूह में अपना एक विशेष पद बना लेता है और अपनी सक्रियता कम कर देता है। परिणामस्वरूप, वह वास्तु में बहुत-सी सामाजिक अन्तःक्रियाओं को रिकॉर्ड करना ही भूल जाता है इस तरह से उसका प्रेक्षण दोषपूर्ण हो जाता है। इतना ही नहीं, वह अपनी विशेष भूमिका द्वारा समूह के पूरे सदस्यों के व्यवहार के पैटर्न को ही कभी-कभी बदल देता है।

**दोष**—इस पद्धति के प्रमुख अवगुण निम्नांकित हैं—

1. सहभागी प्रेक्षण से प्राप्त आँकड़ों में मानीकरण कम होता है। इसका कारण यह है कि धीरे-धीरे प्रेक्षक का अनुभव इस हद तक बदल जाता है कि वह व्यक्तियों के व्यवहार का सही-सही प्रेक्षण नहीं कर पाता। फलस्वरूप दूसरे प्रेक्षक द्वारा किया गया प्रेक्षण पहले प्रेक्षक प्रेक्षण से काफी भिन्न हो जाता है।
2. प्रेक्षक धीरे-धीरे अपनी मानवीय कमजोरियों को दिखाना शुरू कर देता है। प्रायः यह देखा गया है कि कुछ समय बाद प्रेक्षक समूह के अन्य व्यक्तियों के सांवेगिक रूप से उलझ जाता है। वह किसी दुःखद घटना के होने से अन्य सदस्यों के साथ सहानुभूति दिखलाने लगता है। व्यक्तियों के व्यवहार पर इन घटनाओं के प्रभाव को रिकॉर्ड करना भूलकर वह अपना समय सहानुभूति दिखलाने में व्यर्थ बर्बाद कर देता है। जितना भी सांवेगिक उलझन का स्तर अधिक होता है, उसकी प्रेक्षण आत्मनिष्ठता उतनी ही अधिक बढ़ जाती है।
3. सहभागी प्रेक्षण में चूँकि प्रेक्षक किसी तरह का जोड़-तोड़ नहीं कर सकता है अतः उसे उस समय तक इन्तजार करना होता है जब तक कि सदस्यों द्वारा अमुक तरह की सामाजिक अन्तःक्रिया स्वयं न कर ली जाय। इससे समय की काफी बर्बादी होती है। यह अवगुण असहभागी प्रेक्षण के साथ भी सही नहीं उतरता है।

## *असहभागी प्रेक्षण की विशेषताएँ*

असहभागी प्रेक्षण की प्रमुख विशेषताओं को इस प्रकार प्रकट किया जा सकता हैं—

1. असहभागी प्रेक्षण चूँकि संरचित या संगठित होता है, इसलिए इससे प्राप्त आँकड़े अधिक विश्वसनीय, निरूपक तथा निर्भर योग्य होते हैं। संरचित होने से प्रेक्षक प्रेक्षण के भिन्न-भिन्न पहलुओं के बारे में अच्छी तरह से सोच-विचार करता है और उससे संबंधित सभी प्रक्रियाओं के बारे में पहले से एक निर्णय कर रखता है।
2. असहभागी प्रेक्षण में प्रेक्षक सामाजिक व्यवहार के किसी विशेष पहलू पर अधिक ध्यान दे पाता है तथा उससे संबंधित जाँच प्रश्नों का समाधान ढूँढ़ने के लिए उसे अधिक-से-अधिक अवसर भी मिलता है। इसलिए कुछ समाज मनोवैज्ञानिकों ने इसे सहभागी प्रेक्षण की तुलना में अधिक वैज्ञानिक माना है।

### *असहयोगी प्रेक्षण के दोष*

असहयोगी प्रेक्षण के कुछ प्रमुख दोषों को इस प्रकार व्यक्त किया जा सकता है।

1. असहभागी प्रेक्षण का सबसे बड़ा दोष जो कुछ समाज मनोवैज्ञानिकों ने बतलाया है, वह यह है जिस व्यक्ति का व्यवहार पर प्रयोग किया जा रहा है उसे ज्ञात होता है कि उसके व्यवहार का निरीक्षण किया जा रहा है अतः ऐसी स्थिति में उसका व्यवहार सामान्य नहीं रहा पाता है। परन्तु यह आलोचना सभी समाज मनोवैज्ञानिकों को मान्य नहीं है। कुछ समाज मनोवैज्ञानिकों का कहना है कि यह आलोचना बहुत महत्त्वपूर्ण नहीं है, क्योंकि दो-तीन दिन के बाद से व्यक्तियों का व्यवहार बिलकुल ही सामान्य एवं स्वाभाविक हो जाता है। इतना ही नहीं, ऐसा कोई प्रयोगात्मक सबूत नहीं है जिसके आधार पर यह कहा जाय कि असहभागी प्रेक्षण में प्रेक्षक की उपस्थिति से अध्ययन किये जाने वाले व्यवहार की स्वाभाविकता प्रभावित हो जाती है। **ब्लैक** एवं **चैम्पियन** के अनुसार, "अभी तक का ऐसा सबूत नहीं है जिसके आधार पर यह कहा जाय कि असहभागी प्रेक्षक की उपस्थिति का कुप्रभाव अध्ययन किये जाने वाले व्यवहार पर पड़ता है।"
2. कुछ समाज मनोवैज्ञानिकों ने यह भी कहा है कि जिस तरह सहभागी प्रेक्षण में परिस्थिति बिलकुल ही स्वाभाविक होती है, उसी तरह की परिस्थिति असहभागी प्रेक्षण में नहीं पायी जाती है। इस परिस्थिति में उपस्थित सभी व्यक्ति इस बात से काफी सचेत रहते हैं कि कोई अजूबा व्यक्ति उसके बीच है जो पता नहीं क्या-क्या देख रहा, सुन रहा तथा समझ रहा है।

इस तरह से हम देखते हैं कि प्रेक्षण पद्धति का प्रयोग समाज मनोवैज्ञानिक सामाजिक व्यवहार के अध्ययन में सहभागी या असहभागी रूप में करते हैं। इस पद्धति की सफलता इस बात पर निर्भर करती है कि प्रेक्षक उचित पद्धति अपनाकर सामाजिक व्यवहार का अध्ययन करता है या नहीं। सहभागी प्रेक्षण तथा असहभागी प्रेक्षण में कौन अधिक उचित होगा यह इस बात पर निर्भर करता है कि किस सामाजिक व्यवहार का अध्ययन किस तरह की परिस्थिति में किस उद्देश्य से किया जा रहा है। सामान्यतः समाज मनोवैज्ञानिक सहभागी प्रेक्षण का उपयोग उसी परिस्थिति में अधिक करते हैं जब वे किसी दूसरे स्रोत से आँकड़ों का संग्रहण न कर सकते हैं।

## प्रयोगात्मक पद्धति

समाज मनोविज्ञान में प्रयोगात्मक पद्धति का महत्त्व काफी है। इस पद्धति में मनोवैज्ञानिक किसी सामाजिक व्यवहार को समझने के लिए एक प्रयोग करते हैं। प्रयोग से तात्पर्य किसी नियंत्रित परिस्थिति में किया गया निरीक्षण से होता है। किसी भी मनोवैज्ञानिक प्रयोग की विशिष्टता यह होती है कि उसे जब चाहे तब दोहराया जा सकता है।

समाज मनोविज्ञान में जब भी कोई प्रयोग किया जाता है तो उसका मुख्य उद्देश्य यह देखना होता है कि दिये हुए कारक से अध्ययन किया जाने वाला कारक प्रभावित होता है या नहीं। इसके लिए समाज मनोवैज्ञानिक उस कारक या चर में कुछ हेर-फेर करता है और फिर उस हेर-फेर का प्रभाव अध्ययन किये जाने वाले सामाजिक व्यवहार पर देखता है। क्या उस कारक या चर में हेर-फेर करने से उस सामाजिक व्यवहार में भी परिवर्तन आता है? जिस चर में हेर-फेर किया जाता है, उसे समाज मनोवैज्ञानिकों ने स्वतन्त्र चर की संज्ञा दी है तथा वह सामाजिक व्यवहार जिस पर उस हेर-फेर के प्रभाव का अध्ययन किया जाता है, उसे इन लोगों ने आश्रित चर की संज्ञा दी है। समाज मनोविज्ञान के अधिकतर प्रयोगों में स्वतंत्र चर के प्रायः कई स्तर होते हैं और प्रत्येक स्तर में प्रयोज्यों का एक-एक समूह तैयार किया जाता है। दूसरे शब्दों में, प्रयोग के लिए चयनित व्यक्तियों या प्रयोज्यों के यादृच्छिक रूप से स्वतंत्र चर के स्तर की संख्या के अनुसार कई वर्गों में बाँट दिया जाता है। इसे यादृच्छिक विभाजन कहा जाता है। इस तरह के विभाजन का सबसे बड़ा लाभ यह होता है कि ऐसा करने से यह विश्वास के साथ कहा जा सकता है कि आश्रित चर में उत्पन्न परिवर्तन स्वतंत्र चर में किये गये बदलाव या हेर-फेर के कारण हुआ है।

इसका दूसरा फायदा यह होता है कि इस तरह के यादृच्छिक विभाजन द्वारा बहुत से वैसे चर जैसे—यौन, उम्र, बुद्धि आदि जिनसे भी आश्रित चर भेद आ सकता है, अपने आप नियंत्रित हो जाते हैं। ऐसे चरों को जिनका प्रभाव प्रयोगकर्त्ता इसलिए नियंत्रित करके रखता है क्योंकि उनका वह अध्ययन नहीं कर रहा है, बहिरंग चर या, संगत चर कहा जाता है। ऊपर वर्णन की गई शर्तों को पूरा होने के बाद यदि स्वतंत्र चरों में परिवर्तन के परिणामस्वरूप आश्रित चर में परिवर्तन आता है तो प्रयोगकर्त्ता इस निश्चित निष्कर्ष पर पहुँच जाता है कि स्वतंत्र चर तथा आश्रित चर के बीच कारण-प्रभाव सम्बन्ध है।

इसे एक उदाहरण द्वारा इस प्रकार स्पष्ट किया जा सकता है—मान लीजिए कोई समाज मनोवैज्ञानिक यह देखना चाहता है कि किसी व्यक्ति की विश्वसनीयता के प्रभाव से सहशिक्षा के प्रति व्यक्तियों की विचारों में परिवर्त्तन होता है या नहीं। इस समस्या में विश्वसनीयता एक स्वतन्त्र चर तथा मनोवृत्ति एक आश्रित चर का उदाहरण है। इस प्रयोग को कई ढंग से किया जा सकता है। परन्तु सबसे सरल तरीका यह होगा कि प्रयोज्यों के दो समूह पहले तैयार कर लिये जायें। मान लीजिए कि प्रयोगकर्त्ता को इसके लिये कॉलेज के 30 छात्र यादृच्छिक रूप से उपलब्ध होते हैं। इन 30 छात्रों को वह दो समूह में यादृच्छिक रूप से वर्गीकृत कर सकता है। ऐसा करने से दोनों समूह हर तरह से एक-दूसरे के बराबर हो जायेंगे और किसी भी तरह का बहिरंग चर का प्रभाव अपने आप नियंत्रित हो जायेगा। इस समूह में प्रयोगकर्ता किसी ऐसे व्यक्ति द्वारा सहशिक्षा से जुड़ी सूचनाएँ या भाषण दिलवायेगा जो उस समूह के लिए विश्वसनीय व्यक्ति हो। दूसरे समूह में प्रयोगकर्त्ता ठीक वही भाषण दिलवायेगा जो समूह के लिए बिलकुल ही विश्वसनीय नहीं हो। अगर सह शिक्षा के प्रति पहले समूह के छात्रों की मनोवृत्ति निर्देशित दिशा में दूसरे समूह के छात्रों की मनोवृत्ति की उपेक्षा अधिक बदल जाती है, तो प्रयोगकर्त्ता इस निष्कर्ष पर पहुँच जाता है कि व्यक्ति की विश्वसनीयता द्वारा मनोवृत्ति में परिवर्तन लाया जा सकता है। इस उदाहरण में पहला समूह प्रयोगात्मक समूह का उदाहरण है क्योंकि इसमें स्वतन्त्र चर (अर्थात् विश्वसनीय वक्ता) उपस्थित है। दूसरा समूह नियंत्रित समूह का उदाहरण है, क्योंकि इनमें स्वतन्त्र चर अनुपस्थित है। समाज मनोविज्ञान के प्रयोग में वह पद्धति जिसमें प्रयोगात्मक समूह तथा नियंत्रित समूह मौजूद हों, उसे नियंत्रित समूह पद्धति कहा जाता है।

सामाजिक व्यवहार का अध्ययन करने हेतु समाज मनोविज्ञान द्वारा तीन प्रकार की पद्धतियों का प्रयोग किया जाता है जिनका विवरण निम्नवत् है—

1. स्वाभाविक प्रयोग पद्धति
2. क्षेत्र प्रयोग पद्धति
3. प्रयोगशाला प्रयोग पद्धति।

इन तीनों पद्धतियों का संक्षिप्त वर्णन उनके गुण एवं दोष के साथ इस प्रकार हैं–

## (क) क्षेत्र प्रयोग पद्धति

वर्तमान समय में मनोवैज्ञानिक द्वारा इस प्रयोगशाला प्रवृत्ति का प्रयोग अधिक किया जा रहा है क्योंकि यह प्रयोग पद्धति प्रयोगात्मक पद्धति की दूसरी उपपद्धति है। इस पद्धति की आवश्यकता कुछ ऐसे सामाजिक व्यवहार के अध्ययन में महसूस की गयी है जिसे प्रयोगशाला प्रयोग पद्धति द्वारा अध्ययन सामान्यतः नहीं किया जा सकता था। जैसा कि ऊपर कहा जा चुका है, भीड़, क्रान्ति, राजनैतिक आन्दोलन कुछ ऐसी सामाजिक समस्याएँ हैं जिन्हें प्रयोगशाला में अध्ययन नहीं किया जा सकता है। फिर भी समाज मनोवैज्ञानिक इन समस्याओं का अध्ययन करना चाहते थे। फलतः वे लोग क्षेत्र प्रयोग पद्धति का प्रतिपादन किये हैं। इस पद्धति में किसी सामाजिक व्यवहार का अध्ययन प्रयोगशाला में न करके वास्तविक परिस्थिति में जिसे समाज मनोवैज्ञानिकों ने क्षेत्र कहा है, किया जाता है। प्रयोगकर्त्ता इसी वास्तविक परिस्थिति में स्वतंत्र चर में जोड़तोड़ करता है तथा उसका प्रभाव आश्रित चर पर देखता है। **फिशर** ने क्षेत्र पद्धति को परिभाषित करते हुए कहा, "क्षेत्र प्रयोग में शोधकर्त्ता वास्तविक सेटिंग से स्वतंत्र चर को देकर या उसमें जोड़-तोड़ कर एक तरह से हस्तक्षेप करता है और बाद में आश्रित चर पर पड़ने वाले प्रभावों की माप करता है।"

उपरोक्त अध्ययन के आधार पर कहा जा सकता है कि प्रयोगशाला पद्धति और क्षेत्र पद्धति में काफी समानता है। सीमित परिस्थितियों में ही दोनों पद्धतियों का प्रयोग किया जा सकता है तथा दोनों ही पद्धतियों में प्रयोगकर्त्ता स्वतंत्र चर में जोड़-तोड़ करता है और उसका प्रभाव आश्रित चर पर देखते हैं। इतना होते हुए भी क्षेत्र प्रयोग पद्धति में चूँकि प्रयोग एक स्वाभाविक परिस्थिति में न कि प्रयोगशाला की कृत्रिम परिस्थिति में किया जाता है, अतः प्रायः प्रयोज्य को यह पता नहीं रहता है कि उन पर किसी प्रकार का प्रयोग किया जा रहा है। इससे एक लाभ यह होता है कि प्रयोज्य प्रयोगात्मक परिस्थिति में वास्तविक अनुक्रिया करता है न किसी तरह की बनावटी अनुक्रिया। इससे क्षेत्र प्रयोग पद्धति पर निर्भरता थोड़ा बढ़ जाती है।

क्षेत्र प्रयोग पद्धति का एक उदाहरण इस प्रकार है—मान लीजिए कोई समाज मनोवैज्ञानिक क्षेत्र प्रयोग करके यह देखना चाहता है कि क्या डर से व्यक्ति में संबंध प्रेरणा अर्थात् एक-दूसरे के साथ हो जाने की आवश्यकता तीव्र हो जाती है? इस प्रयोग में डर स्वतंत्र चर है तथा संबंध प्रेरणा एक आश्रित चर है। मान लीजिए कि प्रयोगकर्ता यह निश्चित करता है कि वह प्रयोग में स्वतंत्र चर का दो स्तर रखेगा। अधिक डर उत्पन्न करने वाली परिस्थिति तथा कम डर उत्पन्न करने वाली परिस्थिति। थोड़ी देर के लिए मान लिया जाय कि प्रयोगकर्त्ता को कॉलेज के 30 छात्र इस प्रयोग के लिए उपलब्ध होते हैं। प्रयोगकर्त्ता यादृच्छिक रूप से इन सभी छात्रों को दो भागों में बाँट देगा। एक समूह को अधिक डर उत्पन्न करने वाली परिस्थिति में रखा जायेगा तथा दूसरे समूह को कम डर उत्पन्न करने वाली परिस्थिति में रखा जायगा। चूँकि यह एक क्षेत्र प्रयोग है, अतः इन दोनों समूहों को एक वास्तविक परिस्थिति में रखा जाएगा। मान लिया जाय कि अधिक डर की परिस्थितियों में काम करने वाले समूह को किसी मकान की तीसरी मंजिल में रख दिया जाता है और उनसे यह कहा जाता है कि मकान की प्रथम दो मंजिलों में भयानक आग लग गयी है। कम डर की परिस्थिति में काम करने वाले समूह को भी किसी वैसे ही मकान की तीसरी मंजिल में रखा जाता है और उनको यह कहा जाता है कि बगल के मकान में तीव्र आग लग गयी है। प्रयोगकर्त्ता दोनों समूहों के व्यवहार का निरीक्षण करने के बाद इस निष्कर्ष पर पहुँच सकता है कि अधिक डर की परिस्थिति में रहने वाले समूह के अधिकतर सदस्य एक दूसरे के साथ होकर इंतजार करते हैं (या भागने की राह ढूँढ़ते हैं, जबकि कम डर की परिस्थिति में रहने वाले सदस्यों में इस ढंग का व्यवहार न के बराबर होता है। उपरोक्त प्रयोग से यही निष्कर्ष निकलता है कि अधिक भय की परिस्थितियों में व्यक्ति में संबंधन अभिप्रेरणा का विकास हो जाता है।

**क्षेत्र प्रयोग पद्धति के गुण**—क्षेत्र प्रयोग पद्धति के कुछ गुण तथा दोष हैं। क्षेत्र प्रयोग पद्धति के कुछ प्रमुख गुण निम्नलिखित हैं—

1. इस पद्धति में प्रयोगशाला प्रयोग पद्धति के ही समान स्वतत्र चरों का जोड़-तोड़ किया जाता है तथा यथासंभव बहिरंग चरों को भी नियंत्रित करके रखा जाता है। अतः यह कहा जा सकता है कि इस पद्धति में आन्तरिक वैधता भी बहुत हद तक बनी रहती है। इससे प्रयोग के परिणाम अधिक निर्भर योग्य हो जाते हैं।
2. इस पद्धति में प्रयोग चूँकि वास्तविक परिस्थिति (जैसे— बस, रेलवे प्लेट फार्म, वर्ग, गली के कॉर्नर आदि में किया जाता है, अतः इससे प्राप्त परिणाम जीव

के वास्तविक हालातों के लिए अधिक सही होता है तथा उसका सामान्यीकरण बहुत ही विश्वास के साथ अधिकतर व्यक्तियों के लिए किया जाता है। दूसरे शब्दों में यह कहा जा सकता है कि क्षेत्र प्रयोग में बाह्य वैधता अधिक होती है।

**क्षेत्र प्रयोग पद्धति के दोष**—क्षेत्र प्रयोग पद्धति के कुछ प्रमुख दोष निम्नलिखित हैं—

1. क्षेत्र प्रयोग में जब कभी स्वतन्त्र चरों में संयोग करना मुश्किल हो जाता है तो प्रयोगकर्त्ता को विवशतावश प्रयोग पद्धति का सहारा लेना पड़ता है। जैसे—अगर कोई क्षेत्र प्रयोग इस प्राक्कल्पना की जाँच करने के लिए किया जा रहा हो कि जब थके हुए व्यक्ति के डर जाने की परिस्थिति में उत्पन्न संबंधन आवश्यकता से अधिक होता है, तो शायद यहाँ दोनों स्वतंत्र चरों अर्थात डर एवं थकान को क्षेत्र की परिस्थिति में जोड़-तोड़ करना संभव नहीं हो। हाँ, यदि प्रयोगशाला की परिस्थिति होती तो आराम की अवस्था तथा थकान की अवस्था में प्रयोज्यों को यादृच्छिक रूप से आसानी से बाँट दिया जा सकता था और प्रयोग कर लिया जा सकता था। क्षेत्र से इन दोनों अवस्थाओं का सृजन करके उसमें प्रयोज्यों को यादृच्छिक रूप से बाँटना किसी भी प्रयोगकर्त्ता के लिए एक टेढ़ी खीर है।
2. चूँकि क्षेत्र प्रयोग वास्तविक परिस्थिति में किया जाता है, अतः प्रयोगकर्त्ता सभी तरह के बहिरंग चरों का नियन्त्रण उस सीमा तक नहीं कर पाता जिस सीमा तक एक प्रयोगशाला प्रयोगकर्त्ता प्रयोगशाला में कर पाता है। क्षेत्र प्रयोग करते समय बहुत-से ऐसे पर्यावरणी कारक उत्पन्न हो जाते हैं, जो प्रयोगकर्त्ता के नियंत्रण से बाहर हो जाते हैं और आश्रित चर को प्रभावित कर देते हैं। जैसे—क्षेत्र में प्रयोग करते समय ऐसा संभव है कि बगल से कोई बारात पार्टी बाजे-गाजे की धुन बजाते हुए गुजरे जिससे प्रयोग के सभी प्रयोज्यों का ध्यान उस ओर चला जाय और उनको अपने कार्य का ध्यान ही न रहे।

क्षेत्र प्रयोग पद्धति के गुण-दोषों का अध्ययन करने के बाद हम इस निष्कर्ष पर पहुँचते हैं कि क्षेत्र प्रयोग से प्राप्त परिणाम में सामान्यीकरण बलिदान देने के बाद प्राप्त होता है और वह है बहिरंग चरों पर पूर्ण नियंत्रण का। **वर्केल** तथा कूपर ने ठीक ही कहा है, "अतः क्षेत्र प्रयोग में परिणाम के सामान्यीकरण का गुण तो होता हैं परन्तु उसमें यह गुण प्रायः बहिरंग चरों पर नियंत्रण की कुर्बानी की कीमत पर विकसित होता है।"

## (ख) स्वाभाविक प्रयोग पद्धति

समाज-मनोविज्ञान में इस पद्धति का उतना महत्त्व नहीं होता, जितना कि प्रयोगशाला प्रयोग पद्धति तथा क्षेत्र प्रयोग पद्धति का है। कभी-कभी समाज मनोवैज्ञानिकों को कुछ इस प्रकार के सामाजिक व्यवहारों का भी अध्ययन करना पड़ता है जिसमें स्वतंत्र चर तो होते हैं परन्तु कुछ नैतिक तथा कानूनी प्रतिबन्ध के कारण उसमें जोड़-तोड़ न तो प्रयोगशाला में की जा सकती है और न ही क्षेत्र में। जैसे—महामारी, छुआछूत की बीमारियाँ, स्कूल या कॉलेज असफलता, परिवार में किसी महत्त्वपूर्ण सदस्य की मृत्यु, बाढ़, भूकम्प, पदोन्नति आदि कुछ इस प्रकार के कारक हैं जिन्हें कोई भी प्रयोगकर्त्ता व्यक्तियों के व्यवहारों पर पड़ने वाले प्रभावों का अध्ययन करने के लिए अपनी ओर से उत्पन्न नहीं कर सकता है। अतः वह एक ऐसे समय तक इंतजार करता है जब इस प्रकार के प्राकृतिक कारक अपने आप उत्पन्न हो जाये ताकि उस समय वह व्यक्तियों के सामाजिक व्यवहार पर पड़ने वाले प्रभावों का अध्ययन कर सके तथा उससे संबंधित आँकड़ों का संकलन को सके। इसे ही स्वाभाविक प्रयोग पद्धति की संज्ञा दी जाती है।

मानव मनोवृत्ति का उसकी भूमिका पर पड़ने वाले प्रभाव को ज्ञात करने हेतु 1956 में लाइवरमैन ने स्वाभाविक प्रयोग पद्धति का उपयोग किया। जिस औद्योगिक संगठन में वे यह अध्ययन कर रहे थे, उसमें कुछ सामान्य कर्मचारियों को पर्यवेक्षक के पद पर पदोन्नति कर दी गयी थी तथा कुछ कर्मचारियों को संघ के प्रबन्धक के पद पर चुन लिया गया था इसके बाद इन कर्मचारियों की मनोवृत्ति व्यवस्थापक तथा संघ के प्रति मापी गयी। परिणाम में देखा गया कि जिन कर्मचारियों को पर्यवेक्षक का पद दे दिया गया था। उनकी मनोवृत्ति व्यवस्थापक के प्रति पहले से अधिक अनुकूल हो गयी तथा जिन कर्मचारियों को संघ का प्रबन्धक बना दिया गया था, उनकी मनोवृत्ति संघ के प्रति पहले से अधिक अनुकूल हो गयी। फिर बाद में जब उस औद्योगिक संगठन में आर्थिक मंदता आ गयी कि उनकी अनुकूलता नहीं रह गयी। परन्तु जिन पर्यवेक्षकों को पदावनत नहीं किया गया, उनकी मनोवृत्ति व्यवस्थापक के प्रति अनुकूल ही बनी रही।

## स्वाभाविक प्रयोग पद्धति के गुण

सामाजिक विज्ञान की दूसरी प्रयोग पद्धति के समान ही इस पद्धति में भी कुछ प्रमुख गुण दोष विद्यमान हैं। स्वाभाविक प्रयोग पद्धति के कतिपय प्रमुख गुण निम्नलिखित हैं—

1. इस प्रयोग पद्धति में प्रयोगकर्त्ता को परियोजन कम करनी होती है तथा साथ-ही-साथ कोई विशेष नियंत्रण की जरूरत नहीं पड़ती है।
2. इस पद्धति में प्रयोग बिलकुल ही वास्तविक परिस्थिति में किया जाता है। अतः इसके परिणाम की वैधता पर किसी प्रकार का कोई शक नहीं किया जा सकता है।

## *स्वाभाविक प्रयोग पद्धति के दोष*

स्वाभाविक प्रयोग पद्धति के कतिपय प्रमुख दोष को इस प्रकार प्रकट किया जा सकता है–

1. इस पद्धति में प्रयोगकर्त्ता को एक खास समय के लिए इन्तजार करना पड़ता है। जब तक कोई स्वाभाविक घटना घट नहीं जाती है वह प्रयोग नहीं कर सकता है। इससे समय की काफी बर्बादी होती है। जैसे–यदि कोई समाज मनोवैज्ञानिक इस पद्धति द्वारा भूकम्प के दौरान व्यक्तियों में होने वाली सामाजिक अन्तःक्रियाओं का अध्ययन करना चाहता है तो उसे उस समय तक इन्तजार करना होगा जब तक कि भूकम्प न हो।
2. इस तरह के प्रयोग में अनिश्चितता अधिक होती है। प्रयोगकर्त्ता को यह पहले से मालूम नहीं रहता कि अमुक स्वाभाविक परिस्थिति कब उत्पन्न होगी। जैसे–प्रयोगकर्त्ता को यह पहले से मालूम नहीं रहता कि अमुक समय में भूकम्प आयेगा या अमुक समय में कर्मचारियों की पदोन्नति के परिणाम पर बुरा असर पड़ता है।
3. इस तरह के प्रयोगों का अधार वैज्ञानिक तरीके से सुनिश्चित नहीं किया जाता है, बल्कि स्वेच्छा से प्रयोज्य का चयन कर लिया जाता है। अतः प्रयोग के परिणाम पूर्णतया सही नहीं होते हैं।

इस तरह से हम देखते हैं कि समाज मनोविज्ञान में प्रयोगात्मक पद्धति का उपयोग तीन उपविधियों के रूप में किया गया है। यद्यपि तीनों उपविधियों के अपने-अपने गुण-दोष हैं, फिर भी आधुनिक सामाजिक-मनोवैज्ञानिक प्रयोगशाला प्रयोग को सबसे ज्यादा पसन्द करते हैं। हाँ, जहाँ इस पद्धति का प्रयोग करने से पूरी असमर्थता उत्पन्न हो जाती है, वहाँ वे क्षेत्र प्रयोग पद्धति का सहारा लेते हैं। जहाँ तक स्वाभाविक प्रयोग पद्धति का प्रश्न है, इसकी बारम्बारता इसमें व्याप्त कुछ कठिनाइयों के कारण काफी कम है।

### (ग) प्रयोगशाला प्रयोग पद्धति

प्रयोगशाला प्रयोग पद्धति वह है जिसमें समाज मनोवैज्ञानिक किसी सामाजिक व्यवहार का अध्ययन प्रयोगशाला में प्रयोग करके करते हैं। इस पद्धति में वे प्रायः प्रयोज्यों की एक सीमित संख्या का यादृच्छिक रूप से चयन करके उसे आवश्यकतानुसार भिन्न-भिन्न समूहों जैसे प्रयोगात्मक समूह तथा नियंत्रित समूह में बाँटकर प्रयोग करते हैं। स्वतन्त्र चर में जोड़-तोड़ या हेर-फेर कर उसका प्रभाव आश्रित चर पर देखा जाता है। अन्य चरों को जिसका प्रभाव आश्रित चर पर पड़ सकता है, परन्तु उसके प्रभाव के अध्ययन में प्रयोगकर्त्ता की कोई रुचि नहीं होती है, नियंत्रित करके रखा जाता है। इसे बहिरंग चर कहा जाता है। यदि स्वतंत्र चर से जोड़-तोड़ करने से आश्रित चर में भी कुछ परिवर्तन आ जाता है, तो समाज मनावैज्ञानिक इन दोनों चरों में कारण-परिणाम सम्बन्ध के बारे में एक निश्चित निष्कर्ष पर पहुँच जाते हैं। इस तरह से समाज मनोवैज्ञानिक जब प्रयोगशाला पद्धति द्वारा किसी सामाजिक व्यवहार का अध्ययन करते हैं, तो वे एक सीमित प्रयोज्यों का यादृच्छिक रूप से चयन करके प्रयोगशाला में एक कृत्रिम परिस्थिति का सृजन करते हैं और फिर स्वतंत्र चर तथा आश्रित चर में कारण-परिणाम सम्बन्ध स्थापित करते हैं। समाज मनोविज्ञान में इस पद्धति द्वारा किये गये पद्धति को उद्दीपन-अनुक्रिया शोध भी कहा जाता है। यहाँ उद्दीपन से मतलब स्वतंत्र चर तथा अनुक्रिया से मतलब आश्रित चर से होता है।

सन् 1970 ई. में लाइबर्ट तथा बेरोन ने समाज-मनोविज्ञान में एक प्रयोग पद्धति का प्रयोग किया जो काफी प्रसिद्ध हुआ। इस प्रयोग पद्धति के इस प्रयोग का उद्देश्य यह देखना था कि टेलीविजन पर लड़ाई-झगड़ा तथा हिंसा की बहुलता वाले दृश्य देखकर क्या बच्चों में आक्रमणशील दृश्य दिखाये जाने वाला समूह तथा तटस्थ दृश्य दिखाई जाने वाला समूह। टेलीविजन देखने के तुरंत बाद दोनों समूह के बच्चों को एक ऐसी परिस्थिति में रखा गया जिसमें प्रत्येक बच्चे को दूसरे को हानि या आघात पहुँचाने का पर्याप्त सुअवसर था। परिणाम में देखा गया कि आक्रमण दृश्य देखने वाले बच्चों में तटस्थ के दृश्य देखने वाले बच्चों की अपेक्षा आक्रमणशीलता का स्तर काफी अधिक था। इस प्रयोग से साबित हो जाता है कि जब बच्चों को आक्रमणशीलता दृश्य (स्वतन्त्र चर) दिखलाया जाता है तो इसे देखकर उनमें आक्रमणशीलता का वास्तविक स्तर (आश्रित चर) अधिक बढ़ जाता है। इस प्रयोग के अधार पर निष्कर्ष निकलता है कि प्रयोग पद्धति का व्यक्ति पर नकारात्मक तथा सकारात्मक प्रभाव शीघ्रता से पड़ता है।

प्रयोगशाला प्रयोग पद्धति के कतिपय प्रमुख गुण-दोष हैं। प्रयोगशाला पद्धति के प्रमुख निम्नलिखित हैं–

## *प्रयोगशाला पद्धति की विशेषताएँ*

इसकी प्रमुख विशेषताएँ निम्नांकित हैं–

1. प्रयोगशाला प्रयोग पद्धति में चूँकि चरों में जोड़-तोड़ संभव है, अतः प्रयोगकर्त्ता हर तरह से अपने आपको संतुष्ट कर प्रयोग को अधिक विश्वसनीय बना लेता है। इतना ही नहीं, इस पद्धति में चूँकि प्रयोगकर्त्ता एक निश्चित डिजाइन, पद्धति, सांख्यिकीय विश्लेषण आदि को अपनाता है, अतः कोई भी प्रयोगकर्त्ता यदि बाद में उस प्रयोग को दोहराना चाहे, तो उसे वह आसानी से दोहरा सकता है।
2. चूँकि प्रयोग की अवस्था काफी नियंत्रित होती है, अतः चाहकर भी प्रयोगकर्त्ता किसी प्रकार का पक्षपात तथा पूर्वाग्रह आदि नहीं दिखला पाता है। फलस्वरूप प्रयोगशाला प्रयोग में आत्मनिष्ठता नहीं होती है। प्रयोगकर्त्ता वैज्ञानिक प्रयोगात्मक डिजाइन का उपयोग कर भिन्न-भिन्न तरह के पक्षपात आदि को पूर्णतः नियंत्रित कर लेता है।
3. चूँकि प्रयोगशाला प्रयोग के परिणाम का सांख्यिकीय विश्लेषण किया जाता है, अतः इसका परिणाम अधिक वस्तुनिष्ठ होता है।
4. प्रयोगशाला प्रयोग पद्धति में चूँकि प्रयोग एक काफी नियंत्रित अवस्था में किया जाता है, अतः इसके परिणाम की आन्तरिक वैधता काफी अधिक होती है। इसके फलस्वरूप परिणाम अधिक निर्भर योग्य होता है।

## *प्रयोगशाला प्रयोग की आलोचनाएँ*

प्रयोगशाला प्रयोग पद्धति की प्रमुख आलोचनाएँ अग्रलिखित हैं–

1. प्रयोगशाला प्रयोग पद्धति में बाह्य वैधता के कमी का एक दूसरा कारण प्रयोज्यों की एक सीमित संख्या होती है। इस पद्धति द्वारा अध्ययन में प्रायः बहुत थोड़े से व्यक्तियों को ही सम्मिलित किया जाता है और उससे प्राप्त परिणाम को अन्य सभी व्यक्तियों के लिए सही ठहराया जाता है। आलोचकों का मत है कि यह पद्धति ऐसा करने में हमेशा समर्थ नहीं होती है
2. इस पद्धति में सामाजिक व्यवहार का अध्ययन एक कृत्रिम अवस्था में किया जाता है। चूँकि प्रयोगशाला की परिस्थिति कृत्रिम होती है। जिसका संबंध

कभी-कभी जीवन की वास्तविक परिस्थिति से न के बराबर होता है, प्रयोगशाला पद्धति के परिणाम यथार्थ परिस्थितियों में अक्सर सत्य सिद्ध नहीं होते हैं। इसका मतलब यह हुआ कि इस पद्धति में यद्यपि आन्तरिक वैधता से तात्पर्य प्राप्त परिणामों को जिन्दगी के वास्तविक हालातों तक सही-सही लागू करने से होता है।

3. प्रयोगशाला पद्धति का प्रयोग प्रत्येक सामाजिक स्थिति के लिए नहीं किया जा सकता है उदाहरण रूप में, किसी समूह, आन्दोलन युद्ध आदि के प्रभाव को ज्ञात करने के लिए प्रयोग में उपरोक्त परिस्थितियां पैदा नहीं की जा सकती हैं।

इन अवगुणों के बावजूद भी समाज मनोविज्ञान में प्रयोगशाला प्रयोग पद्धति का उपयोग आधुनिक समाज मनोवैज्ञानिकों द्वारा काफी किया जा रहा है।

## समाजमितीय पद्धति

समाज मनोविज्ञान के क्षेत्र में प्रयोग की जाने वाली इस महत्त्वपूर्ण पद्धति को समाजमितीय पद्धति के नाम से जाना जाता है। इस पद्धति का प्रतिपादन मोरेनो ने अपनी कृषि 'हू शैल सरभाईभ' के माध्यम से किया है। प्रविधि में समूह में सदस्यों का एक-दूसरे के प्रति स्वीकरण तथा अस्वीकरण के सहारे समूह की संरचना, सामाजिक पद तथा सदस्यों के पारस्परिक सम्बन्ध आदि का अध्ययन किया जाता है। दूसरे शब्दों में, समाजमितीय प्रविधि समूह में स्वीकरण तथा अस्वीकरण के माध्यम से समूह के अन्तर्वैयक्तिक या पारस्परिक सम्बन्धों का अध्ययन करने का एक माध्यम है। **स्टैनले** एवं **हापकिन्स** ने समाजमिति को इस प्रकार परिभाषित किया है, "समाजमिति समूह में सदस्यों के अन्तर्सम्बन्धों अर्थात् इसकी सामाजिक संरचना यानी प्रत्येक व्यक्ति द्वारा समूह का प्रत्यक्षण किस तरह से किया जाता है, का अध्ययन है।"

समाजमिति की विस्तृत और व्यापक रूप से व्याख्या करते हुए **करलिंगर** ने लिखा है—"समाजमिति एक विस्तृत पद है, जिससे समूह में व्यक्तियों के पसंद, संचार एवं अन्तःक्रिया पैटर्न से सम्बन्धित आँकड़ों को इकट्ठा करने एवं विश्लेषण करने की कई पद्धतियाँ सम्मिलित होती हैं। कोई यह कह सकता है कि समाजमिति सामाजिक पसन्द के मापन एवं उसका एक अध्ययन है। इसे समूहों के सदस्यों के आकर्षण एवं विकर्षण को अध्ययन करने का भी एक साधन कहा गया है।"

समाजमिति द्वारा समूह की संरचना का अध्ययन करने के लिए समूह के प्रत्येक सदस्य से किसी खास कसौटी पर अन्य सदस्यों के प्रति अपनी स्वीकरण एक, दो या दो से अधिक पसन्दों के रूप में व्यक्त करने के लिए कहा जाता है। जैसे–कक्षा में छात्रों से यह पूछा जा सकता है कि आप उस छात्र का नाम दिये गए कागज के टुकड़े पर लिख दें जिसके साथ खेलना या खाना पसन्द करते हैं। उसी ढंग से कर्मचारियों के समूह में प्रत्येक सदस्य से यह पूछा जा सकता है कि आप तीन ऐसे कर्मचारियों का नाम दिये गए कागज के टुकड़े पर लिख दें जो आपकी नजर में अधिक प्रतिष्ठित हैं? आदि-आदि। समूह के प्रत्येक सदस्य अपनी पसन्द को दिये गए प्रश्न या कसौटी के आधार पर व्यक्त करता है और इस तरह से अध्ययनकर्त्ता को समूह के बारे में एक खास तरह के आँकड़े मिल जाते हैं। बाद में वह इन आँकड़ों के विश्लेषण कर समूह की संरचना तथा सदस्यों के पारस्परिक सम्बन्धों के बारे में एक निश्चित निष्कर्ष पर पहुँचता है।

समाजमिति से प्राप्त आँकड़ों के विश्लेषण की तीन प्रविधियाँ हैं, जो इस प्रकार हैं–

(अ) समाजमितीय मैट्रिक्स

(ब) समाज आलेख

(स) समाजमितीय सूचनांक।

इन तीनों प्रविधियों का वर्णन निम्नांकित है–

**(अ) समाजमितीय मैट्रिक्स**–मैट्रिक्स संख्याएँ अन्य वस्तुओं का एक आयताकार प्रदर्शन को कहा जाता है। समाजमितीय मैट्रिक्स वह मैट्रिक्स होता है जो वर्गाकार अर्थात् $n \times n$ होता है। यहाँ n से तात्पर्य समूह में सदस्यों की संख्या से होता है, जिससे मैट्रिक्स के रो एवं कॉलम बराबर-बराबर होते हैं। उसे एक उदाहरण देकर इस प्रकार समझाया जा सकता है।

मान लिया जाए कि 11 छात्रों का एक समूह है। प्रत्येक छात्र ने इस प्रश्न पर अपनी प्रतिक्रिया व्यक्त किया है–"तुम किन अन्य छात्रों के साथ खेलना पसन्द करोगे।" छात्र जब किसी अन्य छात्रों को खेलने के लिए साथी बनाने के लिए पसन्द करता है, तो उसके इस पसंद को 1 देकर समाजमितीय मैट्रिक्स में दिखलाया जाता है और यदि वह किसी अन्य छात्र को पसन्द नहीं करता है तो उसे 0 दिखलाया जाता है। तालिका 1 में 11 छात्रों द्वारा किए गए पसंदों के आधार पर एक समाजमितीय मैट्रिक्स बनाया गया है।

तालिका–1: 11×11 समाजमितीय मैट्रीक्स

जिन्हें पसन्द किया गया

| A | B | C | D | E | F | G | H | I | J | K |
|---|---|---|---|---|---|---|---|---|---|---|
| 0 | 1 | 0 | 1 | 1 | 0 | 0 | 0 | 0 | 0 | 0 |
| 0 | 0 | 0 | 1 | 0 | 0 | 0 | 1 | 0 | 0 | 0 |
| 0 | 1 | 0 | 0 | 0 | 0 | 0 | 1 | 0 | 0 | 0 |
| 0 | 1 | 0 | 0 | 0 | 0 | 0 | 0 | 0 | 0 | 0 |
| 0 | 0 | 1 | 0 | 0 | 0 | 0 | 0 | 0 | 0 | 0 |
| 0 | 0 | 0 | 0 | 0 | 0 | 0 | 0 | 0 | 0 | 0 |
| 0 | 1 | 0 | 0 | 1 | 0 | 0 | 0 | 0 | 0 | 0 |
| 0 | 0 | 0 | 0 | 0 | 0 | 0 | 0 | 0 | 0 | 0 |
| 0 | 0 | 0 | 0 | 0 | 0 | 0 | 0 | 1 | 0 | 1 |
| 0 | 0 | 0 | 0 | 0 | 0 | 0 | 0 | 1 | 1 | 0 |
| **कुल योग =** | | | | | | | | | | |
| 0 | 4 | 1 | 2 | 2 | 1 | 0 | 2 | 2 | 2 | 2 |

किसी भी समाजमितीय मैट्रिक्स का विश्लेषण यह देखते हुए किया जाता है कि कौन किसे चुनता है या पसन्द करता है। सामान्यतः तीन तरह के पसन्द देखने को मिलते हैं—साधारण या एक-तरफा पसन्द पास्परिक पसंद, कोई पसन्द पारस्परिक पसन्द, कोई पसंद नहीं। साधारण-या एक-तरफा पसन्द वह पसंद है, जिसमें एक सदस्य तो दूसरे सदस्य को पसन्द करता है, परन्तु दूसरा पहले वाले को पसन्द नहीं करता है। जैसे तालिका–1 में H छात्र E छात्र को पसन्द करता है परन्तु E छात्र E छात्र को पसन्द करता है परन्तु E छात्र H छात्र को पसन्द नहीं करता है। पारस्परिक पसन्द (mutual choice), में दोनों ही एक-दूसरे को पसन्द करते हैं। जैसे B छात्र D को पसन्द करता है तथा D भी B को पसन्द करता है। इस तालिका में G एक ऐसा छात्र है जिसे कोई नहीं पसन्द करता है और वह भी किसी को पसन्द नहीं करता है। अतः यह कोई पसन्द नहीं का उदाहरण होगा।

समाजमितीय मैट्रिक्स के विश्लेषण से समूह के बारे में सामान्यतः निम्नांकित तरह की सूचनाएँ मिलती हैं—

1. समूह में कुछ सदस्य ऐसे भी होते हैं जो किसी भी अन्य सदस्य को पसन्द नहीं करते हैं और न तो कोई दूसरा व्यक्ति ही इन्हें पसन्द करता है। इस तरह

के सदस्य को अकेला सदस्य कहा जाता है। तालिका–1 में G एक अकेला सदस्य का उदाहरण है।

2. समूह में कुछ छात्र या व्यक्ति ऐसे होते हैं जिन्हें अधिकतर छात्र पसन्द करते हैं। ऐसा छात्र समूह में सबसे अधिक लोकप्रिय होता है। ऐसे छात्र के समाजमितीय मैट्रिक्स के कॉलम का योग सबसे अधिक होता है। तालिका–1 में B ऐसा ही एक छात्र है, जिनका कॉलम का योग 4 है।
3. समूह में कुछ व्यक्ति ऐसे होते हैं जो दूसरे को पसन्द करते हैं, परन्तु इन्हें कोई भी पसन्द नहीं करता है। ऐसे व्यक्ति को बहिष्कृत व्यक्ति कहा जाता है। तालिका–1 में A एक बहिष्कृत छात्र का उदाहरण है।
4. समूह में कुछ व्यक्ति ऐसे होते हैं जो तीन का एक समूह बना लेते हैं, जिसमें वे सभी एक दूसरे को पसन्द करते हैं, किसी अन्य को नहीं और न तो कोई दूसरा ही इन तीनों को पसन्द करता है। इस तरह के समूह को गुट कहा जाता है। तालिका–1 में तीन छात्र I, G एवं K ने एक गुट का निर्माण किया है।
5. कुछ व्यक्ति समूह में दो-दो का एक समूह बना लेते हैं जिसमें सिर्फ वे ही दोनों एक-दूसरे को पसन्द करते हैं। इस तरह के युग्म को पारस्परिक युग्म कहा जाता है। तालिका–1 में छात्र C तथा F तथा B एवं D पारस्परिक युग्म के उदाहरण हैं।

**(ब) समाजमिति सूचकांक**—समाजमिति के कुछ सूचकांक ज्ञात करके समूह के सदस्यों के अन्तर्वैयक्तिक सम्बन्धों का अध्ययन मिलता है। इस तरह के सूचकांक ज्ञात करने के लिए अलग-अलग सूत्र हैं जिनकी यहाँ तुलना नहीं की गई है सामान्यतः इन सूचकांकों के द्वारा व्यक्ति के पसंद स्तर एवं समूह सभी को अनुपात में व्यक्त किया जाता है और यह असमर्थ जितना ही अधिक होता है, व्यक्ति का पसंद स्तर या समूह समग्रता है, जिसको इस प्रकार व्यक्त किया जा सकता है—

**(स) समाज आलेख**—समाज आलेख दूसरी पद्धति है जिसके द्वारा समाजमितीय आँकड़ों का विश्लेषण किया जाता है। इस पद्धति में समूह के सदस्यों द्वारा एक-दूसरे के प्रति किए गए पसन्दों को एक आलेख पर या सादे कागज पर चित्र बनाकर दिखलाते हैं। चित्र पर एक-तरफा पसन्द को एक ऐसी रेखा से दिखलाते हैं जिसके एक छोर पर तीर बना होता है। जैसे—यदि छात्र A छात्र B को पसंद करता है, परन्तु छात्र B, A छात्र को नहीं पसन्द करता है तो इस आलेख पर A, B से दिखलाया जाएगा। पारस्परिक युग्म को एक ऐसी सीधी रेखा से दिखालते हैं जिसके दोनों छोरों पर तीर बना होता है, जैसे–1 यदि छात्र C छात्र F को पसंद करता है और F भी C को पसंद करता है तो इसे समाज आलेख पर C – F से दिखलाया जाता है।

तालिका–1 के ही आँकड़ों के आधार पर एक सही आलेख तैयार करके दिखलाया गया है।

स्पष्ट है कि B पर सबसे अधिक तीर पड़ा है, अर्थात् 'B' को अधिक लोगों ने पसन्द किया है। अतः यह समूह का सबसे लोकप्रिय छात्र है। A समूह का एक अस्वीकृत सदस्य है। क्योंकि इस पर एक भी तीर नहीं है जबकि इसने B, D एवं E को पसन्द किया है। C तथा F एक पारस्परिक युग्म के उदाहरण हैं तथा छात्र I, J एवं K का एक तथा छात्र G एक अकेला छात्र है।

इस प्रकार हम समाज आलेख के माध्यम से उसी निष्कर्ष पर पहुँचते हैं, जिस पर समाजमितीय मैट्रिक्स के आधार पहुँचे थे।

समाज आलेख को समाजमितीय मैट्रिक्स के लिए अधिक लाभप्रद माना जाता है, क्योंकि इसे मात्र देखते ही समूह के सदस्यों के अन्तर्वैयक्तिकता का पता चल जाता है। परन्तु समाज आलेख को दोष यह बतलाया गया है कि इसकी उपयोगिता वैसे ही समूह तक सीमित है जिसमें सदस्यों की अन्तर्वैयक्तिकता कम जैसे 20 से नीचे होती है। समूह में सदस्यों की संख्या अधिक होने से समाज आलेख को पर उससे कोई अर्थ निकालना एक टेढ़ी खीर के समान है।

## *समाजमिति पद्धति की विशेषताएँ*

समाजमिति पद्धति की प्रमुख विशेषताएँ निन्नांकित हैं–

1. समाजमिति समूह ही संरचना एवं सदस्यों के पारस्परिक सम्पर्क का अध्ययन करने की एक सरल, किफायती एवं स्वाभाविक पद्धति है। सरल इसलिए कि इसका प्रयोग कोई भी समाज मनोवैज्ञानिक अध्ययन से कर ले सकते हैं। किफायती इसलिए कि इसमें समय और धन दोनों की बचत होती है तथा स्वाभाविक इसलिए कि इसमें व्यक्ति को यह महसूस नहीं होता है कि उसे किसी प्रयोगात्मक परिस्थिति में रहने की कोई असाधारण अनुक्रिया करने को कहा जा रहा है।
2. कुछ समाज मनोवैज्ञानिकों ने समाजमिति पद्धति की विश्वसनीयता तथा वैधता पर प्रकाश डालते हुए कहा है कि समूह संरचनाओं एवं समूह के सदस्यों के पारस्परिक सम्बन्धों का अध्ययन करने के लिए समाजमिति पद्धति जितनी विश्वसनीय एवं वैध है उतनी समाज मनोविज्ञान की अन्य पद्धतियाँ जैसे प्रयोग विधि, क्षेत्र एवं सर्वे पद्धति आदि भी नहीं हैं।
3. समाजमिति अपने परिवर्तनशीलता के गुण की वजह से पद्धति लक्ष्यों की पूर्ति हेतु भिन्न परिस्थितियों में प्रयुक्त की जाती है।

4. समाजमिति की उपयोगिता समूह संरचना, समूह समग्रता, समूह प्रभावशीलता, समूह मनोबल एवं समूह नेतृत्व के अध्ययन में काफी अधिक बतलायी गयी है। अनेकों समाज मनोवैज्ञानिकों ने जिनमें शेरीफ, फिशर, फेल्डमैन, लिण्डग्रेन आदि के नाम अधिक विख्यात हैं, अपने-अपने शोधों से समाजमिति की उपयोगिता समूह व्यवहार के उपर्युक्त विभिन्न पहलुओं के अध्ययन में साबित कर दिया है।
5. लिण्डजे एवं वर्न तथा फिशर ने अपने अध्ययनों के आधार पर इस तथ्य की संपुष्टि की है कि समाजमिति समूह के सदस्यों में दूसरे के प्रति आकर्षण, विकर्षण, पसंद, नापसंद आदि का अध्ययन करने की एक अद्वितीय पद्धति है।

**दोष**—उपरोक्त लाभ अथवा उपयोगिता के होते हुए भी इसमें कतिपय दोष विद्यमान हैं, जो निम्नवत् हैं—

1. **सेकर्ड** तथा **कर्चफिल्ड** ने यह बतलाया है कि समाजमिति पद्धति द्वारा समूह के सदस्यों के पारस्परिक सम्बन्धों तथा समूह संरचना आदि का अध्ययन मात्र सतही ढंग से होता है, गहन रूप से नहीं। इसका कारण बतलाते हुए लोगों ने कहा है कि समूह में सदस्य कई कारणों से अपने वास्तविक पसंदों एवं नापंसदगियों को खुलकर व्यक्त करने में घुटन महसूस करते हैं।
2. समाजमिति का समुचित प्रयोग के लिए यह आवश्यक है कि समूह में सदस्यों की संख्या कम हो अर्थात् यथासंभव 20 से कम हो। इससे अधिक और काफी अधिक होने पर समाजमिति की विश्वसनीयता समाप्त हो जाती है।
3. समाजमिति में अन्तरशोधकर्त्ता सहमति की कमी पायी जाती है। अगर एक ही समूह पर किसी एक विषय को लेकर विभिन्न शोधकर्त्ताओं द्वारा इस पद्धति द्वारा प्रेक्षण किया जाता है तो उन सबों के परिणाम में उतनी सहमति नहीं रहती है जितनी कि रहना चाहिए। परिणामस्वरूप समाजमिति पद्धति पर निर्भरता अधिक नहीं रह जाती है।

उपरोक्त गुण-दोषों के बावजूद भी समाजमिति पद्धति समाज विज्ञान में प्रयोग की जाने वाली महत्त्वपूर्ण और प्रसिद्ध पद्धति है। इसकी उपयोगिता तथा लोकप्रियता का सबसे अच्छा सबूत यही है कि इसे लोगों ने सफलतापूर्वक समूह समग्रता, समूह मनोबल, समूह नेतृत्व, समूह समग्रता तथा समूह सदस्यों के पारस्परिक संबंध का अध्ययन करने में किया है, स्थाापित करता है। प्रयोगात्मक पद्धति के तीन प्रकार हैं—प्रयोगशाला प्रयोग पद्धति, क्षेत्र प्रयोग पद्धति तथा स्वाद प्रयोग पद्धति।

# 4
# सामाजिक स्थिति और भूमिका का विश्लेषण

सामाजिक स्थिति में भूमिका का निर्धारण करने के लिए व्यक्ति को समाज तथा उस संबंधित कार्यों के आधार पर व्यक्ति का स्थान समाज में सुनिश्चित होता है। इसी के आधार पर उसे समझने का प्रयास किया जाता है।

## काम के आधार पर समाज में स्थान

काम के आधार पर समाज में व्यक्ति विशेष का स्थान निश्चित करने के लिए उसके संबंध तथा उसके पद के आधार पर समाज विज्ञान का गतियुक्त रूप है।

### *स्थिति की परिभाषा*

**मार्टिनडेट तथा मौनेक्सी** ने कहा है कि "हम स्थिति की परिभाषा सामाजिक झुंड के स्थान से करते हैं, जो आदर के चिन्ह पर कार्यों के प्रतीक से पहचाना जा सकता है।"

**ग्रीन** के अनुसार—"भूमिका वह तरीका है जिससे स्थिति पूर्ण हुई मानी जाती है।"

**मैकाईवर और पेज** ने स्थिति की परिभाषा देते हुए लिखा है कि, "स्थिति वह सामाजिक पद है जो कि रखने वाले के लिए उसके व्यक्तिगत गुणों या सामाजिक सेवा के अतिरिक्त आदर, प्रतिष्ठा तथा प्रभाव की कुछ मात्रा निश्चित करती है।"

**किंग्सले डेविस** कार्यों (भूमिका) की धारणा व्यक्त करते हुए लिखते हैं कि "एक व्यक्ति दी हुई स्थिति के प्रति कैसा व्यवहार करता है, उसे हम उसका कार्य

कहते हैं। इस प्रकार कार्य एक ढंग से जिसके द्वारा वह वास्तव में अपने पद को पूरा करता है।"

**लिंटन के** शब्दों में—"भूमिका एक निश्चित स्थिति में व्यक्ति के अधिकार तथा कर्त्तव्य को सम्बोधित करती है।"

## परिस्थिति का आशय एवं परिभाषाएँ

परिस्थिति किसी समाज में व्यक्ति को प्राप्त पद होता है, उसे पद के अनुसार प्रतिष्ठा भी मिलती है साथ ही इसे सामाजिक मान्यता भी मिली रहती है। परिस्थिति प्रदान करने वाली भी होती है और प्राप्त करने वाली भी। अर्थात् कुछ परिस्थितियाँ ऐसी होती हैं जो व्यक्ति को अपने-आप प्राप्त हो जाती हैं। जबकि कुछ परिस्थितियाँ ऐसी होती हैं जिन्हें व्यक्ति अपनी कोशिश एवं योग्यता से प्राप्त करता है, साथ ही एक समय में ही व्यक्ति को समाज में अनेक परिस्थितियाँ प्राप्त रहती हैं, जिसके अनुसार वह अपनी भूमिका अदा करता है। अर्जित परिस्थिति में व्यक्ति अपनी व्यक्तिगत योग्यता के आधार पर उन्नति कर सकता है, लेकिन प्रदत्त परिस्थिति में कोई परिवर्तन नहीं होता है। इस तरह यह पता चलता है कि परिस्थिति व्यक्ति के जीवन में महत्त्वपूर्ण भूमिका अदा करती है। इसी से व्यक्ति को आदर एवं प्रतिष्ठा मिलती है तथा वह अपने जीवन के लक्ष्यों को भी प्राप्त करता है।

परिस्थिति को **किम्बाल यंग** ने 'AHandbook of Psychology' में परिभाषित किया है। उनके अनुसार "प्रत्येक समाज तथा समूह में प्रत्येक व्यक्ति को कुछ कार्यों को सम्पन्न करना होता है जिनके साथ शक्ति तथा प्रतिष्ठा की कुछ मात्रा जुड़ी होती है। शक्ति तथा प्रतिष्ठा की जिस मात्रा का हम प्रयोग करते हैं, वही उसकी परिस्थिति है।"

**जॉन लोवी** के अनुसार—"किसी सामाजिक संरचना में व्यक्ति अथवा समूह के संस्थागत पदों की संपूर्णता का नाम ही परिस्थिति है।" इस परिभाषा से पता चलता है कि सामाजिक संरचना में व्यक्ति को जो पद मिला रहता है वही उसकी परिस्थिति है।

**लेपियर** के अनुसार—"सामाजिक परिस्थिति सामान्यतः उस पद के रूप में समझी जाती है जो एक व्यक्ति समाज में प्राप्त किए होता है।" इस परिभाषा में लेपियर ने कहा है कि व्यक्ति द्वारा समाज में प्राप्त किया गया पद ही उसकी परिस्थिति कहलाती है।

## *परिस्थिति का वर्गीकरण*

परिस्थिति के आधार पर दो प्रकार के वर्गीकरण निम्नलिखित हैं—

**(1) जन्म से**—जिस समाज में बच्चे या व्यक्ति का जन्म होता है उसकी सारी प्रतिष्ठाएँ स्वतः ही उसे प्राप्त हो जाती हैं। यह उसकी जन्मित स्थिति है।

**(2) जन्म के बाद की स्थिति**—व्यक्ति विभिन्न व्यवसायों तथा शिक्षा के द्वारा भी अपना स्थान समाज में निर्धारित करता है।

## *प्राप्त परिस्थिति के निर्धारक घटक*

अर्जित परिस्थिति को विभिन्न तत्वों के आधार पर निर्धारित किया जा सकता है—

1. विवाह
2. नगरीय वातावरण
3. राजनीतिक सत्ता
4. उपलब्धियाँ
5. शिक्षा
6. व्यवसाय या व्यापार
7. धन और सम्पत्ति
8. श्रम-विभाजन।

समाज में व्यवसाय के आधार पर भी उच्च और निम्न परिस्थितियों को निर्धारित किया जाता है। कुछ पद उच्च कोटि के तथा कुछ पद निम्न कोटी के होते हैं। प्रोफेसर, इंजीनियर, डॉक्टर आदि उच्च कोटि के कहे जा सकते हैं तथा क्लर्क, चपरासी, मजदूर आदि निम्न कोटि में आते हैं। उच्च कोटि के पदों को निम्न कोटि के पदों से उच्च दृष्टिकोणों से देखा जा सकता है। इस प्रकार यह स्वाभाविक है कि जो व्यक्ति उच्च पद पर आसीन है उसकी स्थिति निम्न पद पर आसीन व्यक्ति की अपेक्षा सम्मानजनक होती है। इसलिए लोग उच्च पद अर्जित करना चाहते हैं। इस प्रकार व्यवसाय अर्जित परिस्थिति के निर्धारण का एक प्रमुख आधार है। व्यापार के द्वारा भी मनुष्य अपना स्थान समाज में निर्धारित कर सकता है।

अर्जित परिस्थिति को निर्धारित करने का दूसरा आधार धन या सम्पत्ति है। धन या सम्पति के आधार पर स्थिति का निर्धारण होता है। विभिन्न गुणों से हीन व्यक्ति के पास भी यदि धन है तो वह समाज में उच्च स्थिति प्राप्त कर लेता है। इस प्रकार लोग धन का अर्जन कर उच्च परिस्थिति अर्जित करने की कोशिश करते हैं। धन या

सम्पत्ति ने समाज को दो वर्गों में विभाजित कर दिया है। इसमें प्रथम वर्ग है पूँजीपतियों का तथा दूसरा वर्ग है श्रमिकों का। निःसन्देह श्रमिक वर्ग की तुलना में पूँजीपतियों की परिस्थिति समाज में ऊँची होती है। लेकिन धन या सम्पत्ति संग्रह करने में भी जो धन ईमानदारी से प्राप्त किया जाता है तथा जो धन बेईमानी से संगृहीत किया जाता है उसमें अन्तर होता है। इससे स्पष्ट होता है कि ईमानदारी की विशिष्ट नीति है जिसके आधार पर किया गया कार्य समाज की दृष्टि से श्रेष्ठ है।

नगरीय वातावरण को अर्जित परिस्थिति को निर्धारित करने का तीसरा आधार माना जाता है। अक्सर ग्रामीण वातावरण की तुलना में शहरी वातावरण को अच्छा इसलिए माना जाता है कि नगरों में रोजगार एवं आगे बढ़ने के अवसर अधिक होते हैं। इस वातावरण में लोग अपनी योग्यता एवं कुशलता के बल पर ज्यादा से ज्यादा उच्च स्थिति को प्राप्त करते हैं। इनकी समाज में मान-मर्यादा बढ़ती है तथा परिस्थिति भी उच्च हो जाती है। इस प्रकार नगरीय वातावरण अर्जित परिस्थिति के निर्धारण का एक आधार कहा जा सकता है।

प्रस्तुत किए गये उपरोक्त विवरण से यह स्पष्ट होता है कि अर्जित परिस्थिति को निर्धारित करने के अनेक आधार हैं। दरअसल अर्जित परिस्थिति किसी भी व्यक्ति को यह मौका प्रदान करती है कि वह अपनी स्थिति में परिवर्तन कर समाज में उच्च परिस्थिति को प्राप्त करे। उच्च परिस्थिति को प्राप्त करने के आधार होते हैं और इन्हीं आधारों पर व्यक्ति अपनी स्थिति में बदलाव लाता है। जिसका अनुकूल प्रभाव उसके जीवन को उन्नतशील बनाने के लिए प्रेरित करता है।

## जन्मजात और अर्जित परिस्थिति में अन्तर

प्रदत्त और अर्जित परिस्थिति का अर्थ जान लेने के बाद दोनों के बीच पाए जाने वाले अन्तरों को जान लेना भी जरूरी प्रतीत होता है। इन दोनों के मध्य कई तरह के भेद दिखाई देते हैं जो इस प्रकार हैं–

| जन्मजात परिस्थिति | अर्जित परिस्थिति |
|---|---|
| 1. प्रदत्त परिस्थिति व्यक्ति को अपने-आप प्राप्त हो जाती है। | 1. अर्जित परिस्थिति व्यक्ति को स्वयं अर्जित करनी पड़ती है। |
| 2. प्रदत्त परिस्थिति का मुख्य आधार प्रथा, परंपरा आदि होती है। | 2. अर्जित परिस्थिति को व्यक्ति स्वयं अर्जित करता है जो दोनों में अन्तर का कारण है। |

| | |
|---|---|
| 3. प्रदत्त परिस्थिति सभी के लिए बराबर रूप से उपलब्ध रहती है। | 3. अर्जित परिस्थिति सभी के लिए बराबर रूप से उपलब्ध नहीं रहती है। |
| 4. प्रदत्त परिस्थिति का निर्धारण परिवार, जाति, आयु, लिंग तथा नातेदारी आदि के आधार पर होता है। | 4. अर्जित परिस्थिति का निर्धारण व्यवसाय, सम्पत्ति, शिक्षा, उपलब्धियाँ, श्रम-विभाजन एवं राजनीतिक सत्ता आदि के आधार पर होता है। |
| 5. प्रदत्त परिस्थिति का महत्त्व परंपरागत एवं बंद समाजों में अधिक होता है। | 5. अर्जित परिस्थिति का महत्त्व आधुनिक और खुले हुए समाज में अधिक होता है। इसकी वजह यह है कि परंपरागत एवं बन्द समाजों में विकास के अवसर कम रहते हैं, जबकि आधुनिक एवं खुले समाजों में विकास के अवसर ज्यादा रहते हैं। |
| 6. प्रदत्त परिस्थिति में गतिशीलता कम पाई जाती है और अर्जित परिस्थिति अधिक गतिशील होती है। | 6. अर्जित परिस्थिति का निर्धारण समाज की आर्थिक व्यवस्था के अनुसार होता है। इसी तरह यह पता चलता है कि दोनों में अन्तर का कारण गतिशीलता का कम तथा ज्यादा होना है। |
| 7. प्रदत्त परिस्थिति में व्यक्ति का अधिकार क्षेत्र कम स्पष्ट होता है। | 7. अपेक्षाकृत अर्जित परिस्थिति में अधिक स्पष्टता होती है। |
| 8. प्रो. फिचर के अनुसार प्रदत्त परिस्थिति और उससे संबंधित भूमिका में सदैव सामंजस्य होना जरूरी नहीं होता है। | 8. अक्सर अर्जित परिस्थिति एवं उससे संबंधित भूमिकाओं में सामंजस्य रहता है। |

उपरोक्त अन्तरों को देखने से पता चलता है कि दोनों परिस्थितियों में अन्तर के अनेक आधार हैं।

## व्यक्ति की समाज में भूमिका तथा परिभाषाएँ

समाज द्वारा एक ही साथ कई तरह के कार्य को सम्पादित करने के लिये व्यक्ति को समाज में विशिष्ट स्थान प्रदान किया जाता है। परिस्थिति भी प्रदत्त एवं

अर्जित दो तरह की होती है और हर परिस्थिति के साथ भूमिका जुड़ी रहती है। व्यक्ति परिस्थिति को धारण करता है जबकि भूमिका का वह निर्वाह करता है। जैसे यदि किसी व्यक्ति को प्रधानमंत्री का पद मिला हुआ है तो वह उसकी परिस्थिति है। इस पद या परिस्थिति से संबंधित कुछ दायित्व एवं कर्त्तव्य निर्धारित रहते हैं जिनका कि व्यक्ति प्रधानमंत्री के रूप में निर्वाह करता है, वह उसकी भूमिका हुई। समाज में सामाजिक संरचना को बनाए रखने तथा सामाजिक संगठन को स्थायित्व प्रदान करने के उद्देश्य से भूमिका का पालन करना ऋणी प्रतीत होता है। यदि हर व्यक्ति अपनी भूमिका का निर्वाह समुचित ढंग से करे तो समाज में किसी प्रकार की समस्या पैदा नहीं होगी।

इसलिए देखा जाय तो भूमिका एक ऐसी अवधारणा है जो अत्यन्त महत्त्वपूर्ण है। भूमिका की अवधारणा में मुख्य रूप से दो तत्त्व पाए जाते हैं। इनमें प्रथम तत्त्व प्रत्याशाएँ हैं तथा दूसरा तत्त्व क्रियाएँ हैं। समाज में प्रत्येक परिस्थिति से संबंधित कुछ प्रत्याशाएँ होती हैं और समाज यह आशा करता है कि उस परिस्थिति पर जो व्यक्ति है वह उसके अनुसार क्रियाएँ करेगा। अगर पिता का ही उदाहरण ले लिया जाए तो समाज को उससे कुछ प्रत्याशाएँ रहती हैं। समाज एक पिता के रूप में उससे यह प्रत्याशाएँ रखता है कि वह परिवार की देखभाल सही ढंग से करेगा, बच्चों का पालन-पोषण ठीक से करेगा, उन्हें उचित शिक्षा-दीक्षा प्रदान करेगा तथा उनके लिए त्याग की भावना भी रखेगा। यदि पिता इन प्रत्याशाओं के अनुसार क्रियाएँ करता है तो उसे समाज में बढ़िया समझा जाता है अगर नहीं करता है तो उसे अच्छा नहीं समझा जाता है। इस संबंध में **प्रो. ओल्सेन** ने लिखा है, "सामाजिक कार्य प्रत्याशाओं और क्रियाओं की एक अन्तःसंबंधित व्यवस्था है जो कि किसी सामाजिक संगठन का अंग होती है।" इस प्रकार यह कहा जा सकता है कि व्यक्तियों से समाज में प्राप्त परिस्थिति के अनुरूप भूमिका करने की आशा की जाती है।

सबसे पहले भूमिका की विचारधारा का विकास अनुशासनात्मक कोशिशों के फलस्वरूप हुआ। सबसे पहले जी. एच. मीड एवं अन्य समाजशास्त्रियों ने 1920 में भूमिका पर ध्यान केन्द्रित किया। मैरिनो, सरबिन एवं न्यूकॉम्ब आदि विद्वानों ने अपने अध्ययन में भूमिका का वर्णन किया है। वर्तमान युग में भी भूमिका का महत्त्वपूर्ण अध्ययन होता है। भूमिका को किसी भी परिस्थिति का कार्यात्मक पहलू कहा जा सकता है। इस तरह यह पता चलता है कि भूमिका का अध्ययन एवं महत्त्व काफी ज्यादा है। इसके बिना सामाजिक संरचना का अस्तित्व कायम नहीं रह सकता है। भूमिका प्रत्येक परिस्थिति के साथ प्रमुख रूप से जुड़ा रहती है। बगैर भूमिका

के किसी परिस्थिति की कल्पना नहीं की जा सकती है। इस प्रकार यह कहा जा सकता है कि भूमिका अपना एक पृथक् महत्त्व रखती है।

भूमिका को विभिन्न विद्वानों ने कई प्रकार से परिभाषित किया है। जिनमें प्रमुख परिभाषायें निम्नलिखित हैं–

**लिण्डजे** के अनुसार–"भूमिका किसी व्यक्ति द्वारा अन्तःक्रिया की परिस्थिति में सीखी क्रियाओं अथवा कार्यों का एक प्रतिमानित क्रम है।"

**हर्टन एवं हण्ट** के अनुसार– "एक विशिष्ट सामाजिक, पद धारण करने के फलस्वरूप जिस प्रकार का व्यवहार किया जाता है, उसे भूमिका कहते हैं।"

**लिण्टन** के अनुसार– "भूमिका शब्द का प्रयोग किसी स्थिति से संबंधित सांस्कृतिक प्रतिमान की समग्रता के लिए किया जाता है। इस प्रकार भूमिका के अन्तर्गत हम उन सभी मनोवृत्तियों, मूल्यों तथा व्यवहारों को सम्मिलित करते हैं जिन्हें कि समाज एक स्थिति विशेष पर आसीन प्रत्येक एवं सभी व्यक्तियों के लिए निर्धारित करता है।" इस परिभाषा से पता चलता है कि लिण्टन ने अपनी परिभाषा में भूमिका के अन्तर्गत मनोवृत्तियों, मूल्यों तथा व्यवहारों आदि को शामिल किया है जो किसी परिस्थिति विशेष पर आसीन व्यक्तियों के लिए निर्धारित रहता है।

**सार्जेण्ट** के अनुसार "किसी व्यक्ति का कार्य सामाजिक व्यवहार का वह प्रतिमान है अथवा प्रारूप है जो कि उसे एक परिस्थिति विशेष में अपने समूह के सदस्यों की माँगों एवं प्रत्याशाओं के अनुरूप प्रतीत होता है।" इस परिभाषा से पता चलता है कि भूमिका एक व्यावहारिक प्रतिमान है।

भूमिका को परिभाषित करते हुए **ब्रूम तथा सेल्जनिक** ने लिखा है, "एक विशिष्ट सामाजिक पद से संबंधित व्यवहार के प्रतिमान को भूमिका के रूप में परिभाषित किया जा सकता है।"

**इलियट तथा मेरिल** के अनुसार– "भूमिका व्यक्ति का वह कार्य है जिसे वह (व्यक्ति) प्रत्येक परिस्थिति के अनुरूप निभाता है।"

**फिचर** के अनुसार– "जब बहुत से अन्तःसंबंधित व्यवहार-प्रतिमान एक सामाजिक प्रकार्य के चारों ओर एकत्रित हो जाते हैं तो उसी सम्मिलन को हम सामाजिक कार्य कहते हैं।" इस परिभाषा से स्पष्ट होता है कि व्यवहार-प्रतिमान के सम्मिलन को भूमिका कहा जाता है।

**डेविस** के अनुसार–"भूमिका वह ढंग है जिसके द्वारा व्यक्ति अपनी स्थिति संबंधी आवश्यकताओं की पूर्ति करता है।" इस परिभाषा से पता चलता है कि भूमिका के द्वारा ही स्थिति संबंधी आवश्यकताओं की पूर्ति होती है।

**जॉनसन** के अनुसार–"समूह का भूमिका संबंधी ढाँचा वही है जो उसका स्थिति संबंधी ढाँचा है क्योंकि जो एक सदस्य के दृष्टिकोण से भूमिका है वह दूसरे के दृष्टिकोण से स्थिति है।" इस बात से यह पता चलता है कि स्थिति एवं भूमिका एक-दूसरे से संबंधित हैं।

उपरोक्त परिभाषाओं के द्वारा यह स्पष्ट होता है कि परिस्थिति और भूमिका दोनों एक-दूसरे से संबंधित हैं। परिस्थिति के अनुरूप ही भूमिका का निर्वाह किया जाता है। जब किसी व्यक्ति को कोई परिस्थिति प्राप्त रहती है तो समाज उससे उसके अनुसार कार्य करने की भी अपेक्षा करता है। यही कार्य या भूमिका है। भूमिका परिस्थिति का व्यवहारात्मक पहलू है।

## *भूमिका की व्याख्या*

भूमिका की व्याख्या निम्न प्रकार से की गई है–

1. **भूमिका संघर्ष**–जब किसी परिस्थिति की अपेक्षाओं के अनुसार भूमिका का पालन नहीं किया जाता।
2. **भूमिका वरण**–इस प्रक्रिया में हम विशिष्ट भूमिका को सीखते हैं।
3. **भूमिका पालन**–जब कोई व्यक्ति अपनी भूमिका समाज द्वारा अपेक्षित प्रतिमानों के आधार पर निभाता है।
4. **किंग्सले डेविस** के अनुसार, "भूमिका किसी भी व्यक्ति द्वारा अपने पद की आवश्यकताओं के अनुसार सम्पन्न की जाती है।"
5. **राफ लिण्टन** के अनुसार, "कोई भी भूमिका, परिस्थिति का गत्यात्मक पक्ष है।"
6. भूमिका परिस्थिति का प्रकार्य है।
7. भूमिका के अन्तर्गत हमारे मूल्य, विश्वास और व्यवहार तीनों आते हैं।

## *भूमिका के प्रकार*

**(1) पराम्परागत कार्य (भूमिका)**–कुछ ऐसे कार्य जिन्हें करने के लिये कोशिश नहीं करनी पड़ती है। वे इस प्रकार से हमारी सामाजिक या सामूहिक आदत के रूप में स्थिर और परम्परागत कार्य या भूमिका कहलाते हैं। उदाहरण के लिए नमस्कार, पूजा, श्राद्ध, विवाह के विधि-विधान आदि ऐसे अनेक कार्य हैं जिन्हें हम परम्परा से करते आये हैं।

**(2) व्यवहारात्मक कार्य (भूमिका)**--व्यक्ति के कुछ कार्य व्यावहारिक होते हैं। समाज में वह विभिन्न प्रकार के लोगों के साथ रहता है। प्रत्येक प्रकार के लोगों

के साथ वह एक-सा व्यवहार और क्रिया नहीं कर सकता है। अतः अपने साथी, मित्र और पत्नी के साथ वह विभिन्न प्रकार के कार्य करता है, जो व्यवहारात्मक कार्य कहलाते हैं।

**(3) आभार्य कार्य (भूमिका)**—किसी व्यक्ति के द्वारा एहसान स्वरूप किये गये कार्यों को आभार्य कार्य कहते हैं। मनुष्य समाज में कई बातों के लिए कृतज्ञ रहता है। जिस प्रकार बालक अपने माता-पिता के प्रति, पति अपनी पत्नी के प्रति आदि-आदि। इस प्रकार समाज में लोग एक-दूसरे के प्रति कृतज्ञवश जो कुछ कार्य करते हैं, वे इसी श्रेणी में आते हैं। समाज में ऐसे कार्यों अथवा भूमिकाओं का भी विधान होता है इसीलिए यह संगठन निरन्तर कई वर्षों से चला आ रहा है।

**(4) अधिकारात्मक कार्य (भूमिका)**—व्यक्ति के द्वारा अधिकार प्राप्त करने के लिये किये गये कार्यों को अधिकारात्मक कार्य कहते हैं। समाज व्यवस्था में जैसा कि हमने देखा कुछ जन्मित अधिकार के आधार पर उसे विशिष्ट स्थिति प्राप्त होती है। इन पदों और प्रतिष्ठाओं के लिए निश्चित कार्य भी करने पड़ते हैं। अतः ऐसे सब कार्य अधिकारात्मक कार्य कहलायेंगे। प्रजातन्त्र सरकारों में इसी प्रकार अधिकारों और कर्त्तव्य का समन्वय होता है। यहाँ प्रत्येक के कार्य अधिकारात्मक कार्य हैं।

## सामाजिक परिस्थिति एवं कार्य के निर्धारक तत्त्व

सामाजिक स्थिति और भूमिका के निर्धारक तत्त्व निम्न प्रकार के हैं—

**(1) आयु**—आयु भी सामाजिक स्थिति और भूमिका को निर्धारित करने में सहायक है। परिवार संगठन में आयु के अनुसार सामाजिक स्थिति एवं कार्य निर्धारित होते हैं। परिवार के मुखिया के रूप में हम दादा, पिता या बाबा को ही अधिक महत्त्व देते है। बड़े भाई को जो अधिकार प्राप्त होते हैं वे छोटे को नहीं। इसका महत्त्व है—आयु का महत्त्व।

**(2) वर्ग एवं जाति**—किसी व्यक्ति की वर्ग-जाति भी उसके सामाजिक स्थिति और भूमिका को निर्धारित करने में महत्त्वपूर्ण माने जाते हैं। भारत में जाति का उल्लेखनीय स्थान रहा है। हम यह पहले देख आए हैं कि ब्राह्मणों को यहाँ उच्च स्थिति प्राप्त है। पश्चिमी समाजों में वर्ग, सामाजिक स्थिति का एक महत्त्वपूर्ण निर्धारक तत्त्व है। भारत में भी अब पूँजीपति वर्ग, श्रमिक वर्ग, अध्यापक वर्ग, विद्यार्थी वर्ग आदि वर्ग बनते जा रहे हैं।

**(3) यौन**—लुण्डबर्ग का मानना है कि यौन व्यक्ति की स्थिति को निर्धारित करने में महत्त्वपूर्ण भूमिका निभाता है। भारतीय समाजों में पुरुष की

स्थिति महिलाओं की स्थिति से ऊँची है। कई समाज में यौन को महत्त्व नहीं देते हैं। आजकल भारत सरकार भी यौन के आधार पर समानता बरतती है। महिलाओं की परम्परागत निम्न स्थिति को ऊँचा उठाने का यह एक उल्लेखनीय प्रयास भी है।

यौन जहाँ स्थिति का निर्धारण कारक है—वहीं इससे कार्य भी निर्धारित होते हैं। लुण्डबर्ग ने लिखा है कि—"पुरुष खेतों में हल चलाता है, सिंचाई करता है व स्त्रियाँ फसल काटती हैं। इसी व्यवस्था के कारण स्त्रियों में कोमलता व रसिकता होती है।

इस प्रकार लुण्डबर्ग ने सामाजिक स्थिति एवं कार्यों के सामाजिक निर्धारक तत्त्वों का वर्णन किया है। इसमें निम्नलिखित तत्त्वों का महत्त्वपूर्ण स्थान है—

**(1) व्यवसाय**—व्यवसाय के द्वारा भी व्यक्ति की सामाजिक स्थिति और भूमिका को निर्धारित किया जाता है। श्रमिक, दुकानदार और न्यायाधीश व जमींदार में व्यवसाय के आधार पर ही अन्तर मिलता है। समाज व्यक्ति के व्यवसाय को देखकर उसकी वांछित स्थिति देता है। कृषक कृषि व्यवसाय वाले व्यक्ति का नेतृत्व अधिक सरलता से स्वीकार कर लेते हैं।

**(2) शिक्षा**—शिक्षा भी प्राप्त सामाजिक स्थिति एवं कार्यों का एक निर्धारक तत्त्व है। आजकल शिक्षा भी सामाजिक स्थिति को निर्धारित करती है। प्रगतिशील और जनतंत्रात्मक समाजों में इस तत्त्व का उल्लेखनीय स्थान है। अध्यापक और कलेक्टर की सामाजिक स्थिति इसकी योग्यता, शिक्षा और प्रशिक्षण के कारण भिन्न-भिन्न होती है।

**(3) आर्थिक स्थिति**—आर्थिक स्थिति भी सामाजिक स्थिति को प्रभावित किए बिना नहीं रह सकती। आर्थिक स्थिति का अच्छा होना सामाजिक योग्यता प्राप्त करने में साधक होता है। जिन व्यक्तियों की अच्छी आर्थिक स्थिति होती है, वे सरलता और शीघ्रता से शिक्षा आदि प्राप्त कर उच्च स्थिति प्राप्त कर लेते हैं आजकल यद्यपि समाजवादी समाज इस तत्त्व को महत्त्व नहीं देते, किन्तु पूँजीवादी समाजों में इसका अभी भी महत्त्व है।

## *भूमिका की विशेषताएँ*

भूमिका के निम्नलिखित गुण हैं—

1. समाज में परिवर्तन होने के साथ ही व्यक्ति की भूमिका में भी बदलाव आ जाता है लेकिन समाज के आदर्शों का पालन करना अनिवार्य है जिसमें से विशेष भूमिका निभाना एक चाबी की तरह होता है।

2. समाज में किसी भूमिका को अदा करने के लिए व्यक्ति को विशेष परिस्थितियों का सामना करना पड़ता है जिसमें उसके व्यक्तित्व की परीक्षा होती है।
3. प्रत्येक परिस्थिति एवं उससे संबंधित कार्य या भूमिका का एक क्षेत्र होता है तथा उसी के भीतर उसका निर्वाह करना पड़ता है। यदि कोई व्यक्ति किसी कार्यालय में किसी ऑफिसर के पद पर है तो उसकी भूमिका अपने पद के अनुसार कार्यालय तक ही सीमित रहेगी, परिवार में उसकी भूमिका बदल जाएगी।
4. भूमिका व्यक्ति की रुचियों, मनोवृत्तियों एवं योग्यताओं से प्रभावित होती है। एक व्यक्ति द्वारा समाज में कई प्रकार की भूमिकाएँ निभानी पड़ती है, लेकिन व्यावहारिक रूप से समाज में सभी भूमिकाओं के साथ न्याय कर पाना कठिन होता है। जिस भूमिका में व्यक्ति की ज्यादा रुचि होती है, उसका निर्वाह वह अच्छे ढंग से करता है तथा जिस भूमिका में व्यक्ति की रुचि कम होती है उसका निर्वाह तुलनात्मक रूप से कम अच्छे ढंग से व्यक्त करता है। इस तरह यह कहा जा सकता है कि भूमिका व्यक्तियों की रुचियों, मनोवृत्तियों एवं योग्यताओं से प्रभावित होती है।
5. भूमिका को सामाजिक-सांस्कृतिक की मान्यता प्राप्त होती है। अर्थात् समाज जब किसी व्यक्ति को कोई परिस्थिति प्रदान करता है तो उसके साथ भूमिका भी जुड़ी रहती है। उदाहरणार्थ—पिता की परिस्थिति में किसी व्यक्ति से यह आशा की जाती है कि वह अपने बच्चों का सही ढंग से लालन-पालन करे तथा उसकी शिक्षा-दीक्षा की व्यवस्था करे। यह परिस्थिति से सम्बद्ध भूमिका है। इसे सामाजिक रूप से मान्यता मिली रहती है।
6. व्यवसाय के द्वारा भी व्यक्ति की सामाजिक स्थिति और भूमिका को निर्धारित किया जाता है। यह प्रदत्त एवं अर्जित दोनों तरह की होती है। प्रदत्त भूमिका में समानता होती है लेकिन अर्जित भूमिका में अन्तर होता है। समाज में व्यक्तियों के व्यक्तित्व में अन्तर अर्जित भूमिका के कारण ही देखने को मिलता है।

## सामाजिक स्थिति एवं कार्य का अन्तर्सम्बन्ध

भूमिका तथा परिस्थिति एक-दूसरे के पूरक हैं जिसमें एक घनिष्ठ संबंध है, एक के बिना दूसरे का निर्धारण करना संभव नहीं है। इन दोनों के संबंध को स्पष्ट

करते हुए **पार्सन्स** ने अपनी पुस्तक 'A General Theory of Action' में लिखा है, 'व्यक्ति स्वयं सामाजिक व्यवस्था की एक इकाई है और इस अर्थ में यह परिस्थितियों एवं भूमिकाओं का एक मिश्रित बण्डल है।' इस तरह यह कहा जा सकता है कि परिस्थिति एवं भूमिका में गहरा संबंध है। भूमिका परिस्थिति का निर्धारण करती है और परिस्थिति भूमिका का। दोनों का अपना-अपना महत्त्व है, दोनों ही मानव-व्यक्तित्व के निर्माण में महत्त्वपूर्ण हैं।

इससे स्पष्ट होता है कि परिस्थिति और भूमिका में घनिष्ठ संबंध है।

## सामाजिक परिस्थिति और कार्य के महत्त्वपूर्ण कारक

परिस्थिति और भूमिका के महत्त्वपूर्ण कारक निम्नलिखित हैं–

1. कोई भी परिस्थिति समाज में एक व्यक्ति का सिर्फ एक अंश होता है। कहने का अर्थ है कि व्यक्ति समाज में केवल एक ही परिस्थिति को प्राप्त नहीं करता है अपितु विभिन्न परिस्थितियों को प्राप्त किए हुए रहता है। यह स्वाभाविक है कि जितनी परिस्थितियाँ होंगी उससे संबंधित उतनी ही भूगिकाएँ भी होंगी। इन भूमिकाओं को व्यक्ति अपनी योग्यताओं एवं क्षमताओं के आधार पर निर्वाह करता है। इसलिए किंग्सले डेविस का भी कहना है कि भूमिका पद अनेक स्थितियों का संग्रह अथवा एक ऐसा पुंज है जिसको सामान्य रूप से अन्य व्यक्ति भी जानते-समझते हैं।
2. परिस्थिति एवं भूमिका के आधार पर समाज विभिन्न समूह में विभाजित हो जाता है। कहने का अर्थ है कि एक प्रकार की परिस्थिति एवं भूमिका का एक समूह बन जाता है तथा दूसरे प्रकार की परिस्थिति एवं भूमिका का दूसरा समूह बन जाता है। इन लोगों के स्वार्थ भी भिन्न-भिन्न होते हैं। कभी-कभी एक परिस्थिति प्राप्त समूह दूसरे परिस्थिति प्राप्त समूह से अपनी रक्षा के लिए कुछ सामाजिक नियम बना लेते हैं। उदाहरणार्थ–पूँजीपति एवं श्रमिक दो पृथक्-पृथक् परिस्थिति प्राप्त समूह हैं। पूँजीपति समूह से अपनी रक्षा के लिए श्रमिक समूह कुछ विशेष नियम या उपाय अपनाता है।
3. परिस्थिति और भूमिका का निर्धारण सांस्कृतिक कारकों के द्वारा होता है। ये सांस्कृतिक कारक सामाजिक व्यवस्था के अन्तर्गत ही होते हैं। सांस्कृतिक कारकों के कारण ही किसी व्यक्ति को समाज में एक से अधिक परिस्थिति प्राप्त रहती है तथा उसी के अनुरूप भूमिका भी निर्धारित रहती है।

4. यह उच्च-निम्न एवं प्रतिष्ठा के आधार पर अलग-अलग श्रेणियों में बँट जाते हैं। ये श्रेणियाँ उदग्र तथा क्षैतिज दोनों रूपों में हो सकती हैं। इसके कारण समाज में संस्तरण तथा विभेदीकरण की स्थिति उत्पन्न होती है।
5. परिस्थिति समान रहते हुए भी प्रत्येक व्यक्ति उससे संबंधित भूमिकाओं का निर्वाह अलग-अलग ढंग से करता है। उदाहरणार्थ यदि राम और हरि दोनों को पिता की परिस्थिति प्राप्त है तो वह उससे संबंधित भूमिका का निर्वाह एक ही ढंग से करता होगा यह संभव नहीं है। अर्थात् राम और हरि एक पिता के रूप में भिन्न-भिन्न ढंगों से भूमिका का निर्वाह करते हैं। पिता के रूप में समाज किसी व्यक्ति से यह अपेक्षा करता है कि वह अपने बाल-बच्चों का पालन-पोषण, शिक्षा-दीक्षा आदि का उचित प्रबंध एवं देख-रेख करेगा, लेकिन सभी पिता अपनी इन भूमिकाओं का निर्वाह अपने-अपने ढंग से करते हैं।
6. परिस्थिति एवं भूमिका का यह है कि यह आवश्यक नहीं है कि प्रत्येक व्यक्ति अपनी प्रत्येक परिस्थिति से संबंधित भूमिकाओं का निर्वाह सही ढंग से करता हो। जैसे कोई व्यक्ति पति की भूमिका का निर्वाह ठीक से नहीं करता हो और कार्यालय में अपनी भूमिकाओं का समुचित ढंग से निर्वाह करता हो। साथ ही एक परिस्थिति के संबंध में भी यह अन्तर हो सकता है। उदाहरणार्थ हो सकता है कि कोई व्यक्ति महाविद्यालय के प्राचार्य के रूप में अपनी भूमिका का उचित निर्वाह नहीं कर पाता हो, जबकि दूसरा व्यक्ति महाविद्यालय के प्राचार्य के रूप में अपनी भूमिका का सही ढंग से निर्वाह करता हो। अतः हम यह कह सकते हैं कि प्रत्येक व्यक्ति अपनी प्रत्येक परिस्थिति से संबंधित भूमिकाओं का निर्वाह ठीक ढंग से नहीं कर पाता है।

## मानव जीवन में स्थिति और कार्य की उपयोगिता

मनुष्य के जीवन में परिस्थिति और भूमिका दोनों का महत्त्वपूर्ण स्थान है। मानव जीवन में परिस्थिति एवं भूमिका के निम्नलिखित महत्त्व कहे जा सकते हैं–

1. मनुष्य अपना समाज में स्थान सुनिश्चित करने के लिए परिस्थिति और भूमिका के आधार पर निश्चित होता है जिस पर समाज अपना नियंत्रण बनाए रखता है।
2. परिस्थिति और भूमिका के कारण श्रम विभाजन बहुत सरल या यूँ समझिये कि स्वयं अपने आप ही हो जाता है। कहने का अर्थ यह है कि प्रत्येक परिस्थिति के अनुसार भूमिका या कार्य का निर्धारण अपने-आप हो जाता है

इसलिए समाज में जिसे जो परिस्थिति प्राप्त रहती है उसके आधार पर वह अपनी भूमिका अदा करता है। इसी प्रकार बहुत हद तक श्रम-विभाजन अपने-आप हो जाता है।

3. यह व्यक्ति के मन में कुछ विशेष मनोवृत्तियों को विकसित करने में मददगार सिद्ध होता है। अर्थात् परिस्थिति के अनुसार व्यक्ति के मन में कुछ विशेष मनोवृत्तियों का जन्म होता है। उदाहरणस्वरूप–यदि कोई व्यक्ति पति का दर्जा प्राप्त कर लेता है तो उसके मन में अपनी पत्नी के लिए विशेष मनोवृत्ति का जन्म होता है। इसी प्रकार जहाँ पितृसत्तात्मक परिवार है वहाँ पुरुषों के मन में औरतों के प्रति पृथक् मनोवृत्ति पाई जाती है और जहाँ मातृसत्तात्मक परिवार है वहाँ औरतों की पुरुषों के प्रति अलग मनोवृत्ति है। इस तरह यह कहा जा सकता है कि परिस्थिति एवं भूमिका कुछ विशेष मनोवृत्तियों को अपनाने में सहायक होती हैं।
4. यह व्यक्ति में पारिवारिक एवं सामाजिक उत्तरदायित्व की भावना का संचार कर परिवार एवं समाज को सही रूप से चलाने में सहगुणी सिद्ध होता है। कहने का अर्थ यह है कि परिस्थिति पा जाने के बाद व्यक्ति ज्यादा उत्तरदायी हो जाता है। इसे समझने के लिये एक उदाहरण प्रस्तुत किया गया है–अगर किसी व्यक्ति को पिता की परिस्थिति प्राप्त हो जाती है तो वह पहले की तुलना में ज्यादा जिम्मेवार हो जाता है और अपनी भूमिकाओं का पालन दायित्वपूर्वक करने लगता है। इसी प्रकार यदि कोई व्यक्ति मंत्री बन जाता है तो परिस्थिति में और इजाफा हो जाता है लेकिन साथ ही उत्तरदायित्व भी बढ़ जाते हैं। और व्यक्तियों को इन उत्तरदायित्वों का पालन करना पड़ता है। इस तरह यह कहा जा सकता है कि परिस्थिति एवं भूमिका व्यक्ति के पारिवारिक एवं सामाजिक उत्तरदायित्व की भावना में वृद्धि करती है।
5. अर्जित परिस्थिति के द्वारा यह संभव हो पाता है कि व्यक्ति अपनी परिस्थिति को ऊँचा से ऊँचा उठा सके। इस वजह निम्न परिस्थिति को प्राप्त व्यक्ति अपने लगन, परिश्रम एवं क्षमता के बल पर अपनी परिस्थिति को ऊँचा उठाने में लगा रहता है। अगर परिस्थिति ऊँची होती है तो स्वाभाविक है कि भूमिका भी उसी अनुसार हो जाएगी। इस प्रकार परिस्थिति एवं भूमिका व्यक्ति के लिए यह अवसर प्रदान करती है कि वह जहाँ तक चाहे प्रगति करे। इस प्रकार यह कहा जा सकता है कि व्यक्ति को प्रगति के लिए प्रेरित करना परिस्थिति एवं भूमिका का महत्त्व है।

# 5

# अन्तर्वैयक्तिक आकर्षण का मनोवैज्ञानिक विश्लेषण

## अन्तर्वैयक्तिक आकर्षण का आशय

अन्तर्वैयक्तिक आकर्षण समाज मनोवैज्ञानिकों हेतु एक महत्त्वपूर्ण संप्रत्यय है। जिसका प्रमुख पद आकर्षण है जो अंग्रेजी शब्द ATTRACTION का हिन्दी रूपान्तरण है। यह लैटिन के दो शब्दों अर्थात 'ad' एवं 'trahere' से मिलकर बना है। 'ad' का मतलब 'को' (to) तथा 'trahere' का मतलब खींचना (to draw or to pull) होता है। इस शाब्दिक अर्थ को देखते हुए दूसरों के प्रति खिंचाव को आकर्षण कहा जाता है। परन्तु समाज मनोविज्ञान में आकर्षण का अर्थ पसन्दगी या नापसन्दगी की एक मनोवृत्ति से होती है।

**परिभाषाएँ**—इसकी प्रमुख परिभाषाएँ निम्नलिखित हैं—

वेरोन एवं वन ने सन् 1977 में अन्तर्वैयक्तिक आकर्षण की एक उत्कृष्ट परिभाषा प्रस्तुत की जो इस प्रकार है, "किसी दूसरे व्यक्ति को स्वीकारात्मक या अस्वीकारात्मक ढंग से मूल्यांकन करना अन्तर्वैयक्तिक आकर्षण कहलाता है।"

राथस के शब्दों में, "समाज मनोविज्ञान में आकर्षण को पसन्दगी या नापसन्दगी की एक मनोवृत्ति के रूप में परिभाषित किया गया है।

इन दोनों मनोवैज्ञानिकों ने अन्तर्वैयक्तिक आकर्षण के क्षेत्र में अति महत्त्वपूर्ण योगदान करके 1988 में अपनी परिभाषा को और सरल बनाते हुए कहा है, "किसी

दूसरे व्यक्ति का स्वीकारात्मक या अस्वीकारात्मक ढंग से मूल्यांकन करना अन्वैयक्तिक आकर्षण कहलाता है।" इन दोनों मनोवैज्ञानिकों ने अन्तर्वैयक्तिक आकर्षण के क्षेत्र में अति महत्त्वपूर्ण योगदान करके 1988 में अपनी परिभाषा को और सरल बनाते हुए कहा है–

"अन्वैयक्तिक आकर्षण से तात्पर्य दूसरों के प्रति हमारी मनोवृत्ति से होता है। इस तरह की मनोवृत्ति अस्वीकारात्मक-स्वीकारात्मक विमा जो घृणा से प्रेम तक प्रसारित होती है, में सुसज्जित होती है।"

**व्यक्ति की आन्तरिक प्रतिभा के प्रमुख तथ्य**–उपर्युक्त परिभाषाओं के अध्ययन से व्यक्ति प्रतिभाशाली तथ्यों का ज्ञान होता है जो निम्नलिखित हैं–

1. आंतरिक प्रतिभा का आकर्षण दूसरों के प्रति एक तरह की हमारी मनोवृत्ति को कहा जाता है।
2. मानव की मनोवृत्ति दो तरह की होती है–धनात्मक तथा ऋणात्मक। व्यक्ति जब किसी लक्षित व्यक्ति के प्रति आकर्षित होता है, तो इसका तात्पर्य यह हुआ कि वह लक्षित व्यक्ति के प्रति धनात्मक मनोवृत्ति विकसित करता है तथा वह उसके प्रति प्रेम भाव दिखलाएगा। ऐसा भी होता है कि व्यक्ति का किसी के साथ वैर-विरोध हो जाता है और तब वह उसके प्रति ऋणात्मक या निषेधात्मक मनोवृत्ति विकसित कर लेता है। ऐसी परिस्थिति में वह उस लक्षित व्यक्ति के साथ घृणा करेगा।

## अन्तर्वैयक्तिक आकर्षक के विविध स्वरूप

अन्तर्वैयक्तिक आकर्षण के क्षेत्र में समाज मनोवैज्ञानिकों ने कई तरह के अध्ययन किये हैं जिसके आधार पर कहा जा सकता है कि अन्तर्वैयक्तिक आकर्षण के मुख्य दो प्रमुख रूप से निर्धारक श्रेणियाँ हैं–

### *(क) परिस्थितिजन्य निर्धारक*

परिस्थितिजन्य निर्धारक में वे कारण शामिल होते हैं जो लक्षित व्यक्ति के परिस्थितियों से सम्बन्धित होते हैं। जिसमें लक्षित व्यक्ति के साथ अन्तःक्रियाएँ की जाती हैं। ऐसे कारकों में निम्नांकित प्रमुख हैं–

**(1) संवेग उत्पन्न करनेवाली घटनाएँ**–समाज मनोवैज्ञानिकों के अनुसार यदि वातावरण में व्यक्ति के अन्दर धनात्मक भाव अथवा संवेग पैदा करने वाली कोई

घटना घटती है तो उनके अन्त्वैयक्तिक आकर्षण में वृद्धि हो जाती है तथा यदि वातावरण की घटनाएँ व्यक्ति में ऋणात्मक भाव या संवेग या विषाद उत्पन्न करती हैं, तो व्यक्ति में अन्तर्वैयक्तिक आकर्षण में कमी आ जाती है। ग्रिफीट तथा गोअक्स ने अपने-अपने अध्ययनों के आधार पर यह बतलाया है कि धनात्मक संवेग एवं भाव जैसे सुखाभास आदि उत्पन्न होने पर व्यक्ति दूसरे व्यक्तियों के प्रति आकर्षकता अधिक दिखलाता है। उसी तरह से कष्टकर संवेग या भाव जैसे विषाद उत्पन्न होने पर व्यक्ति द्वारा होता है। इनमें वैयक्तिक कारकों को तुलनात्मक रूप से अधिक महत्त्वपूर्ण माना गया है।

**(2) समीपता या सन्निकटता**—इस निर्धारक को अन्तर्वैयक्तिक आकर्षण का एक प्रमुख निर्धारक माना गया है। यदि गौर किया जाए तो ज्यादातर अन्तर्वैयक्तिक सम्बन्ध समीपता से ही प्रारम्भ होते हैं। किसी कार्यालय में साथ-साथ काम करने वाले कर्मचारी, किसी कक्षा में एक साथ बैठने वाले छात्र, छात्रावास में रहने वाले छात्र प्रायः एक-दूसरे के प्रति धनात्मक अभिरुचियाँ एवं भावनाएँ विकसित कर लेते हैं। फलस्वरूप इनमें अन्तर्वैयक्तिक आकर्षण विकसित हो जाते हैं। फेस्टिगर, स्कैकटर तथा बैक ने अपने अध्ययन में पाया कि जिन विवाहित छात्र दम्पतियों के आवास की दूरी 22 फीट या उससे कम थी, उनमें अन्तवैयक्तिक आकर्षण तथा दिलचस्पी नहीं दिखलाई। इभान्स तथा विल्सन ने छात्रावासों के बहुतलीय मंजिलों में रहने वाले छात्रों की आकर्षकता का अध्ययन किया और पाया कि एक ही तल पर रहने वाले छात्रों जिनके कमरे अगल-बगल में होते हैं, उनमें अन्तर्वैयक्तिक आकर्षकता अधिक पाई गई। उसी तरह से नाहमाऊ तथा लाटन के अध्ययन के अनुसार बहुतलीय आवास घरों में एक तल पर रहने वाले परिवारों में अन्तर्वैयक्तिक आकर्षण अधिक पाया गया। वासर्ड ने एक मनोरंजक सर्वे किया जिसमें उन्होंने फिलाडेल्फिया में विवाह पंजीकरण कार्यालय से 5,000 प्रेम-विवाह आवेदनों को लेकर उसका गहन अध्ययन किया और पाया कि प्रस्तावित वर-वधू के निवास-स्थान अधिकांशतः एक-दूसरे के अत्यन्त नजदीक थे। अधिक दूरी पर रहने वाले वर-वधुओं की संख्या नाम मात्र की थी।

यह पूर्ण रूप से स्पष्ट होता है कि समीपता के प्रभाव से अन्तर्वैयक्तिक आकर्षण ज्यादा प्रभावित होता है। इसके अतिरिक्त एक ही कमरे में छात्रों के बैठने की व्यवस्था का भी प्रभाव अन्तर्वैयक्तिक आकर्षण पर पड़ता है। इस सिलसिले में दीक्षित का अध्ययन विशेष रूप से उल्लेखनीय है। इस अध्ययन में प्रयोगशाला को एक कार्यालय के रूप में व्यवस्थित किया गया जहाँ कई मेजें रखी गई थीं। व्यवस्था

इस ढंग की थी कि कुछ लोग आमने-सामने बैठे, कुछ लोग अलग-बगल बैठे व्यक्तियों में साथ-साथ बातचीत करने के अवसर के कारण उनमें उन व्यक्तियों की अपेक्षा आपस में परस्पर आकर्षकता अधिक थी जो एक-दूसरे की ओर पीठ करके बैठे थे तथा जिनमें आपस में बातचीत करने का मौका भी काफी कम था।

उपरोक्त अध्ययन से यह स्पष्ट होता है कि अन्तर्वैयक्तिक आकर्षण में बढ़ोत्तरी करने का एक कारण समीपता या सन्निकटता भी है। परन्तु इस तरह की सन्निकटता से सर्वथा अन्तर्वैयक्तिक आकर्षकता में वृद्धि होती है, बल्कि कभी-कभी इस तरह की स्थानिक सन्निकटता से विकर्षण भी उत्पन्न हो जाता है। जैसे, यदि पास-पड़ोस में कोई ऐसा परिवार रहता है जो अपने रहन-सहन, धार्मिक विश्वास आदि के कारण इर्द-गिर्द के अन्य परिवारों से काफी भिन्न है, तो ऐसे परिवारों में आकर्षण की जगह पर विकर्षण होगा, क्योंकि इनमें मनोवैज्ञानिक दूरी अधिक होगी।

समाज मनोवैज्ञानिकों ने उन कारकों का भी अध्ययन किया है जिनसे यह पता चलता है कि स्थानिक निकटता से व्यक्तियों में अन्तर्वैयक्तिक आकर्षण में क्यों वृद्धि हो जाती है। इसके दो कारण इन लोगों ने बतलाये हैं–

(i) अनावरण

(ii) अन्तःक्रिया।

इन दोनों का वर्णन इस प्रकार है–

**(i) अनावरण**–समाज मनोवैज्ञानिकों का मानना है कि व्यक्ति की मनोदशा उसके प्रति अनुकूल हो जाती है जिसके संपर्क में वह बार-बार आता है। दूसरे शब्दों में पुनरावृत्त अनावरण से व्यक्ति की आकर्षण क्षमता में वृद्धि होती है।

**(ii) अन्तःक्रिया**–जब दो या उनसे ज्यादा लोगों के मध्य समीपता होती है, तो उनमें आपस में अन्तःक्रिया करके एक-दूसरे को समझने का मौका काफी मिलता है। इसका परिणाम यह होता है कि उनमें परस्पर आकर्षकता बढ़ जाती है। न्यूकाम्ब ने अपने अध्ययन में पाया कि जब दो अपरिचित छात्रों को एक ही कमरे में रखकर उन्हें अन्तःक्रिया करने का पर्याप्त मौका दिया जाता है, तो उनमें मैत्री बढ़ जाती है और उनमें आकर्षकता तीव्र हो जाती है। अरकिन तथा बर्गर ने भी अपने अध्ययन से इस तथ्य की पुष्टि की है। इन अध्ययनकर्त्ताओं के अनुसार परस्पर अन्तःक्रिया करने से एक-दूसरे के प्रति पसंदगी में इसलिए वृद्धि हो जाती है क्योंकि वे लोग अपनी महानताओं को समझकर अपने आपको एक ही सामाजिक इकाई में बँधे पाते हैं।

## *(ख) अन्तर्वैयक्तिक निर्धारक*

इस तरह के निर्धारक में लक्षित व्यक्ति के व्यक्तिगत गुणों से संबंध रखने वाले कारणों को शामिल किया जाता है। लक्षित व्यक्ति में इन विशेषताओं के होने से प्रत्यक्षणकर्त्ता उसके प्रति आकर्षित हो जाता है। इन कारकों में प्रधान निम्नांकित हैं—

**(1) समानता**—शुरू से ही यह माना जाता है कि समानता दो लोगों के अन्दर बराबर आकर्षण का प्रमुख कारण है। समाज मनोवैज्ञानिकों ने अन्तर्वैयक्तिक आकर्षण में समानता के तीन विमाओं को महत्त्वपूर्ण बतलाया है। ये तीन विमाएँ हैं—

**(i)** व्यवहारगत समानता

**(ii)** व्यक्तित्व की समानता

**(iii)** मनोवृत्ति की समानता।

अन्तर्वैयक्तिक आकर्षण में इन तीनों के महत्त्व की व्याख्या इस प्रकार की जाती है—

**(i) व्यवहारगत समानता**—जो व्यक्ति किसी से भी एक जैसा व्यवहार करता है, उनमें व्यवहारगत समानता ज्यादा होती है। सचमुच में ऐसे व्यवहारगत समानता के अपने अध्ययन में पाया कि प्राथमिक कक्षाओं के छात्र उनके साथ अधिक मैत्री सम्बन्ध स्थापित करते हैं जो खेल, संगीत एवं अध्ययन आदि में उनके समान व्यवहार करते हैं। कैन्डल तथा सहयोगियों के अनुसार उन छात्रों में आपस में अच्छा दोस्ताना सम्बन्ध होता है जो एक तरह के विसामान्य व्यवहार जैसे सिगरेट पीना, शराब पीना, शादीपूर्व यौन संबंध करना आदि करते पाए जाते हैं।

इस प्रकार यह स्पष्ट होता है कि व्यवहारगत समानता अन्तर्वैयक्तिक आकर्षण का प्रमुख निर्धारक है। प्रश्न यह भी उठाया गया है कि व्यवहारगत समानता से अन्तर्वैयक्तिक समानता में वृद्धि क्यों होती है? साधारणतः इस प्रश्न का उत्तर दो ढंगों से देने की कोशिश की गई है। कुछ समाज मनोवैज्ञानिकों के अनुसार चूँकि समानता सुखदाई होती है तथा इससे व्यक्तियों की धारणाओं की संपुष्टि होती है, इसलिए समानता से परस्पर आकर्षकता बढ़ती है। एक-दूसरी विचारधारा जिसमें सैण्डर्स की भूमिका बतलाई गई है, के अनुसार समानता एक-दूसरे के लिए धनात्मक प्रतिपूर्ति का कार्य करके एक प्रकार से सामाजिक तुलना के प्रक्रम को मजबूत बनाती है। व्यक्ति को जब यह अनुभव होता है कि किसी विषय के प्रति उसकी मनोवृत्ति

के समान है, तो वह अपनी मनोवृत्ति को वैध मानकर उन व्यक्तियों के प्रति आकर्षित हो जाता है।

**(ii) व्यक्तित्व की समानता**—समाज मनोवैज्ञानिकों ने स्पष्ट किया है कि जिस व्यक्ति के व्यक्तित्व शीलगुण समान होते हैं वो भी एक दूसरे की ओर आकर्षित होते हैं। व्यक्तित्व गुणों से संबंधित एक महत्त्वपूर्ण बात यह है कि कुछ व्यक्तित्व शीलगुण सभी के लिए आकर्षक होते हैं। चाहे वे प्रत्यक्षणकर्त्ता के व्यक्तित्व शीलगुण के समान हो या नहीं हो। जैसे, रिसकिन्ड एवं विल्सन ने यह दिखलाया है कि प्रतियोगी व्यक्तियों के प्रति स्त्री तथा पुरुष दोनों ही आकर्षित होते हैं। उसी तरह पालमर तथा वर्न ने अपने प्रयोग के आधार पर यह दिखलाया है कि प्रभावशील व्यक्ति के प्रति अन्य प्रभावशील व्यक्ति तो आकर्षित होते हैं। दब्बू एवं प्रभावहीन व्यक्ति भी उनकी ओर आकर्षित होते हैं। हिल तथा स्टाल ने अपने अध्ययन में पाया कि कॉलेज की छात्राएँ उन छात्राओं के साथ रहना अधिक पसन्द करती हैं जिनके सामाजिक मूल्य उनके सामाजिक मूल्य के समान होते हैं। रूबिन तथा इलिस एवं उनके सहयोगियों ने अपने अध्ययन के आधार पर यह दिखलाया है कि सात-आठ साल के उम्र (Kandel, 1978) के अनुसार के अनुसार हाई स्कूल में पढ़ने वाले बच्चों की मित्रता आयु, धर्म तथा जाति जैसे कारकों से प्रभावित होती पाई गई है।

कुछ लोगों जैसे ब्लेकेनशिप तथा उनके सहयोगियों ने अपने अध्ययन के माध्यम से यह स्पष्ट किया है कि व्यक्तित्व समानता से मनोवृत्ति समानता ज्यादा शक्तिशाली कारण है। इन मनोवैज्ञानिकों के अनुसार दो व्यक्तियों की समानताओं का कहना है जब दो व्यक्तियों में अन्तःक्रिया बढ़ती है, तो उनमें व्यक्तित्व समानता न होने पर भी वे यह मान लेते हैं कि उनके व्यक्तित्व में समानता है।

**(iii) मनोवृत्ति की समानता**—जब दो व्यक्तियों की मनोवृत्ति समान होती है, वे एक दूसरे के प्रति ज्यादा आकर्षित होते हैं। कई प्रयोगशील अध्ययनों में भी इस तथ्य की संपुष्टि की गई है। काप्लान तथा एण्डरसन ने अपने अध्ययन में पाया कि कॉलेज छात्रों में एक-दूसरे के प्रति आकर्षकता समान होती है। वर्न तथा नेल्सन ने अपने अध्ययन में यह भी स्पष्ट किया कि अन्तर्वैयक्तिक आकर्षण के लिए सिर्फ समान मनोवृत्ति की संख्या ही नहीं बल्कि ऐसी मनोवृत्तियों का अनुपात भी महत्त्वपूर्ण होता है। जैसे, यदि कोई व्यक्ति 6 विषयों में से 5 पर अन्य व्यक्ति के साथ समान मनोवृत्ति दिखलाता है, तो इनमें अन्तर्वैयक्तिक आकर्षकता उन दो व्यक्तियों की अपेक्षा अधिक होगी जो 6 विषयों में से मात्र 3 विषयों पर ही मनोवृत्ति समानता दिखलाते हैं। बर्न तथा नेल्सन के अनुसार दो व्यक्तियों के बीच मनोवृत्ति समानता

का अनुपात जितना ही अधिक होगा, उनमें परस्पर आकर्षकता उतनी ही अधिक होगी। मनोवृत्ति समानता तथा आकर्षण के संबंधों की संपुष्टि हुसैन तथा कुरेशी ने अपने अध्ययन से की है। इन्होंने अपने अध्ययन में देखा कि समलिंगी तथा समान सामाजिक-आर्थिक स्तर के लोगों में पाए जाने वाले परस्पर आकर्षकता का आधार मनोवृत्ति तथा मूल्यों में समानता ही होती है। पाण्डे एवं रस्तोगी ने भी अपने कारकीय विश्लेषण अध्ययन में मनोवृत्ति समानता तथा परस्पर आकर्षकता के धनात्मक सम्बन्धों की पुष्टि की है।

**(2) पारस्परिकता**—कई विद्वानों ने पारस्परिकता के विषय में अपने अलग-अलग तथ्य प्रस्तुत किए हैं, जो इस प्रकार हैं। वर्न के अनुसार, पारस्परिकता अन्तर्वैयक्तिक आकर्षण का एक प्रमुख वैयक्तिक निर्धारक है। उनका कहना है कि एक तरफा आकर्षण बहुत दिनों तक नहीं चलता है। आकर्षण को कायम रखने के लिए दोनों में पारस्परिक स्नेह का होना अनिवार्य है। गोल्ड, राइकमैन तथा मोजले ने अपने अध्ययन में पाया है कि यदि किसी पुरुष के व्यवहार के प्रति कोई महिला दृष्टि सम्पर्क बनाए हुए उसकी तरफ झुककर बातचीत करती है तो भले ही वह महिला असमान मनोवृत्ति वाली हो, पुरुष के व्यवहार के प्रति उपयुक्त पारस्परिकता के साथ अनुक्रिया नहीं करती है, तो पुरुष उसके प्रति कम आकर्षित होते हैं। हेज के अध्ययन के अनुसार जब दो व्यक्तियों के बीच में पारस्परिक आदर, स्नेह अभिरुचि आदि की भावना होती है, तो उनमें अन्तर्वैयक्तिक आकर्षण बढ़ जाता है, परन्तु इस तरह की पारस्परिकता नहीं होने पर समान शीलगुणों के रहने पर भी उसमें अन्तर्वैयक्तिक आकर्षण नहीं होता है।

**(3) चाटुकारिता**—चाटुकारिता को भी अन्तर्वैयक्तिक आकर्षण का एक निर्धारक माना गया है। किसी भी समाज में कुछ ऐसे लोग भी होते हैं जो चापलूसी एवं जी-हुजूरी करते रहते हैं। सामान्यतः ऐसे लोगों के प्रति लोग निषेधात्मक मत व्यक्त करते हैं। परन्तु कुछ खास-खास परिस्थितियों में इनकी चाटुकारिता आकर्षकता बढ़ाने में सफल हो जाती है। अध्ययनों से यह स्पष्ट हुआ है कि यदि चाटुकारिता के लिए लक्षित व्यक्ति उच्चस्तरीय सम्मान वाला है और चाटुकारिता के पीछे छिपे मन्तव्य को वह समझता है, तब वैसी परिस्थिति में चाटुकारिता आकर्षण उत्पन्न करने में सफल नहीं हो पाती है (वार्टरमैन, 1990)। वाल्स्टर तथ फेस्टिंगर के अनुसार जो चाटुकारिता लक्षित व्यक्ति के परोक्ष में की जाती है, वह सफल होती है। जोन्स, जोन्स एवं गर्गेन के अनुसार एक अनुभवी चाटुकार लक्षित व्यक्ति के साथ

समय-समय पर असहमति प्रकट करके अपने-आपको आकर्षक बनाए रखने में समर्थ हो पाता है।

**(4) शारीरिक आकर्षकता**—सामान्य रूप से यह कहा जाता है कि जो चेहरे सुन्दर होते हैं उन्हें किसी प्रशस्ति पत्र की जरूरत नहीं होती है। सुन्दर चेहरा स्वयं एक प्रशस्ति-पत्र होता है। सुन्दर रूप वाले व्यक्ति को देखते ही अधिकतर लोग उस व्यक्ति को अधिक समायोजित एवं सद्गुणी तथा प्रतिभा-सम्पन्न मानने लगते हैं और उसके प्रति आकर्षित हो जाते हैं। इसे समाज मनोवैज्ञानिकों ने *शारीरिक आकर्षकता रूढ़िकृति* कहा है। अनेक अध्ययनों में शारीरिक आकर्षकता रूढ़िकृति की पुष्टि की गई है। जैसे, ब्रिघम ने अपने अध्ययन में पाया कि पुरुष तथा महिलाओं दोनों ने ही आकर्षक व्यक्ति को अधिक सामाजिक स्वतन्त्र, मनोरंजक एवं लैंगिक रूप से नियन्त्रित बतलाया। इतना ही नहीं, गिलेन ने अपने अध्ययन में यह भी पाया कि शारीरिक रूप से आकर्षक पुरुषों को पुरुष-सुलभ गुणों से परिपूर्ण तथा शारीरिक रूप से आकर्षक महिलाओं को स्त्रैण गुणों से परिपूर्ण माना है। काज एवं डेविस ने उसी तरह से अपने अध्ययन में पाया कि अनाकर्षक स्त्रियों की तुलना में आकर्षक स्त्रियों के जीवन में प्रेम प्रसंग की घटना अधिक संख्या में होती है। कुछ अध्ययनों में यह भी पाया गया है कि शारीरिक आकर्षकता वाले व्यक्तियों में अधिक उपलब्धि होने का भी गुणारोपण किया जाता है। उमर्वसन तथा हुग्स ने अपने अध्ययन में पाया है कि शारीरिक आकर्षकता का सम्बन्ध कुछ खास-खास चरों जैसे शैक्षिक उपलब्धि, आय, व्यावसायिक प्रतिष्ठा तथा मानसिक स्वास्थ्य के साथ धनात्मक होता है। लिपसन के अनुसार सुन्दर व्यक्ति दर्पण के सामने अधिक समय व्यतीत करते हैं। एबाट्ट के अध्ययन के अनुसार आकर्षक व्यक्तियों में आत्म-सम्मान तथा सामाजिक आत्म-विश्वास अनाकर्षक व्यक्तियों की अपेक्षा अधिक होता है। ऐसे व्यक्तियों को दूसरों से काफी सहयोग मिलता है तथा उन्हें महत्त्व दिया जाता है। फलस्वरूप, वे किसी कार्य में अधिक सफल होते हैं।

कुछ अध्ययन से यह भी जानकारी मिलती है कि शारीरिक आकर्षण की अहमियत विषयलिंगी आकर्षण ज्यादा होती है। हुसैन एवं कुरेशी ने इसे अपने अध्ययन के आधार पर संपुष्ट किया है, परन्तु ऐसा अल्पकालिक सान्निध्य के लिए ही होता है। जब दीर्घकालिक सम्बन्ध जैसे वैवाहिक सम्बन्ध की समस्या सामने आती है तो शारीरिक आकर्षकता को सर्वाधिक महत्त्वपूर्ण नहीं माना जाता है। वकील ने एक अध्ययन करके इस तथ्य की पुष्टि की है। इनके अध्ययन में 300 छात्रों एवं छात्राओं को विशेषण की एक सूची दी गई और उनसे कहा गया है कि पत्नी या पति

में इन गुणों की वांछनीयता के महत्त्व के अनुसार कोटि में व्यवस्थित करें। परिणाम में देखा गया कि शारीरिक आकर्षकता को जीवन साथी में वांछनीय विशेषता के रूप में छात्राओं ने बाईसवाँ कोटि तथा छात्रों ने बारहवाँ कोटि दिया।

शारीरिक आकर्षकता के उपरोक्त फायदों के बाद भी कुछ शोधकर्त्ताओं जैसे हैटफिल्ड एवं स्प्रेकर ने यह बतलाया है कि कुछ अवस्थाओं में आकर्षक रूप वाले व्यक्तियों के साथ निषेधात्मक विशेषताएँ भी आरोपित हो जाती हैं। जैसे, ज्यादा सुन्दर महिलाओं को अहंकारी एवं दुर्बल चरित्र का समझा जाता है तथा ऐसी स्त्रियों को अन्य स्त्रियों का विद्वेष तथा पुरुषों द्वारा अवांछित लैंगिक प्रस्तावों का सामना ज्यादा करना पड़ता है जिससे उनकी मानसिकता पर बुरा प्रभाव पड़ता है। सिगोल के अनुसार यदि कोई आकर्षक शरीर वाला व्यक्ति अपने सौन्दर्य का उपयोग दूसरे को धोखा देने के लिए करता है तो उसके प्रति लोगों में निषेधात्मक धारणाएँ उत्पन्न हो जाती हैं।

उपरोक्त व्याख्या से यह स्पष्ट होता है कि शारीरिक आकर्षकता अनाकर्षकता की तुलना में ज्यादा महत्त्वपूर्ण कारक है जिससे अन्तर्वैयक्तिक सम्बन्ध प्रभावित होता है।

## अन्तर्वैयक्तिक आकर्षण के सिद्धान्त

अन्तर्वैयक्तिक आकर्षण की व्याख्या करने के लिए समाज मनोवैज्ञानिकों ने कई सिद्धान्तों का प्रतिपादन किया है जिसमें निम्नांकित प्रमुख हैं—

### *1. संतुलन सिद्धान्त*

सन्तुलन के सिद्धान्त को न्यूकाम्ब ने हाइडर के अवधारणाओं से प्रभावित होकर सन् 1961 में प्रतिपादित किया था। हाईडर का सिद्धान्त परिवर्तन का सिद्धान्त है और न्यूकाम्ब को अन्तर्वैयक्तिक आकर्षण के इस सिद्धान्त को ABX सिद्धान्त भी कहा जाता है जो एक प्रमुख संज्ञानात्मक सिद्धान्त है।

न्यूकाम्ब के अनुसार, अन्तर्वैयक्तिक आकर्षण में तीन प्रमुख तत्त्व होते हैं—A, B तथा X जिसमें A तथा B दो व्यक्ति होते हैं जो X जैसे वस्तु या व्यक्ति के प्रति परस्पर अन्तःक्रिया करते हैं। A तथा B अपने अनुभव के आधार पर X के प्रति धनात्मक या ऋणात्मक मनोवृत्ति विकसित कर लेते हैं जिसके फलस्वरूप इन तीनों में संतुलन या असन्तुलन की अवस्था उत्पन्न हो जाती है। जैसे, अगर A तथा B दोनों एक-दूसरे को पसन्द करते हैं तथा एक-दूसरे के प्रति आकर्षित होते हैं तथा यदि

उनकी मनोवृत्तियाँ X के प्रति समान होती है, तो इससे सन्तुलन की अवस्था उत्पन्न होती है। परन्तु यदि उनकी मनोवृत्तियाँ X के प्रति अलग होती हैं, तो इससे असन्तुलन की अवस्था उत्पन्न होती है। उस परिस्थिति में भी असंतुलन की अवस्था होगी जब A तथा B एक-दूसरे को पसंद नहीं करते हैं परन्तु X के प्रति समान मनोवृत्ति रखते हैं। इन तीनों अवस्थाओं को अर्थात् एक सन्तुलन तथा दो असंतुलन की अवस्था को दर्शाया गया है।

जब मनोवृत्ति A और B दोनों X के प्रति समान होते हैं तब सन्तुलन की स्थिति का निर्माण होता है। ऐसी अवस्था में अन्तःक्रिया होने पर मनोवृत्ति की समानता होने के कारण A तथा B में अन्तर्वैयक्तिक आकर्षण में बढ़ोत्तरी होगी। असन्तुलन की स्थिति तब उत्पन्न होती है जब A तथा B के बीच में अन्तःक्रिया हो रही हो एवं दोनों ऋणात्मक है, अर्थात् X के प्रति दोनों की मनोवृत्तियों में भिन्नता है। परन्तु उन दोनों का आपस में एक-दूसरे के प्रति नापसन्दगी होती है। असन्तुलन की इन दोनों ही परिस्थितियों में अन्तर्वैयक्तिक आकर्षण नहीं के बराबर होगा। न्यूकाम्ब के अनुसार इस तरह की असन्तुलन की मात्रा निम्नांकित तीन कारकों से सीधे प्रभावित होती है–

1. A का B के प्रति आकर्षकता की मात्रा कितनी है। यह मात्रा यदि ज्यादा होगी तो असंतुलन की मात्रा में कमी होने की संभावना होती है।
2. X के प्रति A की मनोवृत्ति की तीव्रता की स्तर कितनी है।
3. X के प्रति A की मनोवृत्ति तथा X के प्रति B की मनोवृत्ति में अन्तर कितनी है। यह अन्तर जितनी ही अधिक होगी, असंतुलन की मात्रा को अधिक होने की संभावना हो जाती है।

इस सन्तुलन सिद्धान्त में असन्तुलित स्थिति को सन्तुलित करने के लिए कुछ खास तरह के संबंध जरूरी है। स्थिति को सन्तुलित होने के लिए तीनों में से किसी एक में परिवर्तन अनिवार्य है। इस सिद्धान्त में असन्तुलन की दशा को सन्तुलित करने के चार उपाय बतलाए गए हैं, जो निम्नांकित हैं–

1. अपने असन्तुलन का समाधान करने के लिए A दूसरे व्यक्ति अर्थात् B के प्रति अपनी मनोवृत्ति से सम्बन्धित अपने विश्वास में परिवर्तन ला सकता है। वह ऐसा सोच सकता है कि वह उसकी भूल थी कि उसने X के प्रति B की मनोवृत्ति को अपनी मनोवृत्ति से भिन्न समझा। इससे असन्तुलन की अवस्था सन्तुलन की अवस्था में बदल जाएगी। इस तरह के समाधान को भ्रम भी कहा जाता है।

2. A दूसरे व्यक्ति यानी B को यह विश्वास दिलाने में सफल हो सकता हो सकता है कि वह (अर्थात् B) X के प्रति गलत मनोवृत्ति विकसित कर लिया है। यदि A को इस प्रयास में सफलता मिल जाती है तो X के प्रति B की मनोवृत्ति A की मनोवृत्ति के समान हो जाएगी और इस तरह से एक सन्तुलन की अवस्था उत्पन्न होगी। इसकी व्याख्या भी समान हो जाती है। ऐसी परिरिथति में A और B का परस्पर आकर्षण अधिक हो जाएगा।
3. X के प्रति जिस प्रकार की मनोवृत्ति B की है उसी प्रकार A भी अपनी मनोवृत्ति को बना सकता है। जैसे, X के प्रति B की मनोवृत्ति के समान हो जाएगी और इस तरह से एक सन्तुलन की अवस्था उत्पन्न होगी। इसकी व्याख्या भी A से ही हो जाती है। ऐसी परिस्थिति में A और B का परस्पर आकर्षण अधिक हो जाएगा।
4. B के प्रति अपने आकर्षण को कम कर A यह भरोसा कर सकता है कि B का आकर्षण भी उसके प्रति बहुत कम है। इससे भी असन्तुलन की अवस्था सन्तुलन की अवस्था में बदल जाएगी। इसमें दोनों ही व्यक्ति X के प्रति अपनी मनोवृत्ति में कोई परिवर्तन नहीं ला पाते हैं। दिखलाया गया है। ऐसी परिस्थिति में A तथा B में अन्तर्वैयक्तिक आकर्षण विकर्षण में बदल जाता है।

मनोवृत्ति वस्तु का महत्त्व तथा सामान्य प्रासंगिकता सन्तुलन सिद्धान्त का दूसरा महत्त्वपूर्ण संप्रत्यय है। क्योंकि इन दोनों से अन्तर्वैयक्तिक आकर्षण प्रभावित होता है। मनोवृत्ति वस्तु के महत्त्व से तात्पर्य इस वस्तु के प्रति दोनों व्यक्तियों (अर्थात् A एवं B) के भाव की मात्रा, विश्वास की तीव्रता तथा निहित व्यवहार की मात्रा से होता है। प्रासंगिकता से तात्पर्य दोनों व्यक्तियों के उस संज्ञान से होता है जिसमें उस मनोवृत्ति द्वारा दोनो के जीवन को प्रभावित करने की क्षमता का आभास या प्रत्यक्षण होता है। ऐसी मनोवृत्तियाँ जितनी ही अधिक महत्त्वपूर्ण होंगी और दोनों के लिए वे सामान्य रूप से प्रासंगिक होंगी, उनसे उत्पन्न सन्तुलन उतना मधुर एवं प्रबल होगा। ऐसी महत्त्वपूर्ण एवं प्रासंगिक मनोवृत्तियों में समानता होने पर A तथा B के बीच आकर्षण अधिक होगा, किन्तु भिन्नता होने पर प्रबल विकर्षण अधिक होगा।

न्यूकाम्ब के इस सिद्धान्त द्वारा समानता निर्धारित अन्तर्वैयक्तिक आकर्षण की व्याख्या संतोषप्रद ढंग से हो जाती है। इस सिद्धान्त के अनुसार जो लोग किसी महत्त्वपूर्ण एवं सामान्य रूप से प्रासंगिक वस्तु की ओर समान मनोवृत्तियाँ (चाहे सकारात्मक हों या नकारात्मक हों) रखते हैं, उनके बीच आकर्षण अधिक होता है।

इस तथ्य की पुष्टि न्यूकाम्ब ने एक अध्ययन से की है जिसमें एक ही मकान में कुछ अजनबी एवं उनमें परस्पर विकसित आकर्षण को समय-समय पर मापा गया। यह देखा गया कि जिन छात्रों की मनोवृत्तियाँ एक-दूसरे के समान थीं, उनमें अन्तर्वैयक्तिक आकर्षण अधिक पाया गया। इस निष्कर्ष में न्यूकाम्ब के सिद्धान्त के पूर्वानुमान की संपुष्टि होती है।

कुछ अध्ययन इस प्रकार के हुए हैं जिनसे यह स्पष्ट होता है कि उन दो व्यक्तियों में अन्तर्वैयक्तिक आकर्षण अधिक था जब उसमें से एक व्यक्ति दूसरे व्यक्ति को वैसा ही समझता है जैसा कि पहला व्यक्ति अपने आपको समझता है। डोहर्टी तथा सेकर्ड ने आत्म-वर्णन तथा अन्तर्वैयक्तिक आकर्षण के इस सम्बन्ध की पुष्टि अपने अध्ययन के आधार पर की है। इससे भी न्यूकाम्ब के समानता आधारित अन्तर्वैयक्तिक आकर्षण के सम्बन्धों की पुष्टि होती है।

न्यूकाम्ब के इस सन्तुलन सिद्धान्त की कुछ परिसीमाएँ भी निर्धारित की गई है। जो निम्नांकित हैं–

1. न्यूकाम्ब के इस सिद्धान्त द्वारा उन परिस्थितियों में अन्तर्वैयक्तिक आकर्षण की व्याख्या सफलतापूर्वक हो पाती है जिनमें सदस्यों के बीच सामाजिक-सांवेगिक सम्बन्धों की प्रमुखता होती है। उन परिस्थितियों में अन्तर्वैयक्तिक आकर्षण की व्याख्या नहीं हो पाती है जिनके सदस्यों के मध्य कार्योन्मुखी सम्बन्ध होता है। मोरान तथा लेस्टर ने अपने-अपने अध्ययनों से इस तथ्य की संपुष्टि की है।
2. न्यूकाम्ब का यह सिद्धान्त अन्तर्वैयक्तिक आकर्षण के पहले चरण की सफलता पूर्वक व्याख्या कर सकता है, परन्तु उत्तरकालीन चरणों में हुए आकर्षण की व्याख्या ठीक ढंग से यह नहीं कर पाता है।
3. न्यूकाम्ब के इस सिद्धान्त के अनुसार आकर्षण तब पैदा होता है जब महत्त्वपूर्ण मनोवृत्तियों में समानता होती है। परन्तु कुछ परिस्थितियाँ ऐसी हो सकती हैं जहाँ दो व्यक्तियों के महत्त्वपूर्ण मनोवृत्तियों में समानता होने पर आकर्षण के जगह पर विकर्षण उत्पन्न हो सकता है। जैसे, मान लिया जाए कि एक सुंदर लड़की के प्रति राम एवं कृष्ण दोनों प्रबल प्रकार की धनात्मक मनोवृत्तियाँ रखते हैं। न्यूकाम्ब के सन्तुलन सिद्धान्त के अनुसार बढ़ना चाहिए। परन्तु यह आसानी से अनुमान लगाया जा सकता है कि ऐसी परिस्थिति में मोहन तथा सोहन के बीच आकर्षण नहीं, बल्कि विकर्षण होगा क्योंकि दोनों ही एक-दूसरे को प्रतिद्वन्द्वी मानकर अन्तःक्रिया करेंगे।

4. डेभोल ने अपने अध्ययन में पाया कि न्यूकाम्ब का यह सिद्धान्त जितनी सार्थकपूर्ण ढंग से पसन्दगी की व्याख्या करता है, नापसन्दगी की व्याख्या करने में उतना ही असफल है। समाजमितीय पद्धति द्वारा किए गए अध्ययन में यह स्पष्ट रूप से पाया गया है कि प्रयोज्यों के नकारात्मक भावों वाली परिस्थितियों में सन्तुलन प्रवृत्ति भिन्न थी।

इन परिसीमाओं के बावजूद न्यूकाम्ब का सन्तुलन सिद्धान्त अन्तर्वैयक्तिक आकर्षण की व्याख्या संतोषजनक ढंग से कर सकने में सक्षम है, क्योंकि इस तरह की व्याख्या का आधार मूलतः मनोवृत्ति में समानता एवं प्रासंगिकता है।

## *2. पुनर्बलन सिद्धान्त*

यह सिद्धान्त सीखने के सिद्धान्तों से उत्पन्न हुआ है और पुनर्बलन के समर्थकों का मानना है कि अन्तर्वैयक्तिक पसन्दगी तथा नापसन्दगी एक तरह की सीखी गई अनुक्रिया होती है। परस्पर आकर्षण की व्याख्या करने के लिए ऐसे तो कई पुनर्बलन सिद्धान्त हैं, परन्तु उनमें निम्नांकित दो अधिक महत्त्वपूर्ण बताये गये हैं—

1. अन्तर्वैयक्तिक आकर्षण का गौण पुनर्बलन सिद्धान्त।
2. पुनर्बलन अन्तःभाव सिद्धान्त।

उपरोक्त दोनों सिद्धान्तों को विस्तृत रूप में निम्न प्रकार से दर्शाया गया है—

**(1) अन्तर्वैयक्तिक आकर्षण का गौण पुनर्बलन सिद्धान्त**—अलबर्ट लाट्ट और वर्निस लाट्ट नामक पति-पत्नी द्वारा इस सिद्धान्त को सन् 1974 में प्रतिपादित किया गया था। इस सिद्धान्त में अन्तर्वैयक्तिक आकर्षण की व्याख्या गौण पुनर्बलन के आधार पर किया है। पुनर्बलन नियम के अनुसार जब व्यक्ति को किसी व्यक्ति से पुरस्कार प्राप्त होता है तो पुरस्कार से तात्पर्य आदर, सम्मान, धन, सामग्री, सेवा या श्रम सम्बन्धी सहायता, प्रेम, स्नेह आदि से होता है। पुनर्बलन प्राथमिक भी हो सकता है तथा गौण भी होता है जिसमें प्राथमिक पुनर्बलन के समय उपस्थित व्यक्ति या वस्तु के प्रति वे सारी अनुक्रियाएँ अनुबंधित हो जाती हैं, जो प्राथमिक पुनर्बलन के प्रति होती थीं।

अलवर्ट लाट्ट और वर्निस लाट्ट का मानना है कि प्राथमिक पुनर्बलन के दौरान जो अनुक्रियायें घटती हैं जैसे किसी व्यक्ति द्वारा मुस्करा देना, शाबासी देना, आदि-आदि उस समय उपस्थित व्यक्ति के प्रति अनुबंधित हो जाती है। इस तरह के बार-बार अनुक्रिया पुनर्बलित होते समय जो व्यक्ति के प्रति

अनुबंधित हो जाती है जो अक्सर उस दण्डात्मक परिस्थिति में उपस्थित रहते हैं।

स्पष्टतः अन्तर्वैयक्तिक आकर्षण ऐसी अनुक्रिया है जो गौण पुनर्बलन पर आधारित होती है। लाट्ट ने इस सिद्धान्त के समर्थन में किए गए प्रयोगों के आधार पर यह भी बतलाया गया है कि तात्कालिक पुनर्बलन के बाद अधिक आकर्षण तथा विलम्बित पुनर्बलन के बाद कम आकर्षण होता है। लाट्ट तथा लाट्ट के इस सिद्धन्त के समर्थन में कई अध्ययन किए गए हैं, जिसमें ग्रिफिट्ट तथा पीटर का अध्ययन विशेष रूप से उल्लेखनीय हैं। इस अध्ययन में प्रयोज्यों के एक समूह का मूल्यांकन एक निरीक्षणकर्त्ता से करवाया गया। मूल्यांकन करते समय निरीक्षणकर्त्ता के बगल में एक तटस्थ आदमी जो प्रयोगकर्त्ता का ही सहयोगी था, उपस्थित था। निरीक्षणकर्त्ता ने कुछ प्रयोज्यों का मूल्यांकन धनात्मक ढंग से किया तथा कुछ प्रयोज्यों का मूत्यांकन ऋणात्मक ढंग से किया। बाद में निरीक्षणकर्त्ता तथा तटस्थ व्यक्ति दोनों को ही अधिक आकर्षकता सूचक अंक प्रदान किए, परन्तु ऋणात्मक मूल्यांकन पाने वाले प्रयोज्यों ने निरीक्षणकर्त्ता तथा तटस्थ व्यक्ति दोनों को ही अधिक आकर्षकता सूचक अंक प्रदान किए, परन्तु ऋणात्मक मूल्यांकन पाने वाले प्रयोज्यों ने दोनों को ही काफी कम ऐसे अंक प्रदान किए, बाद में ग्रिफिट एवं गुवा ने भी अधिक अध्ययन से इस तथ्य की पुष्टि की है। इनके अध्ययन में यह पाया गया कि धनात्मक मूल्यांकन पाने वाले प्रयोज्यों ने निरीक्षणकर्त्ता तथा तटस्थ व्यक्ति दोनों को ही समान रूप से आकर्षक मूल्यांकन पाने वाले प्रयोज्यों ने दण्ड देने वाले व्यक्ति की तुलना में तटस्थ व्यक्ति को अधिक अनाकर्षक बतलाया। इन अध्ययनों के परिणामों से मूल्यांकन पुनर्बलन के आधार पर आकर्षण तथा विकर्षण के अनुबंधन सम्बन्धी प्राक्कल्पना को बल मिलता है।

अलबर्ट लाट्ट व वर्निस लाट्ट द्वारा प्रतिपादित इस सिद्धान्त के वर्णन में यद्यपि आकर्षकता की व्याख्या काफी सरल ढंग से पुनर्बलन पर आधारित अनुबन्धन द्वारा हो जाती है, फिर भी यह कहा गया है कि इसके लिए पुनर्बलन जैसे व्यवहारवादी संप्रत्यय की कोई खास आवश्यकता नहीं थी (जैसा कि लाट्ट तथा लाट्ट ने अपने सिद्धान्त में प्रस्तुत किया है)। यह भी कहा जाता है कि इस सिद्धान्त के समर्थन में किए गए प्रयोगों में प्रयोज्यों ने तटस्थ व्यक्तियों को अपने इस तरह के मूल्यांकन किये जो मात्र औपचारिक है। इस सिद्धान्त की वैधता आज भी कई मनोवैज्ञानिकों को अपनी ओर आकर्षित किए गए हैं।

**(2) पुनर्बलन अन्तःभाव सिद्धान्त**—इस सिद्धान्त को वर्न और क्लोर ने सन् 1970 में प्रतिपादित किया था फिर बाद में इसकी समीक्षा करने के पश्चात् सन् 1974 में इसे वर्तमान संशोधित रूप में इसे तैयार किया। इस सिद्धान्त के अनुसार भी अन्तर्वैयक्तिक आकर्षकता का कारण पुनर्बलन है। इस सिद्धान्त के अनुसार हम लोग किसी अन्य व्यक्ति का मूल्यांकन अपने धनात्मक भावों या ऋणात्मक भावों के आधार पर करते हैं। जब हम में धनात्मक भाव उत्पन्न होता है, तो स्पष्टतः तब होता है, जब हमें किसी प्रकार का पुरस्कार अन्य व्यक्तियों से मिलता है, तो उसके प्रति हमारी आकर्षकता बढ़ जाती है तथा जब हममें ऋणात्मक भाव उत्पन्न होता है जो किसी अन्य व्यक्ति द्वारा दण्ड मिलने से होता है तो उसके प्रति हमारी अनाकर्षकता उत्पन्न हो जाती है। इस सिद्धान्त के चार नियम बतलाए गए हैं जो निम्नांकित हैं—

1. किसी भी उद्दीपक के अच्छाई या बुराई का मूल्यांकन करने के लिए पहले यह देखना चाहिए कि उससे व्यक्ति में ऋणात्मक भाव या धनात्मक भाव उत्पन्न हो रहे हैं। व्यक्ति में उत्पन्न ऐसे भावों की शक्ति की अभिव्यक्ति उसके धनात्मक तथा ऋणात्मक मूल्यांकनों से होती है। इसका परिणाम यह होता है कि व्यक्ति अपनी पसन्दगी तथा नापसन्दगी को एक क्रम में व्यक्त कर पाने में समर्थ हो पाता है।
2. साधारण अनुबन्धन के नियमानुसार कोई भी तटस्थ उद्दीपक जब किसी पुरस्कार-प्रदाई उद्दीपक या दण्डात्मक उद्दीपक के साथ सहचरित होता है तो उस तटस्थ उद्दीपन में क्रमशः धनात्मक भाव या ऋणात्मक भाव उत्पन्न करने की क्षमता उत्पन्न हो जाती है। परिणामतः हम उसे पसन्द या नापसन्द करते हैं।
3. अधिकतर उद्दीपक जिनके सम्पर्क में हम आते हैं, को दो भागों में बाँटा जा सकता है।
4. पुरस्कार प्रदाई उद्दीपक व्यक्ति में सुखद अन्तःभाव या धनात्मक भाव तथा पीड़ात्मक या दण्डात्मक उद्दीपन व्यक्ति में दुखद अन्तःभाव या ऋणात्मक भाव उत्पन्न करता है। सभी ऐसे भावात्मक अनुक्रियाएँ एवं सांतत्यक पर अत्यन्त धनात्मक से अत्यन्त ऋणात्मक की दिशा में सुव्यवस्थित होते हैं।

प्रस्तुत किये गये उपरोक्त नियमों के आधार पर यह महत्त्वपूर्ण परिणाम प्राप्त होता है कि आकर्षण पैदा करने के लिए व्यक्ति का स्वयं पुरस्कार देना या विकर्षण हेतु सजा देना कोई आवश्यक नहीं है। सच्चाई यह है कि पुरस्कार उत्पन्न करने वाले

उद्दीपक के साथ मात्र साहचर्य रखने से ही व्यक्ति के साथ सुखद अन्तःभाव जुड़ जाते हैं और पुरस्कृत व्यक्ति उस व्यक्ति के प्रति आकर्षित हो जाता है। ठीक उसी तरह दण्ड देने वाले उद्दीपक के साथ साहचर्य रखने मात्र से ही व्यक्ति के साथ दुःखद अन्तःभाव जुड़ जाते हैं और दण्डित व्यक्ति उसकी ओर से विकर्षित हो जाता है। कुछ प्रयोगात्मक अध्ययनों में इन तथ्यों की संपुष्टि की गई है। जैसे—मे एवं हैमिल्टन ने अपने अध्ययन में यह दिखलाया है कि महिलाओं ने अपने प्रिय संगीत से सम्बन्धित पुरुषों का अत्यन्त धनात्मक मूल्यांकन किया एवं अप्रिय संगीत से संबंधित पुरुषों के साथ अल्पतम मात्रा में धनात्मक मूल्यांकन किया। इसका मतलब यह हुआ कि पहली परिस्थिति में अधिक आकर्षण दिखलाई गई तथा दूसरी परिस्थिति में कम आकर्षण दिखलाई। ग्रिफिट तथा ह्वाईट ने भी अपने अध्ययन में उपर्युक्त तथ्य की पुष्टि की है। इनके अध्ययन में कुछ प्रयोज्यों को एक ऐसे कमरे में कुछ काम करने के लिए कहा गया जहाँ तापक्रम अधिक था तथा उस कमरे में बहुत लोगों की भीड़ थी। अतः यह एक दुःखद भाव उत्पन्न करने वाली परिस्थिति थी। कुछ प्रयोज्यों को एक सामान्य तापक्रम वाले एवं आरामदेह कमरे में बैठाकर वैसा ही कार्य करने के लिए कहा। अतः यह एक सुखद भाव उत्पन्न करने वाली परिस्थिति थी। जब दोनों तरह के कमरों में कार्य जारी था, तो प्रयोगकर्त्ता के एक गुप्त सहयोगी जो प्रयोज्यों के लिए अपरिचित था, ने एक मनोवृत्ति प्रश्नावली भरवाई। बाद में दोनों कमरों के प्रयोज्यों से उस अपरिचित व्यक्ति के प्रति उन लोगों की आकर्षकता का मूल्यांकन करवाया गया। परिणाम में यह देखा गया कि दुःखद भाव उत्पन्न करने वाली परिस्थिति में काम करने वाली प्रयोज्यों ने अपरिचित को कम आकर्षक तथा सुखद भाव उत्पन्न करने वाली परिस्थिति में काम करने वाली प्रयोज्यों ने अपरिचित को अधिक आकर्षक बतलाया। अभी बिल्कुल हाल में ही ग्रिफिट तथा बैकमैन ने भी अपने प्रयोग के आधार पर उपर्युक्त करने वाली परिस्थिति में काम करने वाले प्रयोज्यों ने अपरिचित को अधिक आकर्षक बतलाया। अभी बिल्कुल हाल में ही ग्रिफिट तथा बैकमैन ने भी अपने प्रयोग के आधार पर उपर्युक्त तथ्यों की संपुष्टि की है। उपर्युक्त सभी प्रयोगों के परिणाम से पुनर्बलन अन्तःभाव सिद्धान्त की व्याख्या की पुष्टि होती है।

वैसे इस सिद्धान्त के व्याख्या की पुष्टि करने के लिए अनेक अध्ययन हुए परन्तु, फिर भी कुछ ऐसे अध्ययन हुए हैं जिनसे इस सिद्धान्त की परिसीमा पर भी प्रकाश पड़ता है। जैसे—इस सिद्धान्त के अनुसार दुःखद परिस्थिति में किसी तटस्थ

व्यक्ति का साहचर्य प्रयोज्य को अनाकर्षक बल देता है परन्तु केनरिक तथा जॉनसन ने अपने प्रयोग में इस तथ्य के विपरीत तथ्य को दिखलाया है। इनके प्रयोग में प्रयोज्यों को एक ऐसी परिस्थिति में रखा गया, जिसमें रह-रहकर अरुचिकर एवं दुखदाई ध्वनि उत्पन्न की जाती थी। अन्त में, प्रयोज्यों ने एक-दूसरे के प्रति अपनी आकर्षकता का इजहार किया जिसमें पाया गया कि उनमें एक-दूसरे के प्रति आकर्षकता बढ़ गई थी भले ही सभी प्रयोज्यों ने उस अनुभव को काफी अप्रिय बतलाया। दिन-प्रतिदिन के अनुभव भी इसके साक्षी हैं कि कभी-कभी दुःख में सामाजिकता व्यक्तियों में इतना अधिक आकर्षण उत्पन्न कर देती है कि उनमें एक स्थायी मैत्री सम्बन्ध बन जाता है।

इन छोटी-मोटी आलोचनाओं से इस सिद्धान्त पर कोई प्रभाव नहीं पड़ता, बल्कि इसमें और निखार आता है। जिसके कारण इस सिद्धान्त के संप्रत्यय कई मनोवैज्ञानिकों के लिए शोध का नया आकर्षण आज भी बना हुआ है।

### *3. विनिमय सिद्धान्त*

अन्तर्वैयक्तिक आकर्षण की व्याख्या करने के लिए इस सिद्धान्त का प्रतिपादन किया गया था। इसके प्रतिपादन में अनेक मनोवैज्ञानिकों का संयुक्त योगदान है। इन मनोवैज्ञानिकों में थिवोट तथा केली, होमांस, ब्लाऊ का योगदान महत्त्वपूर्ण है। विनिमय सिद्धान्त में अन्तर्वैयक्तिक-आकर्षण की व्याख्या करने के लिए पुरस्कार तथा लागत या व्यय जैसे पुनर्बलन संप्रत्ययों का प्रयोग किया जाता है, फिर भी यह सिद्धान्त अन्तर्वैयक्तिक आकर्षण के पुनर्बलन सिद्धान्त से भिन्न है क्योंकि विनिमय सिद्धान्त में व्यक्तियों के सम्बन्धों पर अधिक बल डाला जाता है न कि स्वयं व्यक्ति पर(जैसा कि पुनर्बलन सिद्धान्त में होता है।)

विनिमय सिद्धान्त द्वारा अन्तर्वैयक्तिक आकर्षण की व्याख्या में निम्नांकित चार प्रमुख संप्रत्ययों का प्रयोग किया जाता है–

1. परिणाम,
2. तुलना स्तर,
3. पुरस्कार,
4. व्यय या लागत।

**(क) तुलना-स्तर** –तुलना स्तर का आशय उस न्यूनतम प्रत्याशा स्तर से होता है, जिसके अनुरूप एक व्यक्ति दूसरे व्यक्ति के साथ अन्तःक्रिया करने में लाभ का स्तर तुलना स्तर से जितना ही अधिक ऊपर होगा, वह व्यक्ति दूसरे व्यक्ति के प्रति

उतना ही अधिक आकर्षित होगा। तुलना-स्तर की विशेषता यह है कि यह अलग-अलग मनुष्यों में अलग-अलग होता है, क्योंकि इस पर व्यक्ति का पूर्वाग्रह, गत अनुभूतियों तथा अन्य विकल्पी सम्बन्धों के रूप में उपस्थित परिणामों का प्रभाव पड़ता है। इतना ही नहीं, उपशा ने अपने अध्ययन के आधार पर यह भी दिखलाया है कि तुलना-स्तर में वैयक्तिक विभिन्नता के कारण पुरस्कार तथा लागत के प्रति उन्मुखता में अन्तर होता है। कुछ लोगों में पुरस्कार की ओर उन्मुखता अधिक होती है तथा कुछ लोगों में व्यय की ओर उन्मुखता अधिक होती है।

**(ख) परिणाम** –पुरस्कार में से खर्च को निकाल दिया जाय उसके पश्चात् जो भी बचता है, वही परिणाम कहलाता है। परिणाम धनात्मक भी हो सकता है या फिर नकारात्मक भी हो सकता है। जब पुरस्कार की मात्रा लागत की मात्रा से अधिक होती है, तो व्यक्ति को लाभ होता है और इसे धनात्मक परिणाम की संज्ञा दी जाती है। किसी व्यक्ति के साथ अन्तःक्रिया करने पर यदि उसे लाभ होता है (धनात्मक परिणाम) तो यह आवश्यक नहीं है कि वह उसे दूसरे व्यक्ति को पसन्द करेगा ही या उसके प्रति आकर्षित होगा। सचमुच में आकर्षण उत्पन्न होने के लिए यह आवश्यक है कि व्यक्ति को होने वाला लाभ उसके न्यूनतम प्रत्याशा स्तर से ऊँचा हो।

**(ग) पुरस्कार**–किसी मनुष्य का वह व्यवहार जो दूसरों की जरूरतों की संतुष्टि करती हो, वह व्यवहार दूसरे व्यक्ति के लिए पुरस्कार कहलाएगा। इसमें उन व्यवहारों को भी सम्मिलित किया जाता है जिससे व्यक्ति को अपने प्रति या दूसरे के प्रति मनोवृत्ति का वैधीकरण होता है तथा असंवादिता का समाधान होता है या नकारात्मक अन्तर्नोद में कमी होती है।

**(घ) व्यय या लागत**–खर्च या लागत एक ऐसी क्रिया जो सजा या उसके ही समान होता है। जब व्यक्ति किसी ऐसे व्यवहार या अनुक्रिया को करता है जिससे उसमें चिन्ता या थकान उत्पन्न होती है, तो उसे भी व्यय में सम्मिलित किया जाता है। होमान्स के अनुसार जब व्यक्ति कोई ऐसा व्यवहार करता है, जिससे उसे मिलने वाले पुरस्कार में कमी हो जाती है, तो इसे भी व्यय की श्रेणी में ही रखा जाता है।

समाज मनोवैज्ञानिकों ने इस क्षेत्र में अनेक तरह के अध्ययन किये हैं जिनसे यह स्पष्ट होता है कि पुरस्कार तथा व्यय में तथा तुलना स्तर में कई कारणों में परिवर्तन होते रहते हैं। व्यक्ति के पुरस्कार तथा व्यय में परिवर्तन होने से उसके परिणाम में भी परिवर्तन हो जाता है तथा सेकर्ड तथा बैकमैन के अनुसार व्यक्ति के पुरस्कार तथा व्यय में परिवर्तन के निम्नांकित पाँच स्रोत होते हैं–

1. गत विनिमय के फलस्वरूप मनुष्य द्वारा अनुभव किए गए पुरस्कार तथा व्यय में परिवर्तन हो सकता है। दूसरे शब्दों में व्यक्ति के परिणाम में परिवर्तन हो सकता है। उदाहरणस्वरूप—जैसे-जैसे परस्पर अन्तःक्रिया करने वाले व्यक्तियों की आवश्यकताओं की संतुष्टि होती जाती है वैसे-वैसे पुरस्कार का महत्त्व कम होता जाता है। इस तरह की परिस्थिति अधिक समय तक बने रहने पर व्यय के बढ़ने की सम्भावना तीव्र हो जाती है। अन्ततः ऐसी परिस्थिति में व्यक्ति का एक-दूसरे के प्रति आकर्षकता में कमी आ जाएगी।
2. समान अन्तःक्रिया करने वाले मनुष्यों के गुणों में बदलाव होने से भी पुरस्कार एवं व्यय में परिवर्तन हो सकता है। व्यक्तियों की मनोवृत्तियों, मूल्यों, मतों एवं आत्मधारणाओं में परिवर्तन होने से पुरस्कार तथा व्यय में परिवर्तन होने की सम्भावना तीव्र हो जाती है। जैसे—यदि दोनों मिलकर एक नया लक्ष्य विकसित कर लेते हैं और इन दोनों के प्रति उनकी मनोवृत्तियाँ एक समान होती हैं, तो इससे दोनों में आकर्षण में वृद्धि हो जाएगी क्योंकि इनके द्वारा अनुभव किया गया पुरस्कार तथा व्यय अब पहले से परिवर्द्धित होगा। नए लक्ष्य के विकसित होने से ऐसा भी हो सकता है कि किसी एक व्यक्ति का व्यवहार जिसका पहले पुरस्कार मूल्य अभी की तुलना में अधिक था या जिसका व्यय मूल्य अभी की तुलना में पहले कम था, में परिवर्तन हो जाए। ऐसी परिस्थिति में इन दोनों के बीच परस्पर आकर्षण में कमी आ जाएगी।
3. जब बाहरी परिस्थिति में इस प्रकार का बदलाव हो जाय कि समान अन्तःक्रिया कर रहे मनुष्यों हेतु नये पुरस्कार, खर्च, कीमत का विकास होता हो, तो ऐसी परिस्थिति में भी पुरस्कार-व्यय में परिवर्तन स्वाभाविक रूप से हो जाता है। जैसे—यदि परिस्थिति ऐसी हो जाती है कि जिसमें किसी विशेषज्ञ के विचार को जानना आवश्यक हो जाता है, तो यहाँ अचानक उस विशेषज्ञ के प्रति आकर्षकता में वृद्धि हो जाती है और अब उनकी सेवाओं एवं सुझावों का महत्त्व (पुरस्कार) बढ़ जाता है तथा उस सेवा या सुझाव को ग्रहण करने में लगा समय थकान (व्यय) आदि घट जाता है। इस तरह से पुरस्कार-व्यय में परिवर्तन आ जाता है।
4. जब परस्पर अन्तःक्रिया कर रहे व्यक्तियों का सम्बन्ध कुछ वैसे व्यवहारों से हो जाता है जिसका पुरस्कार-व्यय मूल्य पहले के व्यवहारों के पुरस्कार-मूल्य से भिन्न होता है तो इससे भी पुरस्कार व्यय में परिवर्तन हो जाता है।

थिबौट और कैली ने सन् 1959 में एक अध्ययन किया जिसके आधार पर

यह जानकारी दी गई कि मनुष्य के तुलना स्तर में जब पूर्ण रूप से सही बदलाव आते हैं तो उसका असर अन्तर्वैयक्तिक आकर्षण पर पड़ता है। इन्होंने यह बतलाया है कि दो व्यक्तियों के पुरस्कार-व्यय परिणाम जैसे-जैसे अच्छे होते जाते हैं तुलना स्तर में भी धीरे-धीरे वृद्धि होने लगती है। परन्तु जैसे-जैसे पुरस्कार-व्यय परिणाम में कमी होने लगती है, तुलना-स्तर में भी गिरावट आने लगती है। किसी अन्तःक्रिया से प्राप्त लाभ की अपेक्षा यदि तुलना-स्तर में भी गिरावट आने लगती है। किसी अन्तःक्रिया से प्राप्त लाभ की अपेक्षा यदि तुलना-स्तर के सबसे नजदीक होता है। दूसरे शब्दों में व्यक्ति यह निर्णय करता है कि पुरस्कार का कौन-सा न्यूनतम स्तर उसे स्वीकार्य होगा। यदि दो व्यक्तियों के सम्बन्धों की अन्तःक्रिया का पुरस्कार-व्यय परिणाम विकल्पों के लिए तुलना-स्तर से ऊपर होता है, तो वह सम्बन्ध तो बना रहेगा परन्तु उसमें आकर्षकता नहीं होती है परन्तु दाम्पत्य सम्बन्ध बना रहता है क्योंकि जो इसके अन्य विकल्प जैसे-तलाक, अलगाव आदि हैं उसमें व्यय अधिक होते हैं तथा पुरस्कार कम होता है। अतः इस उदाहरण में पुरस्कार-व्यय परिणाम विकल्पों के तुलना-स्तर से ऊँचा है, अतः पति-पत्नि का सम्बन्ध जारी रहेगा भले ही इन दोनों में एक-दूसरे के प्रति कोई आकर्षकता न हो।

**उपयोगिता**—इस सिद्धान्त में कई तरह की परिस्थितियों में अन्तर्वैयक्तिक आकर्षकता की व्याख्या की गई है। इस सिद्धान्त की प्रमुख उपयोगिताएँ निम्नांकित हैं—

**(1) समानता के कारण उत्पन्न आकर्षकता**—इस बात की व्याख्या करने में विनिमय सिद्धान्त पूर्ण रूप से सक्षम है कि दो व्यक्तियों के बीच आयु, सामाजिक-आर्थिक स्तर, आवास-स्थान, वर्ग, धर्म, भाषा आदि में समानता होने से अन्तर्वैयक्तिक आकर्षण में क्यों वृद्धि होती है। इस सिद्धान्त के समर्थकों के अनुसार ऐसी अन्तर्वैयक्तिक आकर्षकता के दो कारण होते हैं—

1. लेजार्सफिल्ड तथा मार्टन का मानना है कि मनुष्य के सामाजिक व सांस्कृतिक पृष्ठभूमि के समान होने पर उनके सामाजिक मूल्यों में भी समानता बढ़ जाती है जो एक-दूसरे के लिए पुरस्कार का कार्य करता है। परिणामतः थोड़े व्यय पर ही प्रत्येक व्यक्ति एक-दूसरे के लिए सहमतिजन्य वैधीकरण का कार्य करता है जिससे अन्तर्वैयक्तिक आकर्षकता की मात्रा बढ़ जाती है।
2. दो व्यक्तियों में उक्त तरह की समानता होने से उनमें आपस में अन्तःक्रिया करने की बारम्बारता अधिक हो जाती है क्योंकि इनमें अन्तःक्रिया करने के

अवसर अधिक होते हैं। फलतः उनमें अन्तर्वैयक्तिक आकर्षकता अधिक हो जाती है।

जब दो लोगों के शीलगुण और क्षमता समान होते हैं तब भी अन्तर्वैयक्तिक आकर्षकता में वृद्धि हो जाती है। ऐसी समानता होने पर सम्बन्धित व्यक्तियों को अपनी क्षमताओं एवं शीलगुणों की तुलना दूसरे व्यक्ति की क्षमताओं एवं शीलगुणों से करने के लिए मिलता है। ऐसी परिस्थिति में इन व्यक्तियों के बीच आकर्षकता मूलतः इस बात पर निर्भर करती है कि वे दोनों अपनी विशेष क्षमता या शीलगुण के कारण एक ऐसे कार्य करने में सक्षम होते हैं जो दोनों के लिए पुरस्कार का कार्य करता है। जैसे—यदि दो व्यक्तियों में ब्रिज खेलने का समान कौशल या क्षमता उपलब्ध हो तो वे प्रतियोगिता-टीम कार्य में भाग लेकर पर्याप्त आनन्द (पुरस्कार) ले सकते हैं। परन्तु यदि इनमें से किसी एक की कौशलता उत्तम नहीं है, तो इससे उनमें विकर्षकता उत्पन्न होगी। क्योंकि आनन्द (पुरस्कार) में कमी तथा व्यय अर्थात् ऊब एवं परेशानी आदि में वृद्धि होगी।

**(2) पूरक आवश्यकताओं की तुष्टि से उत्पन्न आकर्षकता**—किन्हीं दो व्यक्तियों के मध्य ऐसी आकर्षकता जिनकी जरूरतें अलग-अलग परन्तु पूरक हों इनका विनिमय सिद्धान्त द्वारा व्याख्या की जा सकती है। एक सत्तावादी व्यक्ति तथा एक आज्ञाकारी व्यक्ति के बीच इसलिए आकर्षकता बनी रहती है, क्योंकि इन दोनों की अन्तःक्रिया से प्रत्येक सदस्य को कम-से-कम लागत या व्यय तथा अधिक-से-अधिक पुरस्कार या लाभ मिलता है। दोनों का व्यवहार एक-दूसरे की आवश्यकता के पूरक होते हैं।

विनिमय सिद्धान्त के उपरोक्त उपादेयताओं के अलावा भी इसमें परिसीमा या दोष है। सचमुच में यदि हम इस सिद्धान्त की व्याख्या ध्यान दें तो पाएँगे कि इसमें अन्तर्वैयक्तिक आकर्षण की व्याख्या पुरस्कार-व्यय परिणाम के विश्लेषण द्वारा की जाती है। परन्तु कुछ आकर्षकता विशेषकर रोमानी प्रेम या तीव्र प्रेम की आकर्षकता का स्वरूप ऐसा होता है जिसकी व्याख्या साधारण में ऐसे तीव्र प्रेम या आकर्षण से पुरस्कार तथा व्यय या लागत जैसी चीजों पर सोच-विचार लगभग समाप्त ही हो जाता है। स्पष्टतः इस प्रकार के अन्तर्वैयक्तिक आकर्षण की व्याख्या विनियम सिद्धान्त द्वारा संभव नहीं है।

विनिमय सिद्धान्त की एक और आलोचना यह है कि इस सिद्धान्त में जो अन्तर्वैयक्तिक आकर्षण की व्याख्या की जाती है, वह आंशिक एवं एक-तरफा होती है, क्योंकि इससे दो व्यक्तियों में से सिर्फ अन्तःक्रिया प्रारंभ करने वाले व्यक्ति को

उस अन्तःक्रिया से मिलने वाला पुरस्कार-व्यय परिणाम प्राप्त हो रहा है, इसका ध्यान बिल्कुल ही नहीं रखा जाता है।

**(3) पारस्परिक क्रिया के अवसर के कारण उत्पन्न आकर्षकता**—विनिमय सिद्धान्त के माध्यम से इस बात की भी व्याख्या हो सकती है कि जहाँ पारस्परिक क्रिया का अवसर ज्यादा और सरल होता है, वहाँ अन्तर्वैयक्तिक आकर्षण अधिक क्यों होता है। अध्ययनों से पता चलता है कि पारस्परिक क्रिया का अवसर अधिक एवं आसान होता है, वहाँ अन्तर्वैयक्तिक आकर्षण अधिक तब कर पाते हैं जब उनमें भौतिक निकटता होती है। यही वजह है कि एक ही मुहल्ले में रहने वालों में परस्पर अन्तःक्रिया ज्यादा होती है और उसी तरह से पास-पड़ोस में रहनेवालों के बीच परस्पर अन्तःक्रिया ज्यादा होती है। थिबौट तथा केली के अनुसार ऐसी परिस्थिति में निम्नांकित पाँच कारणों से एक व्यक्ति में दूसरे व्यक्ति के प्रति आकर्षकता अधिक बढ़ जाती है—

1. दो लोगों में भौतिक निकटता होने से जैसे पास-पड़ोस में ही रहने से बहुत कम श्रम (लागत) लगाकर ही आपस में वे एक-दूसरे से मिलने-जुलने में सफल हो पाते हैं। अतः बहुत ही आसानी से वे ऐसे व्यवहारों या क्रियाओं की खोज कर लेते हैं जो दोनों के लिए ही लाभप्रद होते हैं।
2. जो लोग भौतिक रूप से या भौगोलिक रूप से एक-दूसरे के करीब होते हैं, उनमें प्रायः सामाजिक-आर्थिक स्तर में समानता होती है जिससे उनमें परस्पर आकर्षकता में बढ़ोतरी होती है।
3. यदि दो लोग बराबर एक-दूसरे से मिलते-जुलते रहेंगे, तो वे आसानी से एक-दूसरे के व्यवहार के बारे में पूर्वानुमान लगा लेंगे जिनसे उनमें परस्पर आकर्षकता में वृद्धि हो जाती है।
4. जो लोग एक-दूसरे के नजदीक रहते हैं, वे कम व्यय या लागत पर ही अर्थात् कम समय एवं मेहनत में आपस में अन्तःक्रिया करने में सफल हो पाते हैं। फलतः उनमें दूर-दूर में रहने वाले लोगों की अपेक्षा आपस में अन्तःक्रिया अधिक होती है जिससे उनमें परस्पर आकर्षकता में वृद्धि हो जाती है।
5. दो व्यक्तियों में भौतिक निकटता होने से उनमें सूचनाओं का आदान-प्रदान अधिक होता है जिससे उनमें अन्तर्वैयक्तिकता में वृद्धि हो जाती है।

**(4) मित्रता तथा प्रेम के कारण उत्पन्न आकर्षकता**—जो आकर्षण दोस्ती और प्रेम की वजह से उत्पन्न हुआ है उसकी भी व्याख्या विनिमय सिद्धान्त के द्वारा किया जा सकता है। मित्रता तथा प्रेम में आकर्षकता के पाँच चरण इस सिद्धान्त के अनुसार बतलाए गए हैं, जो निम्न हैं—

**प्रतिदर्शन** –इसमें जब दोनों व्यक्ति पहली बार एक-दूसरे से मिलते हैं तो उनमें आपस में किए गए अन्तःक्रियाओं में से कुछ खास-खास अन्तःक्रियाओं, जिनसे उनमें आकर्षकता बनी रह सकती है, का चयन का लिया जाता है।

**आकलन** –इसमें दो व्यक्ति चयन किए गए व्यवहारों या अन्तःक्रियाओं के पुरस्कार-व्यय परिणाम का अन्दाजा लगाते हैं।

**सौदाकारी** –यह एक ऐसी प्रक्रिया है, जिसके अन्तर्गत दोनों व्यक्ति कम से कम लागत या खर्च में ज्यादा से ज्यादा पुरस्कार प्राप्त करना चाहते हैं।

**वचनबद्धता** –जैसे ही दोनों व्यक्तियों में सम्बन्ध घनिष्ठ हो जाता है एक नई अवस्था आती है जहाँ व्यक्ति वैकल्पिक व्यक्तियों के साथ अनुक्रिया या तो पूर्णतः कम कर देता है या बन्द कर देता है।

**सांस्थानिकता** –मित्रता तथा प्रेम की यह अन्तिम अवस्था होती है जिसमें दोनों के सम्बन्ध स्थापित हो जाते हैं और दोनों व्यक्ति एक साथ रहने का फैसला कर लेते हैं या आपस में शादी कर लेते हैं।

### *4. पूरक आवश्यकता सिद्धान्त*

पूरक आवश्यकता सिद्धान्त को विन्च ने सन् 1958 में प्रतिपादित किया था। इसके अनुसार दो लोगों में अन्तर्वैयक्तिक आकर्षण का आधार उनकी जरूरतों में समानता नहीं, बल्कि भिन्नता होती है। अतः इस सिद्धान्त का मानना है कि दो व्यक्तियों में अन्तर्वैयक्तिक आकर्षकता के कारण उन दोनों की वैसी आवश्यकताएँ हैं जिन्हें एक-दूसरे का पूरक कहा जा सकता है। इस सिद्धान्त का प्रतिपादन मूलतः साथी चयन एक समान होती है, फिर भी उन लोगों के बीच आकर्षण का मुख्य कारण उन दोनों की पूरक आवश्यकताएँ ही होती हैं। जैसे–पुरुष की लैंगिक आवश्यकता की पूर्ति स्त्री से एवं स्त्री की लैंगिक आवश्यकता की पूर्ति पुरुष से होती है। इसके कारण इन दोनों में आकर्षकता बनी रहती है।

विन्च ने पूरक आवश्यकताओं से उत्पन्न होने वाले अन्तर्वैयक्तिक आकर्षण के दो कारण बतलाये हैं– 1. पूरक आवश्यकता की संतुष्टि की परिस्थिति में एक व्यक्ति द्वारा की गयी अन्तःक्रिया दूसरे व्यक्ति के लिए एक पुरस्कार का काम करती है। जैसे–यदि एक व्यक्ति में प्रभुत्व की आवश्यकता ज्यादा है, और दूसरे में अधीनता की आवश्यकता अधिक है, तो इन दोनों द्वारा की गयी अन्तःक्रिया एक-दूसरे के लिए पूरक होंगे और एक तरह के पुरस्कार का कार्य करेंगे। परिणामस्वरूप उनमें आकर्षण बरकरार रहेगा।

2. परिणामस्वरूप एक व्यक्ति किसी ऐसी विशेषता या गुण वाले व्यक्ति के प्रति आकर्षित होता है जिसे प्राप्त करने की इच्छा उसे कभी हुई थी परन्तु परिस्थितिवश वह उसे प्राप्त करने में सफल नहीं हो सका था।

विन्च ने पूरक आवश्यकताओं के दो प्रकार बतलाए हैं—

(क) टाइप वन पूरक आवश्यकता

(ख) टाइप टू पूरक आवश्यकता।

टाइप वन पूरक आवश्यकता का तात्पर्य यह होता है कि जो आवश्यकता एक व्यक्ति में अधिक है तो वही आवश्यकता दूसरे व्यक्ति में कम है। जैसे—एक व्यक्ति जिसमें दूसरों पर आधिपत्य जमाने की आवश्यकता अधिक है तथा दूसरा व्यक्ति जिसमें ऐसी आवश्यकता कम है, एक-दूसरे के प्रति परस्पर आकर्षित होंगे और यह आवश्यकता टाइप वन पूरक आवश्यकता कहलाएगी।

टाइप टू पूरक आवश्यकता का तात्पर्य यह होता है कि कोई व्यक्ति किसी एक या एक से अधिक आवश्यकता में उच्च हो सकता है तथा किसी दूसरी आवश्यकता में उच्च या निम्न हो सकता है। ऐसी परिस्थिति में भी दोनों में आकर्षकता बरकरार रहती है। जैसे—एक व्यक्ति में दूसरों पर निर्भर रहने की आवश्यकता यदि तेज है तथा दूसरे व्यक्ति में दूसरों का स्नेह या प्यार पाने की आवश्यकता तेज है, तो ये दोनों व्यक्ति एक-दूसरे के प्रति आकर्षित रहेंगे।

कुछ ऐसे प्रयोगात्मक सबूत प्राप्त हुए हैं, जो इस सिद्धान्त के पक्ष में हैं। हालाँकि ऐसे सबूतों में संगतता नहीं है। जैसे—बिम्ब एवं उनके सहयोगियों ने एक अध्ययन किया जिसमें 25 विवाहित जोड़ों की आवश्यकता संरचना का अध्ययन किया और पाया कि उनमें परस्पर आकर्षकता का कारण उनकी पूरक आवश्यकताएँ थी। अन्य अध्ययनों जैसे—बोअरमैन तथा डे , स्केलनवर्ग तथा बी मर्स्टीन आदि के अध्ययनों से विन्च के सिद्धान्त को समर्थन नहीं मिला है, परन्तु कर्कहॉफ तथा डेभिस के अध्ययन से विन्च के परिणामों को पूर्णतः समर्थन मिला है।

इस सिद्धान्त की कुछ आलोचनाएँ भी की गई हैं जिनको प्रमुख रूप से निम्न प्रकार दर्शाया गया है—

1. बैकमैन तथा सेकर्ड एवं मुथार्ड ने अपने-अपने अध्ययनों के आधार पर बतलाया है कि बहुत ही कम परिस्थिति ऐसी होती है, जिसमें परस्पर आकर्षकता का कारण पूरक आवश्यकताएँ होती हैं। अधिकतर परिस्थिति में ऐसी आकर्षकता का कारण समान आवश्यकताएँ ही होती हैं।
2. मनोवैज्ञानिक लविंगर का मानना है कि इस सिद्धान्त में पूरक आवश्यकताओं को मापने की कोई पद्धति नहीं बतलाई गई है। इतना ही नहीं, इस सिद्धान्त

में संप्रत्यय-सम्बन्धी तथा अध्ययन पद्धति दोष भी कुछ हैं जिनसे इस सिद्धान्त की वैधता प्रभावित हुई है।

3. सेकर्ड के अनुसार पूरक आवश्यकता सिद्धान्त भीतर से एक कमजोर सिद्धान्त है। इसका प्रमाण हमें इस बात से मिल जाता है कि इसके समर्थन में जो प्रयोगात्मक सबूत दिए गए हैं, वे असंगत हैं।

### *5. समदृष्टि सिद्धान्त*

समदृष्टि सिद्धान्त के माध्यम से भी अन्तर्वैयक्तिक आकर्षण की व्याख्या करना सम्भव है। सचमुच में यह सिद्धान्त अन्तर्वैयक्तिक आकर्षण की व्याख्या विनिमय सिद्धान्त से एक कदम आगे चलकर करता है। इस सिद्धान्त के प्रमुख समर्थक वालस्टर, वालस्टर तथा वर्स्कीड हैं। इस सिद्धान्त से अन्तर्वैयक्तिक आकर्षण की व्याख्या दो व्यक्ति में से किसी एक ही की पुरस्कार-व्यय परिणाम के रूप में नहीं, बल्कि दोनों के पुरस्कार तथा व्यय एवं जिनके साथ अन्तःक्रिया की जा रही है, उनके पुरस्कार तथा व्यय के बीच एक सन्तुलन के रूप में होती है। जैसे और में अन्तर्वैयक्तिक आकर्षकता है, तो इसका कारण यह है कि यहाँ को के साथ अन्तःक्रिया के फलस्वरूप उसे मिलने वाला पुरस्कार या व्यय (या ) को मिलने वाला पुरस्कार तथा व्यय से अधिक है या कम है, तो उससे एक तरह का असन्तुलन या असमदृष्टि की स्थिति उत्पन्न होगी। ऐसी परिस्थिति में व्यक्ति अपने भाव या प्रत्यक्षण को इस ढंग से परिवर्तित करेगा कि उसे एवं उसके सहयोगी दोनों को मिलने वाला पुरस्कार तथा व्यय के बीच एक सन्तुलन या समदृष्टि कायम हो जाए।

अग्रलिखित प्रकार से इस सिद्धान्त की प्रमुख विशेषताओं का संक्षेपीकरण किया जा सकता है—

1. यदि असमदृष्टि की स्थिति पैदा हो जाती है तो दोनों व्यक्ति अपने प्रत्यक्षण एवं भाव में कुछ इस ढंग का परिवर्तन लाते हैं कि उनमें पुनः एक सन्तुलन या समदृष्टि कायम हो सके।
2. परस्पर अन्तःक्रिया करने वाले तथा जिनके साथ अन्तःक्रिया की जाती है, दोनों को मिलने वाले पुरस्कार-व्यय परिणाम अधिक ऊँचा होता है, तो इससे असमदृष्टि की अवस्था उत्पन्न हो जाती है।
3. इस सिद्धान्त में अन्तर्वैयक्तिक आकर्षण की व्याख्या पुरस्कार तथा उसके परिणाम के रूप में की जाती है। अतः इसकी समानता विनिमय सिद्धान्त से अधिक है।

4. इस सिद्धान्त में अन्तःक्रिया करने वाले तथा जिसके साथ अन्तःक्रिया की जाती है, दोनों को मिलने वाले पुरस्कार तथा व्यय के बीच एक सन्तुलन स्थापित किया जाता है।
5. समदृष्टि पुनः कायम हो जाने पर दोनों के बीच आकर्षकता बनी रहती है।

समाज मनोवैज्ञानिकों ने समदृष्टि सिद्धान्त की आलोचना करते हुए बतलाया है कि यह सिद्धान्त दोनों सहयोगियों की अन्तःक्रियाओं में पुरस्कार तथा व्यय परिणाम में सन्तुलन की आदर्श बिन्दु क्या होगा, इसका उल्लेख नहीं करता है। ऐसा भी संभव है कि दोनों में कभी एक स्वीकार्य सन्तुलन स्थापित नहीं होकर भी परिस्थितिवश दोनों में आकर्षकता बनी रहे। इसका अच्छा उदाहरण हमें उस परिस्थिति से मिलता है। जिसमें दो व्यक्तियों के पुरस्कार तथा व्यय परिणाम में भिन्नता तो होती है, परन्तु किसी अन्य व्यक्ति या व्यक्तियों के समूह से उन दोनों को समान मात्रा में धमकी मिल रहा हो।

इस आलोचना के बावजूद समदृष्टि सिद्धान्त को विशेष अर्थ में विनिमय सिद्धान्त से उत्तम माना गया है।

परिणामस्वरूप यह कहा जा सकता है कि पूरक आवश्यकता सिद्धान्त अन्तर्वैयक्तिक आकर्षण की व्याख्या करने में विनिमय सिद्धान्त एवं अन्य सिद्धान्तों के समान सक्षम नहीं है। इसकी आंशिक सार्थकता को दृष्टिगत रखते हुए यह कहा जा सकता है कि यह सिद्धान्त उतना वैध एवं विश्वसनीय नहीं है।

## निष्कर्ष

अन्तर्वैयक्तिक आकर्षण की सैद्धान्तिक व्याख्या करने के लिए कई सिद्धान्तों का वर्णन किया गया है, जिसमें सन्तुलन सिद्धान्त, पुनर्बलन सिद्धान्त, विनिमय सिद्धान्त तथा पूरक आवश्यकता सिद्धान्त प्रमुख हैं जिनकी आलोचनात्मक व्याख्या प्रस्तुत की गई है। अन्तर्वैयक्तिक आकर्षण उसे कहते हैं जब किसी व्यक्ति का स्वीकारात्मक अथवा अस्वीकारात्मक तरीके से मूल्यांकन किया जाता है।

अन्तर्वैयक्तिक आकर्षण के दो मुख्य निर्धारक बतलाए गए हैं—अन्तर्वैयक्तिक निर्धारक एवं परिस्थितिजन्य निर्धारक। अन्तर्वैयक्तिक निर्धारक में शारीरिक आकर्षकता, समानता, पारस्परिकता तथा चाटुकारिता आदि प्रधान है। परिस्थितिजन्य निर्धारक में समीपता या सन्निकटता हैं। परिस्थितिजन्य निर्धारक में समीपता या सन्निकटता तथा संवेग उत्पन्न करने वाली घटनाएँ आदि प्रधान हैं।

# 6

# पूर्वाग्रह एवं विभेद का मनोवैज्ञानिक विश्लेषण

जब किसी व्यक्ति या वस्तु के सन्दर्भ में कोई पहले से धारणा बनाकर रखता है तो उसे पूर्वाग्रह कहा जाता है। पूर्वाग्रह मूलतः दो शब्दों की संधि से बना है—पूर्व आग्रह। पूर्व अर्थात् पहले से और आग्रह अर्थात् धारणा।

## पूर्वाग्रह—आशय एवं परिभाषा

पूर्वाग्रह एक प्रकार की मनोवृत्ति होती है। कुछ लोगों ने इसे स्वीकारात्मक मनोवृत्ति माना है तथा कुछ लोगों ने इसे नकारात्मक मनोवृत्ति माना है। जैसे बर्न और मेयर्स ने इसे नकारात्मक मनोवृत्ति माना है जबकि सेकर्ड तथा बैकमैन ने इसे नकारात्मक मनोवृत्ति के अलावा स्वीकारात्मक मनोवृत्ति भी माना है। मनोवृत्ति के रूप में पूर्वाग्रह होने पर व्यक्ति दूसरे समूह के सदस्यों के प्रति घृणा दिखलाता है एवं विचारों को व्यक्त करता है। स्वीकारात्मक मनोवृत्ति के रूप में पूर्वाग्रह होने पर व्यक्ति दूसरे सदस्यों के प्रति अत्यधिक स्नेह एवं प्यार दिखलाता है तथा परिस्थिति विपरीत होने पर भी विचारों को ही व्यक्त करता है। उदाहरणार्थ, यदि कोई प्रोफेसर अपने किसी छात्र के प्रति स्वीकार रूप में पुर्वागृहित होते हैं, तो किसी अन्य छात्र द्वारा उसके बारे में किये जाने पर भी वे उस छात्र के प्रति अपना स्नेह, प्यार एवं विवेकपूर्ण विचार बनाये रखते हैं। इस तरह से नकारात्मक मनोवृत्ति के रूप में पूर्वाग्रह का एक उदाहरण इस प्रकार किया जाता सकता है। भारतीय समाज में उच्च जाति के लोग प्रायः हरिजनों को घृणा

की दृष्टि से देखते हैं तथा उनके प्रति अधिक भेद भाव व्यक्त करते हैं। पूर्वाग्रह का अधिकतर प्रयोग इस मनोवृत्ति के ही सन्दर्भ में किया जाता है।

समाज मनोविज्ञान में पूर्वाग्रह को भिन्न-भिन्न ढंगों से परिभाषित किया गया है और एहर्लिक के अनुसार मनोवैज्ञानिकों के बीच इसके अर्थ के बारे में अभी तक पूर्ण सहमति नहीं है। कुछ समाज मनोवैज्ञानिकों के अनुसार पूर्वाग्रह एक तरह का पूर्वकल्पित विवेकहीन निर्णय है। कुछ समाज मनोवैज्ञानिकों ने इसे किसी धर्म, प्रजाति एवं समूह के प्रति दिखलायी जाने वाली एक तरह की नापसन्दगी या घृणा कहा है तथा कुछ लोगों ने इसे उपयुक्त व्यवहार के सम्बन्ध में किये जाने वाले आदर्शात्मक प्रत्यक्षण का एक संग्रह माना है। स्पष्ट है कि पूर्वाग्रह के अर्थ के बारे में समाज मनोवैज्ञनिकों के बीच मतभेद हैं। इस मतभेद के बावजूद भी अधिकतर समाज मनोवैज्ञानिकों, जिनमें प्रमुख सेकर्ड तथा बैकमैन, फेल्डमैन, मेयर्स, बरोन तथा बर्न हैं, के बीच इस बात की पूर्ण सहमति है कि पूर्वाग्रह एक तरह की मनोवृत्ति है। इन समाज मनोवैज्ञानिकों की परिभाषाओं को देखने से यह स्पष्ट मालूम होता है कि इन लोगों ने पूर्वाग्रह को किसी वस्तु, घटना या अन्य व्यक्तियों के प्रति एक तरह की मनोवृत्ति माना है। उदाहरण के रूप में कुछ परिभाषाओं को अब हम नीचे प्रस्तुत कर रहे हैं–

**सेकर्ड तथा बैकमैन** के अनुसार, "पूर्वाग्रह एक मनोवृत्ति है जो व्यक्ति को किसी समूह या उसके सदस्यों के प्रति अनुकूल या प्रतिकूल ढंगों से सोचने, प्रत्यक्षण, करने, अनुभव करने तथा क्रिया करने के लिए पहले से ही तत्पर बना देती है।"

**बरोन तथा बर्न** के अनुसार, "समाज मनोविज्ञान में सामान्यतः किसी प्रजातीय, मानवजातीय या धार्मिक समूह के सदस्यों के प्रति एक नकारात्मक मूल्य के रूप में परिभाषित किया जाता है।"

**मेयर्स** के अनुसार, "पूर्वाग्रह किसी समूह एवं उसके सदस्यों के प्रति अनुचित नकारात्मक मनोवृत्ति को कहा जाता है।"

**फेल्डमैन** के अनुसार, "किसी समूह के सदस्यों के प्रति ऐसे स्वीकार निर्णय या मूल्यांकन को पूर्वाग्रह कहा जाता है जो मुख्यतः उस समूह की सदस्यता पर आधारित है न कि सदस्यों के विशेष गुणों पर।"

पूर्वाग्रह चाहे स्वीकारात्मक हो या नकारात्मक, यह एक मनोवृत्ति है और होने के नाते इसमें मनोवृत्ति के तीनों संघटक अर्थात् संज्ञानात्मक, भावात्मक तथा व्यवहारात्मक संघटक मौजूद होते हैं। पूर्वाग्रह की स्थिति में संज्ञानात्मक से तात्पर्य किसी व्यक्ति या

वस्तु के प्रति उन विचारों एवं विश्वासों से होता है जो पूर्णतया अनुचित होते हैं, जैसे–उच्च जातियों का यह विचार गन्दे, गँवार, अछूत होते हैं। संज्ञानात्मक संघटक का उदाहरण है। पूर्वाग्रह के इस विवेकहीन पक्ष की अभिव्यक्ति प्रायः स्थिरकृतियों के रूप में व्यक्त की जाती है। संक्षेप में स्थिरकृतियों से तात्पर्य किसी समूह के व्यक्तियों के बारे में विश्वासों एवं विचारों को एक दृढ़ एवं अतिसरलीकृत सेट से होता है। बंगाली अक्सर कमजोर एवं डरपोक होते हैं, हमारे समाज की प्रधान रूढ़िकृति में एक प्रमुख रूढ़िकृति का उदाहरण है हालाँकि सभी बंगाली कमजोर एवं डरपोक नहीं होते हैं फिर भी यह एक सामान्य धारणा ऐसी हैं जिसे हम रूढ़िकृति कहते हैं। पूर्वाग्रह के भावात्मक संघटक में दूसरे समूह के सदस्यों का नकारात्मक मूल्यांकन किया जाता है जिसमें प्रायः घृणा एवं विद्वेष का भाव होता है। उच्च जातियों द्वारा हरिजनों को घृणा, डर एवं विद्वेष दिखलाना इस भावात्मक संघटक का उदाहरण है। पूर्वाग्रह का व्यवहारात्मक संघटक में व्यक्ति दूसरे समूह के सदस्यों के प्रति खुलकर विभेद, अलगाव है। पूर्वाग्रह का व्यवहारात्मक संघटक में व्यक्ति दूसरे समूह के सदस्यों के प्रति खुलकर विभेद, अलगाव तथा अन्य दूसरे तरह के अप्रिय व्यवहार करता है। उच्च जातियों के लोगों द्वारा विशेषकर गाँव में हरिजनों को अपने कुएँ से पानी नहीं लेने देना, गाँव से अलग झुग्गी-झोपड़ी में रहने के लिए उन्हें बाध्य करना, पवित्र स्थानों में प्रवेश नहीं करने देना आदि पूर्वाग्रह के व्यवहारात्मक संघटक के उदाहरण हैं।

उपर्युक्त विवरणों से मालूम होता है कि अलग-अलग मनोवैज्ञानिकों द्वारा पूर्वाग्रह को अलग-अलग ढंग से परिभाषित करने के बावजूद इसके प्रयोग में समानता होती है। ऊपर किये गये वर्णन के आधार पर हमें पूर्वाग्रह के बारे में मूलतः निम्नांकित तथ्य मिलते हैं–

## *पूर्वाग्रह के तथ्य*

1. पूर्वाग्रह को कुछ समाज मनोवैज्ञानिकों ने सिर्फ नकारात्मक मनोवृत्ति के रूप में परिभाषित किया है परन्तु कुछ समाज मनोवैज्ञानिकों ने इसे नकारात्मक मनोवृत्ति के अलावा स्वीकारात्मक मनोवृत्ति के रूप में भी परिभाषित किया है। इस मतभेद के बावजूद भी हमें यह मानने में कोई हिचकिचाहट नहीं होती है कि अधिकतर समाज मनोवैज्ञानिकों ने इसका प्रयोग नकारात्मक मनोवृत्ति के रूप में ही किया है।
2. पूर्वाग्रह के व्यवहारात्मक संघटक के रूप में व्यक्ति पूर्वाग्रहित समूहों या व्यक्तियों को प्रति विभेद, अलगाव तथा अन्य अप्रिय व्यवहारों को दिखलाती है।

3. पूर्वाग्रह के संज्ञानात्मक संघटक की अभिव्यक्ति रूढ़िकृतियों के रूप में होती है जो एक तरह का अति-सामान्यीकरण है।
4. पूर्वाग्रह चाहे स्वीकारात्मक हो या नकारात्मक हो, इसमें मनोवृत्ति के तीनों संघटक अर्थात् संज्ञानात्मक संघटक, भावात्मक संघटक तथा व्यवहारात्मक संघटक पाये जाते हैं।
5. इस तरह से पूर्वाग्रह का प्रभाव व्यक्ति के चिन्तन, प्रत्यक्षण, भाव एवं व्यवहार सभी पर पड़ता है।
6. पूर्वाग्रह से संज्ञानात्मक या भावात्मक संघटक के रूप में व्यक्ति में घृणा एवं विद्वेष की भावना होती है।
7. पूर्वाग्रह एक तरह की मनोवृत्ति है जो तथ्यों पर आधारित नहीं होती है।

## *पूर्वाग्रह के प्रकार*

**(1) उम्र पूर्वाग्रह**—इसमें आयु को आधार बनाया जाता है कि ये कमजोर, निष्क्रिय, असामाजिक और परावलंबी होते हैं। भारत में भी उम्र पूर्वाग्रह कुछ ऐसी ही है हालाँकि भारत में कुछ बूढ़े लोग ऐसे भी हैं जिनके प्रति ऐसी नकारात्मक मनोवृत्ति ठीक नहीं बैठती है। इसका ज्वलन्त उदाहरण भारत के पूर्व उपप्रधान मंत्री लालकृष्ण आडवाणी हैं जो वयोवृद्ध नेता तो अवश्य हैं परन्तु उनमें निष्क्रियता, असामाजिकता एवं जरजीर्णता की बू तक नहीं मिलती है। भगवान करे उनके नेतृत्व की छाया हम भारतवासियों को अभी और कुछ समय तक मिलती रहे।

**(2) भाषा पूर्वाग्रह**—भारत में विभिन्न जातियों के लोग हैं जिनकी अपनी अलग-अलग भाषा शैली है। भाषा के आधार पर समूह बनाकर एक-दूसरे के प्रति द्वेष की भावना रखते हैं। आये दिन हम अखबारों में भाषा को लेकर दलगत मनमुटाव की खबरें पढ़ते रहते हैं। अभी भी दक्षिण भारत के लोग हिन्दी भाषा के प्रति एक नकारात्मक मनोवृत्ति बनाये रखे हुए हैं और उन्हें इस बात का डर हमेशा बना रहता है कि कहीं इस भाषा को हम पर थोप न दिया जाए।

**(3) प्रजातीय पूर्वाग्रह**—इसमें जाति के आधार पर पूर्वाग्रह रखा जाता है। अमेरिका में गोरे लोग अब नीग्रो को कम बुद्धि वाला व असभ्य समझते हैं हालाँकि कुछ मनोवैज्ञानिकों जैसे जैकमैन तथा सेन्टर तथा स्मेडले एवं बेटोन ने अपने सर्वे के आधार दिखलाया है कि गोरे अमेरिका में नीग्रो अमेरिकन के प्रति अब इस ढंग का नकारात्मक पूर्वाग्रह करीब समाप्त हो गयी है। भारत में भी हमें प्रजातीय पूर्वाग्रह का उदाहरण मिलता है। प्रायः समझते हैं कि मुस्लिम लोग गंदे होते हैं, बंगाली लोग

डरपोक एवं कमजोर होते हैं, सरदार लोग बहुत धूर्त एवं चालक होते हैं तथा बिहारी लोग बुद्धु एवं झगड़ालू होते हैं। यदि पूर्वाग्रहों की गहराई में जाकर देखें तो हम पायेंगे कि इसमें सच्चाई कम है।

**(4) यौन पूर्वाग्रह**—यौन पूर्वाग्रह से तात्पर्य किसी यौन व्यक्ति के एक खास तरह के पूर्वाग्रह से होता है। यौन पूर्वाग्रह के अध्ययन से पता चलता है कि महिलाएँ दूसरों पर आश्रित तथा करुणाशील होती हैं। उनमें किसी प्रकार के नेतृत्व के गुणों से पूर्ण होते हैं। मेयर (1987) ने बतलाया कि अब अमेरिका में महिलाओं और पुरुषों को करीब-करीब समान देखा जाने लगा है। फलस्वरूप, प्रजातीय पूर्वाग्रह के समान ही यौन पूर्वाग्रह भी करीब-करीब समाप्त ही हो गया है। अमेरिका जैसे देश में भले ही यौन पूर्वाग्रह खत्म होने पर हो परन्तु भारत में तो आज भी व्यापक रूप से मौजूद है। लोग यहाँ महिलाओं को कमजोर, दूसरों पर निर्भर रहने वाली, कम बुद्धि की, विनम्र, घर में रहने वाली कठपुतली आदि समझते हैं और उसी के अनुसार व्यवहार करते हैं। परन्तु खुशी की बात यह है कि अब धीरे-धीरे महिलाओं के प्रति इस तरह की पूर्वाग्रहों में भी कमी आ रही है।

**(5) क्षेत्रीय पूर्वाग्रह**—भारत जैसे देश में हमें क्षेत्रीय पूर्वाग्रह का उदाहरण मिलता है। प्रायः यह देखा गया है कि शहर में रहने वाले व्यक्ति अपने को अधिक बुद्धिमान, चतुर एवं आधुनिक समझते हैं तथा देहात या गाँव में रहने वाले व्यक्ति को वे मन्द बुद्धि का एवं नासमझ तथा बेवकूफ समझते हैं। यह क्षेत्रीय पूर्वाग्रह का प्रभाव है।

**(6) धर्म से सम्बन्धित पूर्वाग्रह**—धर्म से सम्बन्धित पूर्वाग्रह में व्यक्ति अपने धर्म के व्यक्तियों के प्रति स्वीकारात्मक मनोवृत्ति तथा दूसरे धर्म के व्यक्ति के प्रति नकारात्मक मनोवृत्ति रखता है। फलस्वरूप, दूसरे धर्म के लोगों के प्रति व्यक्ति में बैर-भाव एवं शत्रुता उत्पन्न होने लगती है। पश्चिमी मनोवैज्ञानिकों द्वारा भी इस तरह की पूर्वधारणा का अध्ययन किया गया है। जावेलका ने अपने अध्ययन के आधार पर यह बतलाया है कि ईसाइयों की पूर्वधारणा नीग्रो के प्रति अधिक नकारात्मक होती है। हिन्दू धर्म मानने वाले लोग मुस्लिम धर्म मानने वाले लोगों के प्रति अधिक पूर्वाग्रहित होते हैं। इसके कारण ही सामाजिक दंगे होते हैं।

**(7) राजनीति से सम्बन्धित पूर्वाग्रह**—अपने देश में राजनीति से सम्बन्धित पूर्वधाग्णा का चमत्कार काफी देखने को मिलता है। एक राजनैतिक दल के सदस्य दल के सिद्धान्तों, नियमों एवं आदर्शों को श्रेष्ठ समझकर आपस में एकता दिखलाते हैं और वे एकमत रहते हुए दूसरे पक्षों के प्रति घृणा का भाव रखते हैं। इस प्रकार का पूर्वाग्रह स्पष्टतत्तः राजनैतिक स्वार्थों के कारण होता है।

**(8) जाति पूर्वाग्रह**—भारत एक विशाल देश है। यहाँ अनेकों जातियों के लोग निवास करते हैं जिनकी अपनी जाति के प्रति उच्च भावना होती है। जाति पूर्वाग्रह का एक लाभ यह होता है कि एक जाति के लोग आपस में एक-दूसरे को एक समाज का सदस्य मानते हैं चाहे वे किसी भी क्षेत्र, व्यवसाय या वर्ग के हों। फलस्वरूप उनमें जाति के नाम पर एकता बनी रहती है। इसका स्पष्ट परिणाम यह होता है कि उनका पूर्वाग्रह अपनी जाति के लोगों के प्रति स्वीकारात्मक होता है। परन्तु इनका पूर्वाग्रह अन्य जाति के लोगों के प्रति नकारात्मक होता है और उनके प्रति शत्रुता एवं विद्वेष बढ़ जाता है जिसकी मात्रा अधिक होने से जातीय दंगों का जन्म हो जाता है।

**(9) साम्प्रदायिक पूर्वाग्रह**—साम्प्रदायिक पूर्वाग्रह से मतलब ऐसे पूर्वाग्रह से है जब किसी सम्प्रदाय विशेष के लोग किसी दूसरे सम्प्रदाय के लोगों के प्रति किसी खास तरह का आग्रह अपने मन में पाल कर रखते हैं। भारत में तीन समुदाय अर्थात् हिन्दू समुदाय, मुस्लिम समुदाय एवं सिक्ख समुदाय की मनोवृत्ति एक-दूसरे के प्रति अधिक तीक्ष्ण हैं। फलस्वरूप, इनमें से एक समुदाय के दूसरे समुदाय के लोगों के प्रति अधिक पूर्वाग्रहित हैं। समय-समय पर हिन्दू-मुस्लिम में साम्प्रदायिक दंगे तथा पंजाब में हिन्दू एवं सिक्खों के साम्प्रदायिक दंगे इसी तरह के पूर्वाग्रह के परिणाम हैं।

उपर्युक्त बिन्दुओं से विभिन्न पूर्वाग्रहों पर प्रकाश डाला गया है—

## *पूर्वाग्रह का स्वरूप*

यद्यपि समाज मनोवैज्ञानिकों द्वारा पूर्वाग्रह की व्याख्या भिन्न-भिन्न ढंगों से की गयी है फिर भी उसके द्वारा किये वर्णन एवं उनके प्रयोगों एवं शोधों से हमें कुछ इस प्रकार के सामान्य तथ्य मिलते हैं जिनके आधार पर हमें पूर्वाग्रह के स्वरूप या उसकी विशेषताओं के बारे में ज्ञात होता है। ऐसी प्रमुख विशेषताएँ निम्नांकित हैं—

**(1) पूर्वाग्रह का कार्यात्मक स्वरूप होता है**—क्रेच क्रेचफिल्ड एवं वैलेची के अनुसार, पूर्वाग्रह का स्वरूप कार्यात्मक होता है क्योंकि इससे कुछ फायदा भी व्यक्ति को होता है। उदाहरणार्थ, पूर्वाग्रह विद्वेष को उचित ठहराने में संतुष्टि प्रदान करता है। इसके द्वारा दमित इच्छाओं की संतुष्टि होती है, आत्मसम्मान एवं प्रतिष्ठा के भाव को मजबूत करने में मदद मिलती है तथा कुण्ठा एवं आक्रमणकारी व्यवहारों को विद्वेषपूर्ण कार्यों द्वारा व्यक्त करने का मौका मिलता है। स्पष्ट है कि पूर्वधारणा का कार्यात्मक महत्त्व भी व्यक्ति की जिन्दगी में होता है।

**(2) पूर्वाग्रह में संवेगात्मक रंग होता है**—पूर्वाग्रह संवेगात्मक रंग होता है और वह किसी समूह, धर्म, जाति के लोगों के या तो अनुकूल होते हैं या होता है। यदि पूर्वाग्रह अनुकूल हुआ, तो व्यक्ति दूसरे समूह, धर्म या जाति के प्रति अधिक स्नेह एवं प्रेम दिखलाता है। परन्तु यदि पूर्वाग्रह प्रतिकूल हुआ तो व्यक्ति दूसरी जाति, धर्म या समूह के व्यक्तियों के प्रति घृणा, विद्वेष आदि संवेग रूप से दिखलाता है। अमेरिका में गोरे का नीग्रो के प्रति नकारात्मक या प्रतिकूल पूर्वधारणा तथा नीग्रो में उच्च जाति के लोगों के प्रति प्रतिकूल पूर्वधारणा में इस तरह की संवेग प्रतिक्रिया अधिक देखने को मिलती है। स्पष्ट है कि पूर्वाग्रह अनुकूल हो या प्रतिकूल, उसमें संवेग रंग निश्चित रूप से होता है। पूर्वधारणा के इस गुण का भी समर्थन करीब-करीब सभी आधुनिक मनोवैज्ञानिकों ने किया है।

**(3) पूर्वाग्रह विवेकहीन होता है**—पूर्वाग्रह का स्वरूप कुछ ऐसा है कि इसमें विवेक, तर्क एवं संगति का कोई स्थान नहीं होता है। अनेक प्रकार के तथ्य एवं सूचनाओं को व्यक्ति के सामने प्रस्तुत करने पर भी वह अपनी पूर्वाधारण या पूर्वाग्रह पर रहता है। अनेक मनोवैज्ञानिकों जैसे—क्रेच, क्रेचफिल्ड तथा बैलेची बेरोन तथा बर्न तथा वार्केल एवं कूपर ने पूर्वधारणा की इस विशेषता पर सर्वाधिक बल डाला है।

**(4) पूर्वाग्रह का सम्बन्ध वास्तविकता से नहीं होता है**—पूर्वाग्रह चाहे अनुकूल हो या प्रतिकूल, इसका सम्बन्ध वास्तविकता से नहीं होता है। पूर्वाग्रह सुनी-सुनाई बातों एवं पुराने रीति-रिवाजों पर आधारित होता है। इसका सम्बन्ध वास्तविक हालातों से नहीं होता है। ग्रामीण क्षेत्रों में आज भी उच्च जाति के लोग दलितों से छुआछूत करते हैं। उनका छुआ हुआ भोजन वे लोग नहीं करते क्योंकि उनका विश्वास होता है कि इससे उनका धर्म भ्रष्ट हो जाता है। परन्तु वे लोग यह नहीं बता पाते कि आखिर वे ऐसा क्यों सोचते हैं। आग्रह करने पर वे यही कहेंगे कि ऐसा ही उनके पिता तथा पितामह करते थे। स्पष्ट है कि पूर्वधारणा का सम्बन्ध रीति-रिवाज तथा पूर्वजों द्वारा किये गये विश्वासों से होता है, कोई वास्तविकता से नहीं।

**(5) पूर्वाग्रह एक सप्रयास अर्जित मनोवृत्ति है**—इसमें तर्क, चिन्तन या बहस की कोई गुंजाइश नहीं होती। यह एक प्रकार का अन्धविश्वास है। अनेक प्रकार के तथ्य एवं सूचनाओं को व्यक्ति के सामने प्रस्तुत करने पर भी वह अपनी पूर्वाधारणा या पूर्वाग्रह पर रहता है। अनेक मनोवैज्ञानिकों ने इसे एक अर्जित प्रक्रिया माना है। बच्चा जब जन्म लेता है तो उसमें समूह, धर्म, जाति के लोगों के प्रति न तो स्वीकारात्मक पूर्वधारणा होती है और न ही नकारात्मक पूर्वधारणा होती है। जैसा वह

परिवर्तन सदस्यों से अन्य समूह, धर्म तथा जाति के लोगों के बारे में सुनता है। उसी के अनुसार वह उनके मन में पूर्वधारणा विकसित कर लेता है। अतः समाज मनोवैज्ञानिकों ने पूर्वधारणा को अर्जित प्रक्रिया कहा है। फेल्डैन तथा फिशर ने इस विचार का जोरदार समर्थन किया है।

**(6) पूर्वाग्रह पूर्णरूपेण किसी समूह की ओर संचालित होती है**—पूर्वाग्रह का संबंध किसी व्यक्ति और समुदाय से हो सकता है। परन्तु अधिकांशतः यह समूह के प्रति अधिक आग्रही होता है। यही कारण है कि पूर्वधारणा मानक का एक अंश के समान दीख पड़ती है। अमेरिका में प्रजातीयता से ग्रसित गोरे द्वारा एक नीग्रो के प्रति इसलिए घृणा की जाती है कि वह एक विशेष समुदाय नीग्रो समुदाय का सदस्य है। जातीय पूर्वधारणा से ग्रसित उच्च जाति के लोग एक हरिजन के प्रति घृणा करते हैं क्योंकि हरजिन का सम्बन्ध एक खास समूह से होता है। वैयक्तिक गुणों की श्रेष्ठता के बावजूद जो भी व्यक्ति उस समूह का सदस्य होगा उसके प्रति लोगों में उसी प्रकार का प्रतिकूल पूर्वाग्रह होगा।

**(7) पूर्वाग्रह दृढ़ तथा स्थिर सामान्यीकरण पर आधारित होता है**—पूर्वाग्रह में दृढ़ता पायी जाती है तथा सामान्यीकरण पर आधारित होती है। पूर्वाग्रहित व्यक्ति के सामने उसके विश्वास एवं विचार के विरोधी विचार भी यदि प्रस्तुत किये जाते हैं तो वह अपनी पूर्वधारणा या पूर्वाग्रह में परिवर्तन लाने के लिये तैयार नहीं होता है। इसका कारण यह है कि पूर्वधारणा का सम्बन्ध कुछ दृढ़ एवं स्थिर विचारों, अन्धविश्वासों एवं सामाजिक रीति-रिवाजों से होता है न कि विवेक, तर्क एवं बुद्धि से। स्पष्ट है कि पूर्वधारणा काफी दृढ़ एवं स्थिर विचारों पर आधारित होता है।

ऊपर वर्णन की गई विशेषताओं से यह स्पष्ट है कि पूर्वधारणा का स्वरूप ऐसा होता है जिसका सामाजिक कुप्रभाव अधिक होता है। फलस्वरूप मनोवैज्ञानिकों ने इसे कम करने के अनेक उपायों का भी वर्णन किया है जिसकी चर्चा हम आगे करेंगे।

## *पूर्वाग्रह और विभेद में भेद*

पूर्वाग्रह एक मनोवृत्ति है जबकि विभेद पूर्वाग्रह की व्यवहारात्मक अभिव्यक्ति है। आलपोर्ट के अनुसार पूर्वाग्रह से पाँच तरह की क्रियाएँ उत्पन्न होती हैं जिसमें विभेद एक है। अन्य चार क्रियाएँ हैं—प्रतिवाग्मिता, परिहार, शारीरिक हमला व उन्मूलन । विभेदक का स्वरूप स्वीकारात्मक भी हो सकता है तथा नकारात्मक भी। फेल्डमैन के अनुसार, "पूर्वाधारणा की व्यवहारात्मक अभिव्यक्ति विभेद कहलाती है। विभेद में किसी खास समूह में सदस्यता के कारण उस समूह के सदस्यों के साथ धनात्मक या ऋणात्मक ढंग से व्यवहार किया जाता है।"

पूर्वाग्रह एवं विभेद में समाज मनोवैज्ञानिकों ने एक खास सम्बन्ध बतलाया है। व्यक्ति में पूर्वाग्रह होने पर भी वह हमेशा लक्ष्य समूह के प्रति विभेद दिखलायेगा ही, यह कोई आवश्यक नहीं है। ऐसा इसलिए होता है कि सामाजिक परिस्थितियाँ ही कुछ ऐसी हैं जो पूर्वाग्रहित व्यक्ति को खुलकर विभेद दिखलाने की अनुमति नहीं देती हैं। उदाहरणार्थ, एक जाति का जातीय पूर्वधारणा से ग्रसित आफिसर कार्यालय में एक हरिजन क्लर्क के प्रति किसी प्रकार का विभेद नहीं दिखला सकता है क्योंकि वे दोनों ही सरकारी नौकर हैं और कानून इस प्रकार की आज्ञा नहीं देता है। दूसरी तरफ जब कोई व्यक्ति किसी धर्म, जाति या समुदाय के प्रति दिखलाता है तो उसमें एक पूर्वधारणा होगी ही, यह कोई जरूरी नहीं है हालाँकि विभेद करते देखकर आसानी से लोग यह अर्थ अधिकतर परिस्थिति में लगा लेते हैं कि व्यक्ति पूर्वाग्रहित है। उदाहरणार्थ, एक हिन्दू अपने घर में मुस्लिम किरायेदार रखने के प्रति पूर्वाग्रहित हो सकता है फिर भी वह मुहल्लेवालों के डर से उसे अपना घर किराया पर देने से इनकार करता है। यहाँ विभेद तो हो रहा है परन्तु उसके पीछे कोई पूर्वाग्रह नहीं है।

## पूर्वाग्रह के विकास एवं सम्पोषण के उपागम

हमें पूर्वज्ञात है कि पूर्वाग्रह विभिन्न प्रकार का होता है और अलग-अलग व्यक्तियों में यह अलग-अलग रूपों में मौजूद होता है। प्रश्न यह उठता है कि व्यक्ति में विभिन्न प्रकार के पूर्वाग्रहों का विकास क्यों होता है तथा उसका सम्पोषण कैसे होता है। समाज मनोवैज्ञानिकों ने इस प्रश्न पर गंभीरतापूर्वक विचार किया है। इसके अलावा समाजशास्त्रियों, इतिहासज्ञों, मानवशास्त्रियों ने भी पूर्वधारणा एवं विभेद के संभावित कारणों का अध्ययन किया है। आलपोर्ट ने अपनी बहुचर्चित पुस्तक 'दी नेचर ऑफ प्रिजूडिस' में इन सभी विशेषज्ञों द्वारा बतलाये गये पूर्वधारणा के कारणों को एकत्रित करके कुछ विशेष सिद्धान्त या उपागम का वर्णन किया है जो आज के समाजशास्त्रियों एवं समाज मनोवैज्ञानिकों को भी मान्य हैं क्योंकि इन लोगों ने भी पूर्वाग्रह एवं विभेद का अध्ययन उन्हीं सैद्धान्तिक उपागमों के भीतर किया है। आलपोर्ट ने इस प्रकार इन उपागमों को प्रस्तुत किया जाता है–

(क) परिस्थितिजन्य उपागम

(ख) संज्ञानात्मक उपागम

(ग) मनोगतिकी उपागम

(घ) सामाजिक-सांस्कृतिक उपागम

(ङ) ऐतिहासिक उपागम।

ये पाँच उपागम कुछ ऐसे हैं जिनके भीतर पूर्वाग्रह के बहुत-से लोगों पर प्रकाश डाला गया है। यहाँ उन सभी प्रमुख कारणों का वर्णन हम इन पाँचों उपागमों के अन्तर्गत करेंगे–

## *(क) परिस्थितिजन्य उपागम*

परिस्थितिजन्य उपागम में पूर्वाग्रह के उन कारणों पर बल डाला जाता है जो व्यक्ति के तात्कालिक वातावरण से सम्बन्धित होते हैं। **फेल्डमैन** के शब्दों में, "पूर्वाग्रह के स्थिति उपागम उन तरीकों पर बल डालता है जिसमें व्यक्ति के तात्कालिक वातावरण पूर्वाग्रही मनोवृत्ति पैदा करते हैं" **फेल्डमैन फिशर** तथा **मेयर्स** ने परिस्थितिजन्य उपागम में निम्नलिखित तीन कारकों को महत्त्वपूर्ण बतलाया है–

**(1) जनसांख्यिकीय विशेषताएँ**–कुछ मनोवैज्ञानिकों जैसे मेकोविच ने परिस्थितिजन्य उपागम में पूर्वाग्रह के कारणों में जनसंख्यिकी की विशेषताओं को अधिक महत्त्वपूर्ण ठहराया है। मेकोविच ने गोरे अमेरिकन में नीग्रो के प्रति नकारात्मक के अध्ययन में तीन जनसांख्यिकीय विशेषताओं को अधिक महत्त्वपूर्ण पाया है। वे तीन हैं–भौगोलिक क्षेत्र, शैक्षिक स्तर तथा उम्र। इनके अध्ययन के अनुसार अमेरिका के उत्तरी लोगों की अपेक्षा दक्षिण क्षेत्र के लोगों में नीग्रों के प्रति अधिक पूर्वाग्रह के विकास एवं सम्पोषण दो तरह की जनसांख्यिकीय विशेषताओं के महत्त्व को सिन्हा एवं सिन्हा ने भी अपने अध्ययन में दर्शाया है।

**(2) नौकरी में प्रतियोगिता**–वर्तमान समय में जीविका उपार्जन का प्रमुख साधन नौकरी है। लोग प्रतिष्ठित नौकरी में जाना चाहते हैं और इसके लिए हरसंभव प्रयास करते हैं। इसके लिए अच्छे साधनों की भी जरूरत होती है। हमारे देश में उच्च जातियों या लाभान्वित लोगों के पास अच्छे साधन जैसे बच्चों को शिक्षा के देने के लिए रुपया पैसा, शिक्षकों की सुविधा आदि निम्न जातियों या अलाभान्वित समूह के लोगों से अधिक प्राप्त हैं। स्वभावतः लाभाविन्त समूह के ही अधिकतर व्यक्ति सरकारी या गैर-सरकारी नौकरियों के लिए हुई प्रतियोगिता परीक्षा में सफल होते हैं। ऐसी स्थिति में सरकार ने आरक्षण अपनाकर अलाभान्वित समूह के लोगों के लिए नौकरी में कुछ कर दिया है। ऐसी परिस्थिति में लाभान्वित समूह के सदस्य ऐसा अनुभव करते हैं कि उनका हक अलाभान्वित समूह के लोगों को दिया जा रहा है। फलस्वरूप समूह के लोग अलाभान्वित समूह के लोगों के प्रति अधिक पूर्वाग्रही होती। भारतवर्ष में जिन-जिन राज्य सरकारों ने आरक्षण नीति का क्रियान्वयन किया है उन्हें

लाभान्वित समूह के सदस्यों द्वारा कटु आलोचनाएँ भी सहनी पड़ी हैं, जो अपने आप में अलाभान्वित समूह के सदस्यों के प्रति पूर्वाग्रह की एक महत्त्वपूर्ण अभिव्यक्ति है। फेल्डमैन के अनुसार अमेरिका में बहुसंख्यक समूह का अल्पसंख्यक समूह के सदस्यों के प्रति पूर्वाग्रह होने का एक कारण यह भी है कि दोनों समूहों के सदस्यों में सीमित नौकरियों के लिए आपस में तीव्र प्रतियोगिता है। बहुसंख्यक समूह के सदस्य को ऐसा विश्वास हो गया है कि अल्पसंख्यक समूह के सदस्य उनसे नौकरी को छीन ले जा रहे हैं।

**(3) सामाजिक सीखना**—प्रत्येक बच्चा समाजीकरण के दौरान अपने माता-पिता, भाई-बहनों एवं पड़ोसियों से दूसरे व्यक्तियों या समूहों के प्रति उपयुक्त व्यवहार करना, विश्वास आदि सीखता है। समाजीकरण के इन माध्यमों से उन्हें जैसी शिक्षा-दीक्षा मिलती है, उनमें वैसी ही मनोवृत्ति विकसित होती है। यही कारण है कि यदि पिता किसी जाति या वर्ग के प्रति पूर्वाग्रह होते हैं तो उनकी सन्तान में भी उसी ढंग की पूर्वाग्रह विकसित हो जाती है या होने की सम्भावना काफी अधिक होती है। बच्चे अपने माता-पिता के पूर्वाग्रह चार तरीकों से अपना सकते हैं। पहला, माता-पिता अन्य व्यवहार सिखलाने के समान अपने बच्चों को सीधे किसी व्यक्ति या वर्ग के प्रति एक खास पूर्वाग्रह विकसित करने की राय दे सकते हैं। दूसरा, माता-पिता अपने बच्चों के अन्तर समूह क्रियाओं पर नियंत्रण करके जैसे खास-खास के समूह के साथ खेलने देने की अनुमति नहीं देकर पूर्वाग्रह सिखला सकते हैं। तीसरा, माता-पिता अन्य लोगों के साथ मिलने-जुलने का एक खास ढंग अपनाकर भी बचों में पूर्वाग्रह कर सकते हैं। चौथा, माता-पिता एक खास ढंग से बच्चों के पालन-पोषण अभ्यास जैसे उदार तरीका या सख्त तरीका अपनाकर भी बच्चों में पूर्वाग्रह विकसित कर सकते हैं।

सियर्स ट्रौल फ्रेनकेल-बर्नसविक तथा हावेल द्वारा किये गये अध्ययन से यह पता चलता है कि बच्चों एवं माता-पिता की पूर्वधारणा में काफी समानता होती है। मनोवैज्ञानिकों जैसे काली प्रसाद, हसन एवं अन्य ने भी अपने अध्ययनों में पाया है कि बच्चों में पूर्वाग्रह का विकास उनके माता-पिता द्वारा पालन-पोषण में अपनाई गई विधियों से काफी प्रभावित होता है। इन लोगों के अनुसार पालन-पोषण में सख्त एवं अधिकारवादी तरीका अपनाने से बच्चों में पूर्वाग्रह का विकास तेजी से होता है। कुछ अध्ययनों में यह भी पाया गया है कि बच्चे अपने माता-पिता की पूर्वाग्रही मनोवृत्ति के अनुसार तीन या चार साल की उम्र में ही गोरे बच्चे नीग्रो के प्रति अपने पिता की पूर्वाग्रही मनोवृत्ति को सीखकर उनके प्रति विभेद करना प्रारम्भ कर देते हैं।

## *(ख) संज्ञानात्मक उपागम*

इस उपागम में पूर्वाग्रह में पूर्वाग्रही व्यक्तियों द्वारा पूर्वाग्रह के लक्ष्य के बारे में प्रत्यक्षण तथा उसके बारे में प्राप्त सूचनाओं के संसाधन पर किया जाता है। हैमिल्टन के अनुसार इस उपागम का सम्बन्ध परिस्थिति के वस्तुनिष्ठ तथ्यों से कम तथा पूर्वाग्रह के लक्ष्य के सम्बन्ध में पूर्वाग्रही व्यक्तियों द्वारा किया गया आत्मनिष्ठ विश्लेषण से अधिक होता है। संज्ञानात्मक उपागम के अनुसार निम्नांकित दो कारकों के रूप में पूर्वाग्रह की व्याख्या बहुधा की जाती है--

**(1) अन्तःसमूह सदस्यों एवं बाह्य समूह सदस्यों में विभिन्नता**--कुछ समाज मनोवैज्ञानिकों ने पूर्वधारणा का कारण अन्तःसमूह सदस्यों एवं बाह्य समूह सदस्यों के गुणों में विभिन्नता बतलाया है। अन्तःसमूह से तात्पर्य उस समूह से होता है जिसका व्यक्ति सदस्य होता है तथा बाह्य समूह से यहाँ तात्पर्य उस समूह से होता है जिसका सदस्य वह स्वयं नहीं होता है परन्तु जिसके सदस्य पूर्वधारणा के निशान होते हैं। कम उम्र के एक व्यक्ति के लिए कम उम्र के व्यक्तियों का समूह अन्तःसमूह हुआ परन्तु बूढ़े लोगों का समूह बाह्य समूह का उदाहरण हुआ। डाऊमिंग तथा अन्य के अनुसार अन्तःसमूह के सदस्यों एवं बाह्य समूह के सदस्यों के बीच जितना ही कम सम्पर्क होता है, बाह्य समूह के सदस्यों के प्रति पूर्वधारणा उतनी ही मजबूत होती है। यही कारण है कि एक जाति विशेष का व्यक्ति अपनी जाति के लोगों से कम पूर्वाग्रही होता है परन्तु अन्य जाति के लोगों के प्रति अधिक पूर्वाग्रही होता है।

**(2) आरोपण सिद्धान्त**--आरोपण सिद्धान्त पर आधारित व्याख्या के अनुसार पूर्वाग्रही व्यक्ति द्वारा दूसरे व्यक्ति या समूह (जो पूर्वाग्रह का निशाना होता है) के प्रति किये गये नकारात्मक व्यवहार का कारण उस व्यक्ति या समूह में विदित व्यक्तिगत गुणों को माना जाता है। परन्तु जब उसके द्वारा कोई धनात्मक व्यवहार किया जाता है तो पूर्वाग्रही व्यक्ति उसकी प्रशंसा न करके उनका कारण भाग्य, अधिक प्रयास, अपवादात्मक व्यवहार आदि बतलाकर अपने आपको सन्तुष्ट कर लेता है। इसे पेटिग्रीऊ ने 'निर्णायक आरोपण त्रुटि' कहा है। स्पष्ट है कि इसमें पूर्वाग्रह का कारण पूर्वाग्रह व्यक्ति द्वारा पूर्वाग्रह के लक्ष्य के प्रति किया गया गलत प्रत्यक्षण एवं आरोपण है। उसे एक उदाहरण द्वारा इस प्रकार समझा जा सकता है--उच्च जाति के लोग अक्सर हरिजनों के प्रति पूर्वाग्रही होते हैं। यदि कोई हरिजन चोरी, डकैती आदि काण्ड में पकड़ा जाता है, तो उच्च जाति के लोग यही कहते हैं कि यह उनका खानदानी धन्धा है। इन्हीं कामों के लिए ही उनका जन्म हुआ है। परन्तु यदि कोई

हरिजन एक बड़ा पदाधिकारी बन जाता है या समाज-सुधारक बन जाता है तो वे लोग उसकी प्रशंसा न करके प्रायः यही कहते हैं कि संयोगवश ऐसा हो गया है।

पेटीग्रीऊ ने अपने अध्ययन के आधार पर यह भी बतलाया है कि जब दो व्यक्तियों या समूहों के बीच वैर-भाव एवं संघर्ष का इतिहास लम्बा होता है, तो 'निर्णायक आरोपण त्रुटि' की मात्रा भी अधिक होती है। पेटीग्रीऊ द्वारा की गई पूर्वाग्रह की व्याख्या को टेलर एवं जागी द्वारा दक्षिण भारत में हिन्दू क्लर्कों पर किये गए अध्ययन से पूर्ण समर्थन मिलता है। इस अध्ययन में दिए गये लघु गद्यांश में हिन्दू पात्र या मुसलमान पात्र के धनात्मक या ऋणात्मक व्यवहार का कारण इन हिन्दू किसनियों को बतलाना था। परिणाम में देखा गया कि मुसलमान पात्रों के सभी नकारात्मक व्यवहारों का कारण उनका जातीय एवं व्यक्तिगत गुण बतलाया गया तथा हिन्दू पात्रों के नकारात्मक व्यवहारों को मात्र संयोगवश होना बतलाया गया। इसी तरह डनकन ने गोरे कॉलेज के छात्रों पर एक अध्ययन किया जिन्हें एक ऐसी फिल्म दिखलायी गयी जिसमें एक गोरे-अमेरिकन नीग्रो को धक्का देता हुआ तथा एक नीग्रो गोरे का एक प्रमुख व्यक्तिगत गुण बतलाया है और गोरे अमेरिकन द्वारा ऐसा किया जाना एक संयोग की बात बतलाया गया। इन अध्ययनों से स्पष्ट हो जाता है कि पेटोग्रीऊ का 'निर्णायक आरोपण त्रुटि' का संप्रत्यय यथार्थ है।

## *(ग) मनोगतिकी उपागम*

मनोगतिकी उपागम में उन मनोवैज्ञानिक कारकों के अध्ययन पर बल दिया जाता है जो व्यक्तित्व में कुण्ठा, असुरक्षा, चिन्ता आदि उत्पन्न कर व्यक्ति को पूर्वाग्रही बनते हैं। ऐसे प्रमुख कारकों का अध्ययन जिसे समाज मनोवैज्ञानिकों ने किया है, निम्नांकित हैं–

**(1) सत्ताधारी व्यक्तित्व**–पूर्वाग्रह के विभिन्न मनोवैज्ञानिक कारणों में से सत्तावादी व्यक्तित्व पर मनोवैज्ञानिकों ने सबसे अधिक बल डाला है तथा अनेकों अध्ययनों में सत्तावादी व्यक्तित्व तथा पूर्वाग्रह में सीधा सम्बन्ध भी दिखलाया गया है। एडोरनो एवं उनके सहयोगियों ने कई अध्ययन किये हैं जिसमें यह दिखलाया गया है कि जिन व्यक्तियों में सत्तावादी शील जैसे–दृढ़ चिन्तन, दण्डात्मक प्रवृत्ति आदि प्रधान होता है, उनमें उन व्यक्तियों की अपेक्षा पूर्वाग्रह अधिक होता है जिनमें शीलगुण कम होते हैं। इसकी व्याख्या करते हुए समाज मनोवैज्ञानिकों ने कहा है कि सत्तावादी व्यक्तित्व वाले व्यक्तियों को बचपन में अपना माता-पिता से अनुशासन का सख्त प्रशिक्षण मिला होता है। इस तरह के सख्त अनुशासन के कारण वे अपने

माता-पिता से नाखुश रहते हैं परन्तु अपना उनके प्रति सख्त अनुशासन का औचित्य समझकर नहीं व्यक्त कर पाते हैं। फलस्वरूप वे अपने इस वैर-भाव की अभिव्यक्ति अन्य बाहरी समूहों या व्यक्तियों के प्रति नकारात्मक मनोवृत्ति दिखाकर करते हैं। हैनसन बाइरली द्वारा किये गये अध्ययन से यह स्पष्ट हो गया है कि सत्तावादी व्यक्तित्व गुणों वाले व्यक्तियों में अन्य व्यक्तियों की अपेक्षा ऐसे गुणों वाले व्यक्तियों में तेजी से दूसरे व्यक्तियों जैसे नीग्रो, महिलाओं, बूढ़े लोगों एवं सम्मिलित लोगों के प्रति पूर्वधारणा विकसित होती है। भारतीय मनोवैज्ञानिकों जैसे सिंह एवं सिन्हा ने भी अपने-अपने अध्ययनों में इस तथ्य की पुष्टि की है।

**(2) कुण्ठा एवं आक्रामकता**—कुण्ठा से भी व्यक्ति में पूर्वाग्रह की उत्पत्ति होती है। इसे पूर्वधारणा का कुण्ठा सिद्धान्त या 'बलि का बकरा' सिद्धान्त भी कहा जाता है। इस सिद्धान्त के अनुसार अगर कोई व्यक्ति अपने तय लक्ष्य में असफलता प्राप्त करता है तो वह कुण्ठा का शिकार हो जाता है। इस कुण्ठा से वह बाधक स्रोत के प्रति आक्रामक हो जाता है। परन्तु चूँकि बाधक स्रोत व्यक्ति से अधिक सबल और मजबूत होता है, फलस्वरूप वह अपना आक्रमण तथा वैर-भाव एक कमजोर स्रोत की ओर विस्थापित कर लेता है। इसे विस्थापित आक्रामकता कहा जाता है। इस विस्थापित आक्रामकता के कारण कमजोर स्रोत पूर्वाग्रह का निशाना बनता है। दूसरे शब्दों में, वह कमजोर स्रोत ही 'बली का बकरा' बनता है।

पूर्वाग्रह के 'बलि का बकरा' सिद्धान्त का समर्थन हमें अनेकों मनोवैज्ञानिकों सर्वे प्रयोगों से मिलता है। मिलर तथा बग्लेसकी द्वारा किया गया प्रयोग इस सिद्धान्त का उत्तम समर्थन करता है। इस प्रयोग में कुछ लड़के जो ग्रीष्म कैम्प में भाग ले रहे थे, की मनोवृत्ति जापानियों तथा मैक्सिकन के प्रति कैम्प व्यवस्थापक द्वारा उनमें कुण्ठा उत्पन्न करने के पहले और बाद में मापा गया। परिणाम में देखा गया कि कुण्ठा उत्पन्न करने के बाद उनकी मनोवृत्ति जापानियों एवं मैक्सिकन के प्रति पहले से और भी अधिक नकारात्मक हो गयी अर्थात् वे लोग पहले से और भी अधिक पूर्वाग्रही हो गये। अनेकों अमेरिकन अध्ययनों में यह पाया गया है कि इसी कुण्ठा के कारण ही वहाँ अल्पसंख्यक समूहों को पूर्वाग्रह का निशाना बनाया जाता है। ब्राउन मेयर्स के अध्ययन इसके उदाहरण हैं।

इस सिद्धान्त को कुछ लोगों ने अपूर्ण बतलाते हुए कहा कि इससे इस बात की व्याख्या नहीं हुई है कि क्यों कुछ समूह को पूर्वधारणा का निशाना बनाया जाता है और कुछ को नहीं। इसके अलावा, यह भी कहा जाता है कि आक्रामकता हमेशा

विस्थापित ही हो, यह जरूरी नहीं है। कभी-कभी हम लोग सीधे कुण्ठा उत्पन्न करने वाले को ही आक्रमण का निशाना बनाते हैं।

**(३) असुरक्षा और चिन्ता**—मनोवैज्ञानिकों के अनुसार असुरक्षित व्यक्तित्व वाले व्यक्तियों में पूर्वाग्रह जिस व्यक्ति में अपनी नौकरी, सामाजिक स्तर आदि के बारे में असुरक्षा की भावना नहीं होती है, वह हमेशा अन्य व्यक्तियों या समूहों के प्रति स्पष्ट एवं वस्तुनिष्ठ विचार विकसित करता है। फलस्वरूप, उसमें पूर्वाग्रह नहीं विकसित होता है। परन्तु जिन व्यक्तियों में असुरक्षा की भावना अधिक होती है, वह हमेशा व्यक्ति की ताक में रहता है जिस पर उनकी असुरक्षा का इल्जाम लगाया जा सके। फलस्वरूप व्यक्तियों में पूर्वाग्रह तेजी से विकसित होता है। आलपोर्ट ने अपने अध्ययनों में पाया है जिन व्यक्तियों में असुरक्षा अधिक होती है, उनमें पूर्वाग्रह की मात्रा भी अधिक होती है।

चिन्ता से भी पूर्वाग्रह की उत्पत्ति एवं सम्पोषण होता है। जब व्यक्ति में चिन्ता का स्तर अधिक होता है तो उसमें पूर्वाग्रह की मात्रा भी बढ़ जाती है। इसका मतलब यह हुआ चिन्ता तथा पूर्वाग्रह में धनात्मक सहसम्बन्ध अपूर्वाग्रही की अपेक्षा अधिक चिन्तित थे। मेयर्स के अनुसार मानवजातीय पूर्वधारणा रखने वाले व्यक्तियों की मात्रा एवं शक करने की प्रवृत्ति अधिक होती है। कुछ भारतीय मनोवैज्ञानिकों सिंह तथा इनायतुल्लाह ने भी अपने अध्ययनों तथा पूर्वाग्रह के बीच धनात्मक सहसम्बन्ध बतलाया है।

## *(घ) सामाजिक-सांस्कृतिक उपागम*

इस उपागम के अन्तर्गत पूर्वधारणा के उद्‌भव, विकास एवं सम्पोषण में समाजशास्त्रीय कारणों तथा सांस्कृतिक कारणों पर बल डाला गया है। फलतः इस उपस्थिति के भीतर हम उन कारकों की व्याख्या करेंगे जिसे समाजशास्त्रियों तथा मानवशास्त्रियों द्वारा गहन रूप से अध्ययन किया गया है। प्रमुख ऐसे निम्नांकित हैं—

**(1) जाति**—भारतीय समाज विभिन्न वर्गों के अलावा विभिन्न जातियों में भी बँटा हुआ है। अनेकों ऐसे अध्ययन भारतीय मनोवैज्ञानिकों एवं समाजशास्त्रियों द्वारा किये गये हैं, जिसमें प्रसाद ने अपने अध्ययन में पाया कि उच्च जाति के हिन्दुओं में जाति पूर्वाग्रह निम्न जाति के हिन्दू की अपेक्षा अधिक होती है। उनके अध्ययन के अनुसार हिन्दू ब्राह्मणों में जाति पूर्वाग्रह की मात्रा सबसे अधिक होती है। दूसरे शब्दों में, इन जाति के व्यक्तियों में अपनी जाति के लोगों के प्रति स्वीकारात्मक पूर्वाग्रह अधिक पायी जाती है। यूरोपीय देशों में जाति पर आधारित कोई समाज

व्यवस्था नहीं होती है। इसलिए यहाँ के लोगों में कोई जातीय पूर्वाग्रह नहीं हुआ करता।

**(2) शिक्षा**—पूर्वाग्रह पर शिक्षा का प्रभाव सबसे अधिक पड़ता है। शिक्षा को दो रूपों में ग्रहण किया जा सकता है—औपचारिक शिक्षा तथा दूसरी अनौपचारिक शिक्षा। यह शिक्षा माता-पिता द्वारा दी जाती है। औपचारिक शिक्षा स्कूल या कॉलेज में व्यक्तियों के बारे में सही में सोचने की शक्ति विकसित होती है। फलस्वरूप ऐसे व्यक्तियों को पूर्वाग्रही आसान नहीं होता है। विदेशों एवं भारत में किये गये अध्ययनों से यह स्पष्ट हुआ है कि औपचारिक शिक्षा के स्तर में वृद्धि होती है, वैसे-वैसे पूर्वाग्रह की मात्रा में कमी आती है। दूसरे में शिक्षा का स्तर तथा पूर्वाग्रह की मात्रा में नकारात्मक सम्बन्ध है। विलियम्स ने अपने अध्ययनों में यह बात दिखाई कि शिक्षित व्यक्तियों में अशिक्षित व्यक्तियों की अपेक्षा पूर्वाग्रह की मात्रा कम होती है। सिन्हा ने पटना विश्वविद्यालय के 1,000 छात्रों की पूर्वधारणा का अध्ययन हरिजन के प्रति स्नातकोत्तर छात्रों की पूर्वधारणा की मात्रा से कम थी; 2000 उत्तरी भारतीयों की पूर्वधारणा का अध्ययन करे (1972) ने यह पाया है कि औपचारिक शिक्षा का स्तर अधिक ऊँचा होने से व्यक्तियों में प्रति मनोवृत्ति काफी उदार हो जाती है और ये लोग उनके प्रति पूर्वाग्रही कम होते पाए गए।

**(3) नगरीकरण**—कुछ लोगों ने विशेषकर समाजशास्त्रियों ने नगरीकरण का भी प्रभाव पूर्वाग्रह पर पड़ते दिखलाया है। सामाजिक वैज्ञानिकों विशेषकर समाजशास्त्रियों का कहना है कि आजकल शहरी जिन्दगी में गंदगियाँ, कोलाहल तथा असुरक्षा काफी बढ़ गयी है। सिम्पसन तथा यिंगर ने एक अध्ययन किया और पाया कि अमेरिका में शहरी जिन्दगी में तमाम कठिनाइयों एवं मुसीबतों का कारण अधिकतर लोग अल्पसंख्यक समूह जैसे नीग्रो, यहूदी आदि का छा जाना मानते हैं। फलस्वरूप, इन लोगों में अल्पसंख्यक समूह के प्रति नकारात्मक मनोवृत्ति अर्थात् पूर्वाग्रह पायी जाती है। इस तरह से हम देखते हैं कि नगरीकरण की बढ़ती समस्याओं से व्यक्तियों में पूर्वाग्रह का जन्म होता है। भारत में भी कुछ शहरों में नगरीकरण की समस्या काफी है जिससे व्यक्ति में शहरी जिन्दगी के प्रति भिन्न-भिन्न तरह की पूर्वाग्रह उत्पन्न हो रही है।

**(4) सामाजिक वर्ग**—सामाजिक वर्ग पर भी पूर्वधारणा का प्रभाव होता है। सामाजिक वर्ग से तात्पर्य ऐसे व्यक्तियों के वर्ग या समूह से होता है जिनका सामाजिक-आर्थिक स्तर करीब-करीब समान होता है। विलियम्म ने अपने अध्ययन में पाया कि उच्च वर्गीय गोरे अमेरिकन यहूदी के प्रति अधिक पूर्वाग्रही होते हैं।

हालिंगशेड ने अपने अध्ययन में यह दिखलाया है कि निम्न सामाजिक-आर्थिक समूह के लोग नीग्रो के प्रति उच्च सामाजिक-आर्थिक समूह के लोगों की अपेक्षा अधिक पूर्वाग्रही होते हैं अर्थात् उनमें नकारात्मक मनोवृत्ति की मात्रा अधिक होती है। भारतीय समाज का अवलोकन करने पर यह पता चलता है कि उच्च सामाजिक-आर्थिक स्तर तथा मध्यम सामाजिक-आर्थिक स्तर के लोगों में निम्न सामाजिक आर्थिक स्तर के लोगों के प्रति नकारात्मक मनोवृत्ति होती है परन्तु इस बात की प्रयोगात्मक पुष्टि करना अभी शेष है।

**(5) जन समूह माध्यम**—पूर्वाग्रह को बढ़ाने या प्रचारित करने में संचार माध्यमों की भूमिका भी प्रमुख होती है। इनमें रेडियो, समाचार-पत्र, टेलीविजन, पत्रिका आदि का सर्वाधिक योगदान होता है। इन माध्यमों द्वारा हमें दूसरे व्यक्तियों एवं समूहों के बारे में तरह-तरह की सूचनाएँ मिलती हैं, जिसके आधार पर पूर्वाग्रह विकसित होता है। मार्गन (1982) ने अपने अध्ययन में पाया कि जो अमेरिकन महिलाएँ टेलीविजन पर सिर्फ वैसे कार्यक्रम देखती थीं जिसमें महिलाओं की परम्परागत भूमिका पर अधिक बल डाला जाता था, उनमें महिलाओं के परम्परागत व्यवहारों के प्रति अधिक अनुकूल पूर्वधारणा विकसित हो गयी। मेयर्स ने अमेरिकी पत्रिकाओं में छपी 110 ऐसी कहानियों का विश्लेषण किया जिसमें नीग्रो एवं यहूदियों के प्रति नकारात्मक मनोवृत्ति व्यक्त की गयी थी। उन्होंने पाया कि इन कहानियों को पढ़ने से 80% पाठकों में नीग्रो एवं यहूदियों के प्रति भी (नकारात्मक) पूर्वाग्रह और भी अधिक बढ़ गयी।

**(6) शहरी-ग्रामीण क्षेत्र**—विभिन्न अध्ययनों से मालूम हुआ है कि ग्रामीण लोगों में शहरी लोगों की तुलना में अधिक पूर्वाग्रह पाया जाता है। वे अपेक्षाकृत अधिक रूढ़ भी होते हैं। चटर्जी एवं सहयोगियों ने अपने अध्ययन में पाया है कि ग्रामीण क्षेत्र की अपेक्षा शहरी क्षेत्र के छात्रों में धार्मिक एवं यौन पूर्वाग्रह अधिक होता है। हसन एवं उनके सहयोगियों ने अपने अध्ययन में पाया कि हिन्दू के प्रति ग्रामीण ईसाई शहरी ईसाइयों की अपेक्षा अधिक पूर्वाग्रही होते हैं। अन्य तरह के भारतीय अध्ययनों के आधार पर हम इस सामान्य निष्कर्ष पर पहुँचते हैं कि ग्रामीण इलाकों में रहने वाले व्यक्तियों की अपेक्षा शहरी क्षेत्रों में रहने वाले व्यक्तियों में पूर्वाग्रह की मनोवृत्ति अधिक होती है। फलस्वरूप, इनमें पूर्वधारणा की मात्रा कम होती है।

**(7) सामाजिक संघर्ष**—विभिन्न सामाजिक समूहों के बीच में संघर्ष से भी पूर्वाग्रह की उत्पत्ति होती है तथा उसका सम्पोषण होता है। किसी सम्पूर्ण राष्ट्र के साथ संघर्ष होने पर व्यक्तियों की मनोवृत्ति उस समय या राष्ट्र के प्रति प्रतिकूल हो

जाती है। दूसरों शब्दों में, लोग उस समय उस राष्ट्र के प्रति अधिक पूर्वाग्रही हो जाते हैं। सिन्हा एवं उपाध्याय ने एक अध्ययन किया जिसमें लोगों के प्रति पटना विश्वविद्यालय के छात्रों की रूढ़ियुक्तियाँ की गयीं और पुनः उनकी रूढ़ियुक्तियों की माप उस समय की गयी जब दोनों के बीच तनाव अधिकतम सीमा तक पहुँच गयी था। परिणाम में देखा गया कि संघर्ष के पहले चीनियों को ईमानदार, दोस्ताना, बहादुर, प्रगतिशील आदि के रूप में प्रत्यक्षण किया गया परन्तु बाद में उन्हें आक्रमणकारी, धोखेबाज, स्वार्थी, निर्दयी, मूर्ख आदि के रूप में प्रत्यक्षण किया गया। इसी तरह से अमेरिकन मनोवैज्ञानिकों जैसे मीनीस सीगो ने अपने अध्ययनों में पाया कि द्वितीय विश्वयुद्ध के दौरान अमेरिकन छात्र जापानियों एवं जर्मन के प्रति पहले से अधिक पूर्वाग्रहित हो गये थे। स्पष्ट है कि सामाजिक संघर्ष से भी पूर्वाग्रह का जन्म होता है।

**(8) धार्मिक समूहन**—भारत में अनेक धर्म मानने वाले लोग रहते है। विदेशों में भी लोगों के बीच कई तरह के धार्मिक समूह पाये जाते हैं। किसी धर्म को मानने वाले व्यक्तियों में उस धर्म के प्रति अटूट विश्वास होता है। फलतः वह उस धर्म के नियमों, रीति-रिवाज और यहाँ तक कि अन्धविश्वासों को भी सहर्ष स्वीकार कर लेता है। धार्मिक विश्वास और अन्धविश्वास की कड़ी इतनी मजबूत हो जाती है कि उस विशेष धर्म के समक्ष अन्य सभी धर्म उसे तुच्छ हैं। फलस्वरूप, अन्य धर्म के लोगों के प्रति उसकी मनोवृत्ति नकारात्मक हो जाती है और इससे पूर्वाग्रह का जन्म होता है। कुछ अध्ययन जिसे सिंह, चौधरी, हसन एवं सिंह द्वारा किया गया है, में यह पाया गया है कि हिन्दुओं की तुलना में मुसलमानों में पूर्वाग्रह अधिक होता है तथा परम्परागत सामाजिक-राजनैतिक मनोवृत्तियाँ अधिक तीव्र होती हैं। नटराज ने अपने अध्ययन में पाया कि मुस्लिम की अपेक्षा हिन्दू एवं जैन में आर्थिक रूढ़िवादी से सम्बन्धित पूर्वाग्रह अधिक होता है। अमेरिका के मनोवैज्ञानिकों ने भी व्यक्तियों के धार्मिक समूहन कैथोलिक्स, प्रोटेस्टैन्ट्स तथा यहूदी में प्रजातीय पूर्वधारणा अध्ययन किया और पाया कि कैथोलिक्स धर्म मानने वाले व्यक्तियों में इस तरह का पूर्वाग्रह सबसे अधिक, उससे कम प्रोटेस्टैन्ट धर्म मानने वाले व्यक्तियों में और सबसे कम यहूदियों में पाया जाता है।

## *(ङ) ऐतिहासिक उपागम*

ऐतिहासिक उपागम में पूर्वाग्रह का कारण बहुत पहले से चली आ रही विशेष प्रकार की मनोवृत्तियाँ होती हैं। इस तरह की मनोवृत्तियों का कारण मनुष्यों का आपस

में बिगड़ता सम्बन्ध, आर्थिक संघर्ष तथा अन्याय एवं अत्याचार की गत अनुभूतियाँ आदि होती हैं। इस तरह की ऐतिहासिक घटनाओं के कारण व्यक्तियों में खास मनोवृत्ति विकसित हो जाती है जो पूर्वधारणा का रूप धीरे-धीरे ले लेती है। हमारे समाज में व्याप्त यौन पूर्वधारणा जिसमें औरतों को कमजोर, दूसरे पर निर्भर रहने वाली एवं एक घरेलू कठपुतली समझा जाता है, का मुख्य कारण गत ऐतिहासिक घटनाएँ हैं जिसमें महिलाओं पर तरह-तरह के अत्याचार किये गये और वे उसे सहना अपना कर्त्तव्य समझकर उसे चुपचाप रहीं। उसी तरह से अनेक ऐसे पेशे हैं जिन्हें ऐतिहासिक रूप से पुरुषों के लिए अच्छा तथा महिलाओं के लिए खराब समझा जाता है। जैसे—ट्रक ड्राइवर का पेशा महिलाओं के लिए ठीक नहीं समझा जाता है और ऐसे पेशे हैं और ऐसी महिलाओं के प्रति समाज के लोग पूर्वाग्रहित होते हैं। इस तरह पूर्वाग्रह या पूर्वधारणा का कारण ऐतिहासिक मनोवृत्ति है जिसके अनुसार हम लोग यह सोचते हैं कि ट्रक चलाने में अधिक शारीरिक ऊर्जा की जरूरत होती है जो महिलाओं में नहीं होती है। अमेरिका में गोरे-अमेरिकी नीग्रो अमेरिकन के प्रति नकारात्मक रूप से पूर्वाग्रहित होते हैं जिसके पीछे एक विशेष ऐतिहासिक पृष्ठभूमि है जिनमें नीग्रो की दासता का इतिहास, सामाजिक एवं शैक्षणिक अलगाव, नियुक्तियों में विभेद आदि प्रधान हैं। हमारे देश में हरिजनों के प्रति उच्च जाति के लोगों की नकारात्मक मनोवृत्ति ऐसी ही ऐतिहासिक घटनाओं पर बहुत कुछ आधारित है। प्रारम्भ से ही ऐसे लोग गरीब एवं निःसहाय हैं तथा उच्च जाति की रोटियों पर पलते आये हैं। जब उनकी दशा में धीरे-धीरे सुधार होने और सरकारी सहायता मिलनी लगी है, तो यह स्वाभाविक ही है कि उच्च जाति के लोगों की मनोवृत्ति इनके प्रति नकारात्मक हो। उसी तरह समाज में धनी लोग का पूर्वाग्रह गरीब लोगों के प्रति नकारात्मक होता है और उसके पीछे भी ऐतिहासिक पृष्ठभूमि कुछ वैसी ही है।

स्पष्ट हुआ कि ऐतिहासिक उपागम में पूर्वधारणा का कारण ऐतिहासिक घटनाओं के फलस्वरूप व्यक्तियों में उत्पन्न होने वाली सामाजिक मनोवृत्ति है। यद्यपि ऐतिहासिक उपागम द्वारा पूर्वधारणा के कारण की व्याख्या ऐतिहासिक पृष्ठभूमि से संतोषजनक ढंग से होती है फिर भी उसमें हमें कुछ प्रश्नों का उत्तर नहीं मिल पाता है। जैसे—क्यों कुछ धनी लोग गरीबों के प्रति पूर्वाग्रहित होते और क्यों कुछ दूसरे नहीं? क्यों उच्च जाति के कुछ लोग हरिजनों के प्रति पूर्वाग्रहित होते हैं और क्यों कुछ लोग नहीं होते हैं। गरीब तथा हरिजन में कुछ लोग तो पूर्वाधारणा का निशाना बनते हैं परन्तु कुछ ऐसे लोग काफी उन्नत एवं सामाजिक रूप से प्रतिष्ठित क्यों होते हैं? इसका मतलब यह हुआ कि ऐतिहासिक उपागम पूर्वधारणा के कारणों की पूर्णरूपेण व्याख्या नहीं कर पाता है।

## *पूर्वाग्रह एवं विभेद को कम करने के उपाय*

वस्तुतः पूर्वाग्रह को एक मनोविकृति माना जाता है। इसका सामाजिक प्रभाव प्रायः बुरा ही पड़ता है। पूर्वाग्रह के कारण अन्तर्वैयक्तिक संघर्ष जातीय दंगे आदि प्रायः देखने को मिलते हैं। अतः समाज मनोवैज्ञानिकों ने कुछ वैसी विधियों एवं तरीकों का भी वर्णन किया जिसके द्वारा पूर्वाग्रह और उससे उत्पन्न भेद-भाव को आसानी से कम किया जाय। ऐसी प्रमुख निम्नांकित हैं–

**(1) पूर्वाग्रह-विरोधी प्रचार**–पूर्वाग्रह के विरोध में रेडियो, टेलीविजन, सिनेमा आदि से किया गया प्रचार पूर्वाग्रह को कम करने में काफी सहायक हुआ है। मेयर्स ने अपने अध्ययन में पाया कि प्रजातीय पूर्वाग्रह को कम करने के ख्याल से बनायी गयी फिल्मों को देखने से पूर्वाग्रही व्यक्तियों की ऐसी पूर्वाग्रहों में करीब 60% तक की कमी होती पायी गयी। अन्य मनोवैज्ञानिकों जैसे सिम्पमन एवं यिंगर ने अपने अध्ययन के आधार पर यह बतलाया है कि पूर्वाग्रह विरोधी प्रचार पूर्वाग्रह को कम करने में शिक्षा से भी अधिक प्रभावकारी होता है क्योंकि इस तरह का प्रचार प्रसार प्रायः अप्रत्यक्ष ढंग से व्यक्ति से पूर्वाग्रह कम करने के लिए प्रेरित करता है।

**(2) अलगाव-विरोधी नीति**–विभिन्न पूर्वाग्रहों के राहारे अलगाव फैलता है। अतः सरकार और समाज कर्मियों को इसके खिलाफ सम्मिलित रूप से प्रयास करना चाहिए। हमारे समाज में आज भी अलगाव की नीति काफी प्रचलित है जिसमें कुछ पूर्वाग्रहों का सम्पोषण हो रहा है। जैसे—आज भी देखा जा रहा है कि हरिजनों के लिए अलग आवासीय योजना चलायी जा रही है। इससे तो हरिजनों के प्रति पहले से चली आ रही पूर्वाग्रह और भी मजबूत हो जायेगा। अतः सरकार एवं समाजसेवी संस्थानों को चाहिए कि इस ढंग की पृथक्-गृह परियोजना की जगह पर समाकलित-गृह परियोजना चलायी जाए। उसी ढंग से सरकारी नौकरियों में आरक्षण का आधार जाति या वर्ग न हो तो अच्छा है क्योंकि ऐसा होने से जातीय पूर्वाग्रह का सम्पोषण होता है। आरक्षण का आधार कोई ऐसी कसौटी हो जिससे सभी जाति के लोगों को बराबर लाभ मिले। इससे तब स्वभावतः जातीय पूर्वाग्रह में कमी आयेगी।

ऐसा देखा गया है कि अलगाव-विरोधी नीति के परिणाम सभी देशों में उम्मीद के अनुसार नहीं पाये गये हैं। उदाहरणस्वरूप, अमेरिका में स्कूल अवर्ण भेदन प्रोग्राम के परिणाम में पाया गया कि इससे गोरे बच्चों में विभिन्न प्रजाति के प्रति धनात्मक मनोवृत्ति नहीं विकसित हुई। अवर्ण भेदन स्कूल में पढ़ने के बावजूद भी, जैसा कि स्टीफन इस निष्कर्ष पर पहुँचे कि अवर्ण भेदन से सामान्यतः काले बच्चों के प्रति गोरे बच्चों की पूर्वधारणा में कोई कमी नहीं आती है।

**(३) सामाजिक विधान**—पूर्वाग्रह को कम करने में तरह-तरह के सामाजिक विधान की भूमिका भी सराहनीय है। जब सरकार पूर्वाग्रह नियंत्रण सम्बन्धी कोई विशेष विधान या कानून बनाती है, तो इससे सामाजिक वातावरण में कुछ ऐसा परिवर्तन है जिससे पूर्वाग्रह में कमी आ जाती है। भारत में हरिजनों से सम्बन्धित अनेकों तरह की पूर्वाग्रह थीं जिनमें एक प्रमुख पूर्वाग्रह छुआछूत की थी। भारत सरकार ने सामाजिक विधान बनाकर इसको गैर-कानूनी घोषित किया जिसके परिणामस्वरूप हरिजनों से छुआछूत सम्बन्धी पूर्वाग्रह अब करीब समाप्त हो गया है। इसी तरह के जातीय पूर्वाग्रह को कम करने हेतु भारत सरकार ने अन्तर्जातीय विवाह को कानूनी घोषित किया। इस विधान को और अधिक प्रोत्साहन देने के लिए अन्तर्जातीय विवाह करने वाले व्यक्तियों को प्रोत्साहन के अलावा सरकारी नौकरियों में आरक्षण देने की बात भी सरकार की नजर में है इस तरह के सामाजिक विधान बनाये हैं एवं सरकारी नौकरियों में आरक्षण देकर उनका सामाजिक स्तर ऊँचा करने का प्रयास किया है। विदेशों में भी सरकार प्रजातीय विभेद से सम्बन्धित विधान बनाने के बाद प्रजातीय पूर्वाग्रह से ग्रसित पूर्वाग्रह में 60% की कमी आयी है।

**(4) अन्तर्समूह सम्पर्क**—आलपोर्ट सबसे समाज मनोवैज्ञानिक थे जिन्होंने पूर्वाग्रही व्यक्ति तथा पूर्वाग्रह के लक्ष्य के बीच उचित सम्पर्क द्वारा पूर्वाग्रह को कम करते है विधि पर बल डाला है। जब पूर्वाग्रही व्यक्ति को उनके बारे में समझने का अधिक मिलता है। फलस्वरूप, लक्ष्य व्यक्ति के बारे में बहुत सारी गलतफहमियाँ अपने आप दूर हो और व्यक्ति में पूर्वाग्रह कम हो जाती है। विभिन्न समाज मनोवैज्ञानिकों ने इस अन्तर्वैयक्तिक सम्पर्क या अन्तर्समूह सम्पर्क को निम्नांकित तीन परिस्थितियों में अधिक प्रभावकारी बतलाया है—

पूर्वाग्रह कम करने में अन्तर्समूह सम्पर्क उस परिस्थिति में प्रभावकारी होता है जब समूह के सदस्यों को समान स्तर प्राप्त होता है। इसका समर्थन अमीर नारवेल तथा वारकेल ने अपने-अपने अध्ययनों से किया है। पूर्वाग्रह को कम करने के लिए अन्तर्समूह सम्पर्क विधि तभी प्रभावकारी होगी। समूहों (या व्यक्तियों) के बीच सम्पर्क सतही न होकर वास्तविक हो। वास्तविक एवं घनिष्ठ संबंध होने से व्यक्ति नापसन्द समूह के सदस्यों के रूप में अधिक और रूढ़िकृतियों के रूप में कम देखता है। फलस्वरूप पूर्वाग्रह में कमी आती है। इस तथ्य का समर्थन ब्लैक तथा मोटन ने अपने-अपने अध्ययनों से किया है।

अन्तर्समूह सम्पर्क उस परिस्थिति में पूर्वाग्रह कम करने में अधिक प्रभावकारी होता है जब दोनों समूहों की सफलता पारस्परिक क्रियाओं पर निर्भर करता है। दूसरे

शब्दों में जब लक्ष्य ऐसा होता है जिसकी प्राप्ति दोनों समूहों की संयुक्त क्रियाओं पर निर्भर करता है, तो ऐसी परिस्थिति में इस ढंग के सम्पर्क से पूर्वाग्रह में कमी तेजी से आती है।

कुक ने एक ऐसा प्रयोग गोरे पूर्वाग्रही महिलाओं पर किया है जिसमें उपर्युक्त तीन कसौटियों को पूरा किया गया। प्रयोग प्रारंभ होने के पहले तथा प्रयोग की समाप्ति के बाद अधिकतर महिलाओं के पूर्वाग्रह की माप की गयी। परिणाम में देखा गया कि प्रयोग में भाग लेने के बाद अधिकतर महिलाओं में पूर्वाग्रह की मात्रा कम हो गयी। क्लोर एवं उनके सहयोगियों ने भी एक अध्ययन किया जिसमें एक ग्रीष्म कैंप में प्रत्येक बच्चे को एक गोरे परामर्शदाता तथा एक नीग्रो परामर्शदाता के साथ घनिष्ठ एवं समान स्तरीय सम्पर्क एक सप्ताह तक बनाये हुए रखना था। परिणाम में देखा गया कि इस सम्पर्क के बाद अन्तर्प्रजातीय पूर्वाग्रह में काफी कमी आ गयी।

**(5) शिक्षा**—पूर्वाग्रह को कम करने के लिए समाज मनोवैज्ञानिकों का मानना है कि शिक्षा द्वारा किसी भी तरह के पूर्वाग्रह को कम किया जा सकता है। उन्होंने औपचारिक एवं अनौपचारिक दोनों तरह की शिक्षा देने पर जोर दिया है। अनौपचारिक शिक्षा माता-पिता द्वारा परिवार के अन्य सदस्यों एवं पास-पड़ोस द्वारा बच्चों को दी जाती है। इन लोगों को चाहिए कि बच्चों के सामने ऐसी बातें नहीं करें जिससे वे किसी समूह या वर्ग के लोगों के प्रति पूर्वाग्रही हो जाएँ। औपचारिक शिक्षा का संबंध स्कूल, कॉलेज, मदरसा आदि में दी जाने वाली शिक्षा से है। इन संस्थानों के शिक्षकों को चाहिए कि वे बच्चों को ऐसी शिक्षा नहीं दें जिससे उनमें किसी प्रकार के पूर्वाग्रह की वृद्धि होती है। उन्हें ऐसा पाठ्यक्रम बनाना चाहिए जिनको पढ़ने से बच्चों में अच्छा मानसिक स्वास्थ्य विकसित हो एवं किसी प्रकार का पूर्वाग्रह इनके मस्तिष्क में जल्दी न विकसित हो। कुछ मनोवैज्ञानिकों जैसे ट्रियानडिस फाईडलर एवं उनके सहयोगियों ने अपने-अपने अध्ययनों में पाया है कि शिक्षा का स्तर ऊँचा होने से व्यक्ति में पूर्वाग्रह की मात्रा कम हो जाती है क्योंकि शिक्षा से व्यक्ति में उदारता बढ़ती है। इधर हाल में प्रजातीय पूर्वाग्रह को कम करने के लिए कुछ समाज मनोवैज्ञानिकों ने 'सांस्कृतिक ऐसीमीलेटर विधि' का प्रतिपादन किया। इस विधि में पूर्वाग्रही व्यक्तियों के एक समूह को एक प्रशिक्षक दूसरी प्रजाति (race) के लोगों के सामाजिक मानक तथा उनके जीवन शैली के बारे में बतलाता है ताकि उस प्रजाति विशेष के व्यहवहारों एवं अन्तर्क्रियाओं को पूर्वाग्रही व्यक्ति द्वारा ठीक ढंग से व्याख्या की जा सके तथा इनके मन में उस प्रजातीय से संबंधित किसी प्रकार की दकियानूसी को हटाया जा सके। ट्रियानडिस ने इस विधि का सफलतापूर्वक प्रयोग प्रजातीय

पूर्वाग्रह कम करने में किया है। फेल्डमैन ने भी प्रजातीय पूर्वाग्रह को कम करने में सांस्कृतिक ऐसीमीलेटर विधि' की भूमिका की सराहना की है।

**(6) व्यक्ति परिवर्तन प्रविधियाँ**—सैम्पसन एवं स्मिथ के अनुसार पूर्वाग्रह को कम करने के लिए एक सन्तुलित, परिपक्व एवं खुला विचार रखने वाले व्यक्तित्व का होना अनिवार्य है। समाज मनोवैज्ञानिकों के व्यक्तित्व में परिवर्तन आ जाते हैं तो वह अन्य जाति, धर्म एवं प्रजाति के व्यक्तियों के बारे में इस ढंग से सोचना प्रारम्भ कर देता है जिससे उनमें चली आ रही गलतफहमियाँ अपने आप दूर हो जाती हैं। फलतः उनके पूर्वाग्रह में अपने आप कमी आ जाती है। एक्सलाईन ने एक अध्ययन किया है जिसमें खेल चिकित्सा द्वारा बच्चों के व्यक्तित्व में परिवर्तन लाकर उनकी प्रजातीय पूर्वाग्रह में कमी होते दिखलायी गयी है। इसी तरह के अन्य अध्ययनों में भी उपयुक्त विधियों द्वारा व्यक्तित्व में परिवर्तन लाकर पूर्वाग्रह में कमी करने की कोशिश की गयी है। सेकर्ड तथा बैकमन ने इन विधियों द्वारा पूर्वाग्रह में कमी करने में कुछ कठिनाइयों का आभास किया है, जो इस प्रकार है—

किसी भी व्यक्ति की शख्सियत में बदलाव करना एक कठिन काम है। यह एक श्रमसाध्य, समय लेने वाला और खर्चीली प्रक्रिया है। यद्यपि निरंतर प्रयास से पूर्वाग्रह मुक्त व्यक्तित्व का निर्माण संभव है।

व्यक्तित्व में परिवर्तन लाकर पूर्वाग्रह कम करना तभी संभव है जब सामाजिक परिस्थितियाँ जिसमें व्यक्ति रहता है, में भी उचित परिवर्तन लाया जाए।

**(7) असंगत भूमिका**—इसके अन्तर्गत पूर्वधारणा में कमी लाने के लिए उसकी मनोवृत्ति से हटकर उसे एक नयी भूमिका निभाने का कार्य सौंपा जाना चाहिए जिससे उसके पूर्वाग्रह में कमी आ जाती है। उदाहरणार्थ, यदि उच्च जाति के एक ऐसे व्यक्ति को जो हरिजनों के प्रति पूर्वाग्रही है, कल्याण मंत्री या मुख्य मंत्री बना दिया जाय, तो कुछ ही समय के बाद उस व्यक्ति की मनोवृत्ति के प्रति बदल जायेगी और उसमें पूर्वाग्रह की मात्रा काफी कम हो जायेगी। ऐसा इसलिए होगा क्योंकि कल्याण मंत्री या मुख्य मंत्री होकर उसके लिए भेद भाव करना गैर-कानूनी होगा और एक अशोक कार्य भी। अतः हरिजनों के प्रति समानता व्यक्त करने के लिए वह अपनी नकारात्मक मनोवृत्ति देगा। इस तरह असंगत भूमिका द्वारा व्यक्ति के पूर्वाग्रह में कमी आती है। इसकी पुष्टि मिनार्ड तथा पालमोरेन ने की है।

ऊपर के विवरण से स्पष्ट है कि पूर्वाग्रह कम करने के लिए समाज मनोवैज्ञानिकों एवं समाजशास्त्रियों ने सराहनीय उपायों को बतलाया है। पूर्वाग्रह के

स्वरूप को ध्यान में रखते हुए इनमें से उचित उपायों को चुनकर हम पूर्वाग्रह के स्तर में कमी ला सकते हैं।

## *पूर्वाग्रह के पड़ने वाले प्रभाव*

पूर्वाग्रह एक ऐसी मनोवृत्ति है जो स्वीकारात्मक भी होती है तथा नकारात्मक भी होती है। परन्तु अधिकतर मनोवैज्ञानिकों ने इसमें नकारात्मक प्रवृत्ति की प्रधानता को ही स्वीकार किया है इसलिए इन लोगों ने नकारात्मक मनोवृत्ति को ही पूर्वाग्रह मान लिया है। जैसे—किसी चीज के दो पक्ष होते हैं, उसी ढंग से पूर्वाग्रह के भी दो पक्ष हैं। दूसरे शब्दों में, पूर्वधारणा के धनात्मक या लाभकर प्रभाव तथा नकारात्मक या हानिकर प्रभाव दोनों ही होते हैं।

**धनात्मक प्रभाव**—इसके प्रमुख धनात्मक प्रभाव निम्नांकित हैं—

1. पूर्वाग्रह से सबल समूह के सदस्यों में श्रेष्ठता की भावना उत्पन्न होती है तथा प्रतिष्ठा आवश्यकता की संतुष्टि होती है। उच्च जाति के लोगों में पिछड़ी जाति एवं हरिजनों के प्रति जातीय पूर्वाग्रह विकसित होने से उनमें श्रेष्ठता की भावना जगती है एवं साथ-साथ उनकी प्रतिष्ठा आवश्यकता की संतुष्टि होती है।
2. पूर्वाग्रह द्वारा समाज के लाभान्वित समूह को अपनी निराशा तथा कुण्ठा को दूर करने में सहायता मिलती है। प्रायः ऐसे समूह के सदस्य निर्बल समूह या अलाभान्वित समूह के सदस्यों पर आक्रमणकारी व्यवहार कर अपने अन्दर की निराशा एवं कुण्ठा को दूर करते हैं। बिहार के विभिन्न जिलों में सबल जाति के लोगों द्वारा हरिजनों पर बार-बार किया गया आक्रमणकारी व्यवहार इसका एक ज्वलन्त उदाहरण है।
3. पूर्वाग्रह में सबल समूह के सदस्यों में एक-दूसरे के प्रति स्वीकारात्मक मनोवृत्ति होती है। परन्तु अलाभान्वित समूह के सदस्यों के प्रति नकारात्मक मनोवृत्ति होती है। इसका एक विशेष लाभ यह होता है कि सबल समूह के सदस्यों में एकता तथा भाईचारे का सम्बन्ध तेजी से जगता है।
4. **सेकर्ड तथा बैकमैन** ने यह बतलाया है कि पूर्वाग्रह से आर्थिक लाभ भी होता है। अगर कोई कर्मचारी यह देखता है कि उसका तात्कालिक बॉस किसी व्यक्ति के प्रति नकारात्मक मनोवृत्ति दिखलाने से खुश होता है, तो वह तुरन्त उस व्यक्ति के प्रति पूर्वाग्रही होकर अपने बॉस को खुश कर देता है और अपनी पदोन्नति या अन्य लाभ प्राप्त कर लेता है।

5. पूर्वाग्रह द्वारा व्यक्ति की दमित इच्छाओं की संतुष्टि होती है। समाज के सबल या लाभान्वित समूह के प्रति अपनी दमित इच्छाओं जिसमें घृणा, वैर-भाव आदि की प्रधानता होती है, की संतुष्टि कर सकते हैं।

**नकरात्मक प्रभाव**—पूर्वाग्रह के नकारात्मक प्रभाव अधिक स्पष्ट रूप से देखने को मिलते हैं। कुछ प्रमुख प्रभाव निम्नवत् हैं—

1. पूर्वाग्रह से राष्ट्रीय समकलन के मार्ग में काफी कठिनाई होती है। विभिन्न तरह के पूर्वाग्रहों के कारण विभिन्न सम्प्रदाय के लोग आपस में घनिष्ठ सम्बन्ध स्थापित नहीं कर पाते हैं। फलतः राष्ट्रीय अखण्डता के तहत चलाई जाने वाली परियोजनाओं को अभी तक काफी सफलता नहीं मिल पायी है।
2. पूर्वाग्रह से सामाजिक विघटन होता है। भिन्न-भिन्न तरह के पूर्वाग्रहों जैसे जातीय पूर्वाग्रह, साम्प्रदायिक पूर्वाग्रह, धर्म से सम्बन्धित पूर्वाग्रह के कारण समाज उत्तरोत्तर खण्डित होता चला जाता है और प्रत्येक खण्ड में सामाजिक दूरी बढ़ती जाती है। मेयर्स के अनुसार जब समाज में सामाजिक दूरी अधिक बढ़ती जाती है, तो इससे गृहयुद्ध की सम्भावना बढ़ जाती है।
3. पूर्वाग्रह के कारण ही सरकार एवं समाजसेवी संस्थानों द्वारा चलाये गये मानव कल्याण प्रोग्राम अभी तक अपने लक्ष्य की प्राप्ति नहीं कर सके हैं।
4. पूर्वाग्रह के कारण सामाजिक संघर्ष बढ़ता है। साम्प्रदायिक या अन्य जातीय दंगे इसी का परिणाम हैं। पूर्वाग्रह के कारण हिन्दू मुसलमान को तथा मुसलमान हिन्दू को घृणा एवं शक की निगाह से देखते हैं तथा ऐसी भावना धीरे-धीरे एकत्रित होकर दंगों के रूप में प्रस्फुटित होती है।

इस तरह से हम देखते हैं कि पूर्वाग्रह के स्वीकारात्मक प्रभाव तथा नकारात्मक प्रभाव दोनों ही होते हैं। परन्तु उनका नकारात्मक प्रभाव स्वीकारात्मक प्रभाव से अधिक हानिकारक है। अतः पूर्वाग्रह के उद्भव तथा सम्पोषण को रोकना आदि अनिवार्य है।

## पूर्वाग्रह की मापन विधियाँ

चूँकि पूर्वाग्रह मूलतः एक तरह की नकारात्मक मनोवृत्ति है, अतः इसे मापने के लिए उन तमाम विधियों का प्रयोग किया जा सकता है जिसके सहारे हम मनोवृत्ति की माप करते हैं। दूसरे शब्दों में, थर्स्टन विधि, लिकर्ट विधि, गटमैन विधि, बोगार्ड्स विधि तथा अन्य विधियों द्वारा भी पूर्वाग्रह की माप कर सकते हैं। परन्तु आम समाज

मनोवैज्ञानिकों का अनुभव यही रहा है कि इन विधियों के प्रयोग से पूर्वाग्रह की यथोचित एवं वैज्ञानिक माप नहीं हो सकती है क्योंकि प्रायः व्यक्ति अपने पूर्वाग्रह या नकारात्मक मनोवृत्ति को सीधे आसानी से व्यक्त नहीं करता है। यह समस्या उस समय और भी जटिल हो जाती है जब हमें किसी वयस्क के पूर्वाग्रह की माप करनी होती है। फलस्वरूप, समाज मनोवैज्ञानिकों ने पूर्वाग्रह को मापने के लिए कुछ विशेष प्रविधियों का वर्णन किया है, जो निम्नांकित हैं–

**(1) दैहिक प्रतिक्रियाएँ**–इन दैहिक प्रतिक्रियाओं का विशेष गुण यह होता है कि इसके द्वारा पूर्वाग्रह की अभिव्यक्ति करने में व्यक्ति चाह कर भी किसी प्रकार का दमन नहीं कर पाता है। फलस्वरूप, इसके आधार पर पूर्वाग्रह की माप अधिक स्पष्ट ढंग से हो जाती है। इस विधि में कठिनाई यह है कि इन प्रतिक्रियाओं के अभिलेखन में विशेष कुशलता की जरूरत होती है।

**(2) अशाब्दिक व्यवहारपरक माप**–पूर्वाग्रह के लक्ष्य व्यक्ति के साथ जब कोई पूर्वाग्रही व्यक्ति अन्तःक्रिया करता है तो वह कुछ अशाब्दिक व्यवहार जैसे खास की आनन-अभिव्यक्ति, हाथ की अंगुलियों एवं कन्धों की भावभंगिमा आदि बनाता है जिसके आधार पर हम उसकी पूर्वधारणा के बारे में अन्दाज लगाते हैं। इन अशाब्दिक से हमें जो पूर्वाग्रह के बारे में अन्दाज होता है वह व्यक्ति द्वारा दी गई लिखित या मौखिक सूचनाओं की अपेक्षा अधिक विश्वसनीय होता है क्योंकि अशाब्दिक व्यवहारों को व्यक्ति नहीं पाता है और न ही उसमें परिवर्तन ला पाता है। उदाहरणार्थ, एक व्यक्ति अपने दोस्त के प्रति पूर्वाग्रह को लिखित या मौखिक रूप से व्यक्त करने में कुछ बातों को छिपा सकता है परन्तु व्यवहार अभिव्यक्ति में वह इसे किसी-न-किसी रूप में दिखला ही देगा। डोनोहो ने एक अध्ययन करके पूर्वाग्रह के इस अशाब्दिक की विधियों की वैधता को सही ठहराया है। इस अध्ययन में अधिक पूर्वाग्रही तथा कम पूर्वाग्रही गोरे प्रयोज्यों को तीसरी कक्षा के छात्रों के शिक्षक के रूप में कार्य करने के लिए कहा गया है। गोरे प्रयोज्यों को शिक्षक के रूप में इन छात्रों (जिनमें गोरे और नीग्रो दोनों तरह के छात्र थे) पर एक ऐसा परीक्षण क्रियान्वयन था जिस पर उन्हें (छात्रों को) प्रयोगकर्त्ता द्वारा पहले से ही काफी तालीम दी जा चुकी थी (परन्तु बात का पता 'शिक्षक' को नहीं था)। शिक्षक को निर्देश था कि जब छात्र सही उत्तर दें तो आप प्रशंसा यह बोलते हुए करें कि 'ठीक है, शाबास'। जब प्रयोज्य 'शिक्षक' ऐसी प्रशंसा कर रहे थे गुप्त रूप से उनके चेहरे एवं कन्धों की गतियों का विडियो रेकार्डिंग भी कर लिया था बाद में इन विडियो तस्वीरों को गोरे निर्णायकों के एक समूह को यह बतलाया गया कि कहाँ तक 'प्रयोज्य शिक्षक' छात्रों से खुश नजर

आते हैं। परिणाम देखकर कि छात्रों की प्रजाति ने अनुकूल अधिक पूर्वाग्रही प्रयोज्यों एवं कम पूर्वाग्रही प्रयोज्यो द्वारा दिखलाये गये अशाब्दिक व्यवहारों में अन्तर था। यद्यपि सभी छात्रों का निष्पादन करीब-करीब समान था, अधिक पूर्वाग्रही 'प्रयोज्य शिक्षक' गोरे छात्रों के प्रति नीग्रो छात्रों की अपेक्षा अशाब्दिक रूप से अधिक स्वीकारात्मक मनोवृत्ति दिखलाते पाये गये। स्पष्ट है कि व्यक्ति के अशाब्दिक व्यवहार के आधार पर समूह या व्यक्ति के अशाब्दिक व्यवहार के आधार पर समूह या व्यक्ति के प्रति पूर्वाग्रह की झलक मिल जाती है जिसके साथ वह अन्तःक्रिया करता है।

**(3) आत्म-प्रतिवेदन विधियाँ**—मनुष्य की मनोवृत्ति की तरह उसके पूर्वाग्रह को मापने का भी काम किया जाता है। इसके लिए आत्म-प्रतिवेदन विधि का उपयोग करते हैं जिसके कई रूप होते हैं। इसके अन्तर्गत लिकर्ट का संकलित रेटिंग, थर्स्टन की समदृष्टि अन्तराल विधि, गटमैन का स्केलोग्राम विश्लेषण तथा औसगुड एवं उनके सहयोगियों का शब्दार्थ विभेदक विशेष रूप से उल्लेखनीय हैं। इनमें से लिकर्ट का संकलित रेटिंग का प्रयोग तुलनात्मक रूप से अधिक होता है। पूर्वाग्रह को मापने में आत्म-प्रतिवेदन की ये सारी विधियाँ उन सभी समस्याओं से ग्रसित होती हैं जिन समस्याओं से मनोवृत्ति का मापन ग्रसित होता है। इन विधियों की वैधता भी उपयुक्त कसौटी के अभाव में अधिक प्रभावित यानी दबी हुई पायी गयी है।

**(4) अन्य व्यवहारों के आधार पर**—क्रोसबाई एवं उनके सहयोगियों ने यह बतलाया है कि पूर्वाग्रह की माप अशाब्दिक व्यवहारों के अलावा कुछ अन्य तरह के व्यवहार से भी होती है। उदाहरणार्थ, जब एक प्रोफेसर किसी छात्र को सबसे अलग हटकर विशेष मदद करते हैं तो स्पष्ट है कि प्रोफेसर की मनोवृत्ति उस छात्र के प्रति स्वीकारात्मक है। उसी तरह से यदि प्रोफेसर किसी छात्र से बात-बात में गुस्सा जाते हैं, तो स्पष्ट है कि उस छात्र के प्रति उनकी मनोवृत्ति नकारात्मक है।

इससे स्पष्ट है कि पूर्वाग्रह को उसकी मनोवृत्ति से समझा जा सकता है लेकिन इसकी पूर्ण माप करना कठिन है क्योंकि लोग प्रायः सामाजिक वांछनीयता को ध्यान में रखते हुए पूर्वाग्रह मुक्त मनोवृत्ति की अभिव्यक्ति करने में सफल हो पाते हैं।

# 7
# गुणारोपण का मनोवैज्ञानिक विश्लेषण

## गुणारोपण का आशय एवं परिभाषा

गुणारोपण का आशय किसी व्यक्ति के कार्यों एवं व्यवहारों का अध्ययन करने से है। यह एक संज्ञानात्मक प्रक्रिया है। इस प्रक्रिया में व्यक्ति के कार्यों एवं व्यवहारों के बारे में जानकारी तो प्राप्त करता ही है, साथ में प्रत्यक्षण भी करता है।

फेल्डमैन के शब्दों में इसे इस प्रकार परिभाषित किया जाता है, "दूसरे लोगों के व्यवहार के कारणों को समझना तथा उसके बारे में निर्णय लेना ही गुणारोपण कहा जाता है।"

बेरोन तथा बर्न के अनुसार, "गुणारोपण वह प्रक्रिया है जिसके द्वारा हम लोग दूसरों के व्यवहारों के कारणों का निर्धारण करते हैं तथा उनके स्थायी शीलगुणों एवं चित्त-वृत्ति के बारे में ज्ञान प्राप्त करते हैं।"

फेल्डमैन तथा बेरोन एवं बर्न द्वारा दी गयी इन आसान परिभाषाओं से गुणारोपण की प्रक्रिया के बारे में कुछ महत्त्वपूर्ण तथ्य हमें मिलते हैं जो इस प्रकार हैं–

**गुणारोपण की विशेषताएँ**–इसकी प्रमुख विशेषताएँ निम्नलिखित हैं–

1. गुणारोपण की प्रक्रिया में लक्षित व्यक्ति के व्यवहार के पीछे छिपे कारणों पर बल डाला जाता है और उसी के सन्दर्भ में उसके शीलगुणों एवं चित्तवृत्तियों के बारे में किसी निर्णय पर पहुँचने की कोशिश की जाती है।

2. गुणारोपण की प्रक्रिया एक संज्ञानात्मक प्रक्रिया है जिसके द्वारा हमें दूसरे व्यक्तियों के व्यवहारों के कारण का पता चलता है।
3. गुणारोपण की प्रक्रिया व्यक्ति प्रत्यक्षण से अन्तर्बद्ध है। प्रत्यक्षणकर्त्ता किसी लक्षित व्यक्ति के व्यवहारों का पहले प्रत्यक्षण करता है (व्यक्ति प्रत्यक्षण) तथा बाद में उन व्यवहारों के संभावित कारणों को तलाशता है और एक निश्चित फैसला करता है।

**उदाहरणस्वरूप**—मान लिया जाय कि कोई औरत फटे-चिटे गंदे कपड़े पहने आपसे भूकंप में गिरे घर की मरम्मत के लिए आर्थिक मदद माँगती है। ऐसी परिस्थिति में आप मात्र उसकी शारीरिक स्थिति में फटे-चिटे कपड़े के सन्दर्भ में ही उसके द्वारा किये गए आर्थिक मदद की माँग का प्रत्यक्षण नहीं करते, बल्कि यह भी अनुमान कर लेते हैं कि उसकी यह स्थिति वास्तविक गरीबी के कारण है या वह मात्र दूसरों को धोखा देकर पैसा कमाने के लिए भीख माँग रही है, आदि-आदि। किसी व्यक्ति के व्यवहारों का प्रत्यक्षण करते समय इस तरह का अनुमान करना गुणारोपण कहलाता है। अतः गुणारोपण में प्रत्यक्षणकर्त्ता लक्षित व्यक्ति के व्यवहार के कारण का अनुमान लगा लेते हैं। इसलिए गुणारोपण को कारणता का प्रत्यक्षण के नाम से भी पुकारा जाता है।

## गुणारोपण के सिद्धान्त

गुणारोपण का वर्णन करने के प्रयोजन से समाज मनोवैज्ञानिकों ने कुछ सिद्धान्तों का प्रतिपादन किया है। इन सिद्धान्तों में इस बात की व्याख्या करने की कोशिश की गयी है कि व्यक्ति के अमुक व्यवहार के संभावित कारण क्या हो सकते हैं, क्योंकि व्यक्ति प्रायः एक खास तरह से व्यवहार करता है। सामान्यतः व्यवहार के दो कारण हो सकते हैं—आन्तरिक तथा बाह्य । जब व्यवहार का कारण व्यक्तिगत शीलगुण होते हैं, तब उन कारणों को आन्तरिक कारण कहा जाता है और जब व्यवहार का कारण पर्यावरणी कारक होते हैं तब उन कारकों को बाह्य कारण कहा जाता है। गुणारोपण की प्रक्रिया की व्याख्या करने के लिए समाज मनोवैज्ञानिकों द्वारा प्रतिपादित किये गए सिद्धान्तों का विवरण निम्न प्रकार से दिया गया है—

1. शेभर का गुणारोपण सिद्धान्त
2. केली का सह-परिवर्तन गुणारोपण सिद्धान्त
3. जोन्स तथा डेविस का सहसवादी अनुमान सिद्धान्त

4. हाइडर का सहज मनोविज्ञान गुणारोपण सिद्धान्त।

इन सिद्धान्तों का आलोचनात्मक व्याख्या निम्नांकित हैं–

**(1) शेभर का गुणारोपण सिद्धान्त**–यह नाम से ही जाहिर होता है कि सिद्धान्तों में से प्रत्येक से महत्त्वपूर्ण तत्त्वों को लेकर गुणारोपण का एक सामान्य सिद्धान्त तैयार किया है। शेभर ने अपने सिद्धान्त में मानव प्रकृति के विषय में तीन पूर्वकल्पनाएँ की हैं जो निम्नांकित हैं–

(क) शेभर की पहली पूर्वकल्पना यह है कि मानव व्यवहार यादृच्छिक ढंग से नहीं, बल्कि कुछ निश्चित कारणों से उत्पन्न होते हैं। गुणारोपण सिद्धान्त इस अवस्था में मानव व्यवहार के मूल कारणों की पहचान करने की स्थिति में नहीं होता, परन्तु यह निश्चित रूप से पूर्वकल्पना करता है कि कुछ व्यक्तित्व शीलगुणों द्वारा ही व्यक्ति के व्यवहार सम्पन्न किए जाते हैं।

(ख) शेभर की दूसरी पूर्वकल्पना यह है कि व्यक्तियों में दूसरे के व्यवहारों को समझने, व्याख्या करने तथा उसके बारे में पूर्वानुमान करने की तेज लालसा होती है। इस पूर्वकल्पना को शेभर ने *गुणारोपण सिद्धान्त* हेतु ज्यादा महत्त्वपूर्ण बतलाया है।

(ग) शेभर की तीसरी पूर्वकल्पना यह है कि व्यक्ति के प्रत्यक्षणीय व्यवहार के आधार पर उसके संभावित कारणों यानी व्यक्तित्व शीलगुणों विषय में सरलतापूर्वक अनुमान लगाया जा सकता है।

**गुणारोपण की प्रक्रिया**–उपर्युक्त तीनों पूर्वकल्पनाओं को ध्यान में रखते हुए शेभर ने गुणारोपण का एक मॉडल बनाया जिसमें निम्नांकित तीन चरणों में गुणारोपण की प्रक्रिया सम्पन्न की जाती है–

1. सबसे पहले प्रत्यक्षणकर्त्ता यह निश्चित करता है कि कर्त्ता ने कौन-सा व्यवहार किया है।
2. इसके पश्चात् यह तय किया जाता है कि कर्त्ता का वह व्यवहार सभिप्रायित था या ऐसी ही मात्र संयोगवश कर दिया गया था। इसे शेभर ने गुणारोपण का एक महत्त्वपूर्ण कदम बदलाया है, क्योंकि यदि कर्त्ता का व्यवहार, साभिप्रायित न होकर मात्र संयोगवश हुआ है, तो इसके आधार पर कर्त्ता की व्यक्तिगत विशेषताओं के विषय में उनके व्यवहार का कोई अर्थपूर्ण अनुमान नहीं लगाया जा सकता है। अब ऐसे व्यवहारों का गुणारोपण परिस्थिति में उस व्यवहार से संबंधित व्यक्तिगत गुणों के बारे में अनुमान लगाने की कोशिश सफल हो पाती है।

3. तीसरे चरण में यह तय किया जाता है कि क्या कर्त्ता का व्यवहार अपनी स्वेच्छा से किया गया है या किसी के प्रभाव या दबाव में आकर किया था? शेभर का मत है कि बाहरी दबाव तथा बल के पड़ने से यदि कर्त्ता किसी तरह का व्यवहार करता है तो ऐसी परिस्थिति में गुणारोपण की प्रक्रिया को एक धक्का पहुँचाता है, क्योंकि ऐसी परिस्थिति में कर्त्ता के व्यवहार के आधार पर उसके व्यक्तिगत गुणों के बारे में किसी निश्चित निष्कर्ष पर पहुंचना सम्भव नहीं हो पाता है, परन्तु यदि कर्त्ता का व्यवहार ऐच्छिक होता है, तो वैसी परिस्थिति में गुणारोपण की प्रक्रिया ज्यादा विश्वास के साथ की जाती है। मिलर एवं उनके सहयोगियों तथा जोन्स, डेविस एवं गेरगेन ने भी अपने-अपने अध्ययनों के आधार कर्त्ता द्वारा किए गए व्यवहार के कारणों को उसके व्यक्तिगत गुणों के रूप में समझना उचित नहीं है।

शेभर के सिद्धान्त की प्रमुख विशेषताएँ यह हैं कि इस सिद्धान्त में उन कारणों का नियन्त्रण करने के लिए ज्यादा जोर दिया जाता है, जिससे गुणारोपण की प्रक्रिया प्रभावित होती है। जैसे–इस सिद्धान्त में कर्त्ता के साभिप्राय तथा उसके व्यवहार की ऐच्छिकता आदि पर पर्याप्त बल डाला गया है ताकि कर्त्ता के व्यक्तिगत गुणों तथा परिस्थितिजन्य कारकों के रूप में उसके व्यवहार के सम्भावित कारणों को गुणारोपित किया जाए।

इस सिद्धान्त की प्रमुख परिसीमा यह निर्धारित की गई है कि जिसमें व्यक्ति या कर्त्ता के कुछ सीमित प्रत्यक्षणीय व्यवहारों के आधार पर उसके सम्भावित गुणों का अनुमान लगाया जाता है। इस प्रकार का अनुमान हमेशा संदेह से घिरा रहता है। अलब्रेक, थॉमस तथा चादविक ने अपने प्रयोग में स्पष्टतः पाया है कि कर्त्ता के व्यवहार तथा उसके व्यक्तिगत गुणों के बीच का सम्बन्ध परिस्थिति द्वारा काफी प्रभावित होता है। अतः मात्र व्यवहार के आधार पर व्यक्तिगत गुणों के बारे में अनुमान सही-सही ढंग से नहीं लगाया जा सकता है।

**(2) केली का सह-परिवर्तन गुणारोपण सिद्धान्त**–सह-परिवर्तन के सिद्धान्त को केली ने सन् 1967-71 में प्रतिपादित किया था। जिसके अनुसार प्रत्यक्षणकर्त्ता या प्रेक्षक किसी व्यक्ति द्वारा सम्पादित व्यवहार के तीन संभावित कारणों में से एक के रूप में गुणारोपण करता है। वे तीन कारण हैं–

1. व्यवहारकर्त्ता द्वारा किए जा रहे महत्त्वपूर्ण क्रिया से संबंधित कारण। इसमें उन कारणों को रखा जाता है जो व्यवहारकर्त्ता के व्यक्तिगत गुणों से संबंधित होते हैं।

2. लक्षित व्यक्ति जिसके प्रति व्यवहार किया गया से संबंधित कारण।
3. व्यवहार पैदा होने वाली परिस्थितियों से सम्बन्धित कारण। इसमें उन कारणों को रखा जाता है जो परिस्थिति से सम्बन्धित होते हैं।

केली का मत है कि इन तीन कारणों में से दो को यदि स्थिर रखा जाय और तीसरे को परिवर्तित किया जाए तो आसानी से दूसरे व्यक्तियों के व्यक्तिगत गुणों के बारे में सही-सही अनुमान लगा सकता है।

किसी मनुष्य के व्यावहारिक कारण को समझने के लिए उपरोक्त कारणों को एक उदाहरण द्वारा इस प्रकार समझाया जा सकता है। मान लिया जाए कि किसी पार्टी में श्याम ने घनश्याम को एक तमाचा लगा दिया। यहाँ तमाचा लगाने का व्यवहार (या परिणाम) हुआ। जिसके संभावित तीन कारण हो सकते हैं–

1. पहला कारण इसमें कर्त्ता अर्थात् राम से संबंधित हो सकता है। संभव है कि श्याम एक क्रोधी स्वभाव का व्यक्ति हो।
2. दूसरा कारण लक्षित व्यक्ति अर्थात् घनश्याम से संबंधित हो सकता है। संभव है कि घनश्याम ने कुछ ऐसा व्यवहार किया हो जिसने श्याम को तमाचा मारने के लिए मजबूर किया हो।
3. तीसरा कारण परिस्थिति से सम्बन्धित हो सकता है। संभव है कि पार्टी में ही कुछ ऐसी बात हो गयी हो जिस वजह से घनश्याम मोहन को तमाचा मारा हो।

उपरोक्त कारणों में व्यवहार के लिए कौन-सा कारण ज्यादा जिम्मेदार है इसके बारे में जानकारी प्राप्त करने के लिए, प्रत्यक्षणकर्त्ता या प्रेक्षक को कुछ तरह की सूचनाओं की आवश्यकता होती है। केली के अनुसार गुणारोपण के लिए प्रत्यक्षणकर्त्ता को कुल तीन प्रकार की ऐसी सूचनाएँ प्राप्त हो सकती हैं जो निम्नांकित हैं–

1. विशिष्टता
2. सहमति
3. संगतता।

विशिष्टता से तात्पर्य इस बात से होता है कि कहाँ तक वैसा ही व्यवहार अन्य व्यक्तियों या उद्दीपकों के प्रति किया जाता है। अगर श्याम को अन्य व्यक्तियों पर गुस्सा नहीं आता है, परन्तु घनश्याम पर ही गुस्सा आता है, तो यह कहा जाएगा कि वह व्यवहार विशिष्टता की विमा पर अधिक ऊँचा है अर्थात् उसमें विशिष्टता काफी अधिक है, परन्तु यदि श्याम को प्रत्येक व्यक्ति जो घनश्याम के समान व्यवहार करने

वाले होते हैं, पर गुस्सा आता है, तो यह कहा जाएगा कि उसका यह व्यवहार विशिष्टता में कम है।

सहमति का अभिप्राय यह ज्ञात करना है कि क्या अन्य लोग भी उस परिस्थिति में उसी ढंग का व्यवहार करते हैं। जैसे, यदि घनश्याम के प्रति प्रायः लोग गुस्सा करते हैं, तो यह नियम असहमति का उदाहरण होगा।

संगतता का अभिप्राय यह ज्ञात करना है कि कहाँ तक कर्त्ता अन्य परिस्थितियों में लक्षित व्यक्ति के साथ उसी ढंग से व्यवहार करता है। जैसे—यदि श्याम घनश्याम को पार्टी में प्रायः तमाचा मारता है तो कहा जाएगा कि उसके व्यवहार में संगतता काफी अधिक है, परन्तु यदि वह मोहन के प्रति शायद ही काफी गुस्सा दिखलाता है, तो यह कहा जाएगा कि उसके व्यवहार में संगतता कम है।

केली के इस सिद्धान्त के अनुसार इन तीन प्रकार की सूचनाओं के आधार पर गुणारोपण की व्याख्या या तो कर्त्ता की मनोवृत्ति तथा चित्तवृत्ति के रूप में की जाती है या फिर परिस्थितिजन्य कारणों (अर्थात् लक्षित व्यक्ति की विशेष परिस्थिति) के रूप में की जाती है। जब मनुष्य का व्यवहार विशिष्टता तथा सहमति में निम्न परन्तु संगतता में ऊँचा होता है, तो वैसी परिस्थिति में कर्त्ता से सम्बन्धित कारणों के रूप में गुणारोपण किया जाता है। परन्तु जब सहमति, संगतता एवं विशिष्टता तीनों ही ज्यादा होते हैं तो परिस्थितियों, कारणों तथा लक्षित व्यक्ति की वृत्तियों पर हम लोग गुणारोपण करते हैं।

| *सूचना के प्रकार* | *मात्रा* | *गुणारोपण* |
|---|---|---|
| सहमति | निम्न | कर्त्ता |
| संगतता | उच्च | से सम्बंधित कारण |
| विशिष्टता | निम्न | (आन्तरिक कारण) |
| सहमति | उच्च | परिस्थितिजन्य (बाह्य) |
| संगतता | उच्च | कारण, लक्षित व्यक्ति |
| विशिष्टता | उच्च | से संबंधित कारण |

केली द्वारा प्रतिपादित कारणात्मक गुणारोपण सिद्धान्त द्वारा किए गए उपर्युक्त तथ्यों का प्रयोगात्मक समर्थन कई मनोवैज्ञानिकों जैसे— मैंकर्थर, जुकरैन ने अपने-अपने प्रयोगात्मक अध्येयों से किया है जिनसे गुणारोपण की व्याख्या करने में इस सिद्धान्त की वैधता साबित हो जाती है।

केली के इस सिद्धान्त की निश्चित सीमा भी बताई गई है। सिलर्स ने यह दलील प्रस्तुत की है कि केली का यह सिद्धान्त गुणारोपण की व्याख्या करने में सिर्फ उस परिस्थिति में सक्षम है, जब लोगों को सहमति, संगतता तथा विशिष्टता से संबंधित ठोस एवं निश्चित सूचनाएँ उपलब्ध की जाती हैं। परन्तु जब ऐसी सूचनाएँ अमूर्त्त स्तर पर दी जाती हैं, तो यह सिद्धान्त गुणारोपण की व्याख्या संतोषजनक ढंग से नहीं कर पाता है।

परिणामस्वरूप यह कहा जा सकता है कि शेभर के सिद्धान्त में एकाध परिसीमा होने के बावजूद यह वैज्ञानिक दृष्टि से विश्वसनीय व वैध है। क्योंकि इस सिद्धान्त में गुणारोपण की व्याख्या मानव स्वभाव की वास्तविकता के आलोक में किया गया है।

**(3) जोन्स तथा डेविस का सहसवादी अनुमान सिद्धान्त**—इस सिद्धान्त को जोन्स और डेविस ने सन् 1965 ई. में प्रतिपादित किया था, जिसके अनुसार प्रत्यक्षणकर्त्ता दूसरे व्यक्ति या लक्षित व्यक्ति द्वारा किये गए किसी व्यवहार से उत्पन्न परिणामों का प्रेक्षण करता है और इन परिणामों के आधार पर लक्षित व्यक्ति का मूल्यांकन या उनके व्यवहारों का गुणारोपण किया जाता है। इस सिद्धान्त की एक महत्त्वपूर्ण पूर्वकल्पना यह है कि लक्षित व्यक्ति की व्यक्तिगत प्रवृत्ति तथा उसके व्यवहारों द्वारा वांछित परिणाम पाने के उसके उद्देश्यों में पारस्परिक सहमति होती है। इस पूर्वकल्पना के अनुसार यह जानने के बाद कि कोई लक्षित व्यक्ति किन परिणामों, प्रभावों को उत्पन्न करना चाहता है, प्रत्यक्षणकर्त्ता उसकी मनोवृत्तियों एवं अन्य वैयक्तिक शीलगुणों का एक अच्छा संज्ञान प्राप्त करता है।

जब कोई व्यक्ति किसी भी प्रकार की अनुक्रिया करता है तो उससे पैदा होने वाले प्रभाव एक या उससे ज्यादा होते हैं। यदि उस सामाजिक अनुक्रिया से केवल एक ही प्रभाव उत्पन्न हो तो उस प्रभाव या परिणाम का प्रेक्षण करके प्रत्यक्षणकर्त्ता यह आसानी से समझ जाता है कि उस प्रभाव को उत्पन्न करना व्यक्ति का उद्देश्य था और उसी के अनुरूप वह व्यक्ति में कुछ विशेषताओं का गुणारोपण करता है। परन्तु यदि सामाजिक अनुक्रिया से कई तरह के प्रभाव या परिणाम उत्पन्न होते हैं तो वैसी परिस्थिति में प्रत्यक्षकर्त्ता के सम्मुख दो प्रश्न उठते हैं—क्या व्यक्ति का उद्देश्य उन सभी प्रभावों या परिणामों को उत्पन्न करना था? यदि नहीं, तो व्यक्ति अपने व्यवहार द्वारा कौन-सा प्रभाव या परिणाम उत्पन्न करना चाहता था और कौन-सा नहीं? सच्चाई यह है कि शायद ही कोई सामाजिक व्यवहार ऐसा होता है जिसका उद्देश्य मात्र एक प्रभाव उत्पन्न करना होता है। गुणारोपण की लगभग प्रत्येक

परिस्थिति में प्रत्यक्षकर्त्ता लक्षित व्यक्ति के व्यवहारों के अनेक प्रभावों का प्रत्यक्षण करता है और यह निर्णय लेता है कि किन प्रभावों को उत्पन्न करना लक्षित व्यक्ति का उद्देश्य था। किसी व्यक्ति के व्यवहार के ऐसे प्रभाव या परिणाम जिसे उत्पन्न करना उसका उद्देश्य नहीं होता, उसे गुणारोपण में कोई स्थान नहीं दिया जाता है।

जोन्स और डेविस के द्वारा प्रतिपादित इसके सिद्धान्त के अनुसार जब व्यक्ति दो या दो से अधिक विकल्पों में से किसी एक को चुनने का निर्णय लेता है तो उनके द्वारा सम्पादित व्यवहार उन सभी विकल्पों से अलग-अलग उत्पन्न हो सकने वाले प्रभावों या परिणामों से 'असमान परिणाम' से अलग-अलग उत्पन्न करने के लक्ष्य से होती हुई समझी जाती है। प्रश्न यह उठता है कि असमान परिणाम क्या है तथा यह किस तरह से समान परिणाम या प्रभाव से भिन्न होता है। इसको समझने के लिए यह उदाहरण प्रस्तुत किया गया है। मान लिया जाए कि राम किसी परिस्थिति में दो व्यवहार करने में सक्षम है– व्यवहार के करने से तथा तीन प्रभाव होते हैं। ऐसी परिस्थिति में दोनों व्यवहारों से उत्पन्न होने वाले प्रभाव अर्थात् समान प्रभाव कहे जायेंगे, जबकि प्रभाव व्यवहार से तथा प्रभाव व्यवहार करता है तो इसका मतलब यह हुआ कि वह प्रभाव उत्पन्न करना चाहता है। इस तरह से व्यक्ति अपनी सामाजिक अनुक्रियाओं का चयन असमान प्रभावों को उत्पन्न करने के उद्देश्य से करता है। कुछ अध्ययनों से यह स्पष्ट हुआ है कि असमान प्रभावों की संख्या में वृद्धि से प्रत्यक्षणकर्त्ता के लिए विश्वास के साथ यह कहना कठिन हो जाता है कि किस विशेष असमान प्रभाव को उत्पन्न करने के लिए व्यक्ति ने सामाजिक अनुक्रिया की है या अमुक निर्णय लिया है। फिर भी प्रत्यक्षकर्त्ता द्वारा एक बार यह निर्णय ले लेने के बाद कि किन असम्भव प्रभावों को उत्पन्न करने के उद्देश्य से व्यक्ति ने अनुक्रिया की, व्यक्ति की विशेषताओं एवं प्रवृत्तियों का गुणारोपण हो जाता है।

जोन्स और डेविस के इस सिद्धान्त की प्रमुख विशेषता यह है कि इसमें व्यक्ति द्वारा किए गये व्यवहारों के परिणाम पर गुणारोपण की व्याख्या की जाती है। समाज मनोवैज्ञानिकों का आम मत यह है, किसी व्यवहार के परिणाम को देखकर उस व्यवहार के पीछे छिपे कारणों का पता लगाकर गुणारोपण करने से उनमें वैज्ञानिकता एवं विश्वसनीयता अधिक होती है।

**(4) हाइडर का सहज मनोविज्ञान गुणारोपण सिद्धान्त**–हाइडर ने इस सिद्धान्त को सन् 1958 ई. में प्रतिपादित किया था। हाइडर का यह सिद्धान्त व्यक्तियों के संभावित कारणों की व्याख्या एक सरलतम ढंग से करता है। हाइडर

का मत है कि अधिकतर व्यक्ति एक तरह से 'सहज मनोवैज्ञानिक' के रूप में कार्य करते हुए दूसरों के व्यवहारों को समझने की कोशिश करते हैं ताकि वैसे व्यवहारों के बारे में पहले से भी भविष्य में पूर्वानुमान लगाया जा सके। हाइडर का मत है कि अधिकतर व्यक्ति दूसरों के व्यवहारों के कारणों को समझने के लिए निम्नांकित तीन संभावित व्याख्याओं में से किसी एक पर बल डालते हैं–

1. प्रत्यक्षणकर्त्ता यह मान लेता है कि किसी व्यक्ति के आस-पास की परिस्थिति ही उसके व्यवहार का कारण होती है। दूसरे शब्दों में, कोई व्यक्ति इर्द-गिर्द परिस्थिति के पड़ने वाले दबाव के कारण ही अमुक व्यवहार करता है।
2. दूसरा वस्तुनिष्ठ वर्णन यह है कि प्रत्यक्षणकर्त्ता यह समझ बैठता है कि लक्षित व्यक्ति द्वारा किया गया व्यवहार बिना किसी उद्देश्य के ही था अर्थात् मात्र संयोगवश था।
3. तीसरी वैकल्पिक व्याख्या यह है कि प्रत्यक्षणकर्त्ता यह समझ बैठता है कि लक्षित व्यक्ति ने अमुक व्यवहार कोई निश्चित उद्देश्य या निश्चय के साथ किया है और इस व्यवहार का कारण लक्षित व्यक्ति की व्यक्तिगत विशेषता है।

हाइडर के इस सिद्धान्त के अनुसार प्रत्यक्षणकर्त्ता लक्षित व्यक्ति के व्यवहारों के कारणों का वर्णन उपरोक्त वैकल्पिक व्याख्याओं के रूप में करता है। इनमें से जब व्यवहार के कारणों की व्याख्या व्यक्तिगत विशेषताओं के रूप में की जाती है, तो इस तरह की सूचना के आधार पर उसके भविष्य में होने वाले व्यवहार का पूर्वानुमान आसानी से लगाया जाता है।

इस सिद्धान्त की विशेषता यह है कि इसके द्वारा गुणारोपण का वर्णन बहुत ही आसान होता है और इसकी व्याख्या में किसी प्रकार की जटिलता नहीं होने से यह लोगों के बीच में लोकप्रिय है। इस सिद्धान्त की परिसीमा यह है कि इसके द्वारा गुणारोपण की जो व्याख्या की गयी है, वह बिल्कुल ही 'सहज' है और इसमें वैज्ञानिकता एवं निर्भरता की कमी है।

## *गुणारोपण के घटक*

गुणारोपण के आन्तरिक तथा बाहरी घटक को दो भागों में विभाजित किया जा सकता है–

**(क) आन्तरिक कारक** –आन्तरिक घटक का अभिप्राय उन घटकों से है जो लक्षित व्यक्ति जिसके व्यवहारों का घटक प्रत्यक्षणकर्त्ता ढूँढ़ता है, में निहित होते हैं।

इसमें मूल रूप से लक्षित व्यक्ति के योग्यता, शीलगुण आदि से संबंधित घटक होते हैं।

**(ख) बाहरी घटक** —बाहरी कारणों का अभिप्राय उन कारणों से है जिनका सम्बन्ध मूल रूप से वातावरण के घटकों से होता है और उसी के रूप में लक्षित व्यक्ति के व्यवहारों के घटकों की व्याख्या की जाती है।

**एक उदाहरण** —मान लिया जाए कि किसी कर्मचारी को नौकरी से निलंबित कर दिया जाता है। इस निलम्बन का कारण या तो कर्मचारी में (आन्तरिक घटक) अथवा उसके बाहर या अंशतः दोनों में स्थित हो सकते हैं तथा बाहरी घटकों में उसके बॉस का सख्त मनोवृत्ति कार्य का दुर्लभ स्वरूप, कार्य के वातावरण का असंतोषजनक होना आदि हो सकता है।

जब प्रत्यक्षणकर्त्ता लक्षित व्यक्ति के व्यवहारों के कारण के बारे में यह निश्चित होकर तय कर लेता है कि कारण आन्तरिक हैं या बाहरी तो इससे भविष्य के व्यवहारों के विषय में पूर्व अनुमान लगाना आसान हो जाता है। जैसे यदि निलम्बन का कारण व्यक्ति की बुरी आदतों को समझा गया तो प्रत्यक्षणकर्ता भविष्य में भी उस समय कर्मचारी से ऐसे ही व्यवहार की आशा करेगा। यदि किसी कारण *बॉस की सख्त* मनोवृत्ति हुई तो प्रत्यक्षणकर्त्ता यह समझेगा, कि अन्य कर्मचारी भी जल्दी ही निर्धारित किये जा सकते हैं। इस तरह से प्रत्यक्षणकर्त्ता द्वारा किये जाने वाले गुणारोपण दूसरे व्यक्तियों एवं उनके व्यवहारों को समझने में काफी मदद करते हैं और साथ-ही-साथ एक विशेष धारणा का विस्तार उत्पन्न करने में भी सहायक होते हैं।

## गुणारोपण में पूर्वाग्रह या त्रुटियाँ

गुणारोपण की दिशा में कई तरह के मनोवैज्ञानिक अध्ययन किये गये हैं जिनसे यह स्पष्ट हो चुका है कि एक समान सूचनाओं के उपलब्ध रहने पर भी भिन्न-भिन्न ढंग से करते हैं। इसका परिणाम यह होता है कि उनके द्वारा अनुमानित कारण एक समान नहीं होकर भिन्न-भिन्न हो जाते हैं। गुणारोपण में इस वैयक्तिक विभिन्नता का अध्ययन मनोवैज्ञानिकों ने विस्तृत रूप से किया है और प्राप्त प्रायोगिक परिणामों के आधार पर कई ऐसे कारकों का वर्णन किया है जिनसे गुणारोपण में पूर्वाग्रह या त्रुटियाँ उत्पन्न हो जाती हैं। इन कारकों में निम्नांकित महत्त्वपूर्ण हैं—

**(1) व्यक्ति की मनोवृत्ति एवं मूल्य**— व्यक्ति की अपनी मनोवृत्ति एवं मूल्य भी गुणारोपण की प्रक्रिया को प्रभावित करता है, जिससे गुणारोपण में पूर्वाग्रह हो जाता है। परिणाम में यह देखा गया कि इस तरह की मनोवृत्ति तथा बेरोजगारी के सम्भावित कारणों के बीच सह-सम्बन्ध थे। जैसे—जिन छात्रों की मनोवृत्ति रूढ़िवादी थी, वे लोग बेरोजगारी के कारण के रूप में व्यक्तिगत कारकों को महत्त्वपूर्ण बतलाये गये तथा जिन छात्रों की मनोवृत्ति उदार थी, उन लोगों द्वारा बेरोजगारी के कारण के रूप में ब्राह्य कारकों जैसे—सरकारी नीति, सामान्य आर्थिक अवस्थाएँ आदि बतलाई गई। फिदर तथा टिगरमैन ने एक अध्ययन में भी इस तरह के तथ्य पाए हैं। इन अध्ययनों से यह स्पष्ट हो जाता है कि किसी सामाजिक घटना या दूसरों के व्यवहारों की व्याख्या बहुत हद तक व्यक्ति की मनोवृत्ति, विश्वास एवं मूल्य द्वारा प्रभावित होती है जिससे गुणारोपण में त्रुटियाँ उत्पन्न हो जाती हैं।

**(2) परिणामों की गंभीरता**—किसी परिणाम की पूर्ण जानकारी के लिए उसके तथ्यों को समझना जरूरी होता है परन्तु यदि किसी क्रिया के परिणाम गम्भीर नहीं हैं, तो प्रेक्षक संयोग अथवा परिस्थिति पर गुणारोपण करता है। मान लिया जाए, सड़क पर एक आदमी चलती कार से टकरा कर गम्भीर रूप से घायल हो जाता है तथा थोड़ी देर के लिए मान लिया जाए कि दूसरी परिस्थिति में वह है जिसमें चलती कार से कोई आदमी को मामूली धक्का लग जाता है जिससे उसे मात्र हल्की-फुल्की चोट लगती है। पहली परिस्थिति में परिणाम की गंभीरता अधिक है तथा दूसरी परिस्थिति में ऐसी गंभीरता कम है। अधिक संभावना इस बात की है कि प्रेक्षक पहली परिस्थिति में दुर्घटना का कारण ड्राइवर को मानेंगे और दूसरी परिस्थिति में प्रेक्षक ड्राइवर की लापरवाही को कम समझेंगे। सच्चाई यह है कि दोनों परिस्थितियों में ड्राइवर ने गलती की हैं क्योंकि तभी ही आदमी दुर्घटनाग्रस्त हुआ। अतः चोट की मात्रा या परिणाम या गम्भीरता चाहे कितनी भी क्यों न हों, लेकिन सारा दोष ड्राइवर को ही दिया जाता है लेकिन यह वास्तविकता नहीं है।

गुणारोपण के इस पूर्वाग्रह के बारे में वैज्ञानिको ने कहा है कि गम्भीर परिणामों को मात्र संयोगवश घटित मान लेने से उसका एक भयँकर निष्कर्ष यह निकलता है कि ऐसी दुर्घटना उसके साथ भी हो सकती है। इस तरह का विचार व्यक्ति में चिन्ता उत्पन्न करने वाला होता है। फलस्वरूप उस आदमी का बच जाना उसके भाग्य के कारण होगा परन्तु मर जाना दुर्भाग्य के कारण नहीं बल्कि ड्राइवर की असावधानी एवं लापरवाही के कारण होगा।

**(3) कर्त्ता का भ्रम**—व्यक्ति का भ्रम भी गुणारोपण में पूर्वाग्रह पैदा करने का एक महत्त्वपूर्ण कारक है। प्रायः व्यक्ति इस भ्रम में होता है कि अमुक घटनाओं का घटित होना अथवा घटित न होना किसी-न-किसी व्यक्ति के विशेष प्रयास से होता है, जबकि सच्चाई यह है कि उनमें से अधिकतर घटनाएँ किसी व्यक्ति के नियंत्रण में नहीं होतीं। लेकिन सच्चाई यह है कि ऐसी घटनाएँ मात्र संयोगवश हुई रहती हैं।

**(4) मूल गुणारोपण त्रुटि**—मूल गुणारोपण त्रुटि एक ऐसी त्रुटि है जिसमें प्रत्यक्षकर्त्ता या प्रेक्षक किसी व्यक्ति के व्यवहारों का गुणारोपण करते समय उस व्यक्ति के आन्तरिक कारणों को अर्थात् चित्तवृत्ति कारणों पर जरूरत से ज्यादा बल डालता है जबकि परिस्थितिजन्य कारणों की अनदेखी करता है।

**(5) कर्त्ता-प्रेक्षक प्रभाव**—इस प्रभाव का आशय उस क्रिया से है जिसमें प्रेक्षक अपने व्यवहारों का बाहरी या परिस्थितिजन्य कारणों के रूप में गुणारोपण करता है तथा दूसरों के व्यवहारों को आन्तरिक कारणों अर्थात् व्यक्तित्व-सम्बन्धी चित्तवृत्ति के रूप में गुणारोपण करता है। इस तरह के कर्त्ता-प्रेक्षक प्रभाव का नतीजा यह होता है कि गुणारोपण में आत्मनिष्ठता आ जाती है और उसमें वैयक्तिक विभिन्नता उत्पन्न हो जाती है।

**(6) आत्म-सेवन पूर्वाग्रह**—आत्मसेवन पूर्वाग्रह की व्याख्या सर्वप्रथम मिलर और रॉस ने सन् 1975 में की थी जो एक ऐसी क्रिया है जिसमें व्यक्ति अपने व्यवहार के धनात्मक परिणामों के कारण आन्तरिक कारक जैसे अपनी योग्यता एवं विशिष्टता मानता है, परन्तु ऋणात्मक परिणामों के कारण बाह्य या परिस्थितिजन्य कारक जैसे—कठिन कार्य, अन्य लोगों से सहयोग न मिलना आदि मानता है। इस तरह के आत्म-सेवन पूर्वाग्रह के अस्तित्व को तथा उससे गुणारोपण में उत्पन्न होने वाली त्रुटियों की सम्पुष्टि आर्कीन, ग्लिसन एवं जौन्सटन एवं ओमाली तथा बेकर के अध्ययनों से की गई है।

उपरोक्त स्रोतों से यह स्पष्ट होता है कि गुणारोपण में पूर्वाग्रह के कई स्रोत हैं, जिनसे गुणारोपण में वैयक्तिक विभिन्नता उत्पन्न हो जाती है।

## गुणारोपण की विधि

प्रत्यक्षणकर्त्ता जब किसी लक्षित व्यक्ति के द्वारा किये गये व्यवहारों और उसके परिणामों का प्रेक्षण कर लेता है तो वह उन व्यवहारों को पैदा करने वाले कारणों का अनुमान करता है। इस प्रक्रिया को कारणात्मक गुणारोपण कहा जाता है। विभिन्न

व्यवहारों का कारणात्मक गुणारोपण करते समय हम कुछ मूलभूत नियमों का पालन करते हैं। यह आवश्यक नहीं है कि इन नियमों द्वारा किसी व्यवहार के वास्तविक कारण को हम ज्ञात कर ही लें क्योंकि व्यवहार के कारणों का अनुमान करते समय ही मूलभूत नियम हमारी मदद अवश्य करते हैं परन्तु अनुमानित कारण की परिशुद्धता के तार्किक सबूत पर आवश्यक बल नहीं देते।

गुणारोपण के मूलभूत नियम कई प्रकार के हैं जो निम्नलिखित हैं–

1. आत्यंतिकता का नियम
2. सहपरिवर्तन का नियम
3. संवर्धन का नियम
4. नगण्य करने का नियम।

उपरोक्त नियमों को विस्तृत रूप में निम्न प्रकार से दर्शाया गया है–

**(1) संवर्धन की विधि**–संवर्धन नियम के अनुसार किसी सामाजिक व्यवहार के होने में दो तरह के कारणों का सापेक्षिक योगदान होता है–सहायक कारण तथा अवरोधक कारण । इस नियम के अनुसार किसी व्यवहार के सहायक कारणों के प्रत्यक्षित योगदान में उस समय वृद्धि हो जाती है, जब प्रत्यक्षणकर्त्ता उस व्यवहार को किसी अवरोधक कारण की उपस्थिति में घटित होते हुए देखता है। अवरोधक व्यक्तियों की मात्रा बढ़ने के साथ-साथ, सहायक व्यक्तियों की प्रत्यक्षित योगदान में भी वृद्धि होती जाती है। जैसे, यदि राम उस सन्दूक को अकेले ठेल कर सपात सतह पर आगे बढ़ाता है और कृष्ण उस संदूक को अकेले ही ढ़ालुदार सतह पर नीचे से ऊपर की ओर ठेल कर आगे बढ़ाता है तो प्रत्यक्षणकर्त्ता सोहन को मोहन से अधिक शक्तिशाली समझेगा क्योंकि वह मोहन के बराबर निष्पादन एक अवरोधक कारण (ऊँचाई) की उपस्थिति में कर रहा है।

परिणामस्वरूप यह कहा जा सकता है कि प्रत्यक्षणकर्त्ता किसी लक्षित व्यक्ति द्वारा किये गए व्यवहारों तथा उसके परिणामों का प्रेक्षण करने के बाद कारणात्मक गुणारोपण करते समय उपर्युक्त नियमों में से एक या एक से अधिक नियमों का उपयोग करते हुए उस व्यवहार के वास्तविक कारण को समझने की कोशिश करता है।

**(2) नगण्य करने का विधि**–इस नियम का इस बात पर ज्यादा जोर होता है कि कोई घटना घटित होने, सम्भावित कारणों की संख्या बढ़ने के साथ-साथ, गुणारोपण में किसी एक कारण की प्रत्यक्षित भूमिका की मात्रा घटती जाती है। जैसे, यदि आदमी मिलकर सन्दूक को आगे बढ़ा रहे हों तो उन सबके अलग-अलग

योगदानों को समझ पाना प्रत्यक्षणकर्त्ता के लिए एक कठिन एवं जटिल कार्य होगा। इसी तरह से जैसे-जैसे व्यक्तियों की संख्या बढ़ती जाएगी, गुणारोपण उतना ही कठिन, जटिल एवं अविश्वसनीय होता चला जायेगा।

**(3) आत्यंतिकता की विधि**—सभी समाज मनोवैज्ञानिक इस बात का समर्थन करते हैं कि सामाजिक व्यवहारों का स्वरूप जटिल होता है और किसी सामाजिक व्यवहार के कारणों की संख्या प्रायः एक से अधिक हुआ करती है। इस तरह की परिस्थिति की व्याख्या करने के लिए समाज मनोवैज्ञानिकों ने दो तरह के संप्रत्यय का निर्माण किया है— "*बहुल पर्याप्त कारणत्व* तथा *बहुल आवश्यक कारणत्व*। बहुल पर्याप्त कारणत्व का अर्थ यह होता है कि किसी घटना के कई कारण उपस्थित हैं और उनमें से प्रत्येक अलग-अलग अकेला ही उस घटना को उत्पन्न करने के लिये पर्याप्त है। बहुल आवश्यक कारणत्व का अर्थ यह होता है कि किसी घटना की उत्पत्ति के कई कारण हैं और उसके घटित होने में सभी कारणों का योगदान है। किसी भी एक कारण की अनुपस्थिति से घटना घटित नहीं हो सकती है।

समाज मनोवैज्ञानिकों का मानना है कि इस प्रकार के अनेक कारण जिनसे यह निश्चित होता है कि कोई प्रत्यक्षणकर्त्ता घटना के किसी एक ही कारण को पर्याप्त मानेगा या सभी संभावित कारणों को अनिवार्य एवं महत्त्वपूर्ण समझेगा। इस सम्बन्ध में घटना के परिणाम की मात्रा को एक महत्त्वपूर्ण संकेत माना जाता है। परिणाम की मात्रा के आधार पर गुणारोपण करने पर आत्यंतिकता नियम द्वारा अधिक बल डाला जाता है। इस नियम के अनुसार किसी व्यवहार से उत्पन्न परिणामों की संख्या एवं परिणाम में जैसे-जैसे वृद्धि होती है, प्रत्यक्षीकृत कारणों की संख्या में भी वृद्धि होने की संभावना बढ़ती जाती है। जैसे, मान लिया जाय कि कृष्ण एवं राम एक लोहे के बड़े भारी सन्दूक को खिसका कर आगे बढ़ा रहे हैं। इस उदाहरण में आगे बढ़ने की सन्दूक की गति जितनी ही अधिक होगी, उसकी गति के कारण को उन दोनों के संयुक्त प्रयास पर आरोपित होने की संभावना भी अधिक हो जायेगी।

**(4) सहपरिवर्तन की विधि**—इस नियम को केली ने सन् 1967 में प्रतिपादित किया था। इस नियम को अन्य नियमों की तलुना में अधिक श्रेष्ठ माना गया है। इस नियम के अनुसार जब प्रत्यक्षणकर्त्ता किसी एक घटना में होने वाले परिवर्तनों के साथ-साथ किसी दूसरी घटना में होने वाले परिवर्तनों का प्रत्यक्षण करता है तो वह एक को दूसरे से संबंधित मान लेता है। जैसे, यदि घटना 'अ' के घटित होने के समय घटना 'ब' अवश्य घटित हो तथा घटना 'ब' के न घटित होने की स्थिति में घटना 'अ' भी न घटित हो तो हम 'अ' एवं 'ब' को आपस में सम्बन्धित

मान लेते हैं। सामान्यतः यह मान लिया जाता है कि समय की विमा पर जो घटना का परिणाम होती है। परन्तु सच्चाई यह है कि सहपरिवर्तन का यह नियम तार्किक ढंग से यह नहीं बतलाता है कि कौन-सी घटना कारण है तथा कौन-सी उसका परिणाम।

## निष्कर्ष

1. गुणारोपण उस प्रक्रिया को कहते है जिससे हम लोग दूसरे के व्यवहारों के कारणों का निर्धारण करते हैं तथा साथ-ही-साथ उनके स्थायी शीलगुणों एवं चित्तवृत्ति के बारे में ज्ञान प्राप्त करते हैं।
2. सामान्य रूप से गुणारोपण आन्तरिक और बाहरी दोनों कारणों के रूप में किया जाता है। आन्तरिक कारणों में लक्षित व्यक्ति की अयोग्यता, शीलगुण आदि को महत्त्वपूर्ण समझा जाता है, जबकि बाह्य कारणों में लक्षित व्यक्ति के व्यवहार के कारणों की व्याख्या परिस्थितिजन्य कारणों के रूप में की जाती है।
3. इन चार नियमों के अनुसार गुणारोपण की प्रक्रिया की जाती है। सहपरिवर्तन का निगम आत्यंतिकता का नियम, नगण्य करने के नियम तथा संवर्धन का नियम ।
4. समाज मनोवैज्ञानिकों ने गुणारोपण के कई सिद्धान्तों का वर्णन किया है जिसमें चार को प्रमुख बतलाया गया है—हाइडर का सिद्धान्त, जोन्स तथा डेविस का सिद्धान्त को अधिक महत्त्वपूर्ण माना गया है।
5. गुणारोपण में कुछ पूर्वाग्रह भी देखने को मिले हैं जिनसे इस प्रक्रिया में वैयक्तिक भिन्नता अधिक हो जाती है। इन पूर्वाग्रहों में व्यक्ति की मनोवृत्ति एवं मूल्य, परिणामों की गम्भीरता तथा कर्त्ता का भ्रम आदि प्रधान हैं।

# 8

# आक्रामकता का मनोवैज्ञानिक विश्लेषण

आक्रामता और हिंसा का व्यवहार मानव और पशु दोनों में विद्यमान रहता है। इसीलिए आक्रामक व्यवहार को एक सार्वजनिक घटना माना जाता है। इसके अध्ययन में समाज मनोवैज्ञानिकों ने विशेष अभिरुचि दिखलाई है। इस अभिरुचि के कारण जाहिर है कि आक्रामकता को पहले समाज मनोवैज्ञानिकों ने उपयुक्त शब्दों में परिभाषित करने की कोशिश की है। यहाँ पर पहले हम कुछ प्रमुख उन्हीं परिभाषाओं पर विचार करेंगे।

बस ने आक्रामकता की एक सरलतम परिभाषा देते हुए कहा है, "आक्रामकता ऐसी अनुक्रिया है जो दूसरे प्राणी को एक अनिष्टकर उद्दीपन प्रदान करता है।" परन्तु यह परिभाषा अत्यधिक विस्तृत एवं सरल होने के कारण समाज मनोवैज्ञानिकों को मान्य नहीं हो सकी। जैसे, कुछ समाज मनोवैज्ञानिकों ने यह आपत्ति उठायी कि यदि बस की परिभाषा को सही मान लिया जाता है, तो एक दन्त चिकित्सा का उद्देश्य रोगी को चंगा करना है न कि उसे हानि पहुँचाना है। कहने का तात्पर्य यह है कि बस की परिभाषा में आक्रामक व्यवहार करने वाले व्यक्ति के उद्देश्य या अभिप्राय को ध्यान में नहीं रखा गया है जो एक आवश्यक तथ्य है। वरकोविज के मतानुसार, आक्रामकता से तात्पर्य "दूसरों के प्रति किए गए साभिप्राय क्षति या हानि से होता है।" इस परिभाषा से स्पष्ट है कि आक्रामक व्यवहार उस व्यवहार को कहा जाता है जो दूसरों को सिर्फ हानि या क्षति ही नहीं पहुँचाता है, बल्कि हानि या क्षति पहुँचाने का उद्देश्य भी रखता है।

कुछ समाज मनोवैज्ञानिकों ने आक्रामकता में प्रयोजन या अभिप्राय को शामिल करने पर आपत्ति प्रकट की है। उनका कहना है कि यह एक ऐसा संप्रत्यय है जिसे सही नहीं जाना या मापा जा सकता है। अतः आक्रामकता की परिभाषा में इसे सम्मिलित नहीं किया जाना चाहिए। परन्तु इन समाज मनोवैज्ञानिकों की इस आपत्ति से बहुत लोग सहमत नहीं हैं और इसे खंडित करते हुए लोगों ने कहा है कि मनोवैज्ञानिक उन दशाओं या अवस्थाओं की जाँच के आधार पर मनुष्य के आक्रामक व्यवहार के उद्देश्य के बारे में अनुमान लगाते हैं जो ऐसे व्यवहार को जन्म देते हैं। परिणामस्वरूप, अधिकतर समाज मनोवैज्ञानिकों ने उद्देश्य को मद्देनजर रखते हुए आक्रामक व्यवहार को परिभाषित किया है।

मेयर्स के मतानुसार, "आक्रामकता एक ऐसा शारीरिक या शाब्दिक व्यवहार होता है जिसका उद्देश्य दूसरों को चोट पहुँचाना होता है।"

एटकिन्सन, स्मिथ एवं हिलगार्ड के मतानुसार, "आक्रामकता एक ऐसा व्यवहार होता है जिसका उद्देश्य दूसरों को शारीरिक रूप से घायल करना होता है या दूसरों की जायदाद को बर्बाद करना होता है।"

प्रस्तुत की गयीं उपरोक्त प्रमुख परिभाषाओं में आक्रामकता की व्याख्या में अत्यधिक समानता नजर आती है। जिसका निरीक्षण करने से इसके व्यवहार के विषय में कुछ प्रमुख तथ्य प्राप्त हुए हैं, जो निम्न हैं—

1. आक्रामकता एक ऐसा व्यवहार होता है जो जानबूझकर दूसरों को या उसकी जायदाद को हानि पहुँचाने के उद्देश्य से किया जाता है। अतः बिना उद्देश्य की परख किए किसी व्यवहार को आक्रामक नहीं कहा जा सकता है। एक दन्त चिकित्सक द्वारा सड़े दाँत को उखाड़ने के सिलसिले में रोगी को एकाध चपत लगा देना एक आक्रामक व्यवहार नहीं कहलाएगा, क्योंकि चिकित्सक का उद्देश्य वास्तव में रोगी को चोट पहुँचाना नहीं है। दूसरी तरफ फर्ज कर लीजिए कि एक हत्यारा मंत्री पर गोली चलाता है, परन्तु मंत्री जी बाल-बाल बच जाते हैं। यहाँ पर हत्यारे के व्यवहार का उद्देश्य क्षति पहुँचाना है, परन्तु किन्हीं कारणों से क्षति नहीं हुई। क्षति पहुँचाने का उद्देश्य होने के कारण हत्यारे का व्यवहार निश्चित रूप से एक आक्रामक व्यवहार कहलाएगा।
2. आक्रामक व्यवहार में अभिप्राय दो प्रकार का हो सकता है—पहला प्रकट और दूसरा अप्रकट। उपर्युक्त उदाहरण में हत्यारे द्वारा किए गए आक्रामक व्यवहार में अभिप्राय प्रकट था। ऐसे आक्रामक व्यवहार करने में अभिप्राय छिपा हुआ या अप्रकट भी हो सकता है। जैसे एक राजनैतिक नेता अपने विरोधी नेता

के प्रति तटस्थता का भाव रखते हुए भी इस ढंग से प्रचार कर सकता है जिससे वह अपने विरोधी नेता को हराकर चुनाव जीत सके। वहाँ अभिप्राय छिपा हुआ है। ऐसी आक्रामकता को *साधनात्मक आक्रामकता* कहा जाता है।

3. जो व्यक्ति आक्रामकता से पीड़ित होता है वह उससे दूर रहने का प्रयास करता है। इसका मतलब यह हुआ कि यदि पीड़ित उस आक्रामक व्यवहार से बचने की प्रेरणा नहीं रख सकता है, तो उसे आक्रामक व्यवहार नहीं कहा जाएगा।

स्पष्ट हुआ कि आक्रामक व्यवहार की कुछ निश्चित विशेषताएँ हैं जिनके आधार पर हम इसकी पहचान कर लेते हैं और इससे मिलते-जुलते सभी तरह के व्यवहार को आक्रामक व्यवहार नहीं कहते हैं।

## आक्रामकता के सिद्धान्त

समाज मनोवैज्ञानिकों ने आक्रामकता के प्रादुर्भाव की व्याख्या करने हेतु अनेक प्रकार के सिद्धान्तों का वर्णन किया है। इन सिद्धान्तों में आक्रामकता के प्रादुर्भाव के विषय में कुछ प्रमुख विचारों को प्रतिपादित किया गया है, जो निम्नांकित हैं—

1. ब्रह्म कुण्ठा या निराशा के कारण व्यवहार में आक्रामकता पैदा होती है। उसे *कुंठा-आक्रामकता सिद्धान्त* कहा जाता है।
2. व्यक्ति आक्रामक व्यवहार अन्य व्यवहारों के समान किसी-न-किसी सामाजिक सन्दर्भ में सीखता है। इसकी व्याख्या जिस सिद्धान्त के अन्तर्गत की गई है, उसे *सामाजिक-सीखना* सिद्धान्त कहा जाता है।
3. आक्रामकता मनुष्य के व्यवहार में जैविक कारणों से पैदा होती है। इसकी व्याख्या समाज मनोवैज्ञानिक ने विशेष सिद्धान्त जिसे *मूलप्रवृत्तिक सिद्धान्त* कहा जाता है, के अन्तर्गत किया है।

स्पष्ट हुआ कि आक्रामकता की व्याख्या करने के लिए मनोवैज्ञानिकों एवं समाजशास्त्रियों ने मिलकर तीन महत्त्वपूर्ण सिद्धान्तों का वर्णन किया है जो निम्नांकित हैं—

1. मूलप्रवृत्तिक सिद्धान्त
2. कुण्ठा-आक्रामकता सिद्धान्त
3. सामाजिक-सीखना सिद्धान्त।

उपरोक्त सिद्धान्तों का वर्णन निम्न प्रकार से अलग-अलग अनुच्छेदों में किया गया है—

## परिवर्तित कुण्ठा-आक्रामकता सिद्धान्त

कुण्ठा-आक्रामकता सिद्धान्त का परिवर्तित रूप पहले की तुलना में अधिक उन्नत है। इस सिद्धान्त को उन्नति प्रदान करने के लिये दो महत्त्वपूर्ण परिवर्तन किये गये हैं, जो निम्न प्रकार से हैं–

1. मिलर जो इस सिद्धान्त के पाँच मूल प्रतिपादकों में से एक थे, स्वयं स्वीकार किए कि कुण्ठा से हमेशा आक्रामकता उत्पन्न नहीं होती है और उन्होंने अपने इस दावे में संशोधन करते हुए कहा कि कुण्ठा के प्रति व्यक्ति अनेक तरह की अनुक्रियाएँ करता है जिसमें आक्रामकता एक है। इस संशोधन से सिद्धान्त को बल मिला और सिद्धान्त की दूसरी आलोचना जिसका वर्णन ऊपर किया गया है अपने आप समाप्त हो जाती है।
2. दूसरा महत्त्वपूर्ण परिवर्तन सन् 1965 में बर्कोविज द्वारा प्रस्तावित किया गया है। बर्कोविज का कहना था कि कुण्ठा से आक्रामक व्यवहार सीधे उत्पन्न नहीं होते हैं बल्कि कुण्ठा व्यक्ति में आक्रामक व्यवहार करने के लिए एक तत्परता उत्पन्न कर देता है जो एक ऐसी सांवेगिक होती है जिसे क्रोध की संज्ञा दी जाती है, अत्यधिक आक्रामक हो जाती है और दूसरी तरफ वातावरण में व्यक्ति को कुछ ऐसा संकेत भी मिल जाता है जिससे उसकी छिपी आक्रामकता भड़क उठती है और वह आक्रामक व्यवहार करना प्रारंभ कर देता है। इस तरह के संकेत को आक्रामकता संकेत कहा जाता है तथा बर्कोविज के इस अवधारणा को आक्रामकता का संकेत सिद्धान्त कहा जाता है। बर्कोविज के अनुसार व्यक्ति तब तक आक्रामक व्यवहार नहीं दिखलाता है जब तक कि वातावरण से उसे उपयुक्त संकेत या उद्दीपक जो आक्रामक व्यवहार करने के लिए उत्तेजन कर सके, उपस्थित हो।

बकोविज के संकेत सिद्धान्त का प्रायोगिक समर्थन, गीन तथा बर्कोविज के प्रसिद्ध प्रयोग से होता है। इस अध्ययन में कॉलेज के छात्रों को एक पहेली का समाधान निर्धारित समय में पूरा करने के लिए दिया गया। प्रयोग की तीन अवस्थाएँ थीं–कुण्ठा की अवस्था , अपमान की अवस्था तथा नियंत्रित अवस्था । कुण्ठा की अवस्था में छात्रों को पहेली के रूप में ऐसी समस्या दी गई जिसकी अवस्था में प्रयोज्यों को पहेली के रूप में ऐसी समस्या दी गई है जिन्हें समाधान करने का पर्याप्त अवसर तो प्रदान किया ही गया साथ-ही-साथ उन्हें अपमानित भी नहीं किया गया।

तत्पश्चात् प्रयोगकर्त्ता ने इन समूहों के व्यक्तियों से सवाल पूछकर यह जानकारी प्राप्त की कुण्ठा तथा अपमान की अवस्थाओं के प्रयोगकर्त्ता में नियंत्रित समूह के प्रयोज्यों की अपेक्षा क्रोध की भावना थी। प्रयोग के अगले भाग में इस प्राक्कल्पना की जाँच की गई कि आक्रामक के संकेत क्रोधित व्यक्ति में आक्रामक व्यवहार उत्पन्न करते हैं या नहीं। छात्रों में अध्ययन के इस भाग में दो तरह की फिल्मों (एक आक्रामकता युक्त दृश्य वाली फिल्म तथा दूसरा आक्रामकता रहित दृश्यों वाला फिल्म) में से किसी किसी एक फिल्म को 7 मिनट के लिए दिखलाया गया। इसके पश्चात् व्यक्तियों को प्रयोगकर्त्ता के एक सहयोगी को कुछ ही बार विद्युताघात किया। साथ-ही-साथ यह भी देखा गया जिन छात्रों में क्रोध की मात्रा कम थी उन छात्रों ने दूसरे समूहों को क्रोधयुक्त छात्रों की तुलना में कम आवृत्ति के साथ, विद्युताघात करने का व्यवहार किया।

गीन तथा बर्कोविट्ज के इस अध्ययन के फलस्वरूप यह स्पष्ट हो जाता है कि आक्रामकता के उपयुक्त संकेत वातावरण में मौजूद होने पर ही व्यक्ति में आक्रामक व्यवहार कुण्ठा उत्पन्न करती है। स्पष्ट हुआ कि इस अध्ययन से परिवर्तित कुण्ठा-आक्रामकता सिद्धान्त को पूर्णतः समर्थन मिलता है।

## सामाजिक सीखना सिद्धान्त

इस सिद्धान्त को बैण्डुरा ने सन् 1973 में प्रतिपादित किया था। जिसे फिर बाद में इस सिद्धान्त के निवास में बैण्डुरा के अन्य सहयोगी जैसे वाल्टर्स ने भी महत्त्वपूर्ण योगदान दिया। इस सिद्धान्त का सार तत्त्व यह है कि व्यक्ति अन्य व्यवहारों के समान आक्रामकता को भी सीखता है और साथ-ही-साथ यह भी सीखता है कि किन-किन अवस्थाओं में ऐसी आक्रामकता की अनुक्रिया वांछित लक्ष्य को प्राप्त करने में मदद करती है। अतः इस सिद्धान्त के अनुसार आक्रामक व्यवहार एक सीखा गया व्यवहार होता है।

इस सिद्धान्त के द्वारा आक्रामकता के विषय में मूल रूप से तीन प्रकार के सवालों का उत्तर प्राप्त होता है–

1. आक्रामक व्यवहार की उत्पत्ति के स्रोत क्या हैं?
2. आक्रामक व्यवहार के उत्तेजक क्या हैं?
3. आक्रामक व्यवहार कैसे सीखा जाता है?

इन तीनों प्रश्नों के उत्तर हमें सामाजिक-सीखना सिद्धान्त में मिलता है। अतः हम इसका प्रश्नवार विश्लेषण करेंगे, जो निम्नांकित है–

**(1) आक्रामक व्यवहार के उत्तेजक क्या हैं?**—सामाजिक सीखना सिद्धान्त सिर्फ आक्रामक स्रोतों की ही व्याख्या नहीं करता बल्कि यह इस बात की भी व्याख्या करता है कि आक्रामक व्यवहार को उकसाने वाले कारक कौन-कौन से हैं जिनसे आक्रामक व्यवहार के घटित होने की संभावना में वृद्धि हो जाती है। बैण्डुरा ने इस प्रकार कुछ कारणों की पहचान की है जो निम्नांकित हैं—

| *आक्रमकता की उत्पत्ति* | *आक्रमकता के उत्तेजक* | *पुनर्बलक* |
|---|---|---|
| निर्देश | विरुचि विवेचन | बाह्य |
| प्रेक्षण | निर्देश-आक्रामकता | आत्म |
| प्रयत्न एवं त्रुटि | प्रेक्षण (मॉडलिंग) | स्थानापन्न |

**विरुचि विवेचन**—समाज मनोवैज्ञानिकों द्वारा किए गए अध्ययन से यह स्पष्ट हो गया है कि दुखदायी, कष्टकर तथा कुंठित अनुभवों से व्यक्ति न केवल सांवेगिक रूप से उत्तेजित ही होता है, बल्कि उसमें आक्रामकता की भी प्रवृत्ति उत्पन्न होती है और वह भी समझ लेता है कि ऐसी आक्रामकता सामाजिक रूप से अनुमोदित भी होती है।

**निर्देश**—सामाजिक सीखना सिद्धान्त में निर्देश को आक्रामकता को उकसाने वाला एक प्रमुख कारक माना गया है। मिलग्राम ने अध्ययन करके यह दिखलाया है कि प्रयोगकर्त्ता से निर्देश मिलने पर व्यक्ति कुछ वयस्कों को निर्दयतापूर्वक उच्च वोल्ट का विद्युताघात करते थे। किसी प्राधिकारी या वैसे ही लोगों से आक्रमकता दिखलाने का निर्देश मिलने पर व्यक्ति स्थिर मन से आक्रामक व्यवहार करता पाया जाता है।

**प्रेक्षण**—बैण्डुरा के अनुसार आक्रामकता को उकसाने वाला तीसरा कारक दूसरों को आक्रामक व्यवहार करते देखना है। व्यक्ति जब दूसरों द्वारा किए जा रहे आक्रामक व्यवहार का प्रेक्षण करता है, तो उसमें वैसा ही व्यवहार करने की प्रेरणा उत्पन्न हो जाती है। ऐसी परिस्थिति में व्यक्ति उस मॉडल से आक्रामकता के व्यवहार को सीखने के साथ-ही-साथ यह भी सीख लेता है कि किसी परिस्थिति में ऐसी अनुक्रिया उचित होगी। बैण्डुरा एवं रास ने अपने अध्ययन के आधार पर यह बतलाया कि उन बच्चों में आक्रामक व्यवहार की संख्या बढ़ गई जिन्हें टेलीविजन पर आक्रामक दृश्य वाली फिल्म दिखलायी गयी थी जबकि जिन बच्चों को ऐसी फिल्म देखने का मौका नहीं मिला था, उनमें आक्रामकता में कोई वृद्धि नहीं आई थी।

**प्रोत्साहन या पुरस्कार मिलने की आशा**—यदि मनुष्य को ऐसा लगता है कि आक्रामक व्यवहार उसके लिए फायदेमन्द साबित हो सकता है तो वह वैसा ही व्यवहार करने का फैसला करता है। ऐसी परिस्थिति में व्यक्ति आक्रामक व्यवहार करने के पहले ऐसे व्यवहार के संभावित पुरस्कार एवं दण्ड का अनुमान कर लेता है। यदि पुरस्कार की संभावित मात्रा से दण्ड की मात्रा अधिक होती है, तो वह आक्रामक व्यवहार में तीव्रता दिखाता है परन्तु यदि दण्ड की संभावित मात्रा बहुत अधिक होती है, तो वह आक्रामकता दिखलाने में जल्दबाजी नहीं करता है।

**(2) आक्रामकता या आक्रामक व्यवहार की उत्पत्ति के स्रोत क्या हैं?** इस सिद्धान्त के अनुसार व्यक्ति या समूह में आक्रामकता उत्पन्न होने के तीन स्रोत बतलाए गए हैं, जो निम्न प्रकार के हैं—

**प्रेक्षणात्मक सीखना**—आक्रामकता का तीसरा स्रोत प्रेक्षणात्मक सीखना है। बैण्डुरा ने इस स्रोत पर अधिक बल डाला है और कहा कि जब व्यक्ति दूसरों को आक्रामक व्यवहार करते देखता है, तो वह भी वैसा ही करना प्रारंभ कर देता है। बैण्डुरा के अनुसार प्रेक्षणात्मक सीखना जीवन पर्यन्त घटित होता रहता है। इस तरह के सीखना के कई स्रोत हमारे जीवन में होते हैं। जैसे, परिवार में उपलब्ध मॉडल, चलचित्र एवं दूरदर्शन पर दिखलाए जाने वाले आक्रामकता के दृश्य, शिक्षण संस्थान एवं अन्य व्यवसायों के सामाजिक संदर्भ में उपलब्ध मॉडल आदि-आदि। बैण्डुरा तथा वाल्टर्स एवं बैण्डुरा के अनुसार इस तरह का सीखना का आधार मूलतः पुनर्बलन एवं अनुकरण होता है।

**प्रत्यक्ष निर्देश**—कुछ परिस्थितियाँ ऐसी होती हैं जिसमें व्यक्ति के आक्रामक व्यवहार करने के लिए सीधा या प्रत्यक्ष निर्देश दिया जाता है और उसके परिणामस्वरूप, वह आक्रामक व्यवहार करता है। जैसे—युद्ध में सैनिकों को सेना नायक अपने दुश्मन पर आक्रमण करने का निर्देश देते हैं जिसके फलस्वरूप सैनिक आक्रामकता दिखलाता है। अतः आक्रामकता का एक प्रमुख स्रोत प्रत्यक्ष निर्देश होता है।

**प्रयत्न एवं त्रुटि सीखना**—प्रयत्न और त्रुटि को सीखना भी आक्रामकता का एक स्रोत माना जाता है। जैसे, मान लिया जाए कि कोई एक बच्चे पर दूसरा बच्चा आक्रमण करता है। परिस्थिति ऐसी है कि पहला बच्चा भाग नहीं पाता है। परिणामस्वरूप, वह विवश होकर दूसरे बच्चे पर प्रतिआक्रमण करता है। थोड़ी देर के लिए मान लिया जाए कि पहला बच्चा प्रतिआक्रमण जीत जाता है। इसका परिणाम

यह होगा कि पहला बच्चा जब-जब भविष्य में इस ढंग की परिस्थिति से घिर जाएगा, वह प्रतिआक्रामक व्यवहार करेगा क्योंकि पहले प्रयत्न एवं त्रुटि के आधार पर आक्रामकता को वह सफलीभूत कर चुका है।

**(3) आक्रामक व्यवहार कैसे सीखा जाता है?**—बैण्डुरा का मत है कि आक्रामक व्यवहार को व्यक्ति बाह्य पुनर्बलन, आत्म-पुनर्बलन तथा स्थानापन्न पुनर्बलन, आत्म-पुनर्बलन तथा स्थानापन्न पुनर्बलन के आधार पर सीखता है। बाह्य पुनर्बलन मिलता है, तो वह वैसा व्यवहार भविष्य में अधिक करता पाया जाता है। गीन एवं स्टोनर ने अपने अध्ययन में पाया कि जब प्रयोज्यों को आक्रामक व्यवहार करने पर शाब्दिक पुनर्बलन दिया जाता था, तो उनमें आक्रामकता की तीव्रता अधिक बढ़ जाती थी। कोवान एवं वाल्टर्स ने अपने अध्ययन के आधार पर यह बतलाया है कि आक्रामकता पर सतत पुनर्बलन तथा आंशिक पुनर्बलन में जहाँ बच्चों के प्रत्येक आक्रामक व्यवहार को पुनर्बलित किया गया था, अधिक थी।

मनुष्य के अन्दर आत्मपुनर्बलन की उत्पत्ति उस समय होती है जब वह यह सोचता है कि कुछ कठिनाइयों के बावजूद भी उन्होंने लक्षित व्यक्ति या वस्तु से अपने आप को उचित आक्रामक व्यवहार करके बचा लिया है। कहने का तात्पर्य यह है कि आत्म-पुनर्बलन में व्यक्ति अपने द्वारा किए गए आक्रामक व्यवहार पर संतोष व्यक्त करता है। अध्ययनों से पता चला है कि जिस आक्रामक व्यवहार पर संतोष व्यक्त करता है। अध्ययनों से पता चला है कि जिस आक्रामक व्यवहार के करने से व्यक्ति में आत्म-पुनर्बलन उत्पन्न होता है, वैसे आक्रामक व्यवहार की तीव्रता तथा बारंबारता भविष्य में अधिक हो जाती है। अलब्रेक, थॉमस तथा चादविक के अनुसार आत्म पुनर्बलन का चूँकि प्रेक्षण करना कठिन है, अतः इसे सही-सही ढंग से मापा नहीं जा सकता है।

स्थानापन्न पुनर्बलन का अभिप्राय उस मनोवैज्ञानिक साझेदारी से है जिसमें आक्रामक व्यवहार का प्रदर्शन करने वाले व्यक्ति की आक्रामकता से उत्पन्न परिणामों के साथ होता है। जैसे, कोई व्यक्ति उस समय गर्व महसूस करता है, जब खेल के मैदान में वह टीम जिसके साथ उसका तादात्म्य स्थापित हो चुका है, विरोधी टीम को परास्त कर देता है। दूसरी तरफ उसमें उस समय शर्म एवं दोष उत्पन्न होता है जब वह यह पाता है कि उसकी टीम विरोधी टीम द्वारा परास्त हो चुकी है। सामाजिक-सीखना सिद्धान्त के अनुसार स्थानापन्न पुनर्बलन से भी व्यक्ति में आक्रामकता की अनुक्रिया तीव्र होती है हालाँकि अलब्रेक, थॉमस तथा चादबिक ने यह स्पष्ट कर दिया है कि स्थानापन्न पुनर्बलन उतना शक्तिशाली नहीं होता है जितना कि बाह्य पुनर्बलन तथा आत्म-पुनर्बलन होता है।

उपर्युक्त विवरण से यह स्पष्ट है कि सामाजिक सीखना सिद्धान्त इस तथ्य की व्याख्या करता है कि व्यक्ति आक्रामक व्यवहार कैसे सीखता है? इसके अलावा यह सिद्धान्त यह भी बतलाता है कि व्यक्ति में आक्रामकता को कैसे कम किया जाता है। बैण्डुरा तथा वाल्टर्स ने इस बात पर बल डाला है कि माता-पिता को बच्चों की शरारत पर उन्हें शरीरिक दण्ड नहीं देना चाहिए क्योंकि ऐसा करने से वे उनके इस व्यवहार (आक्रामक व्यवहार) को सीख लेते हैं। अतः उन्हें चाहिए कि वे स्वयं ऐसा व्यवहार नहीं करें। इसके द्वारा अप्रत्यक्ष रूप से बच्चों में आक्रामकता कम होती है। सामाजिक सीखना सिद्धान्त के अनुसार आक्रामकता को कम करने का एक प्रत्यक्ष तरीका यह है कि बच्चे जब आक्रामक व्यवहार करें तो उन्हें नकारात्मक पुनर्बलन देकर जैसे दुलार एवं प्यार या वांछित वस्तु से वंचित करके उनके इस तरह की आक्रामक प्रवृत्ति को कम किया जा सकता है।

सामाजिक सीखना सिद्धान्त को कई कारणों से आक्रामकता का एक महत्त्वपूर्ण सिद्धान्त माना गया है। इसमें एक महत्त्वपूर्ण कारण यह है कि इस सिद्धान्त को कुण्ठा-आक्रामकता सिद्धान्त का एक पूरक माना गया है क्योंकि इसके द्वारा उन प्रश्नों का भी उत्तर मिल जाता है जो कुण्ठा-आक्रामकता सिद्धान्त द्वारा नहीं मिल पाता है जैसे, कुण्ठा आक्रामकता सिद्धान्त यह नहीं बता पाता है कि एक ही कुंठित परिस्थिति में क्यों एक व्यक्ति मुक्केबाजी करता है, दूसरा रिवाल्वर का प्रयोग करता है और तीसरा किसी भी तरह की आक्रामकता नहीं दिखलाता है। सामाजिक सीखना सिद्धान्त के अनुसार एक ही तरह की कुंठित परिस्थिति में आक्रामकता के इस वैयक्तिक विभिन्नता का कारण उसके द्वारा सीखी गई अनुभूतियों का एक महत्त्वपूर्ण सिद्धान्त माना गया है। इसमें एक महत्त्वपूर्ण कारण यह है कि सिद्धान्त को कुण्ठा-आक्रामकता सिद्धान्त का एक पूरक माना गया है क्योंकि इसके द्वारा उन प्रश्नों का भी उत्तर मिल जाता है कि एक ही कुंठित परिस्थिति में क्यों एक व्यक्ति मुक्केबाजी करता है, दूसरा रिवाल्वर का प्रयोग करता है और तीसरा किसी भी तरह की आक्रामकता नहीं दिखलाता है। सामाजिक सीखना सिद्धान्त के अनुसार एक ही तरह की कुंठित परिस्थिति में आक्रामकता की इस वैयक्तिक विभिन्नता का कारण उसके द्वारा सीखी गई अनुभूतियाँ होती हैं।

सामाजिक सीखना सिद्धान्त इसलिये अधिक महत्त्वपूर्ण माना जाता है। क्योंकि इसमें आक्रामकता के कारणों एवं उसे कम करने के उपायों का भी वर्णन किया गया है, फिर भी इसकी कुछ आलोचनाएँ है जिनमें निम्नांकित प्रमुख हैं—

1. इस सिद्धान्त के अनुसार व्यक्ति आक्रामकता को ऐसे व्यवहार करने के बाद मिलने वाले पुनर्बलन के आधार पर सीखता है। सिद्धान्त में तीन तरह के पुनर्बलन का वर्णन किया है—बाह्य पुनर्बलन, आत्म-पुनर्बलन तथा स्थानापन्न पुनर्बलन। इसमें प्रथम दो पुनर्बलन को तो लोगों ने प्रभावकारी माना है परन्तु तीसरे प्रकार के पुनर्बलन को अनावश्यक बताकर अस्वीकृत कर दिया है।
2. इस सिद्धान्त से व्यक्ति के आक्रामक व्यवहार को सीखने का उत्तर तो प्राप्त होता है, परन्तु इस प्रश्न का उत्तर सही-सही नहीं दे पाता है कि व्यक्ति क्यों आक्रामक व्यवहार दिखलाता है तथा वह क्यों अमुक वस्तु या व्यक्ति को ही अपनी आक्रामकता का लक्ष्य बनाता है? कुछ खामियों के बावजूद भी सामाजिक-सीखना सिद्धान्त को अभी अन्य सिद्धान्तों की तुलना में कुछ खामियों के बावजूद भी सामाजिक-सीखना सिद्धान्त को अभी अन्य सिद्धान्तों की अपेक्षा अधिक महत्त्वपूर्ण माना जाता है तथा इसकी मान्यता मनोवैज्ञानिक के बीच अधिक है।

## मूलप्रवृत्तिक सिद्धान्त

इस सिद्धान्त के अनुसार मानव और पशु में आक्रामकता का व्यवहार जन्म के समय से ही होता है जिसकी उत्पत्ति मूल प्रवृत्ति की वजह से होती है। मूल प्रवृत्ति से तात्पर्य किसी उद्दीपक के प्रति एक तरह की अनुक्रिया करने की एक जन्मजात प्रवृत्ति से होता है।

मूल प्रवृत्तिक सिद्धान्त के अन्तर्गत मूलतः दो व्यक्तियों के सिद्धान्तों को रखा है—फ्रायड का मनोविश्लेषणात्मक सिद्धान्त तथा लोरेन्ज का *आचारशास्त्रीय* सिद्धान्त। इन दोनों सिद्धान्तों का वर्णन इस प्रकार कर सकते हैं—

**(क) फ्रायड का मनोविश्लेषणात्मक सिद्धान्त**—इस सिद्धान्त को साइमन्ड फ्रायड ने प्रतिपादित किया था। इसे मनोवैज्ञानिकात्मक सिद्धान्त इसलिए कहा जाता है क्योंकि इसका आधार मनोविश्लेषणात्मक सिद्धान्त के तहत की गई है। फ्रायड के मतानुसार, प्रत्येक व्यक्ति में दो तरह के मूल प्रवृति पायी जाती हैं—जीवन मूल प्रवृत्ति तथा मृत्यु मूल प्रवृत्ति पाए जाते हैं—जीवन मूल प्रवृत्ति तथा मृत्यु मूल प्रवृत्ति। जीवन मूलप्रवृत्ति को *इरोस* भी यहाँ जाता है तथा यह व्यक्ति को सभी तरह के रचनात्मक कार्य करने की पर्याप्त प्रेरणा देता है। मृत्यु मूल प्रवृत्ति में एक सन्तुलन बना रहता है जिससे व्यक्ति का समायोजन वातावरण के साथ भी ठीक होता है।

फ्रायड के मताअनुसार, मृत्यु मूल प्रवृत्ति की अभिव्यक्ति की दिशा दो प्रकार की होती है—पहली अन्तर्मुखी दूसरी बर्हिमुखी। जब दिशा अन्तर्मुखी होती है तो व्यक्ति अपने आपके प्रति आक्रामकता दिखलाता है तथा अपने आप को ही क्षति पहुँचाने का कार्य करता है। ऐसे व्यवहार का एक चरम उदाहरण आत्महत्या का प्रयास करना है। जब दिशा बहिर्मुखी होती है तो व्यक्ति दूसरों को क्षति पहुँचाकर या सामाजिक रूप से स्वीकार दलीलें देकर अपनी आक्रामकता की अभिव्यक्ति करता है। फ्रायड का मानना था कि जीवन अक्सर मृत्यु मूल प्रवृत्ति के विध्वंसकारी लक्ष्य को अवरुद्ध कर देता है और उसे बाहरी वस्तुओं या वस्तुओं के प्रति आक्रामकता तथा हिंसा दिखलाना प्रारम्भ कर देता है। कभी-कभी जीवन मूल प्रवृत्ति मृत्यु को उसे बाह्य वस्तुओं या व्यक्तियों की ओर मोड़ने में सफल नहीं हो पाती है। और चरम सीमा पर पहुँचने पर व्यक्ति आत्महत्या भी कर लेता है।

**(ख) आचारशास्त्रीय सिद्धान्त**—इस सिद्धान्त को कौनरेड लोरेन्ज ने प्रतिपादित किया है जो प्रसिद्ध आचारशास्त्री व नोबेल पुरस्कार के विजेता भी हैं। लोरेन्ज पशुओं पर अध्ययन करके इस सिद्धान्त का प्रतिपादन किया है और मानव-जाति के लिए सामान्यीकरण किया है।

लोरेन्ज ने प्रारंभ में तो फ्रायड के सिद्धान्त की आलोचना की और उसकी वैधता को स्वीकार किया तथा उन्नत भी बनाया, के समान आक्रामक व्यवहार को नहीं बतलाया है, बल्कि उनका मत था कि ऐसे व्यवहार अनुकूली हैं तथा पशुओं के अपने अस्तित्व को बनाए रखने के लिए आवश्यक बतलाया। पशुओं के अध्ययनों के आधार पर लोरेन्ज इस निष्कर्ष पर पहुँचे कि अस्तित्व लक्ष्य की मूल में आक्रामकता की मूल प्रवृत्ति होती है। जिस पशु में आक्रामकता जितनी ही अधिक होगी, इस पशु को अस्तित्व में बने रहने और स्वयं को पुनरुत्पादित करने की संभावना उतनी ही अधिक होगी। इतना ही नहीं, आक्रामकता के सहारे पशु अपने क्षेत्र की रक्षा करते हैं तथा अपने एवं जातियों के अन्य सदस्यों के लिए भोजन एवं पानी का प्रबन्ध कर पाते हैं। आक्रामकता के कारण सिर्फ मजबूत पशु अस्तित्व एवं पुनरुत्पादक क्षमता बनाए रखते हैं तथा कमजोर पशु को अपना अस्तित्व त्यागना पड़ता है।

यद्यपि लंरिन्ज का कार्य मूलतः पशुओं के आक्रामक व्यवहार के अध्ययन पर आधारित था, परन्तु फिर भी उन्होंने अपने जीवन की विवादास्पद बिन्दु आक्रामकता की व्याख्या को भी अपने सिद्धान्त में शामिल कर लिया। उन्होंने मानव आक्रामकता की वैज्ञानिक व्याख्या की है—पहला प्रश्न था क्यों एक मानव दूसरे को जान से मार डालता है। और दूसरा, मूलप्रत्यात्मक आक्रामक शक्ति का *संचयन* किस तरह होता

है और बीच-बीच में उसकी अभिव्यक्ति कैसे होती है? इन दोनों प्रश्नों का उत्तर देकर उन्होंने मानव आक्रामकता की वैज्ञानिक व्याख्या की है।

**(1) एक मनुष्य दूसरे मनुष्य को क्यों जान से मार डालता है**—लारेन्ज के अनुसार सभी प्रकार के खतरों के प्रति दो प्रकार की प्रक्रियाएँ की जाती हैं—लड़ना तथा भागना । वैसे पशुओं जिनके पास अपने आपको बचाने का पर्याप्त प्रक्रम नहीं होता है, जैसे पक्षी, हिरण आदि वे अपने दुश्मन का आक्रमण होते ही भाग जाते हैं। परन्तु वैसे पशु जिनके पास लड़ने का पर्याप्त प्रक्रम जैसे तेज एवं नुकीले दाँत, नुकीले नाखून वाले पंजे आदि होते हैं, वे अपने दुश्मन के साथ भिड़न्त होने पर लड़ते हैं। लोरेन्ज का मत है कि जिस पशु में लड़ने की क्षमता जितनी ही अधिक होती है उनमें अपने जाति के पशुओं के प्रति आक्रामकता दिखलाने की जन्मजात निषेध अधिक होता है। उनमें अपने जाति के पशुओं के प्रति आक्रामकता दिखलाने की जन्मजात निषेध की प्रवृत्ति भी कमजोर होता है। फलतः इनमें अपने जातियों के सदस्यों के प्रति आक्रामकता का कोई महत्त्व नहीं होती है। लॉरेन्ज के अनुसार मनुष्यों में यह पैटर्न टूट चुका है। सृष्टि के प्रारम्भ में तो ब्राह्मण होने पर मनुष्य भागकर अपने आप को बचाते थे क्योंकि इनके पास अपने आप को बचाने के लिए पर्याप्त प्रक्रम नहीं था। इनमें अन्य मनुष्यों के प्रति आक्रामकता दिखलाने की जन्मजात निषेध की प्रवृत्ति भी कमजोर होती है लेकिन प्रौद्योगिकी के कारण मनुष्यों के विध्वंसात्मक शक्ति में वृद्धि हो गई है और दूसरी तरफ निषेधात्मक की कमी पहले से ही मौजूद रहती है, फलतः मनुष्य जाति अपने ही जाति के अन्य को जान से बेधड़क मार देते हैं। इसी प्रकार किसी अन्य प्राणी में विकास नजर नहीं आता। व्याख्या दूसरा महत्त्वपूर्ण पक्ष था। फ्रायड के समान इनका भी मत यही था कि आक्रामक शक्ति हमेशा व्यक्ति में बनी रहती है तथा धीरे-धीरे जमा होती रहती है। वातावरण में कुछ उपयुक्त उद्दीपक द्वारा जब तक प्राणी उत्तेजित नहीं होता है, इस तरह की शक्ति निर्मुक्त नहीं होती है। इस बिन्दु पर लोरेन्ज का मत फ्रायड के मत से अलग था। फ्रायड के अनुसार ऐसी शक्ति की अभिव्यक्ति या निर्मुक्त होने के लिए किसी बाह्य उद्दीपक की आवश्यकता नहीं होती है जबकि लोरेन्ज के अनुसार ऐसी शक्ति की अभिव्यक्ति के लिए बाह्य उद्दीपक द्वारा उत्तेजित होना जरूरी है। आक्रामक व्यवहार की मात्रा इस बात पर निर्भर करती है कि प्राणी में मूलप्रत्यात्मक आक्रामक शक्ति कितनी मात्रा में जमा हो जाती है, तो वातावरण में बिना किसी उद्दीपक की उपस्थिति के भी अपने आप निर्मुक्त हो सकती है।

लोरेन्ज के इस मॉडल का सबसे महत्त्वपूर्ण आशय यह है कि यदि संचित आक्रामक शक्ति को व्यक्ति सामाजिक रूप से अनुमोदित तरीकों से अभिव्यक्त कर देता है, तो उसके पास असामाजिक ढंग से अभिव्यक्त करने के लिए बहुत शक्ति नहीं रह जाती है। इसलिए समाज को चाहिए कि वह सामाजिक रूप से अनुमोदित तरीकों जैसे खेल-कूद आदि के द्वारा संचित आक्रामक शक्ति की पर्याप्त अभिव्यक्ति करा दे।

**आलोचनाएँ**—यद्यपि मूलप्रवृत्तिक सिद्धान्त के द्वारा उत्तम तरीके से आक्रामकता के व्यवहार की व्याख्या करने के बावजूद भी कुछ समाज मनोवैज्ञानिकों ने इसकी व्याख्या पर कुछ आपत्तियाँ जतायी हैं जिसमें निम्नांकित प्रमुख हैं—

1. मूल प्रवृत्तिक सिद्धान्त को आघात पहुँचाने वाले भी प्रयोगात्मक अध्ययन किये गये है। जैसे—सामान्यतः यह समझा जाता है कि बिल्ली चूहे का एक स्वाभाविक दुश्मन होती है। जिंग याग कुओ के अध्ययन ने इसे गलत साबित कर दिया गया है। उन्होंने बिल्ली के बच्चों के तीन समूहों का अध्ययन किया जिसे तीन विभिन्न अवस्थाओं में रखकर जन्म से ही पाला-पोसा और वे अपनी माँ को चूहों का शिकार करते देखते थे। इसमें ऐसे बच्चों को उन्होंने पृथक् अवस्था में रखकर पाला पोसा। इसमें ऐसे बच्चे चूहे को देख भी नहीं पाते थे। तीसरी अवस्था ऐसा थी जिसमें बिल्ली के बच्चे को चूहों के साथ दोस्त बनाकर पाला-पोसा गया था। परिणाम में देखा गया कि पहली अवस्था की 85% बिल्लियों में चूहों को देखते ही मार देने की प्रवृत्ति तीव्र थी तथा तीसरी अवस्था की मात्र 17% बिल्लियों में ही चूहों को मार देने की प्रवृत्ति देखी गई। अध्ययन से स्पष्ट हो जाता है कि आक्रामक व्यवहार मात्र मूल प्रवृत्ति द्वारा नियंत्रित नहीं होता बल्कि सामाजिक परिस्थिति भी महत्त्वपूर्ण होती है।
2. मूल प्रवृत्तिक सिद्धान्त का एक दावा था कि प्राणियों में आक्रामक व्यवहार जन्म से ही होता है। इस दावे को मॉन्टाग्यू ने सन् 1976 में खंडित कर दिया। और अपनी प्रसिद्ध पुस्तक *दी नेचर ऑफ ह्यूमैन एग्रेसन* में जन्मजात आक्रामकता के संप्रत्यय को खंडित करते हुए कहा है, कई समाज ऐसे हैं जिनके सदस्यों में आक्रामक व्यवहार नहीं देखने को मिलते हैं। जैसे, मिनडानाओं के टासाडी जाति में आक्रामकता बिलकुल ही नहीं पायी जाती है। इन प्रेक्षणों से यह स्पष्ट हो जाता है कि मूल प्रवृत्तिक

सिद्धान्त का यह दावा कि आक्रामक व्यवहार जन्मजात होता है, गलत साबित हो जाता है।

3. मूल प्रवृत्तिक सिद्धान्त के अनुसार मनुष्य के अन्दर संचित आक्रामक शक्ति समय-समय पर अभिव्यक्ति न करने पर वह आक्रामक व्यवहार अधिक मात्रा में करेगा। इसमें एक प्राक्कल्पना तब यह बनती है कि यदि कोई व्यक्ति आक्रामक व्यवहार अधिक करता है, तो बाद में वह ऐसा व्यवहार कम दिखलाएगा क्योंकि उसके पास इस तरह के व्यवहार को उत्पन्न करने की शक्ति ही बहुत कम मात्रा में बच पाएगी। वालटर्स तथा ब्राऊन द्वारा किए गए अध्ययन से इस प्राक्कल्पना की संपुष्टि नहीं हो पाई है। इन्होंने अपने अध्ययन में पाया है कि जिन प्रयोज्यों को दी गई वस्तु को चोट पहुँचाने के लिए पुरस्कार दिया गया था, उनमें उन प्रयोज्यों की अपेक्षा जिन्हें चोट नहीं पहुँचाने के लिए पुरस्कृत किया गया था आक्रमक व्यवहार की मात्रा बाद में पहले की तुलना में अधिक थी। बर्कोविज ने भी अपने अध्ययन में पाया है कि जो लोग खेल-कूद में अधिक भाग लेते हैं, उनमें उन लोगों की अपेक्षा जो ऐसे खेल-कूद में भाग नहीं लेते हैं, आक्रामक व्यवहार कम नहीं होता है। बर्कोविज का यह परिणाम भी मूल प्रवृत्तिक सिद्धान्त के विरोध में जाता है।
4. मूल प्रवृत्तिक सिद्धान्त से यह कहा जा सकता है कि आक्रामकता का मूल प्रवृत्तिक सिद्धान्त वैज्ञानिकता एवं वैधता की कसौटी पर सही नहीं उतरता है। अतः समाज मनोवैज्ञानिकों ने आक्रामक व्यवहार की व्याख्या करने के लिए अन्य सिद्धान्त वर्णन किया है।

## कुण्ठा-आक्रामकता सिद्धान्त

इस सिद्धान्त को डोलार्ड, डूब माऊर्र तथा सियर्स ने येल विश्वविद्यालय में किये गये शोधों के निष्कर्ष पर सन् 1929 में प्रतिपादित किया था। इस सिद्धान्त में डोलार्ड एवं उनके उन सहयोगियों ने आक्रामकता का कारण कुण्ठा या निराशा माना है और इस कारण परिणाम संबंध की व्याख्या प्रयोगात्मक समर्थन के साथ किया है। इसको निम्नलिखित बिन्दुओं से समझा जा सकता है।

**कुण्ठा**—किसी वांछित लक्ष्य पर पहुँचने के लिए व्यक्ति द्वारा किया गया व्यवहार जब बीच में ही अवरुद्ध हो जाता है, तो इससे उत्पन्न होने वाली मनोदशा को कुण्ठा कहा जाता है।

**आक्रामकता** –दूसरों को क्षति पहुँचाने के उद्देश्य से किया गया शाब्दिक या शारीरिक व्यवहार को डोलार्ड ने आक्रामकता की संज्ञा दी है।

अपने मूल रूप में इस सिद्धान्त में कुण्ठा एवं आक्रामकता के संबंधों को निम्नांकित दो प्राक्कल्पनाओं के रूप में डोलार्ड एवं उनके सहयोगियों ने व्यक्त किया था–

1. कुण्ठा से हमेशा किसी-न-किसी प्रकार की आक्रामकता उत्पन्न होती है।
2. आक्रामकता हमेशा कुण्ठा से उत्पन्न होती है

उपर्युक्त परिकल्पनाओं से स्पष्ट होता है कि व्यक्ति के व्यवहार में आक्रामकता का प्रमुख कारण असफलता है। जिसमें प्रमुख तथ्य तीन हैं–

1. व्यक्ति का लक्ष्य-निर्धारित व्यवहार अंशतः अवरुद्ध हुआ है।
2. लक्ष्य पर पहुँचने के कई रास्ते एवं उससे संबंधित कई व्यवहार हो सकते हैं। कुण्ठा की मात्रा इस पर भी निर्भर करती है कि कितने ऐसे व्यवहार अवरुद्ध हुए हैं। अवरुद्ध होने वाले ऐसे व्यवहार की संख्या जितनी ही अधिक होगी, कुण्ठा की मात्रा भी उतनी ही अधिक होगी।
3. व्यक्ति के लिए लक्ष्य कितना महत्त्वपूर्ण था। लक्ष्य का महत्त्व जितना ही अधिक होगा, लक्ष्य-प्राप्त करने वाला व्यवहार बाधित होने पर कुण्ठा की मात्रा उतनी ही अधिक होगी।

इस सिद्धान्त के अनुसार जिस स्रोत या एजेन्ट के द्वारा कुण्ठा पैदा होती है, व्यक्ति सीधे उसी के प्रति आक्रामकता दिखाता है, इसे प्रत्यक्ष आक्रामकता कहा जाता है। परन्तु कभी-कभी आक्रामकता दिखलाने वाले स्रोत को व्यक्ति अपने से अधिक शक्ति वाला पाता है या उससे उसे दण्ड मिलने की संभावना तीव्र होती है या स्रोत स्वयं उपस्थित नहीं होता है, तो वैसी परिस्थिति में व्यक्ति का आक्रामक व्यवहार किसी दूसरे से मिलते-जुलते स्रोत या एजेण्ट के प्रति विस्थापित हो जाता है। इसे विस्थापित आक्रामकता कहा जाता है। जैसे, सिनेमा जाने की अनुमति पिता द्वारा नहीं मिलने पर युवक अक्सर अपने माता से ही उलझ जाते हैं। इस प्रकार माँ से उलझना अपने आक्रामकता का वास्तविक स्रोत से मिलते-जुलते दूसरे स्रोत अर्थात् माँ के प्रति दिखलाया जाना विस्थपित आक्रामकता का उदाहरण है। एक सामान्य प्राणी निर्बल स्रोत या सुरक्षित स्रोत के प्रति ही अपनी आक्रामकता को विस्थापित करता है। मिलर तथा वर्कोविज एवं कनुरेक ने अपने-अपने अध्ययनों के आधार पर इस तथ्य की पुष्टि की है कि व्यक्ति अपनी आक्रामकता को मूल स्रोत

से मिलते-जुलते स्रोत के प्रति ही विस्थापित करता है। इस सिद्धान्त के अनुसार व्यक्ति कुण्ठा उत्पन्न करने वाले स्रोत के प्रति सीधा या प्रत्यक्ष आक्रामकता दिखलाता है और यदि संभव नहीं हुआ तो वह फिर विस्थापित आक्रामकता दिखलाता है।

यह थी कुण्ठा की उस दशा में सर्वाधिक होगी जब छात्र लक्ष्य प्राप्त करने के बिलकुल ही नजदीक होंगे (अर्थात् कार्य समाप्त कर अब इनाम पाने वाले ही होते थे कि उन्हें रोक दिया जाता था), तो उनमें आक्रामकता की मात्रा भी अधिक होती थी। अध्ययन से कुण्ठा-आक्रामकता सिद्धान्त की वैधता का सत्यापन हो जाता है। इसी तरह का एक अन्य अध्ययन हैम्बलिन तथा उनके सहयोगियों द्वारा किया गया जिसमें कुण्ठा तथा आक्रामकता के उक्त संबंध की पुष्टि की गई है।

कुण्ठा-आक्रामकता सिद्धान्त में आक्रामकता को कम करने के दो तरीकों का भी वर्णन किया गया, जो निम्नलिखित हैं–

1. पहला तरीका सरल है जिसमें कुण्ठा को समाप्त करने पर बल डाला जाता है। सिद्धान्त का मानना है कि यदि कुण्ठा को व्यक्ति में उत्पन्न ही नहीं होने दिया जाए या उत्पन्न होने पर उसे समाप्त कर दिया जाए, तो अपने आप ही आक्रामकता कम हो जाएगी।
2. विवेचन की प्रविधि अपनाकर आक्रामकता को कम किया जा सकता है। इस विधि में व्यक्ति को आक्रामक व्यवहार करने के लिए प्रेरित किया जाता है। इसका परिणाम यह होता है कि आक्रामक व्यवहार करने की उत्तेजन शक्ति धीरे-धीरे कम हो जाती है और वह निकट भविष्य में फिर आक्रामक न के बराबर ही दिखा जाता है।

**आलोचना** –कुण्ठा-आक्रामकता सिद्धान्त की कुछ आलोचनाएँ भी की गई हैं जिनमें प्रमुख अलोचनाओं को निम्न प्रकार प्रस्तुत किया गया है–

1. कुछ मनोवैज्ञानिकों जिसमें बस का नाम अधिक उल्लेखनीय है, ने सिद्धान्त के इस दावे को चुनौती दी है कि कुण्ठा हमेशा आक्रामक व्यवहार का कारण होती है। इन्होंने यह बतलाया है कि कुछ लोग ऐसे होते हैं जो भौतिक लाभ की प्राप्ति के लिए आक्रामक व्यवहार करते हैं। ऐसी स्थिति में कुण्ठा नहीं रहती है फिर भी व्यक्ति आक्रामकता दिखलाता है। इसके कई कारण हो सकते हैं ऐसा बस महोदय का मानना है।
2. कुछ समाज मनोवैज्ञानिकों का मानना है कि डोलार्ड और उनके साथियों ने वास्तविक रूप से इस सिद्धान्त में अपनी परिकल्पना को आवश्यकता से

अधिक उछाला है। इन मनोवैज्ञानिकों ने सिद्धान्त की इस प्राक्कल्पना को चुनौती दी है कि कुण्ठा हमेशा आक्रामकता उत्पन्न करता है। कई आलोचकों जैसे ब्रिट एवं जैनस, राजेनविग सार्जेन्ट ने यह स्पष्ट किया है कि कुण्ठा से हमेशा आक्रामकता उत्पन्न नहीं होती है। कुछ अन्य लोगों ने यह कहा है कि सभी तरह की कुण्ठा से नहीं बल्कि कुंठा खास-खास तरह की कुण्ठा से ही आक्रामकता उत्पन्न होती है। जैसे, यदि कुण्ठा की मात्रा तीव्र होती है और व्यक्ति उसे वैध न मानकर आवश्यक रूप से जान-बूझकर उस पर थोपा हुआ पाता है, तो ऐसे कुण्ठा से निश्चित रूप से आक्रामकता उत्पन्न होती है।

उपरोक्त आलोचनाओं से यह सिद्धान्त ज्यादा प्रभावित हुआ है। जिसके कारण इस सिद्धान्त में संशोधन किए गए जिस पर भी विचार करना आवश्यक है।

## *आक्रामकता तथा हिंसा को उकसाने वाले कारक*

समाज मनोवैज्ञानिकों द्वारा कुछ ऐसे कारणों की पहचान की गई है जिसके आधार पर व्यक्ति द्वारा आक्रामक व्यवहार करने की संभावना में बढ़ोत्तरी हो जाती है। ऐसे प्रमुख कारक निम्नांकित हैं–

**(1) कुण्ठाग्रस्त व्यवहार का उद्देश्य**–कुण्ठा आक्रामकता सिद्धान्त से यह स्पष्ट हो गया कि आक्रामकता का एक कारण कुण्ठा है। अध्ययनों से यह ज्ञात हुआ है कि कुण्ठा व्यक्ति में आक्रामकता तभी उत्पन्न करता है जब कुण्ठा के स्रोत व्यवहार का उद्देश्य ही कुछ ऐसा होता है। परन्तु यदि उस स्रोत व्यवहार का उद्देश्य विदित होता है, तो वैसी कुण्ठा से व्यक्ति में आक्रामकता पैदा नहीं होती है। जैसे, आपकी जन्म दिन पार्टी में आपका सबसे मुख्य मेहमान यदि तीन घंटे देर से आते हैं और देर होने का कारण कुछ विशेष न बताकर 'यूँ ही' कहकर रह जाते हैं तो उनके इस व्यवहार से आपमें ज्यादा कुंठा पैदा होगी, और आप में उनके प्रति आक्रामकता उत्पन्न होगी। परन्तु यदि मेहमान यह बतलाते हैं कि उनके विलंब का कारण उनके कार के इंजऩ में खराबी था, तो उनके विलम्ब होने से आप में कुण्ठा की मात्रा भी कम हो जाती है तथा साथ-ही-साथ नहीं भी। वर्नस्टीन एवं वर्केल ने एक प्रयोगात्मक अध्ययन के आँधार पर इस तथ्य की पुष्टि की है। इस अध्ययन में प्रयोज्यों का एक समूह ने दो अवस्थाओं में एक विषय पर प्रयोगकर्त्ता के कुछ सहयोगियों के साथ समूह विवचेन में भाग लिया। पहली अवस्था में प्रयोगकर्त्ता के सहयोगियों ने निरन्तर व्यवधान उत्पन्न करने वाला व्यक्ति श्रवण कार्य में सहायता प्रदान करने वाले ऐसे उपकरण को अपने कानों पर लगाए हुए था जिसका उपयोग प्रायः बधिर करते हैं

(परन्तु वास्तव में वे बधिर नहीं थे।) दूसरी अवस्था में व्यवधान उत्पन्न करने वाले सहयोगी ने ऐसे उपकरण का उपयोग नहीं किया। पहली अवस्था में प्रयोज्यों ने व्यवधान की व्याख्या उद्देश्य रहित रूप में की जबकि दूसरी अवस्था में प्रयोज्यों ने व्यवधान की व्याख्या जानबूझकर अर्थात् उद्देश्यपूर्ण रूप से की। समूह विवेचन समाप्त होने के बाद प्रयोज्यों से यह कहा गया कि वे एक ऐसे व्यक्ति का चयन करें जिनके साथ वे आगे पुनः समूह विवेचन में भाग लेंगे। व्यक्तियों द्वारा दिखलायी गयी नापसन्दगी के इस व्यवहार को संबंधित व्यक्ति के प्रति आक्रामकता के रूप में लिया गया। परिणाम में यह देखा गया कि प्रयोज्यों ने सबसे अधिक उस व्यक्ति के साथ समूह विवेचन में भाग लेना नापसन्द किया जिस व्यक्ति ने श्रवण कार्य में सहायता प्रदान करने वाले उपकरण का प्रयोग न करते हुए समूह विवेचन में व्यवधान उत्पन्न किया था। अध्ययन के परिणाम से यह स्पष्ट हो जाता है कि कुण्ठा उत्पन्न करने वाले व्यक्ति का उद्देश्य एक महत्त्वपूर्ण कारक है जो यह निर्धारित करता है कि हम आक्रामक व्यवहार करेंगे या नहीं करेंगे।

**(2) उत्तेजन स्तर**—मनोवैज्ञानिकों के प्रयोगों से यह स्पष्ट हुआ है कि उत्तेजन स्तर के व्यक्ति में आक्रामकता का सामान्यतः कोई सम्बन्ध नहीं होता है, विशेष परिस्थितियों में आक्रामकता उत्पन्न करते हैं। इन स्रोतों में शारीरिक व्यायाम, कुछ प्रकार के चलचित्र, लैंगिक रूप से उत्तेजक चित्र के अनुसार जब व्यक्ति इन स्रोतों में से किसी से उत्तेजित होता है तो वह अपने उत्तेजन के कारण समझने के लिए तथा उसे वर्गीकृत करने के लिए वातावरण में संकेत खोजना प्रारंभ कर देता है। व्यक्ति की उत्तेजना को गलत ढंग से विभाजित करने पर ये स्रोत व्यक्ति में आक्रामकता पैदा करते हैं। जिलमैन तथा उनके सहयोगियों के अनुसार एक क्रोधित व्यक्ति यदि किसी स्रोत द्वारा और अधिक उत्तेजित हो जाता है, तो वह अपने अतिरिक्त उत्तेजन को क्रोध के रूप में वर्गीकृत करता है। इस त्रुटिपूर्ण वर्गीकरण के कारण वह पहले से अधिक आक्रामकता महसूस करेगा और पहले से ज्यादा आक्रामक व्यवहार उत्पन्न करेगा। उसे जिलमैन ने *उत्तेजन-अन्तरण सिद्धान्त* की संज्ञा दी है। जिलमैन ने लैंगिक उत्तेजन का आक्रामकता पर पड़ने वाले प्रभाव का अध्ययन किया और परिणाम में पाया कि लैंगिक रूप से उत्तेजन का आक्रामकता पर पड़ने वाले प्रभाव का अध्ययन किया और परिणाम में पाया कि लैंगिक रूप से उत्तेजन उत्पन्न करने वाली फिल्म को देखने वाले प्रयोज्यों में उन प्रयोज्यों की तुलना में जिन्होंने मात्र मनोरंजक परन्तु उत्तेजनहीन फिल्म देखी था, आक्रामकता अधिक पाई गई। बाद में डौनस्टीन तथा उनके सहयोगियों , डोर्नस्टीन तथा वारेट तथा वेरोन

एवं बेल ने अपने-अपने अध्ययन के आधार पर अतिरिक्त सुझाव देते हुए कहा है कि लैंगिक उत्तेजन को आक्रामकता उत्पन्न करने के लिए काफी तीव्र होना चाहिए अन्यथा इससे आक्रामकता उत्पन्न नहीं हो सकती है।

**(3) मदिरा एवं मादक औषधियों का प्रभाव**—सन् 1975-76 में टेलर और उनके साथियों द्वारा अनेक प्रयोग किये गये थे। जिनमें आक्रामकता पर अल्कोहल तथा मैरीजुआना दिया गया। कुछ प्रयोज्यों को अल्कोहल अधिक मात्रा में पिलाया गया तथा कुछ प्रयोज्यों को कम मात्रा में। उसी तरह कुछ प्रयोज्यों को मैरीजुआना कम मात्रा में तथा कुछ प्रयोज्यों को अधिक मात्रा में दिया गया था। इसके बाद उन्हें प्रयोगकर्त्ता के सहयोगी द्वारा क्रोधित किया गया और उसके बाद उन्हें सहयोगी को विद्युताघात करने का मौका दिया था। विद्युताघात की मात्रा से आक्रामकता की तीव्रता की माप की गई। परिणाम में देखा गया कि अधिक मात्रा में अल्कोहल पीने वाले प्रयोज्य ने कम मात्रा के अल्कोहल पीने वाले प्रयोज्यों की अपेक्षा सहयोगी के प्रति विद्युताघात अधिक किया अर्थात् आक्रामकता की तीव्रता अधिक दिखलायी। अधिक मात्रा में मैरीजुआना खाने वाले प्रयोज्यों ने कम मात्रा में मैरिजुआना खाने वाले प्रयोज्यों की तुलना में कम आक्रामकता दिखलाई। बहुत अधिक मात्रा में मैरीजुआना खाने वाले प्रयोज्यों में बहुत ही कम तीव्रता की आक्रामकता देखी गई। इन अध्ययनों से यह स्पष्ट हो गया कि अल्कोहल से आक्रामकता की मात्रा में वृद्धि होती है जबकि मैरीजुआना की मात्रा से आक्रामकता में कमी आती है। वेली तथा उनके सहयोगियों ने भी टेलर के अध्ययन के परिणामों की पुष्टि की है।

**(4) वातावरण में उपस्थित संकेत**—समाज मनोवैज्ञानिकों द्वारा यह निष्कर्ष निकाला गया है कि वातावरण में मौजूद आक्रामकता के संकेत की सहायता से आक्रामकता पैदा करने में तेजी होती है। इन लोगों ने ऐसे संकेतों में हथियार की उपस्थिति एक महत्त्वपूर्ण संकेत बताया है, जिससे आक्रामकता में वृद्धि होती है। इसे 'हथियार प्रभाव' की संज्ञा दी गई है। हथियार जैसे बन्दूक, रिवाल्वर, तलवार, बम आदि की उपस्थिति से अन्य तटस्थ वस्तुओं की उपस्थिति की अपेक्षा आक्रामकता काफी बढ़ जाती है। इस तथ्य की प्रारंभिक सत्यता की जाँच बर्कोविट्ज एवं लीपेज ने एक प्रयोग में किया। इस प्रयोग में प्रयोज्यों के कार्य निष्पादन के मूल्यांकन कर्त्ता को तीन अवस्थाओं में विद्युताघात देना था। आक्रामकता की माप विद्युताघात की तीव्रता से की गई। प्रयोज्यों को एक समूह के सामने विद्युताघात देने वाले यंत्र की मेज पर एक रिवाल्वर तथा एक बन्दूक रखी था तथा दूसरी अवस्था के प्रयोज्यों के सामने विद्युताघात देने वाले यंत्र की मेज पर बैडमिन्टन-रैकेट रखा था। तीसरी

अवस्था के प्रयोज्यों के समक्ष किसी प्रकार की कोई वस्तु नहीं दी गई थी। परिणाम में देखा गया कि तीनों समूह के प्रयोज्यों ने मूल्यांकनकर्त्ता को विद्युताघात दिया किन्तु बन्दूक एवं रिवाल्वर की उपस्थिति में विद्युताघात की तीव्रता में पर्याप्त वृद्धि पाई। स्पष्ट हुआ कि वातावरण में उपस्थित संकेत से आक्रामकता में वृद्धि होती है। बाद में टर्नर तथा लेपेन्स एवं पर्क ने भी हथियार प्रभाव की पुष्टि अपने-अपने प्रयोगों से की है।

**(5) पीड़ित व्यक्ति का कष्ट संकेत**—व्यक्ति जब आक्रामक होता है तो वह किसी लक्षित व्यक्ति को क्षति या कष्ट पहुँचाता है। कुछ समाज मनोवैज्ञानिकों जैसे बैण्डुरा की प्राक्कल्पना यह थी कि पीड़ित व्यक्ति में कष्ट संकेतों को देखकर आक्रामक व्यवहार करने वाले व्यक्ति अपनी आक्रामकता में कमी कर देते हैं क्योंकि इन संकेतों से उनमें दोष भाव उत्पन्न होने लगता है। बस, गीन रूल तथा लेगर ने अपने-अपने अध्ययनों के आधार पर बैण्डुरा की प्राक्कल्पना की पुष्टि की है परंतु वर्कोविट्ज ने अपने अध्ययन से बैण्डुरा की प्राक्कल्पना की पुष्टि नहीं की है। इनका तर्क है कि कष्ट संकेतों के मिलने से आक्रामक व्यवहार दिखलाने वाले व्यक्ति अपनी आक्रामकता की तीव्रता में और वृद्धि कर देते हैं क्योंकि लक्ष्य व्यक्ति या पीड़ित व्यक्ति को कष्ट में देखने से उनकी आक्रामक प्रवृत्ति और भी अधिक पुनर्बलित हो जाती है।

**(6) प्रत्यक्ष छेड़-छाड़**—इस प्रकार के अनेक सबूत प्राप्त हुए हैं जिनके द्वारा यह जाहिर होता है। बच्चे और बड़ों में यदि प्रत्यक्ष रूप से छेड़छाड़ की जाय तो उनमें आक्रामकता बढ़ जाती है। गीन ने अपने अध्ययन में पाया कि यदि प्रयोज्यों पर शाब्दिक रूप से आक्रमण किया जाता है, तो इससे उनमें ऐसे आक्रमण करने वाले व्यक्ति के प्रति आक्रामकता उस परिस्थिति की तुलना में बढ़ जाती है जिसमें उन्हें सिर्फ कुंठित किया जाता है। टेलर तथा पिसानों ने अपने अध्ययन में पाया कि अपने विरोधियों द्वारा विद्युताघात के स्तर में वृद्धि किये जाने पर प्रयोज्यों ने भी उनके प्रति प्रतिकारात्मक आघात में वृद्धि कर उनके बराबर आक्रामकता दिखलायी। ग्रीनवेल तथा डेनगेरिंक ने अपने अध्ययन में पाया कि जब प्रयोज्यों को सिर्फ इतना ही कह दिया जाता है कि, उनका विरोधी उनके प्रति भविष्य में आक्रामकता दिखलाने की तैयारी कर रहा है। हालाँकि ऐसी कोई बात नहीं होती है तो इससे भी प्रयोज्य में आक्रामकता में वृद्धि हो जाती है।

**(7) तापमान एवं कोलाहल**—समाज मनोवैज्ञानिकों ने कुछ ऐसे अध्ययन किए हैं, जिनके आधार पर यह स्पष्ट हुआ है कि भौतिक वातावरण भी आक्रामकता की वृद्धि करता है। भौतिक वातावरण में तापमान तथा कोलाहल जैसे चरों के प्रभाव

का अध्ययन किया गया है। ग्रिफीट एवं भेट्रक ने अपने अध्ययन में पाया कि तापमान में वृद्धि होने पर व्यक्ति में आक्रामकता की प्रवृत्ति तीव्र होती है। एण्डरसन ने एक क्षेत्र अध्ययन किया जिसमें उन्होंने हाऊसटन शहर में दो साल की अवधि में हुई हत्या एवं बलात्कार जैसे आक्रामकतापूर्ण अपराधों का विश्लेषण किया और पाया कि वातावरण के तापक्रम में वृद्धि होने से विशेषकर 86 से 99 तक तापमान होने पर इन अपराधों की बारंबारता में भी वृद्धि हुई। लेकिन कुछ अध्ययनों में तापमान एवं आक्रामकता के बीच उक्त संबंध की पुष्टि नहीं हो पाई है। जैसे, वेरोन ने अपने अध्ययन में पाया कि प्रयोज्य प्रयोगकर्त्ता के सहयोगी के प्रति 72 से 75 के तापमान में 91 से 95 के तापमान की तुलना में अधिक आक्रामकता दिखलायी। कुछ अन्य समाज मनोवैज्ञानिकों का मत है कि जब व्यक्ति कष्टदायक उच्चस्तरीय तापमान में होता है, तो संभव है कि आक्रामकता की मात्रा में कमी उत्पन्न हो जाए क्योंकि ऐसी कष्टदायक परिस्थिति में आक्रामकता दिखलाने के बजाय परिस्थिति से पलायन करने का व्यवहार भी लक्षित होने लगता है।

समाज मनोवैज्ञानिकों द्वारा शोर के प्रभाव का भी अध्ययन किया गया है। ऊँचे स्तर के द्वारा किये गये शोर से व्यक्ति की आक्रामकता में बढ़ोत्तरी हो जाती है, बशर्ते कि ऐसे व्यक्ति को कोलाहल में रखने से पहले किसी तरह से क्रोधित कर दिया गया हो या उसे उत्तेजित कर दिया गया हो। कहने का तात्पर्य यह है कि कोलाहल व्यक्ति में तभी आक्रामकता उत्पन्न करता है जब व्यक्ति पहले से उत्तेजित हो। इस तथ्य की पुष्टि कोनेकनी तथा डार्नस्टीन एवं विल्सन तथा गीन के अध्ययनों से की गयी है। डॉर्नस्टीन एवं विल्सन के एक अध्ययन में प्रयोज्यों को उन्हें विद्युताघात करने को कहा गया। जब वे विद्युताघात कर रहे थे तो ऐसी स्थिति में कानों पर लगे हेडफोन के माध्यम से उन्हें उच्च तथा निम्न तीव्रता को कोलाहल सुनाया गया। उच्च तीव्रता वाला कोलाहल 95 डेसिबेल का था। परिणाम में देखा गया कि जिन प्रयोज्यों ने उच्च तीव्रता वाला कोलाहल सुना था उन्होंने अधिक विद्युताघात किया अर्थात् उनमें आक्रामक व्यवहार अधिक होता पाया गया। स्पष्ट हुआ कि उच्चस्तरीय कोलाहल से व्यक्ति की आक्रामकता में वृद्धि होती है।

**(8) अवैयक्तिकता**—अवैयक्तिकता की अवस्था में व्यक्ति की पहचान छिपी होती है। कुछ समाज मनोवैज्ञानिकों जैसे जिवार्डो तथा डाइनर का मत है कि अवैयक्तिकता से व्यक्ति में आत्मचेतना कम हो जाती है तथा नकारात्मक मूल्यांकन का डर समाप्त हो जाता है। परिणामस्वरूप, व्यक्ति आवेगशील, समाज विरोधी एवं आक्रामक व्यवहार अधिक करता है। हाल ही में प्रेनटिसयन्डन एवं रोजर्स द्वारा किये

गए अध्ययन से भी इस तथ्य की पुष्टि हुई है। इस अध्ययन में प्रयोज्यों के प्रयोगकर्त्ता के सहयोगी की दो अवस्थाओं में विद्युताघात करना था--वैयक्तिकता की अवस्था में तथा अवैयक्तिकता की अवस्था में। वैयक्तिकता की अवस्था में प्रयोज्य को नाम से बुलाया जाता था और विद्युताघात करते समय उसकी तीव्रता को प्रयोगकर्त्ता द्वारा देखा जाता था। अवैयक्तिकता की अवस्था में प्रयोज्यों को नाम से नहीं पुकारा जाता था तथा विद्युताघात करते समय प्रयोगकर्त्ता उन्हीं पर विद्युताघात की तीव्रता की जवाबदेही देकर स्वयं वहाँ से हट जाते थे। परिणाम में देखा गया कि अवैयक्तिकता की अवस्था में वैयक्तिकता की अवस्था की अपेक्षा आक्रामकता अधिक पायी गयी क्योंकि अवैयक्तिकता की अवस्था में प्रयोज्यों ने वैयक्तिकता की अवस्था की तुलना में 50 प्रतिशत अधिक विद्युताघात किया। स्पष्ट हुआ कि अवैयक्तिकता से व्यक्ति में आक्रामकता की प्रवृत्ति में वृद्धि होती है।

**(9) व्यक्तिगत कारक**--कुछ लोगों ने व्यक्तित्व कारण के रूप में भी आक्रामकता की व्याख्या की है। मेगारगी द्वारा किये गए अध्ययनों से यह स्पष्ट हो जाता है कि एक खास तरह का व्यक्तित्व ही होता है जो प्रायः आक्रामक व्यवहार किया करते हैं। ऐसे व्यक्तित्व को इन्होंने *अधोनियंत्रित आक्रामक* की संज्ञा दी है। जार्विक तथा उनके सहयोगियों के अनुसार वैसे पुरुष अधिक आक्रामकता दिखलाते हैं जिनमें एक अतिरिक्त क्रोमोजोम्स होता है। ऐसे व्यक्ति कम बुद्धि के परन्तु लम्बे कद के होते हैं। फलस्वरूप वे घृणित अपराध एवं आक्रामकता दिखलाने में अधिक सक्षम होते हैं। बैण्डुरा के अनुसार कम बुद्धि होने के कारण ऐसे लोग कोई कौशलयुक्त काम करने में अपने आपको असमर्थ पाते हैं परन्तु लम्बा डील-डौल के होने के कारण इन्हें आक्रामक व्यवहार करने में शारीरिक रूप से कुछ मदद मिल जाती है। डेलगाडो के अनुसार मस्तिष्क की संरचना में असामान्यता से भी व्यक्ति में आक्रामकता में वृद्धि होती है। इन्होंने पशुओं पर प्रयोग करके यह दिखलाया है कि मस्तिष्क के कुछ भाग को उत्तेजित करने पर पशु में आक्रामकता में वृद्धि हो जाती है जबकि कुछ भाग को उत्तेजित करने पर आक्रामकता में कमी हो जाती है। वरोन, रूसेल एवं आर्म्स द्वारा किये गये अध्ययन से यह स्पष्ट हुआ है कि टाईप व्यक्तित्व वाले व्यक्ति अनटाईप व्यक्तित्व वाले व्यक्ति की अपेक्षा अधिक आक्रामक व्यवहार दिखलाते हैं।

हंस टाक ने अपने अध्ययन के आधार पर 77 अपराधियों एवं आक्रामकता दिखलाने के लिए पाये गए कसूरवार व्यक्तियों का साक्षात्कार लेकर उन्हें कई श्रेणियों में बाँटा जिसमें तीन तरह की श्रेणियों की प्रबलता देखी गयी--आत्म-प्रतिमा वर्द्धक

आत्म-प्रतिमा अपराधी तथा रेप अपराधी पहले श्रेणी के व्यक्ति में आत्मसम्मान नीचा होता है और वे हिंसात्मक परिस्थितियों को प्रोत्साहित करते हैं, जिसके उनके द्वारा बनाई गई आत्म-प्रतिभा में पहले से ज्यादा उन्नति हो सके। दूसरी श्रेणी के लोगों में भी आत्म-सम्मान की कमी होती है और वे साधारण परिस्थिति के प्रति भी काफी तीव्रता से हिंसात्मक प्रतिक्रिया करते हैं। तीसरी श्रेणी वाले व्यक्ति इसलिए आक्रामकता दिखलाते हैं क्योंकि उन्हें एक खास सामाजिक भूमिका करने के लिए दी गयी होती है और वे अपनी शारीरिक आक्रामकता के आधार पर नेतृत्व दिखलाकर अपना प्रभाव जमाये रखते हैं।

आक्रामकता के उपरोक्त कारणों से यह स्पष्ट होता है कि इनके द्वारा आक्रामक व्यवहार की उत्पत्ति के स्वरूप के बारे में अच्छा ज्ञान हो जाता है।

## आक्रामकता को रोकने तथा दूर करने के सुझाव

सामाजिक रूप से आक्रामकता को अवांछित व्यवहार माना जाता है। इसलिए समाज मनोवैज्ञानिकों ने इसे रोकने तथा दूर करने के कुछ उपायों का वर्णन किया है। ऐसे उपायों में निम्नांकित प्रमुख हैं—

**(1) विरेचन विधि**—कुछ समाज मनोवैज्ञानिकों का मानना है कि आक्रामकता दूर करने के लिये व्यक्ति विरेचन विधि को अपना सकता है। इस विधि में व्यक्ति लिखित व्यक्ति या वस्तु के प्रति अपनी आक्रामकता या क्रोध व्यक्त करके भविष्य में उसकी तीव्रता या बारंबारता को कम कर देता है। फ्रायड एवं लॉरेन्ज ने अपने *मूलप्रवृत्तिक* सिद्धान्त में इस विधि की सार्थकता पर बल डाला है। कुछ मनोवैज्ञानिकों का मानना है कि आक्रामण के कारण शारीरिक उत्तेजना घट जाती है जिससे भविष्य में आक्रामकता की तीव्रता में कमी हो जाती है। डूब तथा ऊड ने अपने अध्ययन में पाया कि तात्कालिक आक्रामकता से भविष्यिक आक्रामकता में कमी आ जाती है। इनके अध्ययन में परिस्थिति के अनुसार प्रयोगकर्ता के सहयोगी द्वारा कुछ प्रयोज्यों को क्रोधित किया गया। आधे प्रयोज्यों को एक कमरा में इंतजार करने के लिए कहा गया और इन्हें किसी तरह का विद्युताघात का मौका नहीं दिया गया। अन्त में सभी प्रयोज्यों ने प्रयोग की अन्तिम अवस्था में भाग लिया जिसमें एक बार पुनः सहयोगी को विद्युताघात करने का मौका दिया गया। परिणाम में पाया गया कि जिन प्रयोज्यों की तुलना में कम विद्युताघात किया जिन्हें ऐसा मौका पहले नहीं दिया गया था। इस अध्ययन से स्पष्ट है कि आत्मअभिव्यक्ति के माध्यम से एक सीमा तक

आक्रामकता पर नियंत्रण स्थापित किया जा सकता है। बैरोन के अनुसार इस अध्ययन के परिणाम को स्वीकार करने में एक कठिनाई यह है कि इनके अनुसार आक्रामक अनुक्रिया का भविष्य में घटित होने वाली आक्रामकता प्रभाव मात्र उन्हीं अवस्थाओं में होगा जबकि प्रयोज्यों को पहले क्रोधित किया गया हो। यदि प्रयोज्यों को क्रोधित नहीं किया गया है, तो इस प्रकार का प्रभाव उत्पन्न नहीं होगा। गीन, स्टोनर एवं शोप तथा एब्वेसेन, डनकन तथा कोनेकनी ने भी अपने-अपने अध्ययनों में पाया है कि आक्रामकता का तात्कालिक व्यवहार बाद में व्यवहारात्मक तथा शाब्दिक आक्रामकता को घटाने के बजाय बढ़ाता है। अतः निष्कर्षतः यह कहा जा सकता है कि आक्रामकता को कम करने में विरेचन विधि की उपयोगिता सीमित है।

**(2) प्रतिकार**—आक्रामकता के विषय में समाज मनोवैज्ञानिकों ने जो अध्ययन किये हैं उनसे यह स्पष्ट होता है कि लक्षित व्यक्ति से प्रत्याशित प्रतिकार प्रभावशाली एवं तीव्र होती है। तो इससे आक्रामकता की मात्रा में कमी आ जाती है। डोलार्ड एवं डॉनर्स्टीन तथा रोजर्स ने अपने-अपने अध्ययन के आधार पर यह बतलाया है कि जब श्वेत प्रयोज्यों द्वारा प्रतिआक्रामकता का व्यवहार प्रदर्शित करने का मौका दिया गया तो श्याम प्रयोज्यों के इस प्रतिकार की क्षमता से प्रभावित होकर श्वेत प्रयोज्यों की आक्रामकता में कमी आ गयी। डार्नस्टीन ने अपने अध्ययन के आधार पर यह भी दिखलाया है कि जब प्रयोज्यों के पास इस बात का सन्देह करने का पर्याप्त कारण होता है कि दूसरा व्यक्ति अवसर मिलते ही प्रतिकार करेगा, तो इससे भी प्रयोज्यों में आक्रामकता की मात्रा कम हो जाती है। डेंगारिंक तथा लेवेन्डेस्की ने अपने अध्ययन के आधार पर बतलाया है कि जब व्यक्ति को यह मालूम हो जाता है कि प्रतिकार करने वाले व्यक्ति के द्वारा प्रदर्शित की जाने वाली आक्रामकता की मात्रा अधिक होगी, तो ऐसी परिस्थिति में भी आक्रामक व्यवहार कम हो जाते हैं।

**(3) सामाजिक सीखना उपागम**—सामाजिक सीखना उपागम या सिद्धान्त के अनुसार जिस प्रकार व्यक्ति आक्रामक मॉडल को देखकर आक्रामक व्यवहार को करना सीख लेता है, उसी तरह से व्यक्ति अनाक्रमक मॉडल को देखकर आक्रामकता की मात्रा में कम करना सीख लेता है। वेरोन तथा केपनर ने एक अध्ययन करके इस तथ्य की पुष्टि की है। इस अध्ययन में छात्रों के एक समूह ने आक्रामक मॉडल तथा दूसरे समूह ने अनाक्रमक मॉडल का प्रेक्षण किया। परिणाम में देखा गया कि जिन छात्रों ने अनाक्रमक मॉडल का प्रेक्षण किया था। ह्यूसमान तथा उनके सहयोगियों ने व्यक्ति में आक्रामकता कम करने की एक नयी प्रविधि का वर्णन किया है जिसमें मॉडल द्वारा किये गए व्यवहार की व्याख्या पर बल डाला गया है। इस प्रविधि में

टेलीविजन, सिनेमा आदि में दिखलाये गए आक्रामक व्यवहार सही नहीं होते हैं तथा वे सभी कैमरा ट्रिक की वजह से उन्हें दिखाई देते हैं। ऐसे आक्रामक व्यवहार का वास्तविक संसार में कोई महत्त्व नहीं होता है, आदि। ह्यूसमान तथा उनके सहयोगियों ने एक क्षेत्र अध्ययन करके उपर्युक्त प्रविधि की सार्थकता एवं वैधता की जाँच की है। इस अध्ययन में छात्रों के दो समूह तैयार किये गये–प्रयोगात्मक समूह तथा नियंत्रित समूह। प्रयोगात्मक समूह को टेलीविजन पर दिखलायी गई हिंसा एवं आक्रामकता की नयी व्याख्या जिनमें दिखलाये गये आक्रामकता को अवास्तविक एवं कैमरा ट्रिक कहा गया, करने के लिए विशेष प्रशिक्षण दिया गया। नियंत्रित समूह जिन्होंने भी टेलीविजन के पर्दे पर आक्रामकता एवं हिंसा देखा थी, को ऐसी कोई प्रशिक्षण नहीं दिया गया। उसके बाद इन छात्रों के व्यवहारों का मूल्यांकन उनके सहपाठियों द्वारा किया गया। परिणाम में देखा गया कि उनके सहपाठियों ने प्रयोगात्मक समूह के छात्रों के व्यवहारों को नियंत्रित समूह के छात्रों के व्यवहारों की अपेक्षा कम आक्रामक बतलाया। इस अध्ययन से यह स्पष्ट हो जाता है कि आक्रामकता के अर्थ के प्रति लोगों का प्रत्यक्षण एवं मनोवृत्ति में परिवर्तन लाकर उनमें आक्रामक व्यवहार की बारंबारता तथा तीव्रता को कम किया जा सकता है।

**(4) दण्ड**–आक्रामकता को कम करने के लिये दण्ड विधि का प्रयोग भी किया जा सकता है। हालाँकि इसे समाज मनोवैज्ञानिकों द्वारा उतना अधिक प्रभावकारी प्रविधि नहीं माना गया है। सीयर्स मैकोवी तथा लेविन ने अपने अध्ययन के आधार पर यह बतलाया है कि जिन बच्चों को घर पर अत्यधिक शारीरिक दण्ड दिया जाता है उन बच्चों में घर से बाहर के लोगों में आक्रामकता दिखाने की प्रवृत्ति अधिक होती है। इन लोगों ने यह भी पाया है कि आक्रामक प्रवृत्ति वाले बालकों के माँ-बाप में दण्ड देने की प्रवृत्ति अधिक होती है। फेल्डमैन ने यह भी बतलाया है कि दण्ड से आक्रमकता में कमी नहीं होती है। हाँ, कुछ अवस्थाएँ अवश्य ही ऐसी हो सकती हैं जिसमें आक्रामकता की प्रबलता को दण्ड द्वारा कम किया जा सकता है परन्तु वैरोन के अनुसार ऐसी अवस्थाएँ या परिस्थितियाँ काफी सीमित हैं। दण्ड को प्रभावकारी होने के लिए यह आवश्यक है कि दण्ड प्राप्त करने वाले व्यक्ति को निश्चित रूप से इस बात की अनुभूति होनी चाहिए कि दण्ड एक वैधानिक परिणाम हुआ है। इतना ही नहीं जो व्यक्ति किसी अन्य व्यक्ति को आक्रामकता व्यवहार के लिए दण्ड दे रहा है, उसे अपने आपको कभी दण्ड प्राप्त किये व्यक्ति के सामने आक्रामकता मॉडल के रूप में प्रस्तुत नहीं करना चाहिए।

अब सवाल यह उत्पन्न होता है कि आक्रामकता में कमी लाने के लिये दण्ड विधि क्यों प्रभावशाली नहीं हुई इसके लिए प्रमुख रूप से निम्न तीन कारण बताये गए हैं– 1. दण्ड का प्रभाव अक्सर क्षणिक ही होता है। सुलजर-एजारौफ एवं मेयर का मत है कि दण्ड से थोड़ी देर के लिए आक्रामकता भले ही कम हो जाए परन्तु इसी तरह कमी हमेशा बनी नहीं रहती है।

2. शारीरिक दण्ड से व्यक्ति में क्रोध उत्पन्न होता है और क्रोध से फिर आक्रामकता घटने के बजाय बढ़ती है।
3. जो व्यक्ति दूसरे को दण्ड देते हैं, वे स्वयं एक ऐसे मॉडल के रूप में अपने आपको उपस्थित करते हैं जिससे दंडित व्यक्ति आक्रामकता करना सीख लेता है और भविष्य में करता भी पाया जाता है।

**(5) परानुभूति**–कुछ मनोवैज्ञानिकों जैसे गीन बेरोन फ्रोडी ने अपने-अपने अध्ययनों से यह बतलाया कि आक्रामक तथा हिंसक व्यवहार के होने के परिणामस्वरूप यदि आक्रमणकर्त्ता को उसके आक्रमण या हिंसा से उत्पन्न पीड़ित व्यक्ति की दिशा को दिखला दिया जाता है तो इससे उसकी आक्रमणशीलता में कमी आ जाती है। पीड़ित व्यक्ति की चीख एवं कष्ट से आक्रमणकर्त्ता में आत्म-दोष, दुःख, पछतावा जैसी संवेगात्मक अनुभूतियाँ उत्पन्न हो जाती हैं, जिसके फलस्वरूप उस व्यक्ति के लिए आक्रामकता को जारी रखना संभव नहीं हो पाता है।

**(6) हल्की कामुकता तथा हास्य**–व्यक्ति के अन्दर कामुकता और हास्य की अनुभूति उत्पन्न कर आक्रामकता को कम किया जा सकता है। इसके पीछे छिपी पूर्वकल्पना यह है कि व्यक्ति एक ही समय में दो परस्पर विरोधी अनुक्रिया या दो परस्पर विरोधी सांवेगिक अवस्थाओं का अनुभव एक साथ नहीं कर सकता है। अतः आक्रामकता की स्थिति में व्यक्ति के होने पर यदि उसमें हल्की कामुकता या हास्य आदि जैसी संवेगात्मक अनुभूति उत्पन्न कर दी जाती है, तो उसमें स्वभावतः आक्रामकता कम हो जाएगी। बेरोन तथा बाल ने इसकी संपुष्टि अपने एक अध्ययन से की है। इस अध्ययन में आक्रामकता पर हास्य प्रसंगों के प्रभावों का अध्ययन किया गया। अध्ययन में सभी प्रयोज्यों को प्रयोगकर्त्ता के एक सहयोगी द्वारा क्रोधित किया गया। इसके पश्चात् सभी प्रयोज्यों को कई तरह के चित्रों का मूल्यांकन करने के लिए कहा गया। कुछ प्रयोज्यों ने मन्द हास्य पैदा करने वाले चित्रों का मूल्यांकन किया जबकि कुछ अन्य प्रयोज्यों ने तटस्थ वस्तुओं जैसे टेबुल, कुर्सी आदि का मूल्यांकन किया। सभी प्रयोज्यों द्वारा चित्रों का मूल्यांकन कर लेने के बाद उन्हें प्रयोगकर्त्ता के सहयोगी को विद्युताघात करने का अवसर प्रदान किया गया।

परिणामस्वरूप यह देखा गया कि जिन प्रयोज्यों ने हास्य उत्पन्न करने वाले चित्रों को देखा था वे उन प्रयोज्यों की अपेक्षा जिन्होंने तटस्थ चित्रों को देखा था, सहयोगी को कम विद्युताघात किया। स्पष्ट हुआ कि हास्य प्रसंग वाली अनुभूतियाँ व्यक्ति की आक्रामकता को कम कर देती हैं। इसी प्रकार के परिणाम म्यूलर तथा डॉर्नस्टीन ने भी अपने अध्ययन में पाया है।

कई अध्ययनों के द्वारा यह स्पष्ट होता है कि कामोत्तेजक उद्दीपकों से पैदा होने वाली कामोत्तेजना की अलग-अलग मात्रा का प्रभाव आक्रामकता पर क्या पड़ता है, इसे देखा गया। इन अध्ययनकर्त्ताओं में डार्नस्टीन एवं इवान्स डॉर्नस्टीन मैल्मथ एवं डॉर्नटीन तथा जिलमैन का नाम ज्यादा उल्लेखनीय है। इन लोगों के अध्ययनों से यह निष्कर्ष निकला है कि मन्द मात्रा में या हल्की मात्रा में कामोत्तेजना होने से आक्रामकता की मात्रा में कमी आ जाती है, परन्तु ज्यादा मात्रा में कामोत्तेजना होने से आक्रामकता की मात्रा में वृद्धि हो जाती है। इतना ही नहीं, डार्नस्टीन ने अपने अध्ययन में यहाँ तक पाया कि यदि कामोत्तेजक उद्दीपक के साथ आक्रामकता के संकेतों का उपयोग किया जाता है, जैसे सेक्सी फिल्मों में बलात्कार के दृश्य दिखलाये जाते हैं, तो इससे आक्रामकता की मात्रा में कमी के बजाय वृद्धि हो जाती है।

उपरोक्त उपायों से स्पष्ट होता है कि आक्रामकता को रोकने या कम करने में इनका प्रयोग समाज मनोवैज्ञानिक आवश्यकतानुसार करते हैं।

## निष्कर्ष

1. आक्रामकता मनुष्य को अनिष्टकर उद्दीपक प्रदान करने की एक क्रिया है। परन्तु यह परिभाषा उतनी संतोषजनक नहीं हो सकी। आधुनिक समाज मनोवैज्ञानिक का मत है कि आक्रामक व्यवहार उस व्यवहार को कहा जाता है जो कि सिर्फ हानि या क्षति ही नहीं पहुँचाता है बल्कि हानि या क्षति पहुँचाने का उद्देश्य भी रखता है।
2. आक्रामकता के तीन प्रमुख सिद्धान्तों की आलोचनात्मक व्याख्या प्रस्तुत की गयी है। ये तीन सिद्धान्त हैं—मूलप्रवृत्तिक, कुंठा-आक्रामकता सिद्धान्त तथा सामाजिक-सीखना।
3. समाज मनोवैज्ञानिकों ने कुछ वैसे कारकों का वर्णन किया है जिनसे व्यक्ति के आक्रामक व्यवहार में वृद्धि होती है। ऐसे दस कारकों का वर्णन प्रयोगात्मक सबूत के साथ किया गया है।

# 9

# परोपकारिता एवं समाजोपयोगी व्यवहार का मनोवैज्ञानिक विश्लेषण

ऐसा माना जाता है कि प्राणी स्वार्थी स्वभाव का होता है। उक्त विचार मानव के ऊपर भी लागू होता है। क्योंकि मनुष्य स्वार्थ या निजी प्रयोजन के लिये ही कुछ करता या कहता है। अतः इस बात को पूर्ण रूप से यथार्थ नहीं माना जा सकता।

## परोपकारिता का आशय एवं परिभाषाएँ

मनुष्य अपने जीवन में प्रायः ऐसे कार्य भी करता है जिनका सम्बन्ध उसकी स्वार्थ-पूर्ति से नहीं होता है, बल्कि दूसरों को सहायता पहुँचाना होता है। ऐसे व्यवहारों को परोपकारी एवं समाजोपयोगी व्यवहार कहा जाता है। इन्हें निष्काम सेवा कहा जा सकता है। किसी के साथ सहयोग करना, किसी की सहायता करना, किसी का दुःख बाँट लेना, किसी की संतुष्टि के लिए स्वयं को कष्ट में डाल लेना, सामाजिक मानकों या मयार्दाओं के अनुरूप व्यवहार करना या अन्य लोगों को लाभ प्रदान करना आदि ऐसे ही व्यवहार कहे जाते हैं। ऐसे व्यवहारों को अच्छा, मानवीय, वांछित, अनुकूल या धनात्मक व्यवहार माना जाता है। ऐसे व्यवहारों से समाज में सहयोग, सामंजस्य तथा सद्भाव की भावना बढ़ती है। यही कारण है कि आधुनिक शोधकर्त्ता इस तरह के व्यवहारों में विशेष रुचि ले रहे हैं।

**मायर्स** के मतानुसार, ''परोपकारिता का आशय लाभ या प्रतिफल की आशा किए बिना दूसरों की चिन्ता तथा सहायता करने, अपने स्वार्थों के प्रति सचेष्ट हुए

बिना दूसरों के प्रति समर्पित होने से है।'' **रैथस** के मतानुसार, ''बिना स्वार्थ के दूसरों के कल्याण के प्रति चिन्तित होना परोपकारिता कहा जाता है।''

परोपकारिता को सामान्य शब्दों में **सहायतापरक व्यवहार** भी कहा जाता है। इसे समाजोपयोगी व्यवहार भी कहते हैं। **बैरान** एवं **बाइरने** के अनुसार, ''समाजोपयोगी व्यवहार वह व्यवहार है, जिसमें व्यवहार करने वालों को स्पष्ट लाभ नहीं रहता है, बल्कि उन्हें कुछ जोखिम ही उठाना पड़ता है और कुछ त्याग भी करना पड़ता है। ऐसे कार्य आचरण के नैतिक मानकों पर आधारित होते हैं।''

कुछ विद्वानों द्वारा प्रस्तुत की गयी उपरोक्त परिभाषाओं से यह पता चलता है कि ये सभी प्रकार के व्यवहार जैसे—सहायतापूरक परोपकारिता, और समाजोपयोगी ऐसे व्यवहार हैं जो मानवीय मूल्यों से निर्देशित होते हैं, इनका आधार नैतिक मर्यादाएँ होती हैं और ऐसे व्यवहार किसी को लाभ या सहायता पहुँचाने के लिए किए जाते हैं। ऐसे व्यवहारों को करने के पीछे व्यक्ति का स्वार्थ या निजी उद्देश्य नहीं होता है। और यदि होता भी होगा तो स्पष्ट नहीं होता है। ऐसा व्यवहार करने के लिए व्यक्ति को अपना समय, श्रम, संसाधन तो दूसरों के लिए खर्च करना ही पड़ता है, कभी-कभी उसे संकट या जोखिम भी उठाना पड़ सकता है। ऐसे कल्याणकारी व्यवहार व्यक्ति स्वेच्छ्या करता है। गरीबों, जरूरतमन्दों या संकट में पड़े व्यक्तियों की सहायता करना आदि परोपकारिता के उदाहरण हैं सहयोगी डारले संक्षेप में, परोपकारिता के बारे में कुछ निष्कर्ष दे सकते हैं—

1. इसमें सहायता करने वालों का स्पष्ट स्वार्थ नहीं रहता है।
2. यह व्यवहार स्वेच्छ्या किया जाता है।
3. सहायता करने वाले को कभी-कभी हानि या जोखिम भी उठानी पड़ती है।
4. परोपकारिता एवं समाजोपयोगी व्यवहार का आशय दूसरों के कल्याण के प्रति सचेष्ट रहने से है।
5. ऐसे व्यवहार आत्म-चेतन तथा नैतिक मान्यताओं द्वारा प्रेरित होते हैं।
6. ऐसे व्यवहार व्यक्ति एवं समाज के लिए कल्याणकारी होते हैं।

## परोपकारिता एवं सहायतापरक व्यवहार के सिद्धान्त

परोपकारिता या सहायतापरक व्यवहार की व्याख्या करने के प्रयोजन से कुछ महत्त्वपूर्ण सिद्धान्तों को प्रतिपादित किया जिससे इस बात पर प्रकाश पड़ता है कि लोग दूसरों की सहायता क्यों करते हैं?

## 1. सामाजिक मानक सिद्धान्त

समाज चाहे छोटा दो या बड़ा। प्रत्येक समाज में थोड़े-बहुत मानकों का प्रचलन अवश्य होता है। जिससे मनुष्य का व्यवहार निर्देशित होता है। व्यक्ति को मानकों की प्रत्याशानुसार व्यवहार करना पड़ता है, अन्यथा व्यक्ति आलोचना एवं दण्ड का भागीदार बनता है। मानक, व्यक्ति को उचित व्यवहार करने के लिए प्रेरित करते हैं ।

परोपकारिता या सहायतापरक व्यवहार की दृष्टि से दो प्रकार के मानक अपेक्षाकृत अधिक महत्त्वपूर्ण हैं। इन्हें पारस्परिकता का मानक एवं सामाजिक उत्तरदायित्व का मानक कहते हैं।

**पारस्परिकता का मानक**—इसका आशय यह है कि परोपकारिता करने वाले यह सोचकर सहायतापरक व्यवहार करते हैं कि जिनकी सहायता वे कर चुके हैं, वे भी उनकी सहायता करेंगे, न कि कष्ट देंगे ।

**गाउल्डनर** का मानना है कि पारस्परिकता एक सार्वभौमिक प्रवृत्ति माना है। इनके अनुसार, ऐसा हर समाज में देखने को मिलता है। अर्थात्, लोग उसे नुकसान नहीं पहुँचाना चाहते हैं। जिनसे उन्हें नुकसान नहीं हुआ है। अर्थात्, लोग उसकी सहायता करना चाहते हैं जिससे अतीत में निराशा नहीं प्राप्त हुई है। कहा भी गया है, उपकार के बदले उपकार से बड़ा धर्म कोई नहीं है । यह मान्यता परोपकारिता करने के लिए व्यक्तियों को प्रेरित करती रहती है। ऐसा भी निष्कर्ष है कि यदि सहायतापरक व्यवहार अपेक्षाकृत अधिक लाभकारी या त्यागपूर्ण और अप्रत्याशित है तो उसका प्रभाव लोगों पर और भी अधिक पड़ता है । इससे स्पष्ट होता है कि परोपकारिता व्यवहार पारस्परिकता से काफी अधिक प्रोत्साहित होता है।

**सामाजिक-जिम्मेदारी का मानक**—समाज अपने सदस्यों में समाजीकरण के माध्यम से सामाजिक चेतना एवं उत्तरदायित्व की भावना भी विकसित करता है। इससे व्यक्ति को यह बोध होता है कि उसका समाज के प्रति कुछ न कुछ उत्तरदायित्व है, उन्हें उसको पूरा करना है। यह मानक व्यक्ति को यह सिखाता है कि उनकी भी सहायता करनी चाहिए जिनसे बदले में सहायता नहीं भी प्राप्त हो सकती है। मायर्स के अनुसार, सामाजिक-उत्तरदायित्व के मानक का आशय है कि लोग अपने आश्रितों की सहायता करेंगे ।

पारस्परिकता से ज्यादा प्रभावशाली सामाजिक जिम्मेदारी का मानक होता है। दीनों-गरीबों या अन्य जरूरतमन्दों की सहायता लोग उत्तरदायित्व की भावना के

कारण ही करते हैं। यहाँ तक कि कभी-कभी लोग अपने दुश्मन की भी सहायता करते हैं। यदि परोपकारिता केवल पारस्परिकता द्वारा निर्धारित होती तो लोग इन दशाओं में सहायतापरक व्यवहार नहीं करते ।

संक्षेप में यह कहा जा सकता है कि परोपकारिता या सहायतापरक व्यवहार में सामाजिक मानकों की भी महत्त्वपूर्ण भूमिका होती है।

## *2. समाजजैविकी*

समाजजैविकी सिद्धान्त को समाज जीव पर आधारित सिद्धान्त भी कहते हैं। इस सिद्धान्त को परोपकारिता या सहायता परक व्यवहार की व्याख्या करने के लिए प्रतिपादित किया गया था। समाजजैविकी वह विज्ञान है जिसमें सामाजिक व्यवहारों के जैविक या आनुवंशिक आधारों का पता लगाने का प्रयास किया जाता है । इसकी मान्यताएँ विकासवादी परिकल्पना पर आधारित हैं। समाजजैविकशास्त्री इस व्यवहार को निःस्वार्थ या आत्म-बलिदानी व्यवहार का नाम देते हैं। परोपकारिता व्यवहार सम्बन्धी समाजजैविकीय सिद्धान्त के दो मुख्य आधार हैं–

**संगोत्र चयन**–अनेक समाजजैविकशास्त्रियों का विचार है कि व्यक्ति आवश्यकता पड़ने पर सबसे पहले बच्चों की सहायता करता है। परिवार या पड़ोसी की सहायता उसके बाद ही की जाती है। यदि व्यक्ति अपरिचित है तो उसकी सहायता सबसे अन्त में की जाती है। इसे संगोत्र चयन कहते हैं। ऐसे विद्वानों का मानना है कि सहायतापरक व्यवहार में इसी कारण पक्षपात पाया जाता है । ऐसा करने के पीछे कारण यह होता है कि लोग आपस में समान जीन्स के अस्तित्व को सुरक्षित बनाए रखने में अधिक रुचि रखते हैं। विल्सन का मत है कि संगोत्र चयन वास्तविक अर्थों में परोपकारिता नहीं है। इससे तो सभ्यता एवं समाज की विधिवत् रक्षा नहीं की जा सकती है। यह सद्भाव एवं सामंजस्य को सीमित कर देगा।

**पारस्परिकता**–समाजजैविकी की मान्यताओं से प्रभावित विद्वानों ने यह भी विचार व्यक्त किए हैं कि आनुवंशिक समानता या आपसी स्वार्थ के कारण लोग एक दूसरे की सहायता करते हैं। अर्थात्, परोपकारिता से स्वार्थ-सिद्धि भी होती है। सहायता करने वाला बदले में सहायता पाने की आशा रखता है । यदि सहायता पाने वाला सहायता करने वाले की बदले में सहायता नहीं करता है तो उसकी निन्दा होती है या वह दण्डित भी किया जाता है। पारस्परिकता का प्रभाव छोटे समूहों में काफी अधिक पाया जाता है ।

परन्तु यह दृष्टिकोण पूर्णतः तर्कसंगत एवं व्यावहारिक नहीं लगता है। ऐसे अनेक लोग हैं जिन्होंने अपना सारा जीवन दूसरों की भलाई, समाज के कल्याण एवं गरीबों की सेवा में लगा दिया है। महात्मा गाँधी, बुद्ध, राजा राममोहन राय एवं मदर टैरेसा आदि ऐसी ही विभूतियाँ हैं। इन्होंने बदले में कुछ भी नहीं चाहा। वैसे भी समाज में प्रचलित नैतिक एवं धार्मिक मान्यताएँ समाज-जैविक सिद्धान्त के समक्ष चुनौती के रूप में हैं। अर्थात्, व्यक्ति अपनों और अपने स्वार्थ के लिए ही नहीं प्रेरित रहता है, उसमें परोपकार की भी विशेषता पाई जाती है ।

### *3. सामाजिक विनिमय सिद्धान्त*

परोपकारिता या सहायतापरक व्यवहार में सामाजिक लेन-देन की आशा अत्यन्त महत्त्वपूर्ण भूमिका अदा करती है। व्यक्ति किसी वस्तु से वस्तु का विनिमय करने के साथ-साथ सामाजिक विनिमय भी करता है। जैसे, हम किसी की सहायता करके उससे सहायता, किसी को प्रेम करके उससे प्रेम पाना चाहते हैं। अर्थात् हमारा व्यवहार **सामाजिक अर्थशास्त्र** द्वारा निर्देशित होता है। हम किसी के लिए कोई परोपकार करके उससे भी समय आने पर सहयोग एवं सहायता की प्रत्याशा करते हैं । मायर्स ने लिखा है, ''सामाजिक विनिमय सिद्धान्त का अभिग्रह है कि मानवीय अन्तर्क्रियाएँ आदान-प्रदान का वह रूप हैं जिनमें व्यक्ति पुरस्कार (लाभ) तो अधिक प्राप्त करना चाहता है, परन्तु नुकसान न्यूनतम उठाना चाहता है।''

इस प्रकार यह स्पष्ट होता है कि मनुष्य स्वयं के सामाजिक क्रिया-कलापों में कम से कम लागत व नुकसान चाहता है जबकि लाभ या पुरस्कार अधिकतम पाना चाहता है। इसे सामाजिक व्यवहार का **न्यूनाधिक सिद्धान्त** कहा जाता है। वैसे, यह आवश्यक नहीं है कि परोपकारिता का प्रदर्शन सदैव इसी आधार पर होगा, परन्तु फिर भी उस पर इस मानसिकता का काफी अधिक प्रभाव पड़ता है। रक्त-दान करने वालों के व्यवहार का विश्लेषण करके पिलियाविन इत्यादि ने ऐसा ही निष्कर्ष प्राप्त किया है। इनके अनुसार, रक्त-दान करने वाले रक्त-दान करने से पहले उससे सम्बन्धित लाभ एवं हानि का आकलन अवश्य ही करते हैं। यदि उन्हें लगता है कि रक्त-दान करने से आर्थिक लाभ है, प्रशंसा प्राप्त होगी या प्रतिष्ठा बढ़ेगी तो वे रक्त-दान बड़े चाव से करते हैं, परन्तु, यदि नुकसान अधिक दिखाई पड़ता है, तो इसका रक्त-दान व्यवहार पर प्रतिकूल प्रभाव पड़ता है।

संक्षेप में, सामाजिक विनिमय सिद्धान्त के अनुसार, परोपकारिता व्यवहार लाभ-हानि के आकलन द्वारा निर्धारित होता है। परन्तु, सदैव ऐसा ही होता है, यह

कहना उचित नहीं है। समाज में ऐसे अनेक उदाहरण मिलते हैं जो यह सिद्ध करते हैं कि लोगों ने अपने स्वार्थ की बात सोचे बगैर समाज-सेवा की है।

### *4. प्रबलन सिद्धान्त*

प्रबलन सिद्धान्त को दूसरे शब्दों में पुरस्कार का सिद्धान्त भी कहा जा सकता है। परोपकारिता पर इस सिद्धान्त का भी प्रभाव पड़ता है। व्यक्ति जब इस प्रकार के सिद्धान्त द्वारा परोपकारिता का व्यवहार करता है तो वह अत्म-संतोष की अनुभूति महसूस करता है, उसे प्रशंसा प्राप्त होती है या उसे भला आदमी समझा जाता है तो परोपकारिता व्यवहार में वृद्धि होती है। परन्तु, यदि वह सहायता करके कष्ट पाता है, उसे हानि होती है, उसके लिए जोखिम की संभावना बढ़ती है तो इसका सहायतापरक व्यवहार पर प्रतिकूल प्रभाव पड़ता है। व्यक्ति ऐसे व्यवहारों से जान बचाने लगता है। बैन्डुरा ने मॉडल अधिगम के अध्ययनों में पाया है कि प्रतिरूप के अच्छे व्यवहारों को पुरस्कृत करने पर प्रयोज्य (दर्शक) उसका अनुकरण करते हैं। परन्तु, दण्ड मिलने पर अनुकरण नहीं करते हैं। कुछ अन्य विद्वानों ने भी ऐसा ही निष्कर्ष दिया है । इसी प्रकार लाभ की संभावना होने पर सहायतापरक व्यवहार को बढ़ावा मिलता है। इसके विपरीत हानि की संभावना होने पर सहायतापरक व्यवहार में कमी आती है । इससे स्पष्ट है कि परोपकारिता या सहायतापरक व्यवहार को प्रोत्साहित करने में प्रबलनों की महत्त्वपूर्ण भूमिका होती है ।

यद्यपि, परोपकारिता में वृद्धि के लिए प्रबलन उपयोगी है, परन्तु यह विचार भी पूर्णतः तर्कसंगत नहीं है क्योंकि अनेकों लोग दूसरों की सहायता निःस्वार्थ भाव से करते हैं। वस्तुतः परोपकारिता एक तरह का निःस्वार्थ एवं आत्म-बलिदानी व्यवहार है ।

## *परोपकारिता में बढ़ोत्तरी करना*

इस व्यवहार को लाभकारी वांछित और सामंजस्यात्मक होने के कारण समाज में ज्यादा महत्त्वपूर्ण माना जाता है और इसकी उपयोगिता भी अधिक है। इसे प्रोत्साहित किया जाना चाहिए ताकि लोगों में इस तरह के व्यवहारों की वृद्धि हो सके। इससे समाज तथा मानवता की रक्षा होगी। परोपकारिता में बढ़ोत्तरी करने के लिए कुछ तरीके बताये गये हैं, जो निम्नलिखित हैं–

**(1) आत्म-प्रेरणा**–सहायतापरक व्यवहार में बढ़ोत्तरी करने के लिए लोगों में इसकै प्रति निजी सोच क्या प्रेरणा उत्पन्न करनी चाहिए । सामाजिक दबाव या बाह्य प्रलोभन की अपेक्षा आत्म-प्रेरणा इसमें अधिक प्रभावशाली है । इसके लिए सामाजिक

प्रशंसा भी लाभकारी है। परन्तु अनावश्यक रूप से अत्याधिक प्रशंसा से परोपकारिता-व्यवहार में कमी आ सकती है। इसे अति औचित्य कहा गया है। इससे बचना चाहिए।

**(2) परोपकारिता मॉडलिंग**—अन्य व्यवहारों की भाँति परोपकारिता या सहायतापरक व्यवहार का भी अनुकरण द्वारा अधिगम कराया जा सकता है। प्रायः देखा जाता है कि जब कुछ लोग पीड़ितों की सहायता के लिए पहल करने लगते हैं तो अन्य काफी लोग भी वैसा ही करने लगते हैं। इससे सहायतापरक व्यवहार में वृद्धि होती है। ऐसा भी निष्कर्ष है कि यदि टेलीविजन से सहायतापरक व्यवहार का प्रदर्शन कराया जाय तो दर्शकों पर इसका बड़ा अच्छा प्रभाव पड़ता है । ऐसे कार्यक्रमों को देखने से बच्चों के परोपकारिता-व्यवहार में काफी वृद्धि पाई जाती है अर्थात् सहायतापरक व्यवहारों की माडलिंग कराकर तथा उसके लिए कर्त्ता को पुरस्कृत करके परोपकारिता-व्यवहार में सरलता से वृद्धि की जा सकती है।

**(3) अस्पष्टता कम करना**—अनेक अध्ययनों से यह प्रमाणित हो चुका है कि परिस्थिति की अस्पष्टता परोपकारिता-व्यवहार उत्पन्न करने में बाधा डालती है। यदि लोग पीड़ित या कष्टित व्यक्ति की परिस्थिति को समझ नहीं पाते हैं, वे एक-दूसरे का मुँह देखते रहते हैं तो सहायता के लिए कोई आगे नहीं आता है। परन्तु, यदि कुछ लोग पहल कर दें तो अन्य लोग भी पीड़ित व्यक्ति की सहायता के लिए तैयार हो जाते हैं ।

**(4) परोपकारिता-अधिगम**—यदि लोगों को इस बात की जानकारी हो जाती है कि परोपकारिता में बाधा क्यों पड़ रही है, तो बाधा को समाप्त करके सहायतापरक व्यवहार करने के लिए तत्पर हो सकते हैं क्योंकि बाधक तत्त्वों के बारे में जानकारी हो जाने पर पीड़ित व्यक्ति के प्रति संवेदनशीलता एवं सहानुभूति बढ़ जाती हैं।

**(5) जिम्मेदारी बढ़ाना**—व्यक्ति उस समय परोपकारिता या सहायतापरक व्यवहार में ज्यादा रुचि लेगा जब उसके अन्दर मानवता, मानवीय संवेदना या जिम्मेदारी की भावना को बढ़ाई जायेगी। । ऐसा भी पाया जाता है कि यदि पीड़ित व्यक्ति सज्जन है तो उसके प्रति दयाभाव शीघ्रता से उत्पन्न हो जाता है ।

## परोपकारिता एवं समाजोपयोगी व्यवहार के निर्धारक

परोपकारिता या समाजोपयोगी ऐसे व्यवहार हैं, जिन्हें अनेक कारक प्रभावित करते हैं। इन्हें परिस्थितिजन्य, सामाजिक एवं वैयक्तिक कारकों के रूप में विभक्त किया जा सकता है—

## सामाजिक कारक

सामाजिक कारक को अग्रलिखित बिन्दुओं द्वारा स्पष्ट किया जा सकता है।

**(1) सामाजिक विनिमय**—सामाजिक विनियम के द्वारा भी परोपकारिता और समाजोपयोगी व्यवहार प्रभावित होता है। । इसका आशय यह है कि कोई व्यक्ति किसी दूसरे व्यक्ति की सहायता यह सोचकर करता है कि सहायता करने से उसे कितना लाभ या हानि होगी। यदि उसे लाभ की संभावना अधिक होगी तो वह सहायता के लिए आगे बढ़ेगा। जैसे, सुख एवं शान्ति की प्राप्ति, प्रशंसा, पुरस्कार या आर्थिक लाभ आदि की संभावना होने पर सहायतापरक व्यवहार व्यक्ति बड़े चाव से करता है। परन्तु, यदि उसे ऐसा करने से धन की हानि होती है, समाज के लोग बुरा मानते हैं, या उसे आलोचना झेलनी पड़ती है तो वह सहायतापरक व्यवहार नहीं करना चाहेगा । ऐसे भी निष्कर्ष प्राप्त हुए हैं जिनसे यह प्रमाणित होता है कि यदि व्यक्ति किसी अन्य महत्त्वपूर्ण कार्य में व्यस्त है तो वह परोपकारिता के लिए समय नहीं दे पाता है ।

**(2) सामाजिक जिम्मेदारी**—जिस व्यक्ति में मानवीय और सामाजिक जिम्मेदारी की भावना ज्यादा रहती है वह परोपकारिता एवं समाजोपयोगी व्यवहार में ज्यादा रुचि लेता है। प्रत्येक समाज में कुछ उभयनिष्ठ आदर्श पाए जाते हैं, जैसे—जीवों पर दया करना, गरीबों की सहायता करना, संकट में फँसे व्यक्ति को राहत पहुँचाना आदि। जो व्यक्ति ऐसे विचारों से अधिक प्रभावित होगा, उसमें परोपकारिता या सहायतापरक व्यवहार की प्रवृत्ति भी अधिक पायी जायेगी । ऐसा भी निष्कर्ष पाया गया है कि यदि मुसीबत में फँसा व्यक्ति सज्जन है तो उसकी सहायता के लिए लोग शीघ्रता से आगे बढ़ जाते हैं। इसके विपरीत, यदि व्यक्ति शरारती, शराबी या दुष्ट है तो उसकी सहायता के लिए लोग प्रयत्न नहीं करते हैं। इससे स्पष्ट है कि सामाजिक उत्तरदायित्व तथा मानवीय संवेदना की भावनाएँ, परोपकारिता व्यवहार में वृद्धि करती हैं।

**(3) पारस्परिकता**—परोपकारिता तथा समाजोपयोगी व्यवहार को पारस्परिकता भी स्पष्ट रूप से प्रभावित करती है। इसका तात्पर्य यह है कि यदि व्यक्ति यह समझता है कि दूसरा व्यक्ति आवश्यकता पड़ने पर उसकी सहायता करेगा या अतीत में सहायता कर चुका है तो उस दूसरे व्यक्ति की सहायता के लिए वह आगे आएगा। अर्थात् यदि कोई व्यक्ति यह समझता है कि वह जिसकी सहायता कर रहा है या करना चाहता है वह भविष्य में उसके काम नहीं आएगा तो वह सहायता करने से कतराएगा। यदि सहायता करना बाध्यता है, तो मन से सहायता नहीं करेगा।

## *परिस्थितिजन्य कारक*

परोपकारिता या समाजोपयोगी व्यवहार को उत्पन्न करने में निम्नांकित परिस्थितिजन्य कारक विशेष महत्त्व रखते हैं—

**(1) दर्शक प्रभाव**—किसी घटना के घटित होने या उसके पश्चात् जमा हुई भीड़ से भी परोपकारिता व्यवहार प्रभावित होता है। इसका प्रतिपादन **लताने** तथा उनके सहयोगी डारले ने किया है ।यदि किसी दुर्घटना के समय उपस्थित लोगों की संख्या काफी अधिक होती है तो ऐसा देखा जाता है कि कोई व्यक्ति सहायता के लिए आगे आने का प्रयास जल्दी नहीं करता। सभी एक-दूसरे का मुँह देखते हैं। परन्तु, यदि कोई या कुछ लोग सहायता के लिए आगे बढ़ जाते हैं तो अन्य काफी लोग भी सहायता कार्य में भाग लेने लगते हैं । कुछ अन्य अध्ययनकर्त्ताओं ने भी ऐसा ही निष्कर्ष दिया है। इस प्रसंग में कुछ महत्त्वपूर्ण निष्कर्ष दिए गए हैं—

1. यदि परिस्थिति अस्पष्ट है तो लोग सहायता के लिए आगे नहीं बढ़ते हैं।
2. दर्शकों की संख्या अधिक हो तथा वे परिस्थिति को आपातकालीन न मानते हों तो वे सहायता के लिए पहल नहीं करते।
3. यदि दर्शक परस्पर अपरिचित हैं तो भी दुर्घटना में फँसे व्यक्तियों को बचाने के लिए हीला-हवाली करेंगे।
4. दर्शकों की संख्या अधिक हो जाने से लोग उत्तरदायित्व से कतराते हैं। व्यस्त हैं तो वे जरूरतमन्द लोगों की सहायता के लिए आगे नहीं आ पाते हैं। एक अध्ययन में पाया गया कि जिन प्रयोज्यों (छात्रों) के पास समय था वे रास्ते में पड़े एक बुजुर्ग की सहायता के लिए रुक गए, जबकि जिन्हें काफी जल्दी थी, वे आगे बढ़ गए ।

**(2) हानि की संभावना**—जो व्यक्ति मदद करना चाहता हो, परन्तु उसके मन यह आशंका उत्पन्न हो जाय कि सहायता करने से उसे हानि हो सकती है तो वह परोपकारिता से मुँह मोड़ सकता है । आजकल प्रायः देखा जाता है कि दुर्घटना या अन्य कारणों से घायल व्यक्ति, जो कि सड़क पर पड़ा है, उसकी सहायता से लोग कतराते हैं। उन्हें भय रहता है कि कहीं वे किसी परेशानी में न पड़ जायें ।

**(3) सहायता की पुकार**—जब कोई मनुष्य या उसका समूह किसी बड़ी परेशानी की स्थिति जैसे चिल्लाता है तो लोग सहायता के लिए आगे आ जाते हैं। सामान्य रूप में सहायता के लिए निवेदन करने की तुलना में रोकर या करुण रूप में सहायता की अपील करने पर लोगों में सहायता करने की भावना तुरन्त उत्पन्न

हो जाती है। जैसे, किसी दुर्घटना में घायल लोगों की चीख-पुकार पर सहायता करने वालों की पूरी जमात पहुँच जाती है । शटलैण्ड एवं हस्टन ने भी अपने प्रायोगिक अध्ययन में ऐसा ही परिणाम प्राप्त किया है। प्रयोज्यों ने अब यह बताया कि उनकी जान को खतरा है तो गाड़ी वालों ने उन्हें डॉक्टर के पास तुरन्त पहुँचाना स्वीकार कर लिया, जबकि स्वास्थ्य सम्बन्धी सामान्य समस्या बताने पर गाड़ी में लिफ्ट कम मिली। एक अन्य अध्ययन में भी ऐसा ही निष्कर्ष प्राप्त हुआ है ।

## *वैयक्तिक कारक*

वैयक्तिक कारक को अग्रलिखित बिन्दुओं द्वारा स्पष्ट किया जा सकता है–

**(1) समानता**–यदि सहायता करने वाले और सहायता पाने वाले व्यक्तियों में व्यावहारिक, वैचारिक या अन्य प्रकार की समानता है तो परोपकारिता का व्यवहार शीघ्रता से प्रदर्शित होगा । इसी प्रकार पहनावे में समानता या राजनैतिक विचारों में समानता होने पर भी लोग एक दूसरे की सहायता सरलता से करने को आगे आ जाते हैं। एक पुरानी कहावत है, ''समान विचारवालों में मित्रता हो ही जाती है ।

**(2) व्यक्तित्व**–सहायतापरक व्यवहार या परोपकारिता पर सहायता करने वाले व्यक्ति की विशेषताओं का भी प्रभाव पड़ता है। जैसे, सामाजिक, बहिर्मुखी, मित्रवत्, संवेदनशील एवं दायित्वपूर्ण विशेषताओं के लोग दूसरों की सहायता में अधिक रुचि लेते हैं । इसी प्रकार जिनमें सहानुभूति की भावना अधिक होती है, वे भी दूसरों को सहायता पहुँचाने में अधिक रुचि लेते हैं (लाबहार्ट, 1972)। यह भी निष्कर्ष है कि जिनमें अनुमोदन की प्रेरणा अधिक होती है वे सहायतापरक व्यवहार अधिक करते हैं ।

**(3) प्रजाति**–परोपकारिता और समाजोपयोगी व्यवहार को प्रभावित करने का एक कारण प्रजातीयता भी है। वर्तमान युग में इसके प्रभाव में और भी वृद्धि हुई है। लोग एक दूसरे की सहायता जाति या धर्म के आधार पर करते पाये जा रहे हैं। एक अध्ययन से यह प्रमाणित हुआ है कि गोरे लोग कालों की अपेक्षा गोरे लोगों की सहायता अधिक करते हैं । वैसे, सदैव ऐसा नहीं होता है। जो मानवतावादी हैं वे जाति-धर्म देखे बगैर ही सहायता करते हैं । यद्यपि ऐसा भेद-भाव समाज में मिलता है, परन्तु कभी-कभी लोग दूसरे वर्गों एवं प्रजातियों के लोगों की सहायता करने में भी अधिक रुचि लेते हैं। फिर भी, परोपकारिता का यह एक महत्त्वपूर्ण निर्धारक है ।

**(4) मनोदशा**–जब मनुष्य की मनोदशा सुखद या अच्छी होती है तब उसका व्यवहार भी सहायतार्थ हेतु ज्यादा श्रेष्ठ होता है। अर्थात् धनात्मक मनोदशा

परोपकारिता में सहायक है। परन्तु, यदि व्यक्ति चिन्ता या अवसाद की दशा (नकारात्मक मनोदशा) में है तो परोपकारिता में कम रुचि लेगा। ऐसा भी निष्कर्ष है कि यदि व्यक्ति यह धारणा बना लेता है कि पीड़ित व्यक्ति अपने कर्मों का फल पा रहा है तो वह उसकी सहायता में रुचि नहीं लेगा ।

**(5) पीड़ित व्यक्ति का लिंग**—परोपकारिता व्यवहार इस पर भी निर्भर करता है कि पीड़ित या सहायता प्राप्त करने वाला व्यक्ति किस लिंग का है। यदि वह महिला है तथा आकर्षक भी है तो संकट में पड़ जाने पर उसकी सहायता के लिए पुरुष लोग अधिक आगे आएँगे। अध्ययनों में पाया गया है कि यदि रास्ते में पुरुष एवं महिला की गाड़ियाँ खराब हो जायें तो पुरुष यात्री महिला की तरफ अधिक उन्मुख होंगे। पीड़ित पुरुष की सहायता के लिए कम ही आगे आयेंगे।

**(6) अपराध-बोध**—यदि मनुष्य में ऐसी भावना का प्रादुर्भाव हो जाय कि कष्टित व्यक्ति का कष्ट उसके कारण है तो उसके मन में अपराध-बोध की दशा उत्पन्न होगी। यह हमें कष्टित व्यक्ति की सहायता करने के लिए प्रेरित करेगी। इससे स्पष्ट है कि अपराध-बोध की भावना या अपनी गलती का एहसास करने से सहायतापरक व्यवहार में वृद्धि होती है। इसी प्रकार जो लोग अपनी प्रतिष्ठा एवं सम्मान के प्रति अधिक सचेष्ट रहते हैं उनमें भी परोपकारिता की प्रवृत्ति अधिक पाई जाती है।

# 10

# सामाजिक मानक एवं अनुरूपता का मनोवैज्ञानिक विश्लेषण

## मानक का आशय एवं परिभाषाएँ

सभी प्रकार के समाजों के अन्तर्गत कुछ नियम, रीति-रिवाज, विज्ञान और परम्पराएँ आदि विद्यमान रहती हैं, जो मनुष्य को निर्देशत करने का कार्य करती हैं। उसका सदस्य स्वच्छन्द व्यवहार करे वरन् वह चाहता है कि लोग सामाजिक मान्यताओं, प्रत्याशाओं, रीतियों एवं नियमों के अनुसार व्यवहार करें। व्यवहार के ऐसे नियंत्रकों को ही सामाजिक मानक कहा जाता है। इन्हीं के कारण किसी समाज या समूह के सदस्यों के व्यवहारों में अनुरूपता पाई जाती है। व्यक्ति इनके अनुरूप व्यवहार करके प्रशंसा एवं पुरस्कार प्राप्त कर सकता है जबकि सामाजिक मानकों के अनुसार व्यवहार न करने पर उसे निन्दा एवं दण्ड का भागीदार बनना पड़ता है। इससे स्पष्ट है कि सामाजिक व्यवहार के नियमन तथा निर्देशन में मानकों की महत्त्वपूर्ण भूमिका होती है।

**मायर्स (1988)** के अनुसार, "स्वीकृत एवं प्रत्याशित व्यवहारों के नियमों को ही मानक कहा जाता है। इनके द्वारा उचित व्यवहार निर्दिष्ट किये जाते हैं।"

**सिकार्ड** एवं **बैकमैन (1974),** के अनुसार, "सभी समूहों के सदस्य अपनी अन्तार्क्रियाओं के प्रतिमानों में एक व्यवस्था या नियमितता का प्रदर्शन करते हैं और प्रायः उनका व्यवहार इस प्रकार का होता है कि समूह के सदस्य मान्यता प्राप्त मानकों

की समरूपता के लिए परस्पर एक दूसरे पर दबाव डालते हैं। इस प्रकार की व्यवहार सम्बन्धी नियमितता की व्याख्या सामाजिक मानकों द्वारा की जा सकती है।''

**शेरिफ** एवं **शेरिफ (1969)** के अनुसार, ''सामाजिक मानकों का आशय सामूहिक अन्तर्क्रिया की परिस्थिति में निर्मित अनुभव एवं व्यवहार से सम्बन्धित ऐसे मापदण्डों से है जो प्रासंगिक उद्दीपक परिस्थिति में सदस्य व्यक्तियों के व्यवहार को नियंत्रित करते हैं।''

प्रस्तुत की गयी उपरोक्त परिभाषा से यह स्पष्ट होता है कि व्यक्ति के जीवन में मानक का अत्यधिक विधेयात्मक मूल्य है। इनसे व्यक्ति का सामाजिक व्यवहार नियमित तथा निर्देशित होता है। व्यक्ति द्वारा मानक इस प्रकार आत्मसात् कर लिये जाते हैं कि उसका व्यवहार इनके द्वारा स्वतः प्रत्याशानुसार होता रहता है। इन विवेचनों के आधार पर मानकों से सम्बन्धित कुछ विशेषताओं का उल्लेख किया जा सकता है –

1. मानक अनेक प्रकार के होते हैं, जैसे—लोकरीतियाँ, लोकप्रथाएँ इत्यादि। मानक लिखित एवं अलिखित दोनों प्रकार के हो सकते हैं।
2. मानकों के कारण लोगों के व्यवहार में समानता, नियमितता तथा अनुरूपता प्रदर्शित होती हैं।
3. सम्बन्धित समूह के सदस्य मानकों के प्रति सम्मान रखते हैं एवं उनमें परिवर्तन का विरोध करते हैं।
4. मानकों का कार्य प्रत्याशानुसार व्यवहार करने के लिए व्यक्ति को तत्पर करना होता है।
5. विभिन्न समाजों में प्रचलित मानकों में असमानता के ही कारण लोगों के व्यवहार में असमानता पायी जाती है।
6. मानकों का निर्माण सामाजिक अन्तर्क्रिया का परिणाम है।
7. व्यवहार में नियमितता तथा अनुरूपता का प्रदर्शन मानकों के ही कारण होता है।
8. मानकों का स्वरूप सांस्कृतिक मान्यताओं द्वारा प्रभावित होता है।

## समाज के महत्त्वपूर्ण मानक

प्रत्येक समाज में कुछ महत्त्वपूर्ण मानक प्रचलन में होते हैं। जिनमें कुछ प्रमुख मानकों को विस्तृत रूप में इस प्रकार दर्शाया गया है—

**(1) प्रथाएँ**—**रॉस** का मानना है कि प्रथा का तात्पर्य व्यवहार की प्रणालियों और पद्धतियों से है। इसके विपरीत परम्परा का तात्पर्य पारम्परिक विचार एवं विश्वास के पीढ़ी-दर-पीढ़ी हस्तान्तरण से है। इसके बारे में कुछ निष्कर्ष इस प्रकार हैं— प्रथा व्यवहार की पद्धति निश्चित करती है, प्रथाओं का भी हस्तान्तरण होता रहता है। इनसे भी लोगों के व्यवहार में अनुरूपता आती है। प्रथाएँ भी समाज में सामंजस्य उत्पन्न करती हैं, प्रथाओं में रूढ़िवादिता की विशेषता पाई जाती है।

**(2) जनरीतियाँ**—इस सम्प्रत्यय को विलियम ग्राहम समनर ने 19वीं शताब्दी में प्रयुक्त किया था। ब्रिन्करहाफ एवं ह्वाइट के अनुसार, जनरीतियाँ व्यवहार की पारम्परिक सामान्य एवं आदतजन्य पद्धतियाँ हैं। जनरीतियों का निर्माण सामाजिक अन्तर्क्रिया पर निर्भर करता है। इन्हें व्यवहार के लोकप्रिय मानक के भी रूप में जाना जाता है। इनकी अवहेलना करना कठिन होता है। जनरीतियों के अनुसार व्यवहार करने पर प्रशंसा प्राप्त होती है और उनके विपरीत आचरण करने पर निन्दा का शिकार बनना पड़ता है।

**(3) रूढ़ियाँ**—ब्रिन्करहाफ एवं ह्वाहटमैन के अनुसार, रूढ़ियाँ ऐसे मानक हैं जिनके साथ गलत या सही की प्रबल भावना जुड़ी हुई होती है। लोग यह समझते हैं कि समूह तथा व्यक्ति का कल्याण इन्हीं पर निर्भर करता है। रूढ़ियाँ धनात्मक एवं निषेधात्मक होती हैं, जैसे—मानवता, सत्य बोलना, परोपकार धनात्मक रूढ़ियाँ हैं; इसके विपरीत चोरी न करना, बेईमानी न करना, झूठ न बोलना, निषेधात्मक रूढ़ियों द्वारा वांछित व्यवहारों को प्रोत्साहन मिलता है। धनात्मक रूढ़ियाँ वांछित व्यवहारों को प्रोत्साहित करती हैं। इनके कारण समाज में शान्ति, सद्भाव, सामंजस्य, भाईचारा, आदर, सहयोग एवं अनुरूपता पाई जाती है। इनका उल्लंघन करने पर भी व्यक्ति निन्दित एवं दण्डित किया जाता है।

**(4) परम्परा**—परम्पराएँ सामाजिक विरासत हैं। ये लोगों को वंशानुगत प्राप्त होती हैं, इसीलिए पीढ़ी-दर-पीढ़ी लोगों के व्यवहार में समानता प्रदर्शित होती रहती है। **जिन्सबर्ग** के अनुसार, परम्परा का आशय व्यक्तियों के विचारों, आदतों एवं प्रथाओं के योग से है। इनका हस्तान्तरण एक पीढ़ी से दूसरी पीढ़ी को होता रहता है। इनका हमारे जीवन में व्यापक उपयोग तथा महत्त्व है।

1. परम्पराएँ व्यक्ति को उसके अतीत एवं इतिहास से अवगत कराती हैं।
2. परम्पराओं से समाज में सामंजस्य तथा शान्ति रहती है।
3. इनके कारण लोगों के व्यवहार में अनुरूपता प्रदर्शित होती है।
4. परम्पराएँ हमें व्यवहार की उपयुक्ता सिखाती हैं। अर्थात् कब, कैसा व्यवहार करना है।

5. ये व्यवहार को नियंत्रित तथा निर्देशित करती हैं।

**(5) कानून**—कानून या नियम को भी मानक कहते हैं। इसे सरकारी या वैधानिक संस्थाएँ लागू करते हैं । इनका सम्बन्ध प्रथाओं और जनरीतियों से होता है। ऐसे नियम जो सामाजिक प्रत्याशाओं एवं मान्यताओं के अनुरूप नहीं होते हैं उनका महत्त्व धीरे-धीरे समाप्त हो जाता है। कानून व्यवहार सम्बन्धी नियमों के रूप में जाने जाते हैं। ये लिखित तथा समाज द्वारा स्वीकृत होते हैं। इनका उल्लंघन करने पर दण्ड मिलना निश्चित होता है।

### *मानकों के प्रकार*

मानक प्रायः दो प्रकार के होते हैं—

**(1) सार्वभौमिक मानक**—ऐसे मानक जो सभी पर लागू होते हैं, उन्हें सार्वभौमिक मानक कहते हैं।

**(2) विशिष्ट मानक**—ऐसे मानक जो किसी एक वर्ग या समूह पर लागू होते हैं परन्तु दूसरे पर लागू नहीं होते हैं, उन्हें विशिष्ट मानक कहते हैं, जैसे—पुरुषों के लिए जो व्यवहार-संहिता है वह महिलाओं से भिन्न है। अध्यापकों के लिए निर्धारित नियम अलग हैं और छात्रों के लिए अलग हैं इत्यादि। विशिष्ट मानकों से समाज में लोगों की भूमिकाओं को निश्चित करने में सहायता मिलती है ।

## सामाजिक मानकों को तैयार करना

यह पहले भी बताया जा चुका है कि मानकों का निर्माण सामाजिक अन्तर्क्रिया का परिणाम है। जिसे लोग सामाजिक अन्तर्क्रिया के जरिए प्राप्त करते हैं। स्पष्ट है कि मानकों से अवगत होने में सामाजिक अधिगम की भूमिका होती है। व्यक्ति के व्यवहार, विचार तथा अभिवृत्तियों से उसके समाज में प्रचलित मानकों की झलक मिलती रहती है। व्यक्ति की अपनी प्रास्थिति और भूमिका में बदलाव होने के वजह से भी उसे नये मानकों को स्वीकारना पड़ता है। एक शिशु के व्यवहार में मानकों का प्रभाव परिलक्षित नहीं हो पाता है क्योंकि उसमें अपेक्षित सामाजिक योग्यता का उस समय तक विकास नहीं हो पाता है। परन्तु जैसे-जैसे आयु, अनुभव एवं योग्यता में वृद्धि होती है। वह भी सामाजिक आचार-संहिता से परिचित होता जाता है और उसे उसका महत्त्व भी स्पष्ट होने लगता है। वह धीरे-धीरे व्यवहार के नियमों को आत्मसात् करता जाता है और अपने व्यवहार को सामाजिक प्रत्याशाओं के अनुरूप परिमार्जित करता रहता है। **पियाजे** का निष्कर्ष है कि बच्चों का मानकों के अनुरूप

व्यवहार करने की योग्यता धीरे-धीरे विकसित होती है। गोली जैसा खेल उनमें प्रतीकता विकसित करने में महत्त्वपूर्ण स्थान रखता है। यह विकास चार अवस्थाओं में सम्पन्न होता है–

**प्रथम अवस्था**–शुरू में बच्चे बड़ों के खेल को देखकर खेल सीखते हैं। वे केवल आनन्द लेते हैं। उन्हें हार-जीत अथवा उचित-अनुचित को समझने में विशेष रुचि नहीं होती है।

**द्वितीय अवस्था**–लगभग चार-पाँच वर्ष की उम्र होते-होते बच्चे नियमों को सीखना तथा समझना प्रारम्भ कर देते हैं। वे जिस तरह खेलना जानते हैं, उसी को उचित तथा वास्तविक पद्धति मानते हैं। अन्य सुझावों से सहमत नहीं होते हैं।

**तृतीय अवस्था**–लगभग 5-7 वर्ष की आयु होते-होते बच्चों में यह समझ विकसित होने लगती है कि कोई भी नियम मनुष्यों द्वारा ही बनाये जाते हैं। नियम स्थायी नहीं बल्कि परिवर्तनशील होते हैं। उचित-अनुचित में अन्तर भी समझने लगते हैं।

**चतुर्थ अवस्था**–पियाजे के अनुसार बच्चों के किशोरावस्था से मानक विकास की चौथी अवस्था शुरू होती है। इस अवस्था में वे यह अनुभव करने लगते हैं कि खेल का तरीका एक ही नहीं अनेक हो सकता है और एक निश्चित तरीके को हर एक को स्वीकार करना चाहिए। वास्तव में इसी अवस्था में मानकों का आत्मसातीकरण किया जाने लगता है और वे प्रत्याशानुसार व्यवहार का प्रयास करने लगते हैं।

## मानक निर्माण का प्रायोगिक अध्ययन

मानक निर्माण की प्रक्रिया सामाजिक अधिगम या सामाजिक अन्तर्क्रिया का परिणाम है । इसका निर्माण प्रायोगिक परिस्थिति में भी किया जा सकता है। इस परेशानी पर कुछ शोधकर्त्ताओं ने ऐतिहासिक प्रयोग किए हैं जिनमें से कुछ प्रमुख प्रयोगों को विस्तृत रूप में निम्न प्रकार दर्शाया गया है–

**शेरिफ का स्वचालित गतिक प्रभाव का अध्ययन**–शेरिफ के प्रायोगिक अध्ययन में यह पाया गया है कि व्यक्ति समूह से प्राप्त सूचनाओं को सामाजिक वास्तविकता मानकर स्वयं भी वैसा ही व्यवहार कर सकता है जैसा कि अन्य अधिकांश सदस्यों का विचार है। एक प्रयोग में प्रयोज्यों ने एक स्थिर बिन्दु को, यह सूचना प्राप्त होने पर कि समूह के अधिकांश सदस्यों की राय में वह गतिमान है, प्रत्यक्षित किया। अर्थात् उन्होंने अपना विचार सामूहिक विचार के अनुरूप परिवर्तित

कर लिया। उनके व्यवहार पर समूह मानदण्डों का प्रभाव बाद में भी पड़ा। यह अध्ययन मानकों के प्रायोगिक अध्ययन का एक प्रतिष्ठित उदाहरण है। इसकी विस्तृत विवेचना आगे की गयी है। इस निष्कर्ष की पुष्टि बाद में अनेक अध्ययनों से भी हुई है ।

शेरिफ ने जो प्रयोग किये वो स्पष्ट नहीं थे। इस प्रसंग में हुए प्रयोगों का निष्कर्ष है कि जिन प्रयोज्यों में अपने निर्णय पर विश्वास कम होता है और परिस्थिति अस्पष्ट होती है वे समूह के विचार के बारे में प्राप्त सूचनानुसार अपना निर्णय शीध्रता से परिवर्तित कर लेते हैं। इस प्रवृत्ति को अभिमुखता कहते हैं। इसके परिणामस्वरूप व्यक्ति (प्रयोज्य) का निर्णय समूह निर्णय की ओर केन्द्रित होने लगता है। ऐसा हो जाने पर समूह मानक की प्रभाविकता बढ़ती जाती है । परन्तु यदि प्रयोज्यों ने मानकों को अन्तःकृत कर लिया है तो वे उनसे और भी प्रभावित होंगे। ऐसी दशा में मानकों को परिवर्तित करना कठिन हो जायेगा।

इस प्रसंग से यह भी परिणाम प्राप्त हुआ है कि अन्तर्क्रिया में सहभागी व्यक्तियों की विश्वसनीयता, प्रतिष्ठा एवं क्षमता अधिक होने पर प्रयोज्यों में अभिमुखता की प्रवृत्ति बढ़ जाती है । शेरिफ का यह भी मत है कि व्यक्ति विभिन्न प्रकार के मानकों को आत्मसात् कर लेता है और वे उसके व्यवहार को प्रभावित करते रहते हैं (जैसे प्रथाएँ, रूढ़ियाँ, मूल्य तथा परम्परा इत्यादि)। ऐसा इसलिए क्योंकि मानक अपेक्षाकृत स्थायी होते हैं।

**ऐश का सामूहिक दबाव का अध्ययन**—ऐश के द्वारा किये गये प्रयोग से यह स्पष्ट होता है कि मनुष्य सामूहिक दबाव की वजह से अपने फैसले को सामूहिक फैसले के अनुसार बदल सकता है। जैसा कि उल्लेख किया जा चुका है, शेरिफ के प्रयोग में परिस्थिति अस्पष्ट थी। ऐश की तकनीक में प्रयोज्य को समूह के निर्णय से अवगत कराकर उस पर दबाव डाला जाता है ताकि वह अपना निर्णय अपेक्षित रूप में परिवर्तित कर ले। ऐश का प्रयोग मानकीय सामाजिक प्रभाव का उदाहरण है। शेरिफ का प्रयोग सूचनात्मक सामाजिक प्रभाव तकनीक पर आधारित था। ऐश के प्रयोग में पाया गया कि मिथ्या समूह निर्णय प्रस्तुत कर देने से प्रयोज्यों ने एक ऐसी चर रेखा को मानक रेखा के बराबर मान लिया जो वास्तव में बराबर नहीं थी। अनुरूपता के अन्तर्गत इस प्रयोग का भी विवेचन किया गया है। ये प्रयोग यह स्पष्ट करते हैं कि मानकों का निर्माण सामाजिक अन्तक्रिया का परिणाम है और मानक किसी समूह के सदस्यों के व्यवहार में एकरूपता लाते हैं।

## मनुष्य के जीवन में मानक का महत्त्व

मानक मानव जीवन में कितना महत्त्वपूर्ण है यह उसकी परिभाषा से ही स्पष्ट हो चुका है। मानक व्यक्ति के व्यवहार को नियमित तथा निर्देशित करते हैं। इन्हीं के कारण लोगों के व्यवहारों में समानता दिखाई पड़ती है । इन्हीं की वजह से विभिन्न समूह के सदस्यों का व्यवहार असामान्य होता है। स्वस्थ समाज की कल्पना मानकों के अभाव में की नहीं जा सकती। मानकों के अभाव में कोई भी समाज छिन्न-भिन्न हो सकता है और समाज में अराजकता फैल जायेगी।

मनुष्य को सामाजिक मानक उस समय प्रभावित करते हैं जब वह समूह में या अकेले होते हैं। किसी व्यवहार की वांछनीयता एवं अवांछनीयता मानकों के आधार पर तय हो पाती है। मानक व्यक्ति को उचित कार्य करने के लिए प्रेरित करते हैं। मानकों के दबाव के कारण असहमति हो जाने पर भी लोग समूह की प्रत्याशा के अनुसार व्यवहार करके परस्पर सामान्जस्य बनाए रखते हैं।

मानकों के अनुरूप व्यवहार करने अथवा न करने का परिणाम भी व्यक्ति को प्राप्त होता है। मानकों के अनुरूप व्यवहार करके प्रशंसा एवं पुरस्कार प्राप्त कर सकते हैं। जबकि उसके विपरीत कार्य करने पर आलोचना, निन्दा एवं दण्ड का भागीदार बनना पड़ता है। इस कारण भी लोग मानकों के अनुरूप व्यवहार करते पाए जाते हैं।

## अनुरूपता, अर्थ एवं परिभाषाएँ

जब कोई व्यक्ति अपने व्यवहार या विश्वास को सामूहिक व्यवहार के अनुरूप बदल लेता है, तो उसे अनुरूपता कहते हैं। ऐसा करने की समस्या उस समय उत्पन्न होती है जब कि व्यक्ति एवं समूह के विचार में असमानता होती है। इस असमानता या अन्तर के कारण व्यक्ति में द्वन्द्व का आविर्भाव होता है और उस पर मानसिक दबाव पड़ता है। इसके परिणामस्वरूप व्यक्ति दबाव तथा द्वन्द्व से मुक्ति पाने के लिए अपने विचार को समूह की प्रत्याशा के अनुरूप परिवर्तित कर सकता है। **क्रेच** इत्यादि ने लिखा भी है, "व्यक्ति एवं समूह की धारणाओं में द्वन्द्व के परिणामस्वरूप अनुभव समूह-दबाव (प्रत्याशा) के अनुरूप व्यक्ति द्वारा अपने निर्णय या व्यवहार को परिवर्तित करना अनुरूपता है।"

**शेवर** के अनुसार, "चूँकि व्यक्ति पर समूह द्वारा पड़ने वाले ऐसे सभी प्रभाव, जिनमें परिवर्तन की दिशा समूह की स्थिति या प्रत्याशा के अनुरूप होती

है, अनुरूपता के ही अन्तर्गत आते हैं, अतः इसका आशय अपेक्षाकृत अधिक व्यापक है।''

**कीसलर** एवं **कीसलर** ने लिखा है, ''वास्तविक या काल्पनिक समूह-दबाव के कारण व्यवहार या विश्वास में उत्पन्न परिवर्तन ही अनुरूपता है।''

प्रस्तुत किए गये उपरोक्त परिभाषाओं से यह स्पष्ट होता है कि सामाजिक दबाव में आकर मनुष्य द्वारा अपने फैसले या व्यवहार में बदलाव करना ही अनुरूपता कहलाता है। इसीलिए इसे समूह दबाव के सामने झुकना भी कहते हैं । अनुरूपता दो में से किसी भी रूप में प्रदर्शित हो सकती है। इसे **आन्तरिक स्वीकृति** और **जन अनुपालन** कहते हैं। यदि व्यक्ति दबाव के कारण अपना विश्वास या विचार ही बदल देता है तो इसे आन्तरिक स्वीकृति कहते हैं। परन्तु यदि बदलाव केवल दिखावटी होता है, तो इसे जन अनुपालन कहते हैं। दबाव वास्तविक या काल्पनिक भी हो सकता है। अनुरूपता व्यवहार में निम्न प्रकार के अनेक गुण भी विद्यमान हैं–

1. अनुरूपता आन्तरिक स्तर पर या केवल बाहरी स्तर पर ही प्रदर्शित हो सकती है।
2. समूह दबाव मानकीय सामाजिक प्रभाव या सूचनात्मक सामाजिक प्रभाव द्वारा उत्पन्न किया जा सकता है। ऐश का प्रयोग मानकीय और शेरिफ का प्रयोग सूचनात्मक सामाजिक प्रभाव का उदाहरण है।
3. अनुरूपता के कारण व्यक्ति समूह दबाव के अनुरूप अपना व्यवहार या विचार परिवर्तित कर लेता है।
4. व्यक्ति दबाव के कारण प्रतिअनुरूपता या उससे अप्रभावित रहकर स्वतंत्रता का भी प्रदर्शन कर सकता है।
5. अनुरूपता, व्यक्ति एवं समूह के विचारों के बीच उत्पन्न द्वन्द्व का परिणाम है।
6. समूह दबाव वास्तविक या काल्पनिक भी हो सकता है।

## अनुरूपता के प्रायोगिक अध्ययन

अनुरूपता पर किए गए प्रायोगिक अध्ययनों के कुछ प्रमुख अध्ययनों की विस्तृत जानकारी निम्न प्रकार दी गई है–

**(1) क्रचफील्ड की तकनीक–क्रचफील्ड** इत्यादि की यह प्रणाली ज्यादा नियन्त्रण की अवस्था में प्रयोग करने का मौका देती है। इसमें प्रयोज्यों को प्रयोगशाला

के भीतर अलग-अलग बूथों में बैठाते हैं। प्रत्येक बूथ में प्रकाश एवं स्विच की व्यवस्था होती है। बटन दबाने से प्रयोज्यों का निर्णय सामने दीवार या पर्दे पर आ जाता है। प्रयोज्य एक दूसरे का निर्णय इसी प्रकार जान पाते हैं। यदि अधिकांश प्रयोज्यों का निर्णय एक तरह का है और किसी एक प्रयोज्य का निर्णय उनसे भिन्न है तो प्रयोज्य द्वन्द्व का अनुभव करेगा और अपना निर्णय समूह के निर्णय के अनुरूप परिवर्तित कर लेगा। परन्तु सभी प्रयोज्य समान रूप से प्रभावित नहीं होते हैं। उनके निर्णयों पर वैयक्तिक भिन्नताओं का प्रभाव भी पड़ता है। ऐसे प्रयोगों में यह भी देखने को मिलता है कि बाद में प्रयोज्य अपना निर्णय पुनः बदल सकते हैं या निर्णय गुप्त रखने पर दबाव का प्रभाव कम हो सकता है।

**(2) ऐश का सामूहिक दबाव का अध्ययन**—ऐश द्वारा अनुरूपता के व्यवहार पर किये गये अध्ययन से यह स्पष्ट होता है कि सामूहिक फैसले और व्यक्ति के फैसले में अन्तर होने की स्थिति में प्रयोज्य द्वन्द्व या तनाव अनुभव करेगा और यह सोचकर कि समूह का निर्णय संभवतः सही हो सकता है, अपने निर्णय को तदनुसार परिवर्तित कर सकता है। वह समूह के निर्णय को मानकीय निर्णय मान सकता है और उससे प्रभावित होकर अपना निर्णय परिवर्तित कर सकता है। ऐश की तकनीक मानकीय सामाजिक प्रभाव पद्धति कही जाती है।

**ऐश** के प्रयोग में एक कार्ड पर एक रेखा मानक उद्दीपक के रूप में और दूर कार्ड पर तीन रेखाएँ चर या तुलना उद्दीपकों के रूप में प्रस्तुत की गयीं। प्रयोज्य को बताना होता था कि चर रेखाओं में कौन रेखा का मानक रेखा बराबर है। ऐश के प्रयोग में सहयोगी प्रयोज्यों द्वारा वास्तविक प्रयोज्यों के निर्णय प्राप्त होने से पहले ही यह निर्णय दिला दिया जाता था कि पहली या तीसरी रेखा बराबर है। स्पष्टतः इस प्रकार का फैसला व्यक्ति के लिए संकट पैदा कर देगा क्योंकि अध्ययन परिस्थिति इतनी स्पष्ट है कि प्रयोज्य दूसरी रेखा को मानक रेखा के बराबर कहने में कोई कठिनाई महसूस नहीं करेगा। सहयोगी प्रयोज्य मिथ्या या भ्रामक निर्णय देने के लिए ही रखे गये थे परन्तु वास्तविक प्रयोज्यों को इसकी जानकारी नहीं थी। ऐश ने यह निष्कर्ष निकाला कि अकेले की अवस्था में 9 से भी अधिक बार उनके निर्णय सही पाये गये। परन्तु सहयोगी प्रयोज्यों द्वारा मिथ्या निर्णय व्यक्त करने की अवस्था में 37 प्रतिशत निर्णय अशुद्ध पाये गये। अर्थात् फिर भी 63 प्रतिशत बार उनके निर्णय सही पाये थे। इस प्रकार स्पष्ट है कि यदि व्यक्ति और समूह के निर्णय में अन्तर है तो व्यक्ति समूह के निर्णय को मानकीय मान सकता है और अपना निर्णय समूह के निर्णय के अनुरूप परिवर्तित कर सकता है। ऐसा इसलिए क्योंकि

**समूह-निर्णय** का व्यक्ति पर मानसिक दबाव पड़ता है और वह अपने निर्णयों के बारे में लचीला दृष्टिकोण अपना लेता है। इस प्रसंग में यह भी उल्लेखनीय है कि व्यक्ति अपने निर्णयों के बारे में आश्वस्त होने पर परिवर्तन नहीं भी कर सकता है। वह अपना निर्णय ज्यों का त्यों (स्वतंत्र) रख सकता है। यदि परिवर्तन करता भी है तो केवल बाह्य रूप से और इसमें असहमति बनी रह सकती है। ऐश के ही प्रयोग में 63 प्रतिशत बार प्रयोज्यों ने निर्णय ज्यों का त्यों ही रखा।

**(3) शेरिफ का स्वचालगतिक प्रभाव का अध्ययन**—शेरिफ के द्वारा किये गये प्रायोगिक अध्ययन से यह स्पष्ट होता है कि किस प्रकार समूह-सूचनात्मक सामाजिक प्रभाव के कारण कोई व्यक्ति किसी स्थिर वस्तु को गतिशील प्रत्याक्षित कर लेता है। यह अध्ययन मूलतः प्रात्यक्षिक निर्णयों के लिए सामाजिक मानकों के निर्माण से सम्बन्धित था। ऐसे अध्ययनों में एक स्थिर प्रकाश बिन्दु को एक अन्धेरे कमरे में प्रस्तुत किया जाता है तथा प्रयोज्य से यह पूछा जाता है कि क्या वह प्रकाश बिन्दु गतिशील है। यह परिस्थिति अस्पष्ट रखी जाती है।

**शेरिफ** ने इस अध्ययन को सन् 1936 में तीन अवस्थाओं के अन्तर्गत किया था। **प्रथम अवस्था** में प्रत्येक प्रयोज्य से अकेले में निर्णय लिया गया और स्थिर प्रकाश बिन्दु के गतिशील होने के बारे में अत्यधिक विचरणशीलता पायी गयी। **द्वितीय अवस्था** में अनेक प्रयोज्यों ने एक साथ निर्णय दिया और उनका मत था कि प्रकाश बिन्दु गतिशील है। प्रयोग की **तृतीय अवस्था** में प्रयोज्यों को पुनः अलग करके निर्णय लिये गये। परन्तु इस बार प्रयोज्यों के निर्णय में विचरणशीलता नहीं पायी गयी। अर्थात् इस बार भी प्रयोज्यों ने प्रकाश बिन्दु को गतिशील प्रत्याक्षित किया। इससे यह निष्कर्ष निकलता है कि प्रयोग की तृतीय अवस्था में प्रयोज्यों द्वारा दिये गये निर्णयों पर द्वितीय अवस्था में व्यक्त किये गये सामूहिक निर्णय का प्रभाव पड़ा। इसी कारण प्रयोज्यों ने स्थिर प्रकाश बिन्दु को इस बार भी गतिशील प्रत्याक्षित किया। इसके विरुद्ध प्रथम अवस्था के फैसलों में ज्यादा असमानता होती है। किसी ने उसे गतिशील तो किसी ने उसे स्थिर प्रत्याक्षित किया था।

इससे स्पष्ट है कि समूह की स्थिति में जो मानक स्थापित हो जाता है उसका बाद में भी व्यक्ति के व्यवहार पर प्रभाव पड़ता है एवं व्यक्ति समूह-प्रभाव में आकर अपने व्यवहार में अनुपालन का प्रदर्शन कर सकता है। प्रयोग की द्वितीय अवस्था में प्रयोगकर्त्ता ने कुछ ऐसे सहयोगी प्रयोज्य रखे थे जिन्होंने यह धारणा पैदा कर दी कि प्रकाश बिन्दु वास्तव में गतिमान है। इस धारणा को प्रयोज्यों से स्वीकार कराया गया और बाद में निर्णयों पर इसका प्रभाव पड़ा। इस प्रकार स्पष्ट है कि

सामूहिक परिस्थिति में प्राप्त सूचनाओं से उत्पन्न सामाजिक प्रभाव के कारण व्यक्ति अपने विचार या निर्णय को समूह मानदण्डों के अनुरूप परिवर्तित कर लेता है। वह समूह-निर्णय को सामाजिक वास्तविकता मान लेता है। और मन ही मन स्वयं के निर्णय तथा समूह के निर्णय में सामाजिक तुलना करता है। सामाजिक वास्तविकता की भावना उस पर उसके निर्णय को समूह मानदण्डों के अनुरूप में परिवर्तित करने के लिए सामाजिक प्रभाव डालती है। सामाजिक प्रभाव के कारण व्यक्ति में संसूचनशीलता बढ़ जाती है और मिथ्या बातें भी विश्वास के रूप में व्यक्ति के मन में स्थापित हो जाती हैं। फिलिप्स का भी मत है कि सामाजिक घटनाक्रमों का व्यक्ति के व्यवहार पर प्रभाव पड़ता है और व्यक्ति वैसा ही व्यवहार प्रदर्शित कर सकता है।

## अनुरूपता के सिद्धान्त

अनुरूपता के सिद्धान्त को प्रमुख रूप से दो वर्गों में विभाजित किया जा सकता है–

**(1) समूह केन्द्रित सिद्धान्त**–यह सिद्धान्त भी कई विद्वानों के अध्ययनों से मिले परिणामों पर आधारित है। इसका भी प्रतिपादक कोई एक शोधकर्त्ता या विचारक नहीं है। यह सिद्धान्त अनुरूपता के लिए सूचनात्मक सामाजिक प्रभाव और मानकीय सामाजिक प्रभाव को उत्तरदायी मानता है। शेरिफ ने सूचनात्मक सामाजिक प्रभाव का और ऐश ने मानकीय सामाजिक प्रभाव का अध्ययन अपने प्रयोगों में किया था। सूचनाएँ दो प्रकार की हो सकती हैं। इन्हें व्यक्तिगत सूचना और सामाजिक सूचना कहते हैं। यदि व्यक्ति अपने स्वयं के अनुभवों के आधार पर कोई निर्णय लेता है, तो उसे व्यक्तिगत सूचना कहते हैं, जैसे–यदि कोई बालक गर्म चाय पीता है और उसकी जिह्वा जल जाती है तो इस प्रकार प्राप्त जानकारी व्यक्तिगत कही जायेगी। वह भविष्य में गर्म चाय से बचेगा। परन्तु यदि माता-पिता यह बताते हैं कि गर्म चाय पीने से मुँह जल जाता है तो यह सामाजिक सूचना का उदाहरण होगा। ज्यादातर विद्वानों का मत है कि सामाजिक स्रोत से प्राप्त सूचनाएँ अधिक प्रभावशाली होती हैं। उनसे अनुरूपता अधिक उत्पन्न होती है। यदि व्यक्ति कम जानकार है तो सूचनाओं का प्रभाव और भी बढ़ जाता है।

अनुरूपता पैदा करने वाले दूसरे प्रभाव के रूप में मानकीय सामाजिक प्रभाव को जाना जाता है। ऐश के प्रयोग में मुख्यतः मानकीय प्रभाव का अध्ययन किया

गया था। यदि प्रयोज्य या समूह के सदस्य यह समझने लगते हैं कि अगर समूह की प्रत्याशा के अनुरूप व्यवहार नहीं किया गया तो वे निन्दा या दण्ड के भागीदार बनेंगे और वे अपना निर्णय या व्यवहार समूह के निर्णय के अनुरूप परिवर्तित कर लेते हैं। लोग प्रायः चोरी करने, झूठ बोलने, हिंसक कार्य करने या ऐसे अन्य अवांछित कार्यों से इसीलिए बचने का प्रयत्न करते हैं क्योंकि सामाजिक मानक इसकी स्वतंत्रता नहीं देता है। सामाजिक मानक व्यक्ति से वांछित व्यवहारों की प्रत्याशा करते हैं।

संक्षेप में, अनुरूपता व्यवहार को प्रदर्शित कराने में सूचनात्मक एवं मानकीय दोनों ही प्रकार के सामाजिक प्रभावों का प्रयोग किया जाता है। समूह केन्द्रित ये कारण व्यक्तित्व सिद्धान्तों की तुलना में अनुरूपता व्यवहार की व्याख्या करने में ज्यादा सार्थक हैं।

समूह की प्रत्याशा के अनुरूप व्यवहार नहीं किया गया तो वे निन्दा या दण्ड के भागीदार बनेंगे और वे अपना निर्णय या व्यवहार समूह के निर्णय के अनुरूप परिवर्तित कर लेते हैं। लोग प्रायः चोरी करने, झूठ बोलने, हिंसक कार्य करने या ऐसे अन्य अवांछित कार्यों से इसीलिए बचने का प्रयत्न करते हैं क्योंकि सामाजिक मानक इसकी स्वतंत्रता नहीं देता है। सामाजिक मानक व्यक्ति से वांछित व्यवहारों की प्रत्याशा करते हैं।

**(2) व्यक्तित्व सिद्धान्त**—व्यक्तित्व का सिद्धान्त कई शोधकर्त्ताओं के द्वारा दिये गये परिणामों पर आधारित है। कतिपय शोधकर्त्ताओं ने व्यक्तित्व सम्बन्धी कारकों को अनुरूपता के लिए उत्तरदायी माना है । **वार्शेल** एवं **कूपर** का मत है कि ''यह प्रश्न कि लोग अनुरूपता क्यों प्रदर्शित करते हैं? यह संकेत देता है कि कुछ लोगों का व्यक्तित्व ही ऐसा होता है कि वह उन्हें अनुरूपता के लिए उद्यत करता है।''

परन्तु कुछ लोगों का ऐसा मानना है कि व्यक्तित्व के गुणों और अनुरूपता का सम्बन्ध स्पष्ट नहीं है । **क्रचफील्ड** ने ऐसे अनेक अध्ययन करके निष्कर्ष दिया है कि अधिक अनुरूपता प्रदर्शित करने वाले व्यक्ति कम बुद्धिमान, हीनताग्रस्त एवं सत्तावादी होते हैं। उनमें उत्तरदायित्व की भवना से विमुखता, सूझ की कमी, मौलिकता की कमी और पूर्वाग्रह की अधिकता पाई जाती है। कम अनुरूपता प्रदर्शित करने वाले व्यक्तियों में इसके विपरीत शीलगुण पाए जाते हैं। कम अनुरूपता प्रदर्शित करने वाला व्यक्ति अधिक अहंवादी होता है और उसमें आत्म-सम्मान की भावना भी अधिक होती है। वह असफलता एवं कष्टकर परिणामों के लिए दूसरे व्यक्तियों को

दोषी सिद्ध करने का प्रयास करता है। इसी प्रकार अनुमोदन के इच्छुक व्यक्तियों में भी अनुरूपता अधिक पाई जाती है। रूढ़िवादी, प्रशिक्षित, आत्म-विश्वस्त तथा स्वतंत्रता-पसन्द व्यक्ति भी अनुरूपता कम प्रदर्शित करते हैं। ऐसा भी निष्कर्ष है कि पुरुषों की अपेक्षा महिलाएँ अनुरूपता का प्रदर्शन अधिक करती हैं ।

अनुरूपता, उम्र और अनुभव में क्या सम्बन्ध है, इसकी जानकारी के लिए भी कुछ अध्ययन किये गये हैं। परन्तु इसका सम्बन्ध स्पष्ट रूप से ज्ञात नहीं हो सका है। फिर भी सामान्य निष्कर्ष यही है कि कम उम्र और कम अनुभवी लोगों में अनुरूपता अधिक पाई जाती है। आयु और अनुभव में वृद्धि होने पर अनुरूपता की मात्रा घटने लगती है ।

उपर्युक्त समीक्षा से स्पष्ट है कि अनुरूपता एवं व्यक्तित्व में सम्बन्ध है। इसी आधार पर अनुरूपता के व्यक्तित्व सिद्धान्त का प्रतिपादन हुआ है। परन्तु इसमें कुछ दोष भी हैं, जैसे–

1. अनुरूपता एवं व्यक्तित्व में सम्बन्ध हो सकता है, परन्तु प्राप्त निष्कर्षों से स्थिति विवादास्पद ही बनी हुई है।
2. इस सिद्धान्त में परिस्थितिजन्य कारकों के महत्त्व को नजरअंदाज किया गया है।

संक्षेप में, अनुरूपता व्यवहार को प्रदर्शित कराने में सूचनात्मक एवं मानकीय दोनों ही प्रकार के सामाजिक प्रभावों का प्रयोग किया जाता है। समूह केन्द्रित ये कारण व्यक्तित्व सिद्धान्तों की तुलना में अनुरूपता व्यवहार की व्याख्या करने में ज्यादा सार्थक हैं।

## अनुरूपता को प्रभावित करने वाले घटक

अनुरूपता के व्यवहार को प्रभावित करने वाले अनेक कारक हैं, जिन्हें परिस्थितिजन्य या समूह सम्बन्धी एवं व्यक्तिगत वर्गों में निम्न प्रकार से विभाजित किया जा सकता है।

### *(क) वैयक्तिक कारक*

अनुरूपता पर विभिन्न वैयक्तिक विशेषताओं का भी प्रभाव पड़ता है। ऐसे में कुछ प्रमुख तत्त्वों की भूमिका का मूल्यांकन निम्न रूप में किया गया है–

**(1) संवेगात्मक उदोलन**–अनुरूपता के अध्येय से यह भी ज्ञात होता है कि व्यक्ति अपने फैसले और समूह के फैसले में यदि अन्तर महसूस करेगा तो वह चिन्तित हो सकता है, जिससे उसमें तनाव या विसन्नदिता पैदा होती है। यह स्थिति

कष्टदायक होती है और प्रयोज्य इससे मुक्ति पाना चाहता है। अतः यह समूह के निर्णय के अनुरूप अपने निर्णय को परिवर्तित करके द्वन्द्व से छुटकारा पाने का प्रयास कर सकता है। ऐसी दशाओं में उनके व्यवहार में अनुपालन का प्रदर्शन हो सकता है, परन्तु मानसिक स्तर पर असहमति बनी रह सकती है।

**(2) सांस्कृतिक अन्तर** –चूँकि विभिन्न संस्कृतियों की कुछ अपनी विशिष्टताएँ होती हैं और वे विशेषताएँ समाजीकरण का स्वरूप निर्धारित करती हैं। अतः विभिन्न संस्कृतियों में पले लोगों में अन्य व्यवहारों के साथ-साथ अनुरूपता-प्रवृत्ति में भी अन्तर पाया जाना स्वाभाविक है। यथा, मिलग्राम ने अपने अध्ययन में नार्वे एवं फ्रांस के छात्रों पर अनुरूपता का तुलनात्मक प्रयोग किया। प्रयोग में नार्वे के छात्रों ने अनुरूपता का प्रदर्शन फ्रांसीसी छात्रों की अपेक्षा सदैव अधिक किया। नार्वे के छात्रों ने अधिक आज्ञाकारिता (अनुसरण) का प्रदर्शन किया। कुछ अन्य शोधकर्त्ताओं ने भी ऐसा ही निष्कर्ष दिया है। वैसे विद्वानों का निष्कर्ष है कि सांस्कृतिक प्रभाव समय के साथ घट-बढ़ सकता है।

**(3) यौन भिन्नता**–यह एक प्रचलित धारणा है कि औरतों में संसूचन पुरुषों की अपेक्षा ज्यादा पाई जाती है। जिससे उनमें अनुरूपता की प्रवृत्ति भी ज्यादा होती है। अनेक अध्ययनों से इस धारणा की पुष्टि भी हुई है। इस प्रसंग में यह भी पाया गया है कि यदि महिलाओं के निर्णय का अन्य लोग प्रेक्षण कर रहे हैं या उन पर पुरुष प्रयोगकर्त्ताओं द्वारा प्रयोग किया जा रहा है तो यह प्रभाव और बढ़ जाता है। परन्तु कुछ नवीन अध्ययनों तथा ऐसे अध्ययनों से जिनमें अध्ययनकर्त्ता महिलाएँ रही हैं उपर्युक्त धारणा की पुष्टि कम हो पायी है। कुछ लोग उनमें पाए जाने वाले अन्तर को उनकी सामाजिक परिस्थिति में असमानता का परिणाम मानते हैं अर्थात् यदि दोनों (महिला एवं पुरुषों) की सामाजिक परिस्थितियाँ एक जैसी हों तथा उनका समाजीकरण भी एक जैसा किया जाय तभी अनुरूपता एवं यौन-भिन्नता के सम्बन्ध के बारे में वैज्ञानिक निष्कर्ष प्रस्तुत किया जा सकता है।

**(4) व्यक्तित्व की विशेषताएँ**–अनुरूपता पर व्यक्तित्व की विशेषताएँ भी प्रभाव डालती हैं। परन्तु कुछ लोग यह मानते हैं कि इनमें स्पष्ट एवं सार्थक सम्बन्ध नहीं है। इस पर समूह या परिस्थितिजन्य कारकों का ही अधिक प्रभाव पड़ता है। व्यक्तिगत विशेषताएँ विशिष्ट की अपेक्षा सामान्य व्यवहारों की व्याख्या करने में ज्यादा उपादेय हैं। उदाहरणार्थ, अनुमोदन की आवश्यकता सामान्यतः अनुरूपता उत्पन्न कर सकती है, परन्तु अनुमोदन की आवश्यकता की पूर्ति हो रही हो और आत्मप्रतिष्ठा को ठेस लग रही हो तो व्यक्ति संभवतः अनुरूपता का प्रदर्शन नहीं

करेगा। इससे स्पष्ट है कि व्यक्तिगत विशेषताओं एवं परिस्थिति दोनों में अन्तर्क्रिया संभव है और अनुरूपता पर ऐसी अन्तर्क्रिया का प्रभाव पड़ेगा। इस सम्बन्ध में मुख्य निष्कर्ष इस प्रकार हैं–

1. कम योग्यता तथा हीनता-ग्रन्थि से ग्रस्त व्यक्ति अनुरूपता का प्रदर्शन अधिक करेगा।
2. यदि प्रयोज्य महत्त्वाकांक्षी है तथा उसे समूह का निर्णय मान लेने में महत्त्वपूर्ण लाभ दिखाई पड़ता है तो अनुरूपता का प्रदर्शन करेगा।
3. आत्म-विश्वास की कमी, सूचनाओं की कमी तथा अहम् की न्यूनता से अनुरूपता में वृद्धि होती है।
4. नम्यता, संवेदनशीलता तथा सामाजिक सचेष्टता अनुरूपता में सहायक है।
5. अप्रशिक्षित प्रयोज्य अनुरूपता अधिक प्रदर्शित करते हैं।
6. रूढ़िवादी व्यक्तियों की अपेक्षा उदारवादी व्यक्ति अधिक अनुरूपता का प्रदर्शन करता है।
7. अनुमोदन, आत्म-प्रशंसा, सुरक्षा की आवश्यकता तथा पुरस्कार की संभावना रहने पर अनुरूपता का प्रदर्शन अधिक होता है।
8. स्वायत्त आत्म-विश्वस्त तथा आत्म-अभिव्यंजक प्रवृत्ति के प्रयोज्य अनुरूपता का प्रदर्शन कम करते हैं।

## *(ख) समूह सम्बन्धी घटक*

समूह सम्बन्धी निम्नांकित विशेषताएँ अनुरूपता को प्रभावित करती हैं–

**(1) पूर्व प्रतिबद्धता**–कुछ अध्येताओं द्वारा पूर्व प्रतिबद्धता और अप्रतिबद्धता का अनुरूपता पर पड़ने वाले तुलनात्मक प्रभाव को मूल्यांकित करने की कोशिश की गई है। इस प्रसंग में किये गये अध्ययनों का निष्कर्ष है कि यदि प्रयोज्य एक बार अन्य लोगों की जानकारी में निर्णय दे चुका है तो उसमें परिवर्तन नहीं करना चाहता है। हाँ, यह सम्भावना रहती है कि वह आगामी निर्णयों को समायोजित कर सकता है। इससे स्पष्ट है कि सार्वजनिक रूप में प्रतिबद्धता करा देने से प्रयोज्य अपने निर्णय पर टिका रहता है और उसे परिवर्तित करने में संकोच का अनुभव करता है। उसमें सम्भवतः यह भावना पैदा हो जाती है कि निर्णय बदल देने से उसकी सामाजिक विश्वसनीयता कम हो जायेगी। ऐसा ही निष्कर्ष कुछ अन्य अध्ययनों में भी पाया गया है।

**(2) कार्य का स्वरूप**–अनुरूपता का अध्ययन मानकीय पद्धति से हो या सूचनात्मक पद्धति से कार्य का स्वरूप इन दोनों स्थिति में इसे प्रभावित कर सकता

है। इसी प्रकार व्यक्ति से अनुक्रियाएँ चाहे सार्वजनिक रूप में ली जायँ या व्यक्तिगत रूप में ली जायें, अनुरूपता पर प्रस्तुत समस्या या कार्य के स्वरूप का प्रभाव पड़ेगा। ऐसा पाया गया है कि समस्या जटिल एवं अस्पष्ट होने पर प्रयोज्यों में संसूचनशीलता बढ़ जाती है और वे अपने निर्णय किसी समूह के निर्णय के अनुरूप या समूह से प्राप्त सूचना के अनुरूप अपेक्षाकृत सरलता से परिवर्तित कर लेते हैं। इसके विपरीत सरल एवं स्पष्ट परिस्थितियों में अनुरूपता कम प्राप्त होती है।

(3) **सशक्तता**—यदि समूह स्वयं में सशक्त है तो अनुरूपता का प्रदर्शन प्रयोज्यों द्वारा अपेक्षाकृत अधिक होगा। इसके विपरीत सशक्तता के अभाव में समूह-निर्णय का प्रभाव कम हो जाता है और अनुरूपता की मात्रा भी घट जाती है। ऐसी अवस्था में प्रयोज्यों में अपना निर्णय समूह-दबाव के प्रभाव में मुक्त रखने की प्रवृत्ति सक्रिय हो जाती है। जिस समूह में सदस्यों के बीच पारस्परिक आकर्षण तथा लगाव अधिक होगा उस समूह में सशक्तता भी अधिक होगी। ऐसा होने पर समूह का प्रभाव बढ़ जाता है और प्रयोज्य अन्य सदस्यों के साथ अपनी आत्मीयता को यथावत् बनाये रखने के प्रयास में अपना निर्णय समूह की इच्छा के अनुरूप परिवर्तित कर लेता है।

**(4) समूह का स्वरूप**—प्रयोगशालाओं में किये गये अनुरूपता व्यवहार के अध्ययन से यह स्पष्ट होता है कि यदि समूह के सदस्यों की संख्या तीन से पाँच तक है तो अनुरूपता का प्रदर्शन अधिक होगा। इसके विपरीत एक या दो होने पर अनुरूपता व्यवहार कम प्राप्त होता है। यदि सदस्यों की संख्या और भी अधिक बढ़ा दी जाय (पाँच से अधिक) तो अनुरूपता की मात्रा कम होने लगती है। **मिलग्राम** इत्यादि का भी निष्कर्ष यही है कि समूह में सदस्यों की संख्या क्रमशः एक, दो, तीन, चार, पाँच रखने पर अनुरूपता में वृद्धि हुई परन्तु सदस्यों की संख्या इसके भी आगे बढ़ाने पर अनुरूपता की मात्रा पर नकारात्मक प्रभाव पड़ा। व्याख्या 'सामाजिक प्रभाव सिद्धान्त' के आधार पर की जा सकती है। इस सिद्धान्त के अनुसार सदस्य संख्या अधिक रहने पर तात्कालिक सन्निकटता जाती है। इसी कारण अनुरूपता के प्रभाव की मात्रा भी कम प्राप्त होती है।

**(5) सर्वसम्मत निर्णय**—समूह के समस्त सदस्यों के विचार और फैसले यदि आपस में समान हैं तो व्यक्ति पर इसका ज्यादा दबाव पड़ता है। जिसके फलस्वरूप अनुरूपता के प्रदर्शन में वृद्धि हो जाती है। इसके विपरीत मतैक्य का अभाव होने पर प्रयोज्य के निर्णय में परिवर्तन की सम्भावना कम हो जायेगी। इसकी पूर्णता होने से प्रयोज्यों को बल मिलता है और उनके सामाजिक साहस में वृद्धि होती है। यदि

निर्णय परिवर्तन को अन्य लोगों से सहयोग प्राप्त होता है तो अनुरूपता का प्रदर्शन सहज हो जाता है।

**(6) उच्च प्रतिष्ठा**—मनुष्य की सामाजिक प्रतिष्ठा भी अनुरूपता के व्यवहार को प्रभावित करती है। यदि व्यक्ति की सामाजिक प्रास्थिति उच्च है तो उसका अनुसरण प्रयोज्य अधिक करेंगे। इसके विपरीत निम्न सामाजिक प्रास्थिति पर व्यक्ति के निर्देश, व्यवहार या सुझाव पर प्रभाव कम पड़ेगा। **माइकेल वाकर** तथा उनके सहयोगियों ने आस्ट्रेलियाई सड़कों के चौराहों पर 'रुकने' का संकेत होने पर भी यह देखा है कि यदि उच्चस्तरीय व्यक्ति इस निर्देश का उल्लंघन करके आगे बढ़ जाता है तो अन्य लोग भी चल पड़ते हैं। परन्तु यदि कोई निम्नस्तरीय व्यक्ति संकेत का उल्लंघन करके आगे बढ़ जाता है तो अन्य यात्री ऐसा नहीं करते हैं। सम्भवतः इसका कारण यही है कि उच्चस्तरीय व्यक्ति को महत्त्व अधिक दिया जाता है। **मिलग्राम** का भी निष्कर्ष है कि उच्चस्तरीय प्रयोज्यों की अपेक्षा निम्नस्तरीय प्रयोज्यों में अनुपालन एवं निर्देश-स्वीकृति का प्रदर्शन शीघ्र होता है।

**(7) जन-अनुक्रिया**—प्रायः अनुरूपता के विषय में एक सवाल विद्यमान रहता है कि प्रयोज्य से खुली अनुक्रिया या अन्य लोगों की उपस्थिति में अनुक्रिया लेने पर अनुरूपता का प्रदर्शन अधिक होगा अथवा अव्यक्त अनुक्रिया ली जायें तो अनुरूपता अधिक प्राप्त होगी। ऐश के भी प्रयोगों से इसी निष्कर्ष की पुष्टि हुई है। यदि प्रयोज्यों को उनके निर्णयों को गोपनीय रखने की छूट दे दी जाय तो वे प्रायः निर्णयों को परिवर्तित नहीं करते हैं। इसका कारण यह है कि अन्य लोगों की उपस्थिति में प्रयोज्य निर्णय परिवर्तन के लिए बाध्यता अनुभव करता है। उसे यह आशंका रहती है कि अन्य लोग नाराज हो जायेंगे। अतः वह अन्य लोगों की इच्छानुसार व्यवहार परिवर्तित कर लेगा ताकि वह उनकी सहानुभूति तथा प्रशंसा प्राप्त कर सके। इससे स्पष्ट है कि अन्य लोगों की उपस्थिति में अथवा खुली अनुक्रिया लेने पर अनुरूपता अधिक प्राप्त होती है। आत्म-अभिव्यक्ति पर किये गये अध्ययनों से भी प्रमाणित हुआ है कि व्यक्ति निजी छवि उभारने के लिए अन्य लोगों के विचारों को अंगीकार कर लेता है।